I0343485

南师附中文革反思录

2006－2017 网文汇编

（下）

傅中人 主编

华忆出版社
Remembering Publishing, LLC

Copyright © 2023 by Remembering Publishing, LLC. USA

ISBN：　978-1-68560-066-2 (Print)
　　　　978-1-68560-067-9 (eBook)
Remembering Publishing, LLC
RememPub@gmail.com

南师附中文革反思录

2006－2017 网文汇编（下）

傅中人　主编

出　　版：美国华忆出版社
版　　次：2023 年 5 月 第一版，第一次印刷
字　　数：361 千字

All rights reserved.
No part of this book may be reproduced in any form or by any electronic or mechanical means including information storage and retrieval systems, without permission in writing from the publisher. The only exception is by a reviewer, who may quote short excerpts in review.

作品内容受国际知识产权公约保护，版权所有，侵权必究

前　言

南师附中——南京师范大学附属中学，是一所有一百二十年历史的老校，早年是中国中学教育科学化试验的中心，开展了六三三新学制实验、学习心理实验等，奠基了中国现代中学学制、课程和教法，为中国现代中学的鼻祖，享有“全国第一中”之誉。

1965 年初，她成为江苏省教育大改试点中学，后又成为中国教育部教育改革的试点中学。从此，学生的思想和家庭出身受到了学校格外的重视。在接踵而来的文革中，学校的红卫兵以“血统论”为引领，将学生分成“红、黑”两个阵营。黑方同学（出身不好的）被迫自我忏悔和交代留在自己身上的“阶级烙印”（俗称“挖烙印”）。针对这样的迫害，南师附中的同学们曾奋力抗争。这些经历是否需要记录，这段历史是否需要反思，一直是南师附中老三届同学的热议话题。

2006 年是文革四十周年。之前，南师附中老三届有同学在中国同学录网站（5460. net）开设了班级教室，以供聚会和发言，到了 2006 年，班级教室里的文革内容逐渐多了起来，作为文革四十年的反思活动，有同学提议制作电子版的南师附中文革反思录。在大家积极响应下，这个由几十篇回忆文章组成的汇编终于成行，并在“南师附中老三届”班级教室发表（有 16 位海内外校友参与）。

5460. net 的“南师附中老三届”，于 2007 年 3 月搬到新浪博客。此后，网站经多次搬迁，最终留在了谷歌旗下的 nsfz2. wordpress. com。

“南师附中老三届”网上文章与评论的主流观点是：文革是一场残酷的政治迫害；南师附中受迫害一方的学生，同参与迫害的红卫兵之间长达两年的对抗，是迫害与反迫害的斗争。南师附中老三届网文汇编的出版，把南师附中文革迫害与反迫害的历史，实实在在地记录了下来。

南师附中老三届网的校友们，在对的时间，做了一件对的事情。

傅中人

2022 年 10 月 8 日

目　录

96. 我与陶强老师

吴小白（68 届高一甲）

96.1.文化大革命运动中的陶强老师

一九六二年我进入南师附中读初中，就听说当时学校里有几位学业上很拔尖的老师，数学教研组的陶强老师就是其中一位。但由于陶强老师从未教过我们，对她即不认识也不了解。

一九六六年，文化大革命的序幕拉开了，部分学生首先将斗争矛头指向校内执行“反革命修正主义教育路线的”的出身不好的老师身上，特别是一些地富出身老师和反动学术权威首当其冲。南师附中在“革命小将”的眼里是封建主义、资本主义，修正主义的“温床”，是藏污纳垢的场所，套一句当时的俗语就是“庙小妖风大，池浅王八多”。运动开始时，学校的大字报上今天揪出一个老师是地主分子，明天又揭发了另一个老师是资产阶级小姐。（直到现在我认为是学校有人故意泄露教师出身的档案，确实也起到延缓火烧校领导的事态过早发生的作用。）这时的陶强老师“曝光率“很高，与老教师吴寿玉、季廉方等并列为大字报火力最集中攻击的对象之一。随着文革运动的发展，二报一刊的社论阶级斗争的调门越来越高，南师附中部分学生的行为越来越偏激，也是受到学生“革命行动”的感染和敦促，部分老师也开始揭发校内的“反动学术权威”。

八月初的一天早上，东一楼及高中部大楼之间的空地上人声鼎沸，一批干部子弟学生正围着耷着脑袋的陶强老师，初中的几个军干、烈士子弟表现得特别活跃，外面围着一、二百名观看的老师和学生，声讨和叫喊声一片。周围的墙上已经贴上“打倒反革命分子陶强”之类的标语。听说是陶强老师的保姆控告她打坏了毛主席的石膏像，并为了毁掉罪证，将石膏像用锤子打成碎片，准备倒垃圾时扔掉，这在当时可是滔天大罪。陶老师低着头，面无表情，一声不吭，可能是被批斗得太多，感情已经麻木了。而学生们激昂的演说和口号声此起彼伏。

这时，据说是陶老师的弟子的杨老师捧了一叠书从楼梯上下来，把书扔到陶老师的脚下，几乎是声嘶力竭地说：陶强一贯对青年教师进行腐蚀拉拢，这是她送给我的参考书籍，以骗取我的好感，今天我是彻底地看清了她的反革命面目。我从今天起与她划清阶级界线，一刀两断。说完后又返身跑到楼上，举着一块手表跑到陶老师身边，将手表扔到地上说（当年的一块手表可是非常昂贵的物品），这也是她收买我的罪证，今天我告诉你，你的阴谋是不会得逞的。

另一位闵老师平时文质彬彬，说话细声慢语，这次也用义愤填膺的表情扔掉一些陶老师送她的小礼物，并气冲冲地说：你用小恩小惠来拉拢我们青年教师，来腐蚀我们，我们要告诉你，这一切都已经完全失败了，从今以后起我与你划清界限。

两位老师慷慨激昂的表现和演说博得热烈的掌声，“打倒陶强”的口号声越喊越响，有几名初中同学将口水唾到陶强的脸上和衣服上。直到中午，当时还没有被冲击的沙尧出面收场，代表校领导表了态：一、支持革命小将的行动，这体现了革命小将的政治觉悟；二、斗争要有理智，要有策略，要做长期的打算；三、陶强要彻底交代一切问题。今天的活动到此为止。

当同学们散去之后，我看到陶老师弯腰拾起脚边的物品，默默地回到楼上的教研组办公室。没过几天，随着人民日报社论“横扫一切牛鬼蛇神”的发表，社会上出现“抄家”和“牛鬼蛇神游街示众”的狂潮，南师附中的“革命小将”们可能觉得仅是喊喊口号、贴贴大字报已不过瘾，要让“地富反坏右”份子们精神和肉体上都受到摧残，受到震慑，在高中干部子弟的支持下，初中的一批干部子弟再次发难，给几名女教师剃了阴阳头，做出了又一件伤天害理的事情。

那天早上，部分干部子弟显得特别忙碌和兴奋，很快在五四草坪到建国院的通道处聚集了几十名“革命小将”，从教室里搬来了几张椅子，几位“革命小将”站在椅子上发表了一番激昂的演说，表示了斗争的决心，一位同学拿来了剃头的推子和剪子（应该是从校门口的理发店拿的）。在分工之后，“革命小将”派出几小群人，将陶强、吴寿玉、吴至婉好像还有王倚琴等女教师分别连推带拖强行拉到人群中，剃头的人站在凳子上，不由分说地拿起剃头推子就剃掉几位女教师一半的头发。在剃的过程中几位女教师都泪如泉涌，失声痛哭，但在一百多同学的包围和挟持下，只能就范。每剃完一位女教师的阴阳头，都引来一阵欢呼喝彩和鼓掌之声，这欢呼声盖住了女教师的啜泣声。

第二天，几位女教师到校时头上都戴了帽子，陶老师头上就戴了一顶男士有沿帽，见人都低着头，躲躲藏藏，显得极不自然。我当时就在想，这些女教师回到家中，与丈夫、子女见面时，将是怎样一幅凄凄惨惨，悲悲泣泣的场面。如果把这一切丑恶的事件，仅归结于青年学生冲动的革命激情，显然是远远不够的，还不能让人信服地解释当年无缘无故地捆人打人，剃女教师的阴阳头，剃同学的阴阳头，抄老师和出身非红五类同学的家，把人装入麻袋丢到河里等一系列暴虐的行为，对人格尊严的极端的嘲弄。

在当时，六六年的七、八、九月，这样的一幕幕的场景几乎天天发生，不久陶老师和其他的“地富反坏右”老师很快就被赶到红卫兵成立的劳改队，成为初中红卫兵看守们的虐待对象。每天，这群老师被挥舞着皮带和短棍的红卫兵押着，打扫厕所，种菜浇花，反正每天都得干活，受到的只是呵斥和抽打。

而我们这些非红五类子女，也面临着“挖烙印”，回家“造反”的越来越大的压力，自顾不暇。劳改队直到十二月份解散，被劳改的老师活动是可以自由了，但“地富反坏右”的帽子还没有摘掉。

96.2.与陶老师的相识相知

我与陶老师的真正交往是六年后在一九七三年开始的。那时我在一个不大的工厂当工人，我的班组来了一名青工，是紫金山天文台职工子女，知道我是南师附中的毕业生，告诉我陶强老师是她的邻居，都住在北京东路天文台职工宿舍区，相隔几个门洞。当时我想到陶强在文化革命中的遭遇，心怀同情，也正好了解一下她现在的状况，在陶老师还比较落魄之时，希望我的访问能给她带来少许的安慰，附中人在一起也有一种亲切感。我主动提出去拜访陶老师，陶老师听说附中同学来访，很是高兴，几天后，由那位青工引路，我来到陶老师家。

第一次见面，我讲述了自己在南师附中的经历，对陶老师在文革中受到的伤害表示同情，各自讲述了自己在附中文革运动时的感受，真诚的交谈很快拉近了我们尽管身份和经历不同，年龄相差三十年的师生的心理距离。第一次见面分手时，陶老师说她今天很高兴，希望我今后能多到她家聊聊天，我也欣然答应了，并从此开始了我与陶老师七、八年的交往。

在以后的时间里，我一般每隔十天半个月到陶老师家去一次，谈话的内容也十分广泛，从日常生活的琐事到身心的感悟，从时政新闻到小道消息，没有忌讳，没有隔阂，才可能自由地表达观点，自由地交谈。陶老师虽然在文革中给我的印象是寡言少语、不苟笑容，但在日常生活中却是一个性格外向，能言善辩，有诙谐幽默元素的人。只是当时的政治气氛压抑了感情的表述而已。在交谈中，我们还提到她的保姆说她破坏毛主席石膏像的事，陶老师说石膏像是小保姆打扫卫生时摔坏的，怕给发现了，就栽赃说是我打坏的。说到此事，多少年之后她是仍有余愤，说：我对她那么好，她却陷害我，真是养了白眼狼。

对当时两位青年教师扔还她送的物品及与她决裂的事，陶老师很大度：在当时的环境下，他们这样做也是没有办法的事，以后他们也都对当时的行为道了歉，我早已不计较这件事情了。

谈起文化大革命初期周钦被捆绑示众一事，陶老师说周钦很可怜，我与周钦当时都在学校劳改队，私下里谈到此事时，周钦都哭了几次。后来文化大革命结束没一年，周钦得了肺癌症就去世了。陶老师很为周钦鸣不平。其实，在无产阶级专政的名义下，产生了多少冤、假、错案，整人者飞黄腾达，说不定已忘了曾被他迫害过的人，而受迫害者被耽误了青春年华，沉沦在社会生活的底层，甚至失去宝贵的生命。

谈起在劳改队的经历，陶老师也谈到了一些苦中作乐的回忆，当年的劳改队的老师们，都是天涯沦落人，已经放弃了原先的隔阂，背着红卫兵看守相互交流，相互关心，大都成了要好的朋友。

有一次见面，陶老师高兴地告诉我，南师附中准备恢复她教师的身份，让她继续教数学课了。陶老师是既兴奋又紧张，兴奋的是终于又可以站到讲台上教学了，重新找回做教师的尊严和感觉，这是她梦寐以求的事，说话之时兴奋之情溢于言表。但又怕自己多年没有讲课，对教学内容和教学方法都生疏了，怕由于自己的表现得不到学生的认可，现在正拿起课本抓紧时间复习。从她的话里我看到陶老师对教学的严谨和对学生认真负责的态度。我表示祝贺陶老师走上课堂教学的愿望终于实现了，并说：你是老教师了，教学是小菜一碟，不必太紧张。

直到前段时间我上“南师附中老三届”博客，看到一位附中校友记录的他看到陶老师上课的场景：在陶老师上课时，班上的许多学生在起哄，要赶走这位文化大革命中被揪斗的“地富反坏右”老师。而在一片起哄声中，陶老师依旧在认真地、一丝不苟地讲课。看到这里，我的心真是很痛，为陶老师痛惜，文化革命当时虽已结束，但流毒还依然存在。

不久，好像就半年左右时间，陶老师告诉我她已经正式退休了。

96.3.陶老师的丈夫张钰哲先生

说到陶老师，必须讲到张钰哲先生。张钰哲先生是紫金山天文台的台长，中国现代天文学的泰斗，世界著名天文学家，他发现的小行星被命名为“张钰哲”星。我第一次到陶老师家，她就让张先生出来跟我见了一面。张先生个子很高，身材瘦削而挺直，皮肤白皙，像欧洲人一样。早年的国外留学生活养成了他的品位和儒雅，给人一种油然而生仰慕的感觉。天文台台长一职虽由他担任，但真正的行政工作由他的得意学生，现任的副台长主持。他到天文台上班有吉普车接送，回家后的大部分时间都在他的书房兼卧室内看文献和资料。在天文台他的群众关系应该很好，他不摆架子，见到邻居和职工都随和地打招呼。工作中不会得罪什么人，想必文化大革命中也不至于太受罪。

张先生是一个典型的陈景润式的知识分子，不谙世事，不懂关系学，更不了解政治斗争。除了在专业上的问题，其他方面话题他很少交流。

张先生的起居衣食完全依赖陶老师的照顾，出门穿什么衣，中餐和晚餐吃什么（早餐是牛奶、鸡蛋、面包，），生病时什么时候吃药，都由陶老师安排得井井有条。张先生只要出门远一点，陶老师都要陪同，怕他迷路。如要会客，是领导还是同行，陶老师都要关照他该说什么话，不该说什么话。开会或会见友人，只要有机会，陶老师都会陪同，谈吐得当，最能调节气氛的，一定是陶老师。

陶老师整个把张先生照顾成一个大孩子，有时管得太多，张先生觉得受不了，会反驳她几句，这时的陶老师是你说一句，她说十句，排山倒海似的火力会很快把张先生压制下来，翻来覆去的是说我对你怎么好，你怎么体会不到等等，争论的结果总是以陶老师的胜利而告终。

陶老师与张先生的爱情据说也有传奇的色彩，陶老师在年轻时听张先生讲课产生爱慕之情，主动发动“攻势”，终于使张先生动了心。陶老师对张先生十分珍爱，把全部的感情都给了他，从各方面都照顾他，使张先生也越来越依赖陶老师，以至到了现在两人谁也离不开谁。

陶老师跟我说过：对文化革命初期她在南师附中所受到的迫害，

心理和肉体上的摧残，她不能告诉张先生，怕他有思想负担而挺不下去。这种深刻的情感，只有真正的患难夫妻之间才会存在。

96.4.与陶老师的交流花絮

通过交往，我看到了与在南师附中所见不一样的陶老师，一个真实的陶老师：待人热情，希望别人能接受她的赐予；思想活跃而兴趣广泛，谈到入迷时能发出童稚般的兴奋；包揽一切的家庭主妇，甚至把老公的生活起居、联络交际都包揽起来；爱使小性子、有时甚至有些冲动、有主见的女强人。

陶老师是一个热情好客的人，有时能热情地让人受不了，我在她家，每次都受到热情好客的接待。开水和茶饮当然少不了，只要她家有什么零食，一定会拿给我品尝，夏天是冷饮、西瓜，冬天是香蕉、苹果。她非要你吃了才高兴，否则就劝个不停。这使我想到她在文化革命初期被批斗时，两位教师扔还的物品，那仅是陶老师对人关怀的表达而已，而自己却从不需要别人的施舍，却被歪曲成腐蚀青年教师的手段。

陶老师没有大家闺秀的矜持和谦和，更多的是心直口快，勇于表达自己的观点。她年青受过良好的教育，使她身上总显露出一种与生俱来的高雅和优越。作为开放的性格，她的思路经常会飘忽不定，从一个语题跳到另一个语题，正在说话时，她能停下来话题，吩咐保姆新的任务，或者嘱咐她的张先生要注意的事情，这时，她有一种指挥若定的满足感。

陶老师的热心还表现在利用自己的交际能力为青年人介绍对象。我知道在附中同学中介绍成功的就有一对。她也很关心我的婚姻问题，为我谈恋爱一事找熟人进行搭桥沟通。还为我介绍了南京知名的优秀老师的女儿与我相见，也是缘分不够吧，这次陶老师没当成月老。后来我有了女朋友之后，还特意带她到陶老师家，让陶老师评价一下。后来我结婚时，陶老师还特意到我家登门拜访，送了我一个结婚礼品，是一个当时比较流行的贝壳画，礼品虽不贵重，也表达了陶老师的一份心意。

陶老师的儿子儿媳都住在美国。有一年回国探亲，我正好遇上。陶老师儿子身材高挑，十分瘦削，脸部棱角分明，只是皮肤黝黑，一点不像张先生的白晰肤色，经常穿着的是宽松的吊带裤。陶老师的儿媳妇在美国当钢琴老师，中国人，个子高，白皮肤，很富态。孙女儿五、六岁了，胖胖的圆脸，小嘴巴很甜。婆媳关系有些微妙，陶老师私下里抱怨过，儿媳妇没有照顾好自己的丈夫。我倒不认同陶老师的这一观念，陶老师是一个要求严格的主妇，现在年轻夫妇相互间都有一定的自由度，不能以传统的眼光看待，在国外更是如此。

96.5.曲终人散之时

文化大革命结束后，被颠倒的现象又纠正过来，社会秩序得到了恢复。这时的张钰哲身上的各种职务和荣誉接踵而来，作为其夫人的陶老师也跟着身份倍增。一次，重要的国际友人指名要来访问张先生，这人就是国际天文学界泰斗，当值的世界天文学会联合会主席，这可急坏了人大、政协和天文台的领导，张先生原居住了几十年的住房客厅太小，卧室只有两间，不够档次，让张先生搬新家，张先生夫妇对住了几十年的地方有感情，不同意搬家，最后只得让后一幢的一家住户搬走，把这家的住房改装成张先生的大会客室。在这个大会客室接待了国际友人，后由张先生一直留用。

由于张先生夫妇地位发生了巨变，原来比较冷清的客厅经常是人流不断，有老友的重访，有领导的慰问，有求张先生办事人的造访，我有时到她家还没谈上几句话，又有客人前来拜访，张先生对待人接物总是有些木讷，陶老师接待客人得心应手，滴水不漏。我坐在一旁总有些碍事，就借故告辞了。

特别是我成婚之后，家务事也多了起来，去陶老师家的次数越来越少。最后一次到她家，只看见几个装修工人在干活，原来是天文台领导要修缮她的住房，就把张先生的家给临时搬走了，而且是一搬走就要一年半载才能回来。由于不知搬到什么地方去了，我以后再也没有找到过陶老师。

几年之后，从报纸上看到张钰哲先生过世，省政府有关部门为他举办隆重的追悼会。以后又碰到第一次带我到陶老师家的青工，她告诉我，自从张先生过世后，陶老师思恋成疾，得了精神病，不久就去世了。我听了是唏嘘感叹。陶老师把张先生看成大孩子，实际上是太爱张先生了，一定要把他呵护在手里才放心。想到陶老师曾说过：文化革命受冲击心情最压抑的时候，产生过自杀的念头，但想到张先生需要照顾就咬牙挺了下来。一旦张先生走了，一个可倾诉可拌嘴的人没有了，一个可以精神寄托的人没有了，内心的感情没有地方宣泄，陶老师精神难免崩溃了。

现在陶老师已经离开我们二十多年，看到博客上写有纪念她的文章，我想，我与陶老师交往近十年，写出来的文章应该能从一个侧面反映陶老师面貌。所以，我用这篇文章来纪念南师附中这位杰出的女教师吧。

97. 北京永定门车站大逃亡

戴相陵（66 届初三丙）

1966 年 12 月 11 日是我们在北京的最后一天。上午，我们去了中国美术馆。这是我对这座宏伟建筑的第三次造访。中国美术馆雄伟壮观，可以百看不厌。我们三次造访，倒不是对里面的展览有多大的兴趣，而是中国美术馆是为了 1959 年国庆十周年庆典，新建落成的北京十大建筑之一。她与人民大会堂、人民英雄纪念碑、历史博物馆、军事博物馆、民族文化宫、农业展览馆等著名的新中国建筑齐名。外加上她位于西长安街上，多路公交车路经停靠，交通十分便利。于是我们有时就情不自禁地下车，再次观赏了。

中午，我们去玩天坛公园。天坛我是在邮票上和扑克牌上知道的。当时，镶在上天坛的石梯中间的大面积白玉石雕，全抹上了一层石灰泥。这是保护文物的好办法。在石灰脱落的边缘，我可以看出石雕中龙飞凤舞的辉煌。我们没有忘记著名的天坛回音壁，那是物理课声学部分必提的老祖宗的智慧。我们到达回音壁时，周围几乎无人。我们试着喊话、击掌、拍壁，都达到了教科书上的效应，不由暗暗称奇。

下午回到菜市口中学准备归途的行装。我们要赶半夜的车回宁。那是 605 次北京到福州的红卫兵专列。我们当晚在车站的故事，也有点传奇，不管是我们、还是护送我们的解放军叔叔。

晚饭后，我们一行五人，指导员、那个战士、李惟德、蔡钟业和我，抵达了北京永定门火车站。我的行囊里多了一个包，装着三人两天的干粮。清一色的北京火烧和几块咸大头菜。

车站广场上灯火通明、人声鼎沸，挤满了归心似箭的外地师生。我们走近一看，车站入口的大门紧闭，不准任何人进入。旁边贴有安民告示，其中提及北京/福州的 605 次车已经满员、停止检票。我们大吃一惊，因为此时离开车至少还有两个小时。解放军马上想找车站交涉，可是那注定是白搭。且不谈那是个凭力气、不凭车票上车的年代，车站大门关着，周围全是人，可就偏偏没有车站工作人员。

这是我们回归中第二次上车遇阻。沮丧着脸，我们垂头丧气地顺着车站的外墙，茫然地向前溜达，各有各的心思。我们是回家心切，解放军是伤脑筋。他们迄今还没有完成护送任务，而在后天他们将奉命撤出学校。

话说我们毫无目标地向前走了二十多米后停了下来。这时发现眼前的这段墙，位于车站的两座平房之间，大概有丈把长。而这段墙与众不同，它不高，踮起脚、手一伸，就能搭在墙头上。这里已经远离车站大门，四下静悄悄的漆黑一团，就我们三个学生两个军人。再仔细听听墙里面的动静，虽然还是车站，可是一点声响都没有。

此时此刻，天时、地利、人和俱全，还能犹豫不决吗？天时是天下大乱，上车凭本事、不凭票。地利是车站墙内墙外，就我们五个，没有他人。而且墙体不高、可以翻越。人和是万众一心，我们急于走人回家、解放军急于送客完事。只见指导员一个眼神，那个当兵的就一手搭墙、一个前滚翻、嗖的一声，就越过围墙、跃入车站。真不愧是 1962 年参加过全军大比武的老兵，与“二百米内硬功夫”比，他这一跃，恐怕只是小菜一碟。数秒钟后，里面传出暗号，平安无事。紧接着，只见墙外的指导员手推肩扛、墙内的战士连拽带拉，我们三人连扒带滚地一个个翻墙进了车站。我排第三，指导员押后。一切还算顺利，只是当我双脚沉重落地时，仍然有了节外生枝。

我背的干粮袋突然崩盘，几十个火烧骨碌碌地滚了一地。几乎是同时，后面的指导员也跟着轻身着陆。四下仍然是静悄悄的，到底是走人还是要粮？如果为了干粮而贻误战机，我们被人发现给捅了出去，我等革命小将肯定没事，但那指导员可要记过处分，那个当兵的可能要提前复员回家种田，档案里还得带上一笔啊。此时无声胜有声。只见指导员眉头一皱、又是一个眼神，我们马上在黑暗中马不停蹄、七手八脚地把一地的火烧全都回收进了干粮袋里。在确定人财两不空后，我们赶紧顺着内墙向明亮的月台方向走去，很快就混进了人群中。这一场无声的惊心动魄，前后一共大概才五分钟。

没想到月台上的情景也不容乐观。这里人头攒动。停着的几列车次，门窗紧闭，里面塞满了待发的学生。这时只见一股人流迎面冲来，我们急流勇进，可是回头一看，不见了蔡钟业。指导员一声令下，我们赶快四下寻找大叫。可是搜寻最后以失败告终，蔡钟业走失了。我很清楚，他身上既没钱、也没粮。

我们找到了那趟北京/福州的专列。可是它和其他列车一样，门窗紧闭，里面满满的，连立足的地方都没有。指导员带着我们一节一节车厢地试运气，终于鼓足勇气，敲了其中一个车窗。希望上面能高抬贵手，开窗让我们爬进去。可是里面连睬都没睬我们。正当我们毫无希望地继续一节一节车厢看的时候，那四位上海 101 技校学生熟悉的面孔出现在一个车窗里。我们大喜，指导员立刻急敲玻璃。车窗打开后，下面又是一阵肩扛手推，把我和李惟德塞进了车里，然后再把行囊和干粮袋扔了进来。

里面原来已经人挤人了，是碍着解放军的面子，人家才让我们挤入的。所以我俩起初只有四只脚的地盘，动弹不得。很快我们就坚持不住了。于是我们开始四下挪动扩张，终于把一个背包放在了地板上，马上坐了下来。我们也奇怪上海同行竟如此神通广大，能早早入座。他们说，当他们阴错阳差地混入时，所有车厢都是空的。黑暗中到达这个车厢时，无意低头一摸，竟是皮椅，于是就毫不犹豫地坐了下来。

又磨蹭了一个时辰，火车一声长鸣启动了。我们和车下的解放军叔叔挥手告别。凌晨三四点钟，列车抵达天津。稍做停留后，就进入津浦线，一路向南开去。中午列车停靠济南站。月台上在卖苹果，两角钱一袋。买了两袋，其中一袋，只有两个特大的。咬了一口，面面的，像山芋一样，几乎没有苹果味。

12 月 13 日上午七点四十分，列车抵达南京江北的浦口车站。当时南京长江上还没有桥，我们乘摆渡回到了南京。我的文革串联到此结束。

从 10 月 19 日到 12 月 13 日，在为时几乎两个月的串联时间里，我去了上海、杭州、南昌、长沙和北京等五地。到了家，第一件事就是直奔碗橱。看见里面有半碗剩下的冷肉，就不管三七二十一，用手拈起就往嘴里送。口中吃着，还念念有词：好几天没有开荤啦。

家里人没敢让我立脚，就打发我上街去理发洗澡，生怕把虱子跳蚤带回家。有两个月没剃头了，头发根有两寸长。理发师傅给我洗头时，惊奇地发现，冲下来的水竟是黑的。他口中嘟嘟囔囔，给我上了第二次肥皂，冲了第二次头。等我洗澡回来时，一个澡盆在门外严阵以待。家人把我换下的衣服如数全部投入盆中，用开水冲烫。

大串联的意义

几十年过去了，我们反思文革时不禁要问，大串联的意义何在？

我随意地在网络上搜寻过关于大串联的回忆文章。基本上都是当事人在回忆串联的片段和过程，几乎没有涉及大串联的意义的。而且，像我一样，绝大多数作者，都是用津津乐道的语气来写大串联的。

其实，对文革的发动者和鼓动者来说，大串联，只不过是他们在第一年的文革大棋盘上走出的一步棋而已。而这一步棋，当时对文革，确实起了推波助澜的作用，“使广大群众真正地发动起来了”。照这个说法，我们这些大串联中的“马前卒”，就没有什么可值得宣扬的地方。既然文革要全盘否定，那么作为其中一步棋的大串联，是否也要全盘否定？

首先，既然一经提及大串联，大家至今还在津津乐道，这就是说，这里不乏、并有的是大串联的受益者。还是以本人为例。回顾漫长的十年浩劫，我的心情一直可以用郁闷不乐、提心吊胆、胆战心惊、灰心丧气、希望渺茫等词汇来描述。可就是在大串联的短短两个月的日子里，心情是相对愉快的。至少在这期间，我暂时从本校文革的禁锢中解脱了出来，从血统论的肆虐中解脱了出来，找到了一点自我，感到了一点“自己解放自己”和“人人平等”的感觉。

再从国民经济的角度去衡量。文革爆发前的1966年春，是经历了“三年自然灾害”后，我国向全世界庄严宣告“中国国民经济已经全面好转”的第三个年头。曾记否，刚刚摆脱困境的举国上下，是初显繁荣、蒸蒸日上、国泰民安的。如果说在十年以后，即1976年文革结束时，国民经济已经折腾到了崩溃边缘的话，那么1966年的大串联，则是开始搞乱国民经济的第一步。

为时几个月的铁路和交通部门的免费放行所引起的混乱，几乎迫使这些行业停顿下来，影响了整个国民经济的正常运转。这是共和国史上不多见的、人为的、明目张胆的，以牺牲经济为代价来推动实现政治目标的决策之一。早在串联期间，我就听见有人在感慨国家为此花了很多钱。接着有人就出来安慰，说拿前一段时间红卫兵破四旧抄来上缴的黄金和浮财做抵消吧。现在想想，这又是一种多么骇然和不公正的抵消。

中间大、两头小。就当年的师生参加大串联的表现而言，也是这样。一头是“真正的革命者”。他们到了一地，就参加和融入了当地的运动。或者煽风点火，或者把文革火种带回自己的学校。另一头是游山玩水者。他们一开始，或者从表面上，还是在抄抄大字报、走访各地的机关学校的。可是到了后来，他们的游山玩水走向了公开。

幸运的是，当时大多数人都偏向于后一类，我也是其中之一。当然，游山玩水，大概是文革辞典中的贬义词。经风雨、见世面，饱览祖国大好河山，才是恰当的描述。而这些，对一个年轻人来说，当然是十分有益的。那么，国家花了这么多的钱让我们走遍全国，受益者是否要引咎自责？那要看这笔钱要是没有投在我们身上，可能会投在何处了。在那个国家重大预算支出是一两个人说了算的年代，这笔资金的投向是很难预测的。

能投在了国计民生上固然好。但有可能送给越南了。在那个抗美援越的年代，他们那些“同志加兄弟”的吃穿住行，还有枪炮子弹，我国包下了。一颗子弹三角钱、一发炮弹一两黄金。也有可能换成了外汇，从第三国搞到了连我国自己都没装备上的昂贵武器，支援阿尔巴尼亚去对抗苏修了。在那个反修的年代，阿尔巴尼亚是“欧洲的一盏伟大的社会主义明灯”。还有可能，后来用在追加在对罗马尼亚发放的赈灾款项上了。在那个四面树敌的年代，这个国家的独裁统治者齐奥塞斯库，是我国周恩来总理的座上宾。

以下是网友议论：

王虹：首先是体制不对头。在一个民主制的社会是不需要这样串联的。打一个不很恰当的比喻：串联好比是“放风”，对于自由人来说，放风毫无意义。可是对于犯人来说，放风就很重要了。如果我们的报纸，电台都能够如实地反映各地，包括北京的信息，人们还需要去挤火车吗？一个闭塞的社会，事实扭曲的社会，其国民如同生活在监狱中，什么信息也没有，当然渴望放风。放风显然是有利于犯人的。犯人渴望放风，更渴望自由。所以还是应该从根本上下功夫。话说回来了，大串联对当时社会状态下的人们来说，显然是件好事情。如果不是大串联，南师附中就不会出现红联，血统论的迫害将继续盛行下去。串联是当时了解信息的唯一有效渠道。

98. 知青屋

草茗（吴超明，66 届高三丁）

去年五月，我回到久别的故乡—南京，去参加母校东南大学（原南京中央大学）一百周年校庆，顺便探访一下亲戚朋友。有一天，我的好朋友徐群打电话来，问我想不想到从前插队的地方去，看看我们曾经住过的那个“知青屋”。好啊！我高兴地喊道，离别它已有三十年了，真是很想去看看那里的变化。

挂了电话，心中却不能平静，往事一件一件地浮上心头。

那是在一九六八年冬，在经历了两年多“接触人类灵魂”的文化大革命后，毛泽东发出了“知识青年上山下乡”的号令。全国成千上万的初高中学生，不管自愿还是非自愿，一律得撤销城市户口，分配到农村，去“接受贫下中农的再教育”。那时，我在高中，妹妹在初中，一家摊两个该下乡。学校和街道居民委员会的人，深更半夜敲锣打鼓到家里来动员，美其名曰“最高指示不过夜”。学过指示后，拉着我表态。你是下乡还是不下？如果不下，那你们的父母是怎么教育的？他们也得表态。他们如果不支持你们下乡，就得联系他们的单位，好好帮助帮助他们。总之，不把你兄妹俩动员下乡，我们决不收兵！我一听暗暗叫苦，我爸我妈在单位都是批斗对象，哪能再给他们添麻烦呢？所以赶紧说，我下乡，我下乡！于是第二天一早，一份“批准书”就送到了，上写：某某同志活学活用最高指示，自愿申请上山下乡，经研究光荣批准……就这样，我带两个男同学：群和大恒，妹妹带两个女同学：杏华和稚文，组成一个知青家庭，来到江苏省北部一个叫高堰的农村安下家。

群开着他崭新的桑塔纳轿车来接我，后面还坐着他的儿子小飞。“让他来接受教育，了解当年我们是怎样生活的。”群微笑着说。他现在是一个中型公司的老总，五子登科，应有尽有。唯一缺的就是像当年我们住过的那种知青屋，那种能让下一辈体会什么叫艰苦的环境。车在宽敞的高速公路上飞驰，刚过长江大桥没多久，就来到洪泽湖畔，再往前没多远，就到了淮沭新河的堰堆。车速一下就慢下来，原来堰堆上的路年久失修，坎坷不平。“还记得当年咱哥们儿是怎么来这儿的吗？”群一边紧把着方向盘一边问。当然，绝对记得！随着颠簸，我不由地想起当年离开家的情景。

一九六八年的年底，南京长江大桥即将通车。为了配合地方政府的工作，南京军区调动一百多辆军用卡车，来运送我们这批“自愿上山下乡”的知青。我记得，临行前的晚上，在单位遭到大字报批判而惶惶不可终日的父亲，抑制内心的痛苦，很专注地为我和妹妹准备行装。经过几次抄家，家里已没有什么值钱的东西。为了不让我们受冻，他把自己大床上的棉垫一剪两半，分别给我和妹妹用。多少年来，父亲戴着老花镜在灯下为我们一针一针地缝垫套的情景，一直定格在我的脑海里，那真是“可怜天下父母心”呀。临行那天清早，天还没有亮，母亲就下床，特地买了我们喜爱的糖心烧饼，送我们到集合地点。当时天又黑，人又多，吵吵嚷嚷，挤挤撞撞，好不容易找到我们的卡车，匆匆忙将行李扔上车，再爬上去。这时，车篷帘子就放下了。大喇叭里宣布：百辆军车浩浩荡荡通过长江大桥的壮举开始啦！为什么称是壮举？你想，军车送知青下乡，既说明军民鱼水情，又是响应毛主席知青上山下乡的号召。而南京长江大桥又是自行设计，自行制造的。百辆军车往上通过，该有多大的政治意义呀，不“壮举”才怪哩！大喇叭里雄壮的音乐声盖住所有的哭爹叫娘声，我们就藏在军车里，上了桥，离了家。我一直后悔没来及向母亲道个别，请她放心回家去。事后才知道，她和杏华的母亲，边哭边喊我们的名字，跟着军车走，一直从珠江路（我们集合地点）走到盐仓桥（大桥的入口），大约走了七八里路。最后眼也哭肿了，脚也打了泡，被卡在大桥入口处不让进，这才伤心地离开。每每听母亲谈起此事，我心里都是一酸一酸的。唉，人世间有什么能与母爱相比哇！即使在那个失去理智的年代，母爱的光辉仍能穿透层层屏障，温暖着我们子女的心田。

车队下了大桥，转东奔杨州，因为当时南京去淮阴的路况很差，只能绕杨州沿淮杨公路北上。一路上，风雨交加，车帘不能开。四五十个娃娃缩成一堆，有的叽叽咕咕在小声说话，有的呆坐一旁，默默想心事。我则是一块又一块地吃烧饼，逗得周围女生直乐，称我是“大肚汉”。她们哪知道，我这是“借饼浇愁”哇。傍晚时分，车队到达淮阴县。我们约有三百多人下了车，被带到县委礼堂等候。其余大部分车队是去涟水，泗洪，泗阳等县的，它们只是穿城而过，继续北上。淮阴县委的礼堂并不大，三百多人把它挤得满满的。我们随地而坐在各自的行李上苦等，一直没有人接待。外面大雨如注，狂风呼啸，透过那年久失修的门窗，带来一阵阵寒气。人群中有人开始骂娘，还有人砸坏几把椅子，点起篝火取暖，礼堂内一片乌烟瘴气。大约等了两三个小时，才有一个干部模样的人进来，他首先代表县委欢迎我们，又说刚刚开完紧急会议，向各公社落实了知青的安排。现在各公社书记开始来领人啦。接着就开始报名单，这才知道，我们被分配到高堰公社。于是又装上行李爬上车，向公社出发。过了二河闸，便上了堰堆，汽车开始颠簸起来。我们坐在车厢里，就好像热锅炒蚕豆那样，上下蹦砸着。不知过了多久，才听到外面有人喊，到了，到公社啦！探头出去一望，只见雨住风停，天已转晴，一弯新月，挂在明静的夜空。大概是半夜时分了，公社大院依然熙熙攘攘挤满了人，原来是各大队书记带着他们的生产队长来接知青，已经在此等候多时了。又经过一阵忙乱，我们终于搞清，是被安排到民主大队第三生产队落户。

“到了，到公社所在地啦！”群的声音把我从回忆中惊醒。定神一瞅，吓了一跳。这哪像当年公社的样子？房子全没了，一片平地，只有那只古代用作定水的铁铸水牛还趴在高高的青石台上，和三十多年前所见一样。于是赶紧下车，找老乡打听是怎么回事。始知公社体制早成历史，现在改为乡政府。当年的高堰公社已被拆销，把它一分为二，南面归给赵集乡，北面归给陈集乡。那民主大队第三生产队到哪去了？我们继续问。嗨，早已改为孙庄啦，归陈集乡管辖。谢了老乡，我们驱车下堰堆直奔孙庄。一路景象，好像认识，又感觉生疏。群的记性真好，兴致勃勃地指东指西，告诉儿子，这是当年公社医院，那是当年公社粮站。记得有些知青，到粮站买米时，趁着管理员不注意，拧开油开关就喝几口。那是新榨的菜油，可香啦。但是这样喝下肚，十有八九非拉肚子不可。那他们为什么要喝呢？小飞不解地问。因为饿呀，孩子，你尝过饥饿的滋味吗？你尝过长期以山芋（红薯）和山芋干当主粮，没有油荤的滋味吗？我下意识地按按自己隐隐有点痛的胃部，多年来慢性胃炎的病根，就是在插队时落下的。记得刚到达生产队的那天夜里，队长把我们安置在一间低矮的茅屋内，为我们端上热腾腾的饭菜。哇，那是什么呀，一锅玉米粥和一盆熟山芋，外加一碟咸菜。我曾听别的知青说，他们刚到农村时，生产队杀猪宰羊地慰劳，可我们这儿却这么寒碜！队长似乎看出我的心思，面有难色地说，我们这里比不上富裕地区，就请将就一下吧。后来我才知道，政府当时拨给每个知青 230 元的安置费还没有到位，生产队又是一贫如洗，很多老乡都揭不开锅。我们能吃到这些东西，在队里算是高档次的，真难为队长了。队长还说，这间房子正好空着，你们男生暂时先住这儿，女生就安排在隔壁的张老巫家。她男人在外地工作，家有空房。等明年开春时，再抽空给你们盖新房。环视一下，这房屋又矮又小，与我们城市的房子根本不能比。不过，收拾得还蛮干净的，堂屋里锅灶齐全，还有简单的桌凳。里屋与堂屋以玉米秆篱笆相隔，里面满满排着三张土制小床，间隔都不到一尺。听说不少生产队都没有现成的房子，知青一开始到那里，只能住在队里的仓库或牛棚。我们哪来的福气，刚来就有房子住？队长微微一笑说，如果满意，就把它当作自己的家吧！这就是后来被老乡亲切称呼的知青屋，这就是我们在那里生活了三年的知青屋，这就是蕴藏着我们当年所有欢乐与苦恼的知青屋！每天，随着队长的哨声，我们睡眼惺忪地离开它，下地干活；每晚，做完一天的农活，我们精疲力竭地归来拥抱它。特别令人愉快的，是每每吃过晚饭，在幽暗的油灯下，各人做着自己爱做的事。有人读书，有人写信，有人与老乡侃大山。有些老乡，每晚必来，往墙角一蹲，默默地看着我们，也不说话。直到我们读完书，写好信，聊过天，准备睡觉，他们才离去，多么朴实憨厚的老乡啊！三十多年来，知青屋留在我脑海里的记忆，不光只是间低矮茅屋，更多的是咱们城市娃娃在老乡中受到的那份关爱，那份温情。啊，知青屋，马上就要见面了，你还好吗？

车到孙庄小学，前面没有路了，三人下车步行。向一个老乡打听赵队长在哪住。赵可良呀？他住在大队部，很近。于是三人"悄悄地进村，打枪的不要"，意在给队长一个惊喜。大队部是四间瓦房，是在当年原大队部地址上重新翻盖的。左边那间便是队长家。只见门口有一个小厨房，一位老人在灶台上忙碌着。"队长"，我们一起上前，老人吓了一跳，转过面看着我们，很快就认出来了："哎，这不是大吴大徐嘛！什么风把你们吹来啦？"三十多年没有见面，队长显得老多罗，头发花白，面上也起了皱纹，可是那音容笑貌，谈话举止，还与当年一个样。老人拉着我们进屋，泡茶上烟，滔滔地给我们讲述往事。原来自我们离开后，他当上大队长，带领大家旱田改水田，结束了祖祖辈辈吃山芋杂粮的历史，逐步富裕起来。现在家家都翻盖起砖瓦房，不少年轻人都到外地打工求发展。这不，我的几个儿子全走啦。老伴前几年去世，儿子们都抢着要接我出去住。我说，哪儿也不去，就在这儿待着，我喜欢这里。你看，乡里还特地把这大队部辟出一间给我住。你们要到村里看看？行，先在我这吃饭，完了后我带你们去。老人动作麻利，三下五除二，不到半个时辰，就把饭菜做好了。哇，盐水花生，豆芽烧肉，再加几瓶淮阴产的啤酒，一下就把我们的胃口打开了。我们狼吞虎咽的吃相，引得队长直乐：哎，还记得你们第一天到咱们这儿吃的第一顿饭吗？那也是我给做的。记得记得，刚刚在路上我们还给小飞讲那顿忆苦饭的事哩。老人严肃起来：那会儿真没有办法，巧媳妇难为无米之炊啊。老人似乎还在为当年那个山芋大餐耿耿于怀。老队长呀老队长，这相隔三十多年的两顿饭，虽然大不相同，但都是你尽心为咱们做的。你的这份情意比那忆苦饭甜，比这大米饭香，我们是永远不会忘怀的。

吃过午饭，队长领我们进村。熟悉的小道，熟悉的房舍，不同的是，家家都是清一色的砖瓦房，堂屋里都摞着满满的粮食。老乡们听说大吴大徐来了，纷纷围上来。哎，这不是当年政治队长小周嘛？那时还是个光棍小年轻，被群摔了几跤后，爬起来就喊：咱贫下中农要接受知识青年再教育，逗得大家哈哈大笑！还有那个喜爱说大话的大祥子，被我连破三盘棋后还振振有词地说：第一盘我没赢，第二盘他没输，第三盘我说是和局，他不同意。咳，还有赵大爷，孙二娘，张老巫，……大家都来啦！三十多年了，岁月在每个人的脸上都留下痕迹，但当年他们对咱们知青那种关注，那种信任，那种热情，还和过去一样，从接支烟，点个火，说句话，拉拉手这样微不足道的小事中体现出来，像一团火把咱们心里烤得暖烘烘的。一群人走着，说着，笑着，慢慢就到了张老巫家门前，下一家就是知青屋了。我抬头望去，只见到一片葱郁的庄稼，咦，知青屋到那里去啦？哄闹的人群一下静了下来，大家互相对看着，没人说话。这是怎么回事？群不解地问。这时，老队长走过来说，它多年前已经被拆掉了。为什么？那房子不是很好吗？队长叹了口气，缓缓地说，这事当时不想让你们知道，怕吓着你们，现在事隔三十多年，也没什么必要隐瞒了，让你们知道也好。于是队长幽幽地讲述了下面这段故事。

孙振武是个勤快能干的农民，一米七五的个子，浑身都是力气。凭着他的勤奋和苦干，白手起家，几年之内就攒下一些钱，买下几亩地，还娶了个媳妇。土改时，就因为那几亩地，被定为富农成分，变成四类份子，专政对象。唉，那年头，这事说不清啊。咱们这儿穷，一个富农的生活根本比不上江南农村一个贫农的生活。可是划成分是有指标的，摊上他就算倒霉。不过，振武是个老实人，干活很认真，人缘也好，大家都不把他当外人。你们住的那知青屋，就是大家帮他盖的。后来阶级斗争越讲越紧，公社和大队不断要下来检查，我们才搞个形式，要他定期汇报思想改造什么的，做做样子。文化革命那年，阶级斗争达到顶点。从县里到公社，再到大队生产队，抓革命，促生产。其实，天天开批斗会，根本促不了生产。那时，这些四类分子，牛鬼蛇神最倒霉，经常被拉去批斗。遇到群情激奋时，还要挨打。

我记得那一天是公社开批斗会，要振武去接受群众批判。那天他有点感冒，他媳妇不让他去。他说，不碍事，去去就回。谁知那天县里的造反派有人下来，公社造反派比以往卖力。先是开批斗会，之后就游街，当时群众过于激动，便开始打这些四类分子。造反派也不制止，任由事态恶化，导致最后有人拿出镰刀锄头就朝四类分子砍，当场就砍死十几个。振武的头被锄头刨个坑，血流如注。当时还没死，他只记得答应过媳妇，要早点回家。所以被同村的两个大汉架着回了家，到家已不省人事，躺在堂屋的小桌上。他媳妇急得团团转，不知如何是好。后来别人告诉她，赶快到大队部找赤脚医生。就在他媳妇去大队部的半道上，这边振武突然站了起来，瞪着血红的眼睛，大叫一声：我冤枉啊！……然后咚的一声，仰天倒下，停止了呼吸。许多人在场看到他的死去，没有人敢上前帮助。因为他的眼睛一直瞪着，好像还有话要说，不肯去死。直到他媳妇和赤脚医生赶到，才得以安抚他不死的冤魂。这以后他媳妇也害怕住在那里，搬到娘家去了。乡亲们晚上都不敢路过他家，怕被冤魂缠身，有人还说夜里那屋内还能听到轻微的喊冤声，闹鬼，搞得全村人心惶惶。你们知识青年下乡，这是天大的喜事。咱们农村有个迷信，就是喜事可以冲凶事。想借你们的喜去冲他的凶。另外，当时生产队实在太穷，一时也没有能力帮你们盖新房，只好把振武的房子打扫打扫，让你们先将就住。这不，你们在那屋住几年，给我们带来了欢笑和活力，也不闹鬼了，我们真要好好感谢你们啦！可是等你们知青都上调回城以后，乡亲们又有点害怕起来。那年政府号召旱田改水田，我们需要土地，就把知青屋拆掉种庄稼了。你看，这庄稼长得多好，特别是宅基的那一片，振武当年就倒在那儿……

听着老队长低沉的声音，看着老乡们脸上复杂的表情，我不禁思绪万千：嗨！知青屋，竟不知你还藏着这样悲惨的故事。如果当时就听说你的故事，不知道我们是否有胆量和勇气在你那儿住下去。曾记得那多少个严冬的夜晚，当大家围坐小桌学习和娱乐时，哪知道当年振武的鲜血就洒在身旁！曾记得那多少个夏日的黎明，当大家围坐小桌吃着早饭时，哪知道当年振武的冤魂就绕在其间！我忽然明白了，那些每晚来到知青屋，蹲在墙角不说话的老乡，他们是在暗暗地陪伴我们的呀！有这些老乡在身边，我们便会有胆量和勇气，去面对人生的艰险和道路的坎坷而无所畏惧。知青屋呀知青屋，你可知道，和你在一起的三年中，我们学会了很多，懂得了很多，可以说我们这些城市娃娃是在你的伴随下，慢慢走向成熟的。如今你虽然不存在了，但你的样子，你的故事，以及一千多个日夜与你相伴的经历，将会永远铭记在我们心里！

“来，大家就在这儿拍张相留个纪念吧。”群的一声招呼，打破了片刻的沉寂。于是，欢笑又回到人群中。我和群照了很多相，有全体的，有个人的，有与队长的，也有与其他老乡一起的。时光如流水，转瞬即逝，希望这些相片能为我们保留下那珍贵的历史一刻。

告别了依依不舍的队长和老乡，我们踏上了归程。当我在心中默念着与知青屋再见时，发现小飞的眼睛充满了泪花……

徐群（66 届高三丁）跟帖：

看了超明写的“知青屋”，很有感触。为此，特地又翻出了上次去淮阴农村，拍的十几张照片和录像，仔细观看。犹如又重新回去了一遍。我挑选了 4 张照片上了班网，作为“知青屋”的插图吧。1968 年我们去淮阴插队的附中同学基本都在高堰公社，仅有 8 人，他们是高三丙的安嘉谨、姜澄宇、高三丁的吴超明、徐群、高二乙的安嘉莹、朱中都、陆玲珍、初三甲的刘大恒。

虽然我只在那里待了两年，后来当兵走了，又历经复员、工作、上大学、又工作，这其中成家、生子，从南到北，从西到东，最后回到南京，先后三十多年，换了很多地方，但对那里的印象却是非常深的。除了 1974 年我还在部队时，利用一次探亲的机会去过一次淮阴外，后来忙忙碌碌，就一直没有去过。前几年就开始想着约几个同学一起回去一趟，安大头在父亲病重回来时，我约过他，由于心绪不好，没有去成，超明上次回国，不像以前来去匆匆，时间宽裕点，和他谈起此打算，一拍即合，因此就有了这段淮阴行，了却了我们的一个心愿，成全了我们共同的这一段情结。同去的还有我的儿子，带他去，主要是想让他了解，我们父辈在那样一个特殊的年代经历过的特殊生活，对他以后的生活或许有些帮助。

后来他在大洋彼岸多次的越洋电话中还提及那次难忘的旅行的感触，我想我的苦心，有点作用了。

（徐群 66 届高三丁）

99. 插队回忆

宛小蓉（68 届高一戊）

99.1.花子

花子是条狗，是三爷家的一条漂亮而威武的花狗。照老公的话说：“是小庄子狗的头子”。

我们刚到小庄子的时候，住在大霞家。我和沈同学住在大霞家的东屋，大霞家的锅屋则被从中间隔了一道秫秸墙，男生住在里面，外面有灶的一半我们用来做饭。

在大霞家的家院子西面有两间门朝东的屋子是三爷家。三爷是个鳏夫，家里只有他和儿子小绍子，再就是还有花子。

我们刚到农村的时候，农民们对城里人充满了好奇，所以我们周围总是围着一群人看热闹尤其吃饭的时候（因为我们吃饭前还要有读语录、唱歌等仪式）。

后来时间长了，人们看惯了知青的老一套，我们也厌烦了那些仪式，看我们吃饭的人渐渐少去，但三爷一家却一直坚持着。三爷总是嘴里含着旱烟袋，含笑看着我们，很少插言，小绍子叽叽喳喳说个不停，花子则静静地端坐一边，谦和的脸上带着诚恳，目光紧紧注视着我们，待我们注意到它的时候，它便羞涩地转过头，过一会儿它的目光又会集中到我们身上，似乎能听懂我们的说话。

花子很快成为我们忠实的朋友，它和我们一起嬉戏，陪我们度过寂寞，我们有东西也会想着款待花子，后来我们搬到自己的房子，花子跟了过来，还是静静地坐在我们家，听我们说话。

那年冬天，原本冬闲，加上天气不好，在家待着无聊，我们一家跑到五队串门。五队在我们的南面偏西，大概有三、四里路，大家说着笑着不知不觉到了五队。

同学们见面的亲热劲儿一时半时都下不去，说呀，唱呀，接着准备吃呀，着实乱了一大阵，到想起回去的时候，整个村庄已经熟睡了。

告别声中，打开屋门，哈，不知从什么时候开始，外面飘起了雪花，院子里已是一片雪白。随着开门，门口一团东西动了起来，定睛一看：是花子！花子坐在门口，身上落满了雪，只有它刚刚坐的地方是干的！花子一定是跟着我们来的，这段时间它一直在外面等着我们，寒风中，雪花下，它一直等着我们！而我们早已忘记了它的存在……，花子的出现让我们每一个人吃惊，看着花子见到我们欣喜的目光，心里说不出的心痛和愧疚。打扫了花子身上的雪，把没吃完的饺子拿出，给花子吃了个痛快。

大雪无声地下在苏北大平原上，地面上的白雪，映的天也亮了许多，我们一行人踏雪离开五队。五队里我们身后越来越远，渐渐五队看不见了，渐渐……渐渐我们担心起来：我们可能失去了方向。于是大家停下了步伐，开始辨方向。

辨方向，谈何容易！大雪已经填平了平原上的阡陌沟渠，把整个大地连成一片白——白得耀眼，环顾四周，地一样的平、一样的白，看不见一棵树、一间屋，分不清东西南北，仿佛整个世界全部变成了白色，仿佛整个世界只剩下了我们几个，静的吓人。小庄子在那里？我们家的方向在那里？我们有些懵了，不知今夜会发生什么事，手足无措地站在白茫茫的大地之中。

“花子！”突然，看见雪地中花子向我们奔来，我们不知道它何时离开我们，现在又从那里跑来。

兴奋的花子，尾巴翘的好高，尾巴尖漂亮的卷成一个环，在我们身边跳来跳去，然后向前跑去。“花子一定认路！”我们不约而同地想到，立即随花子的方向而行。

花子向前跑一阵，又跑回来迎我们，然后再前进，如此如此，来来回回，不知疲倦，一直把我们带回家。

“幸亏有花子，要不，不知道我们会走到那里去。”事后大家都这样说。“动物是人类的朋友”这话是不错的，我看过许多动物和人类感情之深的故事，都会被感动。在小庄子，我有许多朋友，花子无疑也列在其中。想起界集的时候，我会想念花子，想到它谦和而诚恳的脸，想到屋檐下身披雪花的等待、想到雪地里来回奔跑的相助，想到对朋友无言的忠诚，常常唏嘘不已。

我相信动物是有灵性的，花子是有灵性的动物之中尤其聪明的，它之所以和我们在一起是我们的一段缘分，希望花子也这么认为。

99.2.泗洪的“山芋大秫稀”

“山芋大秫稀”，到过泗洪的人都知道是什么，泗洪人管玉米叫大秫，顾名思义，是山芋和玉米面做的稀饭，是我和我的同学们插队泗洪期间的主食。

我们是 9 月份离开南京到界集的，那时正值秋季收获山芋的季节，看到地里那么多的山芋，对于在城市里只吃到烤山芋的我们，是一件很高兴的事。到生产队的第一天，我和同一家的沈同学，兴冲冲地直接从山芋地里抬回了一篮子山芋，心想，可是解了馋了，没有想到的是，从这时开始，我们和山芋便结下了不解之缘。

泗洪县地处苏北大平原，土地质量不高，山芋是最主要的农产品之一，每家都挑较高地势的地方挖一山芋窖，从收获山芋开始吃山芋，吃完山芋就吃山芋干，一年四季，山芋是主食。

“山芋大秫稀”的做法很简单，开始是拐（音怪）一篮头子山芋到屋后的湾边，把山芋洗净，回来不用去皮，切成段，放水下锅煮，煮至半熟，将大秫面即玉米面“和乐”进去。条件好一点的人家大秫面放的多一些，饭就稠一些，困难的人家面放的少一些，饭就稀一点，有的人家也就意思意思，端起碗来看到的只是山芋。

“和乐”为当地土话的音，搅拌的意思，正确的字不知怎么写。“和乐”也是一个技术，即右手拿着勺子把锅里烧开的汤水不断地舀起浇下，左手抓着大秫面均匀的撒到锅里，锅里的稀饭不仅不会起疙瘩，吃来还是匀溜溜的。

吃的时候，每人选山芋的中段盛上一大碗，就着咸菜，农民大都是自家腌的酱豆子等，经常是他们看我们没有菜，会热心地送一碗给我们。我们吃完了，剩下的山芋大秫稀便是猪儿们的饭食，把大秫稀里的山芋捣烂和着稀饭送到猪圈，猪儿们就开饭了。不知足的猪儿还在食槽里拱来拱去的挑嘴，它不知道我们和它吃的是同一锅饭，只不过我们吃一些山芋的中段而已。

如此一天三餐，实在有吃急的时候，偶尔我们也会用黄豆换点大米吃一顿大米饭，没有菜用萝卜加盐，加油炒一下和大米一起煮萝卜饭，别提多好吃了，当然在农民眼里无疑是多么败家的行为。

记得我们在泗洪过的第一个国庆节，全大队的同学集中到我们队，准备包饺子过节，大队里的几个女生忙了起来，等饺子煮好，如风卷残云，饺子转眼就没有了——不够吃，可是没馅了，擀面条吧，吃了还不够，最后我们几个女生忙活了半天吃的还是“山芋大秫稀”。

“山芋大秫稀”虽然吃的厌厌的，可是在我看来，比起“山芋干大秫稀”，“山芋大秫稀”应该好不少。

70 年，我参加了公社所谓的“一打三反”宣传队，和下放干部一起在界集大队搞运动。当时集中在界集农中，和参加学习班的农村干部同吃同住。农村干部带来的粮食都是山芋干，我们就顿顿山芋干大秫稀。看着碗里黑乎乎的山芋干和“浪打浪”的稀饭，欲哭无泪，实在咽不下去。咸菜呢，则是腌辣椒，长长的、尖尖的，除了咸就是辣，还不是一般的辣——辣的无法下口。只有吃一口山芋干，舔一舔辣椒下饭，多数是吃不饱，盼着下顿，可是到了下顿还是这个。实在饿急了，就溜回家（知青点）吃一顿，家里虽然吃的也不济，可总还是可以吃饱的。可见，即使顿顿“山芋大秫稀”可是和真正的“贫下中农”相比，距离还是很大的。

后来，宣传队搬到街上，托下放干部福，自己开火，吃的就好起来了，家里的同学也会到我这里来改善改善。那时我们吃饭的账贴在墙上，管账的是南京一个菜场下放的老会计，姓杨，特老实，特认真，各人吃一顿就在我们的名字下面打个勾，谁来了客，加个勾，我觉得我的名字下面的勾排得总比别人长。老杨身体不好，没有劳动的体力，人际交往能力也很差，下放人员中他最唯唯诺诺，有个爱吃醋近乎病态的夫人和一个可爱的小女儿，夫人没有工作，下放到农村实在难为他们家了，老杨和“山芋大秫稀”没有什么关系，只是写到这里想起老杨和他的家人，心里有些凄凄然。

现在日子好了，到处说吃杂粮好，杂粮的价格也上去了，原本不值钱的山芋要卖到一块钱一斤，深圳要卖两块一斤，说的再好，我的许多同学都不买账，因为山芋吃得太伤了。过年时农村的朋友带来一些杂粮，看了发愁，问了几个同学，回答是：不需要，你自己留着吃吧，还嘱咐：赶快吃，别生了虫子。或许是我离开界集的时间早一些，对于山芋我倒还没有厌倦的感觉，有时我还会买一点山芋，或煮或蒸，吃来还新鲜。这次把界集带来的大秫面“和乐”进去，还真吃出了当年的“山芋大秫稀”味儿。和老公相对而坐，边吃边说，回忆了许多的人和事，细品起来，不知是甜，不知是酸。

99.3.大揪和大揪妈妈

大年初一清早，一阵电话铃声吵醒了我的元宝觉，接来一听：泗洪口音，原来是大揪从界集镇扬岗打来的。

大揪先说拜年，又说乡里教师体检，B 超看到他的肝上有两个血管瘤，希望到省城大医院再诊断一下……，我立即应答：我们会去联系医院，家里有地方住，随时恭候他的到来。

大揪的电话驱走了我的睡意，接完电话便再也不能睡去，思绪回到了四十年前苏北那个贫困、落后的农村。

1968 年，我们作为南京市第一批知识青年，来到了泗洪县界集公社扬岗大队第一生产队——也就是扬小庄子插队落户。当时，我们到农村是满怀一腔热烈响应毛主席“知识青年到农村去，接受贫下中农再教育”的号召，到农村准备“大有作为”的。真正到了农村，才知道一切和想象的相差甚远。

当时的农村经过文化大革命的冲击，处处充斥着派性，加上家族、成分等因素，也是人心惶惶。由于界集地势偏僻，文化落后，农民也搞不懂知识青年是来做什么的，很多人报着旁观的心态，远远地看着我们。而刚到农村的我们满脑子都是不切实际的幻想，现实中却没有生活经验，加上干农活手无缚鸡之力，经常是农民取笑的对象，处境困难可以想象。

大揪论年龄比我们大一岁，是村里的小学教师，带着大概十来多个拖着鼻涕，光着脚丫的孩子在一间破屋子里读毛主席语录。家里只有一寡母，按当地的习惯，大伙称：大揪妈妈。

算起来大揪妈妈当时五十岁出头，可是岁月的艰辛，贫困的煎熬，全部写在她微驼的身躯和布满皱纹的脸上，只有在皱纹堆里埋藏着的那双还闪烁着几道调皮狡黠目光的眼睛里，还隐约能找到她当年的丰采。

自从到了扬小庄，无论我们是住在路南的大霞家，还是搬到路北我们自己的家，大揪和大揪妈妈是我们知青家一天都要来几趟的常客。从我们烧火做饭，准备工具干农活，到庄里复杂的家族、人际关系，大揪和他的妈妈都是我们的“百度”，他们从不加入自己的观点，以他们特有的方式，注视着我们，从各方面关心着我们。当时他们的贫困的生活是我们这些从城里来的学生前所未见的，但他们帮助时我们可以说是尽其所能、倾其所有。特别是我们遇到困难和问题的时候，大揪和妈妈都会默默地，无声地，站在我们后面。

大揪结婚的时候，我们都还在农村，大揪的生育计划是生四个孩子，并早已起下了名字，大概是农村知识分子的缘故，起的名字很是“与时俱进”：葵花、向阳、茁壮、成长，这个计划显然没有完成，现在是三个孩子，名字分别为：葵花、朝阳、成长。

我是71年离开苏北的，随后同学们也陆续离开这里，后来听说大揪妈妈75年患癌症去世，享年61岁。听到大揪妈妈去世的消息，我难过了许久，到现在脑子里还是大揪妈妈那活灵活现的形象，她会悄悄地走近你的身边，给你一个惊喜。在贫瘠、广阔的苏北大平原上，她留给我们的是不求回报的付出、无需表达的温暖，或许在她的眼里，我们只是几个和她儿子一样大小的孩子，孩子自然需要母亲的关照，仅此而已。

98 年，插队三十周年，我们回去过。之后，我和老公也会兴致来了去转一圈，顺便捎带一些衣物送去。那里的情况当然比三十年前要好过许多，但是基本面貌没有大变。不同的是年轻人都出来打工了。初八清早，我和老公到中央门长途车站接来了大揪和陪同他的大儿子：朝阳。我们到楼下的饭店吃了饭，大揪着急他的病，我们已打听了血管瘤基本无大碍，并通过同学安排第二天去医院看片子。

下午，老公驱车带大揪看了“奥体”和附近的“鬼脸城”公园逛逛，照了相。看出来，大揪有事在心，没有游览的兴趣。

晚上，和我们插队一家的梁同学来了，大家边说边回忆小庄子四十年前的一些事和农村现在的变化，感慨万千。说到大揪妈妈，梁同学认真地说：“待我们像亲人一样”，细想一下，梁同学不愧为名牌大学的博导，这句简单的话足以概括大揪妈妈为我们所做的一切。令我感动的是，大揪还记得他的大女儿葵花出世的时候，我从大连（当时在大连培训）给葵花寄去一顶“灯芯绒的、长耳朵的红帽子”，而这件事，我已经忘记许久了。值得欣慰的是大揪几十年坚持在教育岗位上，从村办到民办最后熬到公办，现在拿到月薪 1900 元，在村里是待遇最高的国家工作人员。

第二天，赶在医院上班以前，我们到了医院，同学帮我们联系好医生，解决了大揪的疑问，当天送走了如释重负又急于回家的大揪。

按泗洪的道理说，大揪已年届六十，早已做了爷爷，我们不应该叫他的小名了，他也不再直呼我们的名字，而是郑重其事的在我们的名字后面加上“同志”，可是我无论如何不想叫他的“大号”，我觉得若是喊他的大号，我们之间仿佛会少些什么，会隔了些什么……。

（摘自袁记江成的博客文章：知青岁月）

100. 双层列车

戴相陵（66届初三丙）

10月27日凌晨，我们赶到上海车站，下一站是杭州。没想到排到我们上车时，才知道这趟红卫兵专列，根本不是客车，而是俗称“闷罐子”的货车，而且已经塞得爆满。我率先拼命地挤了上去，可是连插脚的地方几乎都没有。再看车下的其他三人，无奈他们挤不上，而且一副不情愿拼命挤车的表情，尤其是余曰辛。我在上面挤得都要窒息了，不得不赶紧下来了。说实话，也一半是被车里的人推下来的。

我们在月台上一节一节地看，每节车厢都挤满了人，确实不容再加人进去了。过了一会儿，机车一声长鸣，开走了，把我们留在了月台上。列车走后，热闹的月台一下子冷清了下来，只有我们几个人在月台上逛来逛去，一脸的沮丧。

这时，我们突然发现，临近的站台上默默地停着一趟特殊的列车，车厢上写着上海/杭州。说她特殊，是因为她的车厢是天蓝色的，而不是绿色。更惊讶的是，她的车厢竟是双层，而不是一层。这不就是传说中的双层列车吗？如果判断无误的话，这就是那趟全国唯一的双层列车。她只跑沪杭线，93次朝发上海、抵达杭州后，中午改为94次，在黄昏前返抵上海过夜。

在当时来说，如果能乘上双层列车，也算不枉过自己的一生了。我们开始在打这趟车的主意了。果然在东方欲晓时，车厢里的灯亮了。柔和的光线射在洁白的窗帘上，这种感觉在其他车次上是绝对感受不到的。过了一会儿，嗤的一声，所有的车厢门都自动打开了。此时列车上下仍然没有一个人，一切都是静悄悄的。我们便毫不犹豫地一头钻进了车门。进了车门转身，就看见了楼梯，分上下两层入口。对于南京土老二来说，我们当然选择的是上层。这里一切是那么新颖、美妙和舒适。茶几是塑胶的、带有弹性。座位是柔软的皮革，而不是木条硬座。整个车厢只有我们四个小人精。我们在担心会被列车员赶下车。这个担心是多余的，这里根本就不查票。

远处的检票口开始进人了，秩序井井有条。上来的旅客里没有一个串联学生，也没有面黄肌瘦、胡子拉碴、衣冠不整的“劳苦大众”。列车快要启动了，入口停止了检票，此时车厢里并没坐满。这时忽然月台入口处一阵骚动，只见一个大学生模样的人企图冲破车站人员的阻拦，向我们这里奔来想上车。可是他很快就被人扭住，强行架出了月台。人们根本就不顾他对绑架革命师生的大声抗议。

双层列车很快就离开了上海站，轻快地冲向杭嘉湖平原。我们在车厢里，根本就没感到一般列车的颠簸和声响。这趟“1966 动车组”在一泻千里地疾驶，中途只在嘉兴停了三分钟。上午 10 点不到，就把我们放在了杭州，全程只行驶了三小时左右。

101. 难忘 1976

——前线歌舞团记事

王虹（66 届高三丁）

101.1.周恩来病逝

1976 年新年钟声还未散尽，元月 8 日便传来周恩来病逝的消息。前线歌舞团和话剧团所在的卫冈大院顿时充满极度的悲伤。哀乐声不时响起，文工团员们戴上黑纱和白花。歌队的合唱室挂上了周恩来的照片。照片中还有歌舞团演员当年同周恩来的合影，其中周恩来同歌队副队长丁梅华亲切交谈的照片尤为注目。

那时，团里白天的工作就是排练缅怀周的节目，晚上的活动则是聚集在合唱室及排练场的电视机前收看新闻。电视里哀乐，哭声不停，电视旁的抽泣声也凄凄不断。歌舞团食堂内的墙壁临时成了缅怀专栏，上面贴满了诗歌，文章。舞蹈队的女队员平时的爱好就是文学，她们几乎个个是写诗能手。歌队的老黄，谢舒在这方面也很擅长。谢是陶白的女儿，也曾插过队。记得团里组织的周恩来缅怀会上，谢舒还曾动情地朗诵过自己的诗作。直到大家把注意力集中到周的追悼会的时候，人们才逐渐从最初的情绪中冷静下来。

在电视机前，大家开始议论，为什么毛泽东没有出席追悼会。那年头，人们对四人帮（当时还没听说这个叫法）已经有了想法。追悼会上姚文元弯身鞠躬时，歌队的赵志克忍不住为姚的举止作了同步解读，引起大家的喝彩。小赵所作的解读是，“谢天谢地呵，你总算走了！”。

在团里团外都沉浸在缅怀的悲情之际，我的感受却独自游离在外。农村插队的几年，我的头脑已经被彻底“改造”了一番。周恩来标志性笑容的后面，我看到的是一片阴影，那是成千上万个冤魂汇成的阴影。记得半年前有一次在排练场上，有人说五年内全国将基本实现农村机械化，我凭着农村的感受，立即反驳说不可能。结果硬是中央台播放的周恩来报告中提出来的。显然，即便在经济工作中，周也严重脱离实际。更不用说在政治运动中那些推卸不掉的责任。我当时虽然这样想，却身不由己，情不由衷地夹杂在颂扬周恩来之列，我怎能不感到另外一种沉重。

101.2.南京事件

周恩来去世的余波还未平息，新的社会冲突却已经开始。到了三月下旬，矛盾开始公开化。针对上海文汇报影射周恩来的文章，南京大学的学生走上街头，贴大字报，刷大标语，让沉寂的南京吹起了一股久违的春风。

卫岗大院也在议论着这一话题。3 月 30 日恰巧有个搬运钢琴的任务，歌队的男队员们乘坐解放牌军车进了城。当军车驶进鼓楼广场，眼前的情景似乎是文革的重现，到处是针对上海帮的标语和大字报。站在车上的我们顿时兴奋起来，大家指东点西，尽量大声地读着标语的内容。军车缓慢地绕场一周还不够尽兴，又特意再绕了一圈。返回的时候也同样演绎了一番。

晚饭后没什么事，我找了个借口请了假，直奔新街口，因为听大院的家属说晚上会有集会。果然新街口广场已经是人山人海。虽说我对悼念周恩来并没有什么兴趣，这种激动人心的场面还是不能错过，更何况已经出现超越“悼念”的迹象。由于身着军装，我在新街口并没有停留过长的时间，感受到了那种气氛就已足够了。

4 月 1 日，“南京事件”被中共定性为“严重的政治事件”。就在大家偃旗息鼓之际，南京邮电学院的学生写出了“从来就没有救世主”的标语，这是南京事件整个过程中的最强音。当时，我是从心里敬佩这些学生，正是他们才使得这场“政治事件”名副其实。几天之后，北京爆发的更大规模的四.五天安门“动乱”，依然是这一旋律的延伸。

“事件”之后，按照常规总要搞搞排查和清算，歌舞团也不例外。每个人都必须写书面“交代”。虽然可交代的东西非常有限。就我自己而言，3.30 晚上去新街口的事，绝对不会提及。即便是其他“交代”，言辞上也绝不能昧着良心，这是我努力坚持的底线。自己说的话总要经得起时间的考验吧。当时大家私下言谈的气氛还比较自然。记得男低音班的吴世虬就说过，如果他在北京的话，四.五一定会在天安门。或许与普通团员的身份不同，歌队教导员的那副政治脸，还是让人感觉不舒服。好在团里的排查很快就结束了。

作为部队的政治宣传队，歌舞团免不了要“配合”社会形势。曲艺队这时就成了“冤大头”，因为快板，相声等曲艺节目来得快，紧跟形势的任务多半就落在曲艺队头上。“冤大头”是我这么想的，曲艺队或许不这么看。后来转业在江苏省总工会的老孙，当时也算得上快板名嘴，他在丑化四.五天安门事件的段子里，添加了那么多自己的佐料，实在是谈不上“冤”的。

包括南京事件在内的“动乱”，后来被誉为四五运动，据说在历史上会有相当的地位。自己虽说参与的不够，但毕竟参与了，参与其中的感觉，总是非常美好的。

101.3.好八连

六月，歌舞团有个去南京路上好八连体验生活的安排（一个星期）。团里每个队各有两个名额，加上创作组的人员，大约十人左右。歌队有谢舒和我。到基层体验生活，在歌舞团是常事，去好八连可是难得的机会。包括领队龙飞在内，大家都很兴奋。

八连的营地就在上海人民广场旁边，营房后门紧接着人民公园。我们到达八连后便各就各位，分别安插到具体班组，开始体验。八连主要担任南京路一带的巡逻任务。体验巡逻的美差被谢舒揽了过去。她或许早已想象过在繁华的南京路上巡逻的浪漫而潇洒的场景。我被安排在炊事班，基本上没有出头露面的机会。不过，在炊事班应该有更多交谈的时间。

对八连的了解，除了听八连干部的介绍之外，还组织了交流座谈会。剩下的事儿就要靠个人的观察思考了。那时候是全国学习解放军，全军学习好八连。好八连被捧着，是不能不好的。不过平心而论，在我接触到的部队，八连的思想素质的确最高。首先八连的官兵都不抽烟，这让我有了一种亲近感。八连戒烟的出发点是艰苦奋斗，而不是考虑影响健康等因素，这也许是个不足。不过，戒烟工作确实卓有成效。即便在今天，也难以想象还有哪个单位能够做得到这一点。

南京路当时是国内最繁华的地段。面对着灯红酒绿，“霓虹灯下的哨兵”有着自己的认识，他们为人民生活的提高而感到欣慰，自己则以艰苦奋斗为荣，因为社会物质还不够丰富嘛。八连的所为，使人联想起古人“后天下之乐而乐”的境界。

八连的干部都是自己洗衣服，床铺也与战士相同，这同其他部队很不一样。八连对周围的事物总是非常敏感，总抱着一种思考或批判的态度。比如有一次开交流会，窗外公园里传来小号的声音，一般人司空见惯的乐器练习，八连的干部也能够即兴批判，说那是为私而练。记得当时龙飞领队苦笑着自愧不如。

八连营房的二楼宿舍，面对公园角落的玻璃窗都贴满了报纸。他们说这样做是出于无奈。那年头社会上多少有了些性解放，八连战士为了抵挡诱惑，只能把窗户贴上，这实在不能怪八连战士。上海人当年的“解放”，往往会使外地人目瞪口呆。只要看看上海外滩的那道人墙风景线，就能体会到战士们的感受了。

在炊事班后来的几天里，交流的话语多了起来。甚至提到上海帮的话题。炊事班长告诉我，就在不久前，王洪文来过八连。对于王的到来，八连感到亲切和自豪。文革中，正是八连保护了当时还是工人造反派头头的王洪文，让他躲在八连营房，避免了被对立派追捕的灾难。保卫了副主席，就是保卫了党中央，八连自然功不可没。现在副主席回“娘家”看看，大家怎能不兴奋！八连官兵整装列队，“请首长指示”。可是场景却出人意料：“首长今天是来看望大家的，不讲话了”随行人员解释说。“那么，就请首长用午餐”，八连为了王洪文的到来，把养的猪也杀了。“首长自备了面包，就不吃饭了”随行又解释说。之后，王洪文掏出面包，啃了起来……。

你可以想象，这盆凉水是如何将八连从头到脚浇了个透彻的（炊事班长虽没这么说，也会这么想）。八连这些敏感的官兵，显然知道社会上对上海帮的议论，他们也有自己的想法。班长告诉我，他们把赌注押在上海市委是正确的判断上，因为他们感觉到了毛泽东是支持上海市委的。事过三十年，即使是今天，我对八连官兵当年的敏锐也深感佩服。尽管他们赌注是押错了，却情有可原。

现在想想王洪文当初在八连的表现，可以清楚地看出他内心的矛盾。他或许希望在八连找回一点起死回生的灵感，但对未来的命运并不自信，内心也不坦然。八连的官兵可能没想到这个层面，否则也不会对王的举止感到困惑了。

我们一个星期的体验快结束的时候，八连领我们参观了属于他们管辖内的国际饭店。那是座二十四层的建筑，却是当年国内最高的楼房。以后，我虽然也登过不少高楼，但当初的感觉是最新鲜的。

101.4.天灾

从好八连赶回南京没几天，朱德逝世的哀乐再次奏响。不久，唐山就爆发了毁灭性的地震。天灾人祸似乎都没有结束的迹象。全国都谈地震就色变。与其他城市一样，南京城的居民也纷纷搬出住宅，在露天搭建帐篷。塑料布一时成了抢手货。卫岗大院还特地请来地震局进行测量。测量数据表明，中山陵一带的地质结构还比较牢靠，即使南京发生地震，卫岗也问题不大，尤其是我住的房子（歌队合唱室的钢琴房），据说能防八级地震。这个信息着实让我兴奋了好一阵子。当时社会上传说邓小平的宅院可以防十级地震，房屋地基是球形的，造价很高。这事儿是否属实，直到现在我也没有搞清楚，反正是邓的又一条罪证。

尽管卫岗大院相对安全，却还是不能让人十分放心。巧在地震检测部门就在卫岗大院附近，我特地拜访过他们。他们说，要不是怕引起市民恐慌，早就公布测试数据了。显然形势仍十分严峻！不过，我当时并没有太多地受地震局信息的影响，可能是对他们的测量缺少了解的缘故。

如今，唐山地震已经过去了三十年。当我们回顾往事的时候，是否应该更多的反省。如果我们当初的信息透明，及时，如果我们有所准备，更多民众的准备，而不是少数人的准备（假设邓小平的球形地基是确实的），我们有完整的救援机制而不是地震后两天才赶到的解放军，相信灾情会得到真正的控制，人员伤亡会极大地减少。天灾不可免，事情在人为。

101.5.上海帮

八月中下旬，歌舞团为上海空四军慰问演出。我们住在五角场空四军的营地。任务结束之后，不知道什么原因，又增加了为上海市委演出的场次。平时为部队演出之后，照顾部队同地方的关系，为地方政府演出，也合情合理。可是，为上海市委演出就有些微妙了。上海帮中的张春桥本身是南京军区的第一政委。南京，上海也是相邻的两个大城市。是否想借演出，联络一下上海市委同南京军区的感情？考虑到上海帮当时的孤立处境，上海市委主动的可能性要大些。

果然，最后一场演出的时候，市委领导王秀珍亲自到后台接见了歌舞团的何仿团长。

经历了南京事件，四五天安门事件，上海帮在民众中的形象应该说是糟透了。连好八连也是看在毛的份上，才把赌注押在他们身上。可见，被上海帮接见绝对不是一件值得兴奋的事情。不过现实中还真有人会兴奋，何团长便是其中的一个。

演出结束之后需要立即拆台，拆完台后大家已经十分疲惫，都想尽快休息。可是何团长的兴奋仍然止不住，他坚持要把这种兴奋传递给我们。于是大家只好再耽搁半个钟头，陪着他“传达不过夜”。大家心里在嘀咕，加上疲劳，传达也听不进去，只记得传达王秀珍说什么要团结在一起，战斗在一起，胜利在一起。此时的何团长由于兴奋过度，嘴里的假牙也脱落下来，唾沫星子直喷，手也不停地擦着嘴角，可我们还是一点也兴奋不起来。

平心而论，何团长还算不上在政治上要同上海帮捆绑在一起的那种政客，他不过是趋炎附势罢了。

当然趋炎附势也会付出代价。

101.6.毛泽东逝世

76 年恐怕没有哪件事能比毛泽东的逝世对社会的直接影响更大，更深的了。九月九日下午，团里的党员集中在合唱室听传达。我在合唱室边的钢琴房，可以感觉到合唱室里面的动静。简短的传达一结束，就听到有人呜咽着夺门而出，我一看是歌队的老黄，便知道发生了什么。说实话，我当时的感觉是为之一振！

悼念活动很快就进入程序，部队规定若干天内禁止任何娱乐活动，打扑克也应该包括在内。可是，我们当时的“赶猪牵羊”正在兴头上，停下来谈何容易！终于“扑克牌事件”案发。作案人主要是男低音班成员。其中有赵辛，徐永黎，吴世虬，王松庆，周正，加上高音班的徐志详。报案人则有高音班班长张学辉和陆鹤鸣。事发之后，低音班的何新荪立即对事件进行了评估，他认为首先应该进行规劝，那才是正确的态度。不过，我觉得向领导汇报情况也属正常。

扑克牌事件立刻成了卫岗大院的话题，这让团领导伤透了脑筋。几天过后，话剧团发来话语，说是歌舞团再不将此事上报，话剧团可要报告了。团里这才硬着头皮上报。从这件事可以看出，两个团的领导关系并不融洽。说实在的，歌舞团的领导不是不想“左”，而是不如话剧团善于把握机会。比如“霓虹灯下的哨兵”的导演漠雁，就曾在文联会上同刘宾雁有过争夺话筒之举，“你们还要不要党的领导，还要不要社会主义！”漠雁为此立功又提级，还当上话剧团团长。

扑克案最初居然被当成政治事件。案子的处理免不了抓一小撮的模式，即希望找出一个领头的。领导实际上已经有所指，好在大家都否认有发起人，事情才没朝那个方向展开。扑克案里没有党员，当时积极追求进步的要数小赵，他是低音班的副班长，所以案发后，对他的影响最大。我们看着他一天天消瘦。对于后果谁也没有底，复员转业直至开除军籍都有可能。最终的处理还算冷静，小赵和小周作为代表，到部队农场劳动两个星期，扑克案就算了结了。一个玩玩扑克牌的事情，上纲上线确实有一定的难度。

今天回过头再去看扑克牌事件，我倒觉得它起到了另外一个作用，就是让大家迅速地从“悲痛情绪”转移到了其他方面。或许正是这个缘故，毛泽东的追悼气氛显得不如周恩来的浓，尽管毛的追悼规格是最高的。

就在人们对未来充满困惑的时候，10 月中旬传来了四人帮垮台的消息。我们不免想起上海演出时，何团长传达王秀珍接见的情景。歌舞团领导这时还没转过神来，仍在自欺欺人地说四人帮只是四个人，并不能说上海市委同四人帮是一伙的（此时的王秀珍们正在策划上海暴动！）。幸亏上级没有追究，否则同上海帮搅和到一起，那就不是玩玩扑克牌的事儿了。从这件事可以反映出歌舞团领导在政治上糊涂的程度。不过领导很快就有所“醒悟”，不失时机地把乐队的冯军（上海市委冯国柱的女儿）给弄转业了。天真无邪的冯军满脸的无奈，简直是对现实莫大的讽刺！扑克牌事件中，领导意念中的发起人徐永黎躲过了一劫，不过一年后还是被复员了。谢舒为了追求这位有着英国绅士风度的男中音，据说休了地方上的男友。徐因此被领导认定是破坏军婚！

从年初周恩来的逝世，经历四五事件，唐山大地震，毛泽东逝世，直至四人帮垮台，天灾人祸的 76 年总算画上了句号。今天无论从哪方面来看，76 年都是一个值得回味的一年。首先，它对老三届的命运影响是太大了，可以说是仅次于 66 年。如果不是 76 年，老三届的命运就会更为坎坷。当然，从更深远的层面来看，四五运动才是 76 年最为重要的事情。或许正是因为有了四五运动，才使得 76 年永远被历史记住。

（2006 年写于 5460 网）

以下是网友议论：

1. 戴相陵：难忘的 1976 年。1973 年以后的几年，我是碌碌无为地混过来的。整天就是上班下班，打牌下棋，谈恋爱。1976 年初，我决定离开父母，从淮师大院搬进厂里的宿舍，与厂里的南京知青为伍。是年，我 26 岁。长期沉重的精神负担使我看上去，已明显地缺乏年轻人特有的奋发向上，朝气蓬勃的气质了。

一月，中共中央一号文件下达，任命华国锋为国务院代总理，陈锡联主持中央军委日常工作. 实际上是暗贬邓小平和叶剑英。同月，周恩来总理去世，举国悲痛。四人帮的喉舌《文汇报》出言不逊，引起民愤。我厂南京知青率先把“揪出《文汇报》的黑后台”的标语贴在开往南京的长途汽车上，把人民的不满带到了省城。四月，四五天安门广场事件爆发。自发的悼周扬邓骂贼的群众运动被无情镇压。紧接着，邓小平下台，批邓反击右倾翻案风灼热化，公开化。九月，唐山大地震，波及北京。同月，毛泽东主席去世。

十月，以华国锋主席为首的党中央，顺应时代的潮流和秉承人民的意志，一举粉碎了四人帮. 金秋十月，全国一片欢腾。年底，中共十一大召开。华国锋主席宣告：长达十年之久的文化大革命结束。

伟大的领袖毛主席啊，您老人家如果再拖上几年，恐怕我戴相陵和很多老三届知青，都要先你而去了！我似乎看到了一线希望. 但作为饱经风霜磨炼的老三届，我仍用镇定和怀疑的眼光来观察局势的变化。

曾被人利用，欺骗和耽误的老三届们，今生我们还会有什么大喜大悲和大起大落吗？

102. 孙永明同学三十八年祭

孙永明　某学长　戴相陵

102.1.冬夜（孙永明 66 届初三丁）

冬夜，满天的星斗在寒气中抖着。远处，偶尔传来一、二声狗吠声。夜已经很深了，可是我依然捏着笔记本，陷入了沉思。我在想世上什么是美的人，什么是美的品德，什么才值得人们尊敬，值得人们学习……我的思路想到了很远。这几年的事像电影一般又一幕幕地现到了眼前：忘我地、积极地参加文化大革命，拼命地下乡苦干，值得深思的一月革命，轻松而热情的庐山之游，虚无的逍遥，下乡两年的曲折……怎样给这几年打个评语呢？我觉得，最使人激动、久久不能忘怀的还是我们的“见世面”。同志，当你登上高山之巅，当你立于滔滔汪洋之岸，当你搏击于一泻千里的大江之中……亲身体验着这千山万水、朝气腾腾的万物之精灵，这雄伟壮丽的气象真使人豁然开朗，胸怀浩气，给人以无限美的感觉，一辈子为之倾倒。在这其中，有的人获得了无限宽广的胸怀，个人的一切都似乎融进这里去了。平时的一切乱七八糟都见鬼去了。是啊！祖国的山河是如此的壮丽，祖国的人民就在这里辛勤地劳动着、生活着。作为祖国人民的一员的我们应该怎样拼命向前才是啊！在日常生活中我也常常被这激励着，但是，“巨石有意，细浪无情”，生活就这样地淘磨着我们的意志！而只有在日常生活中，时时保持宽广的胸怀，正直的性格，永远助人为乐，这样的人才是健康的人，这样的人就是美的人。

人们，都有自己美好的向往，愈是青年人，愈是这样，他们的向往也愈带美的色彩。又有什么能和鲁迅先生所追忆的“好的故事”所相比？那是多么的亲切、优美、和谐，充沛着生气。然而，向往，毕竟是向往，它并不是现实。鲁迅先生就没有坐到这个理想的小船里头。但是，必须知道，只有有了向往，才能有无畏的猛进。只有重视了现实，才能有鼓舞人心的向往。古人云：“男儿西北有神州”，“谁道天下无好汉！”是七尺男儿就应胸怀壮志，不为日常琐细所淘磨，是七尺男儿就应“生当作人杰，死亦为鬼雄”，做一个美的人。是七尺男儿，就应万难不怕，勇往直前，在所不惜。只有那掌握着自己的命运，朝着崇高的目标大呼猛进的人才值得我们羡慕，才值得我们效仿，才值得我们赞扬。

万里长江水日夜不停地向前奔流着，呼啸着。让我们做这永不停息的长江潮中的一滴吧！

（作于 1970 年 12 月）

102.2.孙永明同学三十八年祭（某学长）

ZCM：最近看到朋友另一篇回忆文章，非常感动，转贴于此，给可能与我有同感的耳顺人看。下面是她给我的邮件：

“3 月我们听说初三同学要为班上一个当年因事故死在界集的同学修墓，我们和这个小同学很熟，很觉得触动，为他写了一短文。近来我们来来回回地在和其他同学讨论修墓的事，才发现现在是活人要拆迁，死人要搬墓的时代。其中麻烦很多，一言难尽。

现把文章发给你看。我想管镇知青和界集是差不多的，还有不少人是在那里待一天，就愿意好好干一天。比那些如今“青春无悔”的人干得好多啦，可是也不同于以伤痕为主题的知青文学。现在的知青文学让人觉得无趣，重要原因是那些真正遭受了下乡然后下岗命运的人，其实并没有声音。”

正文

孙永明，外号“大使”，文革开始时是初三的学生。1967 年初，我们在井冈山组织相识，朝夕相处。

那时的“大使”，是个未脱稚气的腼腆少年，虽然个子已经窜得很高。看不出他对校内校外的派性斗争有任何兴趣，安安静静地刻图章，看书，刻钢板，刻版画，和同学一起，数以千计地油印传单，是他爱做的事。有一阵子，他热衷于篆刻，篆字隶书，阴文阳文，为我们很多人刻了图章。文革活动之余，井冈山同学一起登山、游泳、风雨浴、练哑铃、打篮球，他都乐于参与，是一个好伙伴。

1968 年中期，我们这个组织的同学在联系去井冈山、大别山落户的计划完全失败后，决定服从分配，去泗洪县界集公社插队。“大使”这时很为难地表示他在家里有一点障碍，他私下请了两个高中生去说服他父母。他那事实上是通情达理、并无阻碍之意的妈妈几乎是含着泪诉说他的不懂事：他只是声明他要下乡，谁组织、到哪儿、和谁一块儿去，却一概不提，让父母怎么能放心得下？！“大使”后来非常窘迫地要求这两位同学为他在其他同学面前保密，让他保留一点他所向往的生活中的独立性。

我们到那时才听说，他是他年迈父母的唯一孩子，在家里备受溺爱。他那时应该正处于十几岁少年的青春反叛期。

到界集公社后，“大使”去了许圩大队 4 队。印象中许圩的人比较精明。到那里不久，就听社员算了一笔账。生产队多了六个知青，天天满勤出工。许圩在界集是比较富裕的地方，一天十个工分约值五、六角钱，一年下来，每个知青挣到的工分值总在百元以上。生产队的收入，全部来自粮食生产。一斤山芋干 7 分钱、玉米 8 分钱、小麦 1 角 2 分。社员的口粮以玉米山芋为主。这样算下来，每年要增产一万多斤粮食，才不会因为知青的到来而影响生产队社员原有分配水平。即使我们当时对“边际生产率递减律”毫无概念，常识也会告诉我们，粮食产量，几乎不可能因为知青的到来有什么增长。知青下乡，是与农民分利，并直接损害农民的利益，这是我们真实“再教育”的第一课。

1968 年冬，我和“大使”都没有回宁过年。那年冬天，就是对泗洪本地人来说，也是罕见的严寒，连续地下雪，积了近两尺深，长时间不化。我们有很多天可以待在家里，或去其他知青家串门。记得在那段时间见到过“大使”，并记得他说，他希望能离开界集，转到一个山区去插队。他说，山区人烟稀少，人和人碰面时，一定会很亲热，很友好。我从中听出他的苦恼和追求。他还说，他喜欢在大雪封地时去拜访水库、树林看守老人，听他们谈生趣盎然的风土人情；也喜欢和队里一些老年妇女交谈，因为觉得她们很会谈，说话很有意思。

插队之初，“大使”的心愿就是要当一个“好农民”。他用心学习比较复杂的农活技术，很快学会了扬场，而且扬得很好。界集人当时还在使用非常古老的农具：木犁，木耙，木头轮子的牛车。“大使”说，他的理想是改革农具，为此他愿意到树多的地方去，有较多的木材可用。村里树木很少，1969 年春，知青的房子盖好了，他马上在家院里种了几棵树，又在门前种了两排拳头粗的柳树，作为他将来改革农具的未雨绸缪。天真未泯的“大使”，那时还花很多时间做一件事：训练他们家的狗“叭儿”。他太急切了，恨不得“叭儿”三五天就变成马戏团里那样的好狗。有一次我去他们家，正好碰上他在训练“叭儿”，而围观的社员，正在哄笑他说：“孙永明啊，你是跟在母鸡后面拾鸡蛋哩！”（意思是：你太性急啦！）

“大使”好读诗词，一本竖排版的喻守真编注的《唐诗三百首详析》，一直放在枕边。我们北边的曹庄公社，修水利或是修公路时，挖出一个古墓。村里人传说，是东吴孙权的墓。“大使”和人则兴致勃勃跑了二三十里路去看。那是一个很小的、但是是砖砌的墓，里边的东西差不多都已经给县文化馆和当地农民拿走了，地上剩下一些散乱的墓砖，有些砖头上有字、画。现场有人看他们是知青，就指着一块砖对他们说，“上面写着贼曹，不是骂曹操的吗？”“大使”用铅笔、白纸做了一些“拓片”，算是考古成果。过了一段时间，“大使”读到陶渊明的一首诗，题中有“贼曹”一词，注解说是郡县设置的“主盗贼事”的官职。所以那可能是一个县太爷的墓，把“门下五吏”的图像带到坟墓去了。“大使”还曾经有个心愿，要带上干粮步行绕洪泽湖一圈。

1970 年，附中知青作为“始作俑者”，在界集掀动了一场购买常州拖拉机厂生产的手扶拖拉机（以下简称“手扶”）的热潮。“大使”一贯是安静自守、不介入热门事物的人。但手扶这一新型农具，马上使他深受吸引。许圩四队在知青的推动下也筹划买一台，并且决定把买手扶、开手扶的事统统交给“大使”去办。“大使”全心全意地投入了这项工作，变成了无比投入、无比严肃认真的人。我们队当时已经有一台手扶。我记得住在十余里外的“大使”曾在收工后赶到我们家，问几个有关手扶的问题，得到答案后，立即又在夜色中匆匆赶回去。那年年底，县里分配到了一批手扶。手扶当时在泗洪已经非常抢手。“大使”和另一队的知青在县城和界集之间来回奔波，筹款、联系、交流情况，终于各自为队里争得一个名额。这是极紧张的体力和脑力劳动。在此过程中，“大使”他们想方设法地节约车费、住宿费和伙食费，力图为生产队省下每一分钱，实际用的钱往往低于生产队给的标准。一个大雪纷飞的早晨，“大使”在家已发烧几天，突然听说手扶已运到县城。不听大家劝阻，他立即上路。在雪地里走了 50 多里路，赶到县城，而终于如愿以偿。

那天晚上，购得手扶的两个队的知青一起漫步在泥泞的泗洪街头，交谈着关于使用手扶的种种设想。他们约定元旦时分要为手扶的到来喝一次酒，庆祝他们充满新的希望的新的一年，庆祝他们终于找到用武之地的新起点。我听说，“大使”当时信口念出白居易的小诗：“绿蚁新焙酒，红泥小火炉。晚来天欲雪，能饮一杯无？”梦寐以求的目标总算达到了，“大使”当时是多么喜悦和怡然自得啊。

他亲手驾驶这台手扶不过只有十几天。1971 年元旦那天中午，别人都回家吃午饭去了，他独自一人留在机房，准备把机器检查一下，下午继续工作。他还不熟悉操作的程序，没有先放掉轮胎里的气，就卸下了轮胎钢盘中间的大螺丝。内胎因失去约束而爆炸，轮胎钢盘直对着低头工作的“大使”的脸上猛击而去。……“大使”被抢送到医院。第二天清晨，他离开大家而去。那时，“大使”应该是二十岁。

“大使”走后，许圩四队的同学清理他的东西，在他的笔记本看到了他写的短文《冬夜》。

这篇短文，一字一句，写尽了“大使”的为人。购买手扶的前前后后，“大使”的生命为什么突现升华和迸发，《冬夜》给了一个完美的注脚。“大使”内心世界的丰富和美好，虽然当时就让我们深感震撼，但那时我们还不能说清楚震撼从何而来。现在，可以看得很明白了。

回望大使二十年的生命，尽管如此短暂，却经历了教改、文革、插队三个非常复杂而且彼此冲突的阶段。《冬夜》显示出一种道德文章底蕴，说明“大使”能够汲取文革前教育文化中的优良部分。在正常教育被文革所打断时，“大使”因为“自来红”的泛滥而曾遭受痛苦，经历了精神上的迷茫混乱；但同时，也曾受文革极左观念之害，参与过对老师校长的批判斗争，做过错误的事情。最后，“大使”的生命舞台转移到界集，《冬夜》是“大使”在界集插队两年后的精神面貌的真实记录，是“大使”从文革悲剧以及它对我们的毒害中提升出来的证明。长到二十岁，“大使”终于对生命的意义有了自己独立的理解和追求，他走向了真善美和人性的复归。

真、善、美和人性的复归，这一组概念，现在是知青文学的时髦主题了，可是在六、七十年代，它们都属禁忌，而且完全被遗忘。流行的观念，是阶级斗争，是仇恨和无情打击。“大使”从他有限的登庐山、游长江经历及他读书的心得中概括出“做一个美的人”的观念。这一观念，虽然在思想史上也许可以找到久远的源头，对“大使”而言，却几乎可以说是他的原创。

重读《冬夜》，不难让人体会其中涌动着的青春少年激情和对未来的憧憬，让人痛惜一个纯美生命的夭折！

我们在此愿意说，“大使”是很独特的，可是他也像一面镜子，映照出当时在界集的多数同学的共性。我们这一代，命中注定在十年浩劫中长大成人，一个合理价值观念的确立，格外艰难。虽然插队绝非我们自愿选择的结果，可是界集当时超出想象的贫困，使我们吃惊，却更类似于一种催化剂，使我们认识到，为改变这种贫穷做一点实事，非常值得。到这个时候，我们对是非的判断，终于因为关注民生而有了真实的基础。界集有很多像“大使”那样尽心竭力、也往往都像“大使”那样低调的同学，只是默默耕耘，而从来不是那个时代的“风云人物”。近四十年过去了，风流云散，大浪淘沙，时光不能磨灭，而只能更加彰显“大使”在“冬夜”里所描述，所追求的优美品格。

当年，许圩大队在许圩水库边的桃园里为“大使”筑墓，让“大使”长眠在“花织堂，水拍诗”的地方。

时光流逝，而“大使”的音容笑貌长存于我们心中。看到同学们2005年11月在“大使”墓前的照片，更引起我们所有分散在世界各地的生者们对“大使”的无穷思念！

102.3 解读《冬夜》（戴相陵66届初三丙）

读了同学们写的不同的你，我欲哭无泪。

你太年轻，走时，才二十岁。

你一定聪慧勤奋，否则怎么能考入附中？

你一定多才多艺，否则怎么会篆字隶书？

你一定才华横溢，否则怎么吟唐诗宋辞？

你一定兢兢业业，否则怎么争当好农民？

你可知道，当年华工大院那五十四户人家的孩子里，走出了多少大学生，里面不乏清华、北大、哈军工的骄子？可惜你生不逢时，赶上了黑暗的年代。更可惜的是，年幼无知的你，对当时正统的说教，能“正确理解”并身体力行，对自己的老师还下过手。早在你的葬礼中，有人就以目击证人的身份裁定，你不是“原罪”，无须用死去洗涤。你虽英年早逝，可今天谁敢说你是众多时代的牺牲品之一？以你的临行遗书《冬夜》为证。要知道，那是血色二十世纪七十年代的第一个年头。

你不仅没有引用那风行一时的语录圣旨，也没有提及那令人发指的阶级斗争。你反而开始反思，说要做一个美的人。虽然没有直语道出，你一定在开始审查自己的人生，对照着人之两重性的真善美与假丑恶。这是你觉醒和思想境界开始升华的起点。你可知道，在当时，《冬夜》如果传了出去，被当权者看了，他们轻则可以说你有小资产阶级情绪，重则可以说你煽动知青叛逆，把你打入大牢，就像对《知青之歌》的作者一样？

正是因为有了这样的反思，很多活着的同学都会认定，你在去黄泉的路上，一定会追上高老师，也一定会等着吴老师，对他们二位一一赔礼道歉。可以想象，这样，他俩和你，生前没能放下的事，都得到了了结。这是有幸活着的人愿意看到的。

我与你同校六年，肯定照过面，却没有说过话。可以想象，你一定是个英俊少年。与你面对面的交流，已经为时过晚。可是有一件事我一定能做到：如果有朝一日，我能造访界集，就一定会去许圩，在你坟头的墓碑前，放上一束很美很美的鲜花。

（2009 年清明节）

关于《孙永明同学三十八年祭》的说明。

这篇某位学长“正文”的初稿，曾在 2009 年 3 月底、4 月初，转载在初三丙网站上。初稿与“正文”最主要的区别，是后者只说了孙永明真善美的一面，而没有提及他在文革中对老师施暴的罪孽，就连参与批斗都只字未提。仅在初稿上网的第二天，就有初三乙学友加入，提及了孙永明的另一面，而且非常可怕。后来，他也提到了在血统论肆虐时，孙本人也曾遭到过高二丁红卫兵的施暴。这位初三乙学友，是用了非常人性化的字眼来描述的。我看了，直想哭。接下来的几天，初三丙网站为此进行了大讨论。对孙永明是肯定、还是否定，歌颂、还是谴责，披露、还是淡忘，批判、还是宽容？我也参与了讨论。几天后的清明节，我终于悟出了“孙永明同学三十八年祭：解读《冬夜》”。

103. 致老同学

——纪念知青插队四十周年

李楠（66 届初三丁）

103.1.悼孙永明

对不起啊老同学

我不知道你出生的确切日期

据说你是你那白发苍苍，悲痛欲绝终生行医，善良可敬的父母双亲从小抱养的孩子

我们班最最令人难以遗忘的人就是你——你走得太早太早、太年轻

写下你的名字，让我几番提笔，几番放下

泪水如涌，难抑心痛

2008 恰逢知青插队四十周年纪念

我们含泪悼念你的英灵

在那个悲情的年代、寒冷的冬季

你长眠于苏北大地界集那块贫瘠的土地！

不能忘却的记忆啊，永明：

你就是盗取圣火的普罗米修斯燃烧了自己

把光明永留人间

你的老同学：李楠

2008. 11. 19 于宁

103.2.

永平你好：

恰逢今年知青插队四十周年纪念，不觉我们已然分别四十多年了，两三代人咯。刚给润琴、调研、彭立、朝红诸位发信息，真的十分思念我们远方的老同学，真像自己的手足之情。也更加怀念为改革开放献出宝贵生命，离我们远去可爱的好妹妹—杨争平烈士！愿她在天国安宁。不好意思，自己在流泪还又让你伤心。

我在想，为什么我们走了那么远，分别那么久，相逢却如此温馨，感觉如此快乐？因为我们是“有着相同年轮的树”，尽管有的枝繁叶茂、高大伟岸；有的矮小柔弱甚至匍匐在地；但我们永远枝叶相连、默契无间。当曾经风雨侵袭的蜷曲岁月，被今日和煦的阳光熨平，风雨之后有彩虹，枝更挺叶更翠，再向太阳展笑容！你说对吗？我还记得你这位热忱为全班同学服务的团支书；记得你在金陵家里彻夜长谈回忆与争平妹妹一起在山西插队的情景，以及父辈们烽火年代那艰苦卓绝的战斗和流血牺牲；我也说起留在我青春印记中古运河畔泥泞的小路，那芦苇花飘荡的遥远村庄……我们还在一起怀念着在苏北界集公社洒下汗水泪花甚至付出生命代价的好同学—孙永明！我们都沉浸在对当年上山下乡插队，“广阔天地炼红心”那段20世纪中国史册上无法抹去的特殊日子的回忆之中，为了这不能忘却的记忆！我清楚的记得你为争平申报烈士称号，我们在党生家里策划文稿方案，你对争平单位老国有企业干群的同情感激和对社会腐败分子的抨击憎恶；更记得你专程从北京来参加附中百年校庆和一次次来宁给我们初三丁班带来的喜悦和凝聚力……真是感到当我们生命快要度过一个花甲，而这近半个世纪的同学之谊却这般温暖滚烫。与你为友乃我之幸！

咱们多保重吧——期待明年六六届初三年级“60 同庆”再欢聚！

你的老同学：李楠 2008 年秋

注：

1. 杨争平烈士系杨永平之妹，我校 67 届初二丙班，牺牲于 2002 年 10 月。

2. 孙永明 66 届初三丁班，插队时（1970 年）长眠于泗洪界集公社。

104. 东京记事

王虹（66 届高三丁）

104.1.台湾来客

89 年元旦过后没几天，日本 AN 公司的同事罗君打来电话，说他的台湾同窗“小黄”来到日本，希望能帮助找个临时的住处。我顺利地帮他住进了房东空闲的房间。小黄没有说来日本的打算，我也没有多问，只是觉得他心事重重。

闲时我领着小黄在附近转转，到认识的人家走走，小黄的情绪似乎有所缓解。他说自己在台湾“三温暖”工作，结识了不少民进党人。那时候我只是听说国民党开放了党禁不再继续搞独裁，至于民进党是怎么回事就不清楚了。小黄谈起两岸的事情，说邓小平的形象同蒋介石不能相比，完全没有国家领导人的风范。

他又向我打听西安事变的经过。由于国民党多年的掩饰，台湾人并不了解蒋介石在西安事变中的角色。看到小黄对国共的历史有兴趣，我觉得让他直接阅读有关的书籍或许更有帮助，于是不加思索地想到了毛选。可是到哪儿能弄到毛选呢？我试着给中国大使馆打电话，因为我听说大使馆有自己的小图书馆。结果倒是让我感到有些意外：大使馆只有毛选日文版。小黄也很失望，作为完全不懂得日文的他，显然失去了学习毛选的机会——在异国他乡，一个台湾青年翻阅毛选的浪漫体验。

小黄住了不满一个月，听说他的台湾朋友们也来到东京，于是搬到朋友那儿去了。又过了几天来电话说他要去新加坡，并对我的帮助表示感谢。小黄走后没有多久，人们的眼球开始聚焦到了北京的那个广场，我也没有再去多想小黄的离去。可是半年之后人民日报海外版的一篇报道却让我大吃一惊。那是一篇关于台湾重大刑事案件的当事人在大陆落网的报道。根据报道所述，我立刻想到了“小黄”，并判定那个落网者就是“小黄”。

我给罗君打了电话，直截了当地告诉他小黄在大陆出事了。罗君其实已经知道这个结局，于是和盘托出了真相。原来小黄在台湾的三温暖同别人口角斗殴时导致对方死亡，随后他以假护照进入日本，新加坡，中国大陆，直至在上海离境时被拘留。小黄经不起大陆警方的盘问，最后只能实话实说彻底交代了。

那时两岸还没有取得什么“共识”，如何处置小黄成了大陆警方始料不及的难题。尽管那个案件曾经轰动整个台湾，可台湾方面依然不予“配合”，大陆只好请新加坡警方从中斡旋。小黄在上海拘留所白吃白住了好几个月，最后才通过第三方移交到了台湾。

罗君事先没有说明真相的做法还能够理解，可小黄去大陆的选择实在不是个明智之举。所幸的是台湾的刑法已经很少死刑，小黄的刑期即便是最长的二十年，今年也该刑满出狱了。在漫长的铁窗日子里，小黄或许会偶尔想起东京的故事，或许也会为贸然进入大陆而后悔不已。

104.2.东京大游行

五月十七日北京沸腾了。我可以从人民日报海外版间接了解到那个广场发生的事情，也可以通过日本的媒体了解其他的信息。东京的留学生们终于决定集会声援国内的学生。五月下旬的一天，留学生们集聚到了六本木公园。留学生包括东京各个大学的学生、以及日本语学校的学生。当时通知我集会的就是一位日本语学校的 Z 君。他自称因反对林彪受到过迫害，是个资深“反革命”。

六本木公园到处都是国人，写标语的，布置会场的忙个不停，几乎让人忘记了这儿是远离中国的日本。人群中我看到了中国大使馆负责侨务的官员马秋耘女士。我认识她还是缘于一次华侨同乡会的旅游。当时我们邻座乘车同行，途中扯过不少话题，言谈中她还纠正过我引证名人话语的习惯。马女士看到准备会场的学生们缺少别针之类的物品，便主动返回使馆（也在六本木）去取。应该说当时多数的驻外人员都有支持学生的倾向，但像马女士这样直接参与的并不多。

那天的集会上，留学生们酝酿成立了“在日中国人团结联合会”。随后的几天，广场的抗争有所升温。学生们显然被当局宠惯了，硬是占着广场不走，他们还忌讳外界对他们的“造反”称谓。平心而论，89 广场的诉求始终没能超出反贪腐的层面，因而也达不到 76 年四五运动的高度。只是当局的应对非常的愚蠢，双方谁也不肯妥协，促使事态朝着极端的方向发展。

日本的新闻媒体开始加大对“广场”报道的力度，东京的留学生也将声援集会的场所移到更大的港区山下公园。广场出事那天，“联合会”决定集会游行，抗议大陆当局的镇压暴行。那天的下午，足有数千人的留学生几乎在同一时段涌进山下公园。现场群情激奋，口号声此起彼伏。学生们模仿着日本人的习惯，将标语围在头上，套在身上，并相互摄影留念。短暂的集会结束后，游行便正式开始。我和同来的一些朋友也拉起了一面横幅写着“华侨支持学生”的旗帜加入游行行列。

就在队伍行将步出公园的时候，不意间我回头望了一眼，看到队伍之外不远处站立着马秋耘女士，表情非常的严肃。那是我最后一次见到这位女外交官。游行队伍簇拥着出了公园。在整理队列的时候，我听说正在日本的大陆当红女歌星王虹也临场助阵，便主动上前同她握手打招呼。毕竟在这样的场合，同名同姓的走到一起也是一种缘分。

有华侨看到我们“华侨支持学生”的旗帜，便加入我们的行列。游行中还遇到贴有新华社标识的车辆驶过队伍，车内挥手致意，车外掌声回应。一路上游行队伍的口号声不断，除了口号声还有歌声。遗憾的是我们缺少适当的歌曲，行进中的《国际歌》唱得比《龙的传人》

更具激情。沿途观望的日本民众，面对高唱《国际歌》的游行队伍，他们多少会感到有些茫然。

游行的路线包括去中国大使馆，这让使馆人员很紧张。一位我认识的参赞在使馆附近劝说游行队伍不要继续前进，但学生们还是涌到使馆门前。“联合会”的代表宣读了抗议书，并留下四位代表进入使馆交涉。游行大队伍则继续行进，最后返回山下公园。公园内有知情人在介绍北京的情况，有人散发着传单，也有日本媒体的记者在采访。直到天色渐暗人们才陆续散去，记得当时的地铁也挤满了中国人。

这次游行可以说是强烈表现中国人的一次大游行，是向日本民众“展示皮肤”的行动，它多少震动了日本社会。

104.3.游行外的场景

东京大游行之后，各种形式的追悼会、募捐活动也相继展开。经营印刷业的华侨也主动帮助留学生印刷宣传资料。可以说华人华侨都以自己的方式参与了当时的行动。游行中认识的几位二、三代的华侨，他们也邀请留学生参加华侨举办的追悼会。会场上父辈的老华侨中有人对当时的活动缺乏理解，也构成了追悼会上令人思索的一幕。追悼会上我起头唱了《龙的传人》，于是负责宣传的留学生便邀请我参加他们的活动。

我和留学生们参加过日本艺人的一次义演。我们演出的节目是临时编排的小合唱。词曲都是一位日本的“归国者”写的。参与的人员只排练了一次就圆满登场，只要表达出当时的诉求就足够了。日本媒体也不甘落后，电视、报纸详尽地报道事件的全过程。他们将包抄广场的军队称为“戒严军”。后来有消息说，戒严军之外还有反戒严军，媒体一时炒得沸沸扬扬。电视台还聘请了军事专家，在黄金时段展开对戒严军、反戒严军的点评。节目中展示了专门制作的地图、标识，专家说得绘声绘色，犹如在指挥一场包围与反包围的战役。

我记得有一天下午，香港股市突然上涨，全面飘红。滚动条滚出振奋的消息：东北方面赶到的反戒严军已经将戒严军完全包围！我难以断定这个消息是否属实，但心情的兴奋绝对超过兴奋的股民！后来听说广场事件中确有军队将领受到严厉处置，说明当时日本的情报并非空穴来风。

八十年代开始的留日风潮已经演变成出国打工的时尚，留学生们（主要是语言学校的学生）没有给日本社会留下好的印象。北京人会说上海人，上海人则说福建人，中国人整体形象受到了损伤。这次东京大游行从某种角度来说，也可以视为一次挽回颜面的行动，一盘散沙的中国人似乎又重新凝聚了起来。

留学生的行为感动了日本社会，入管局也改变了以往的苛刻，尽量延长他们的在留期限，留学生受到了更多的关注。一个日本人对我说，政府怎么可以杀戮自己的国民呢？我心里也在想：独裁的政府能算是国民的政府吗？

北京的局势经过短暂的动荡，当局迅速控制住了局面。反戒严军的故事也成了难以解开的历史疑云。国内紧张的情绪传染到了东京，有人传出确切的消息：中国大使馆内有人出走了！我的担心不是没有根据，出走的正是马秋耘女士。据说那一天，马女士与她的丈夫（驻德国使馆人员）选择同时脱离中国使馆。后来又听说马女士被临时安置在一个基督教堂，然后转移到了第三国。

那位日本语学校的 Z 君也感到留在日本的前景不容乐观，准备转移到加拿大去。当时一些移民国家，诸如美国、加拿大、澳大利亚等国都对中国留学生网开一面。Z 君向我要有他镜头的照片，我索性将整卷胶片交给了他。过了半个月，他电话告诉我说胶片不慎遗失了，从此 Z 君再也没有音讯。我相信他凭着头脑的机灵，定能成功登陆加拿大。

104.4.日比谷的演出

随着国内局势的恶化，东京留学生的声音也减弱了不少。这时迎来了广场事件一周月的纪念日，“在日中国人团结联合会”决定顶住逆流，公开举办纪念演出活动，地点选择在东京日比谷公园的露天剧场。同东京大游行相比，那天到场的国人应该说寥寥无几，算上媒体记者以及人数颇多的日本便衣警察也不过两百多人。现场规定除了必要的摄影外，一律禁止拍照。

演出前我觉得《毕业歌》也许对学生们更适合，可学生们不会，甚至不知道这首歌曲，只好作罢。演出节目包括一个香港女生的独唱《龙的传人》，诗歌朗诵和小合唱等。为了增加小合唱的气势，在场的几位“联合会”负责人都登台亮相。不过为了演出人员的安全，当晚日本电视台播出的视频也只上了香港女生的画面。

记得演出那天是一个炎热的日子，由于没有活动经费，也不宜过多动用募捐的款项，规定只有登台演出的人员才能享受一份冰淇淋的待遇。现场负责分发冰淇淋的女生把我给漏掉了，事后再三表示歉意。对于冷饮一向不太适应的我，还是记住了这个花絮。

无论如何，日比谷公园的演出是成功的。如果说东京大游行是一次展示“皮肤”的行动，那么日比谷的演出就好比是一次显示“脊梁”的行动了。凡是参与的人员都不会退缩，大家知道在那一时刻，“脊梁”比“皮肤”更为重要。谈到脊梁就不能不提一下邓丽君。邓丽君当年为声援广场学生义演募捐，唱出了《我的家在山的那一边》这首歌。在她去世的时候，我从日本电视节目中得到了更多的解读。邓丽君在台湾属于外省人，为了同“山的那一边”靠近一些，她选择了在香港定居。山挡住了她回故乡的路，可她没有向那座山屈服。与邓丽君相比，大陆的一些当红艺人们应该无地自容了。

104.5.相遇在东京

在一次小型的聚会上，大家自报家门，简要地介绍自己。给我留下印象的是有人不乏幽默地称自己：1989 参加革命。散会的时候，一位敦实的中年人走到我的面前，递上了一张名片。接过名片见到他的名字，顿时让我感慨万分。眼前的这位中年人竟是我儿时的伙伴董真海！他们兄弟姐妹一家作为日本归国者已经回到东京多年，我也于

1957 年随父母离开东北到了南方。即便是上帝也不会想到，三十二年后能以这样的方式相遇在日本东京。缘分呵，1989！

（2009 年 4 月原载 CHINA IN PERSPECTIVE）

以下是网友议论：

知情者：如果说邓丽君是过去几十年最伟大的华人女性歌手，一点都不夸张。听听《我的家在山的那一边》就知道了。这首歌，她只唱过一遍。有人问邓丽君为什么不去大陆？她说，要等到中国民主的那一天。

105. 返乡记

陶业（67 届高二丙）

强烈抗议中国政府剥夺我作为中国公民的入境权。

联合国大会一九六六年十二月十六日通过的《公民权利和政治权利国际公约》第三部分第十二条第四款指出："任何人进入其本国的权利，不得任意加以剥夺。"中国作为该公约的签署国，禁止我入境，严重违反了上述规定。

现将经过大致叙述如下：

我持中国有效护照于二〇〇六年十月十五日乘美联航 851 次航班从芝加哥返回中国探亲。该航班于十六日十三点四十分左右抵达北京机场。我在边境检查站，被指为"不受欢迎的人"，并被拒入关，由原机遣返美国。当被告知拒绝入境时，我当即提出一系列的强烈抗议：持中国有效护照返回祖国是我作为一个公民的权利。你们不让我进关，是对我公民权利的无理剥夺。你们这样做严重违反联合国宪章精神。所谓不受欢迎的人作为外交政治辞令，是针对外国外交人员和外籍人员而言的，你们却把它用于本国公民，纯属胡作非为。请解释什么是"不受欢迎的人"，我究竟违反了那一条中国现有的法律。如果你们认为我违反了法律，请通过法律程序起诉我；如果判我有罪，可以把我抓起来，你们甚至可以把我关进监狱，我都不在乎；但是，你们没有任何理由不让我入境。请出示你们不让我入境的法律依据和具体条文。

边境检查站给我的唯一答复是："上面人说的，你不可以入境”。这就是他们的所有依据。他们还向我展示了一本三十二开本边境管理条例（没让我看清书名，黄巴巴的，又皱又脏），上面列举了不许入境的若干条例，“符合”我的那条是：由政府和国家安全部门指定的“不受欢迎的人”，不得入境(大意)。

可是这还是没有告诉我，为什么我是一个“不受欢迎的人”。

因此，我要求他们解释根据什么把我定义为“不受欢迎的人”。他们说：你自己知道，你在外面都干了些什么。我当然知道我都干了些什么，可是我不知道，究竟我干了哪一件堂堂正正的事，使你们把我定义为“不受欢迎的人”呢？他们无言以对。

过了一会儿，他们给了我一个电话号码，说这个电话号码可以回答我的所有问题。我说我没有手机，能否借个电话用用。他们说，他们的电话不允许外人使用，你可以回到美国再打。我说我必须现在就得到答复。他们十分无奈地为我拨通了电话，对方是南京国安部（我大概归他们管吧）。对方措辞十分含糊：什么已多年没管我的事了，不知道这些年我都干什么了，肯定是又干了不该干的事，等等，不着边际。这就是我所得到的致使我被拒关外的最“清楚”的解释，即没有解释。

基于南京国安部方面并没有对拒绝我入境作出令人满意的解释，于是我想还是我自己来说吧。我对南京方面陈述：我所干的事，其实只有一件，是你们早就知道的，也从来就没有瞒过你们，那就是向六四孤儿递送教育基金。面对六四孤儿被社会遗忘，被社会边缘化的现状，面对教育费用飞涨的现实，帮助这些孩子完成中学教育，大学教育，乃至研究生教育，是为了让孩子们的教育不致因政治事件而受到影响，是为了让孩子们的身心能够健康地成长。这件事无论放到哪个国家，都不会构成拒绝入境的理由。基于人道主义，这件事我们一直做得十分低调，从来没有将其利用来做任何政治炒作，这点你们其实也是知道的。难道因为这个就不让我入境吗？！我既不是民运组织成员，也不是法轮功，不过一个独往独行的独立人，这里没有组织上的借口你们可以抓；至于我写过一点文章(涂鸦之作)，那属于思想范畴的东西，就更不成理由了。

我还强调，二十多年来，我一直着保留着中国公民身份，那是因为我在异国它乡依然怀着对故土，对祖国和对人民的热爱。今天，这份感情被你们强奸了！我做事，堂堂正正，光明磊落，从不隐瞒，我实在找不出任何你们可以拒绝我入境的理由。

由于边境检查站人员的不断阻扰，电话只好挂掉了。其间，边境检查站人员已为我办好返程机票，并不断催促我登机。我拒绝离境。在整个过程中，我不断向他们解释我这次来的目的是为了探视八十六岁体弱多病的老母亲，和九十二岁曾患过癌症的姑姑，并为她们一旦失去生活自理能力做必要的生活安排。然而，这些人似乎毫无恻隐之心，除了“有话跟上面说去”，似乎不会说第二句话。可是，当我要求与所谓的上级对话时，这个“上级”似乎又根本不存在。是我异想天开了，我算个什么东西呢，什么样的“上级”能跟你对话？！这些边境检查站人员也只是在履行公务，我想，也就无须为难他（她）们了。

美联航返程航次为 UA850。三百多名乘客早已登机完毕。北京机场居然能将该国际航班扣押，不让起飞。由于我拒绝遣返，他们竟然将飞机不能起飞的责任归咎于我。一会儿说，飞机不能起飞你要负责；一会儿说，三百多人就等你一个人，你这人没良心。真是令人啼笑皆非。我指出，这是你们的责任，正是你们无视国际法，无端扣押国际航班。他们尴尬地耸耸肩。

话虽那么说，三百个中外旅客在等着我，虽然不是我的责任，但心里毕竟意过不去。我也明白，坚持下去，没有结果。因为我面对的是一群既无权作出决定也无权改变决定的人。所有的努力都是徒劳。再说，他们已经暗示，你要是真不走，他们是会有办法的。虽然我不惧怕暴力，也有心理准备面对暴力，但是我厌恶暴力和推推闪闪的丑态。所以我决定放弃。

妻子与我同行，她已出关。我要求与她见一面，遭到拒绝。我要求把装有我个人衣物的箱子取回，以减轻妻子继续旅行的负担，同样被一些借口推脱。我说我的随身箱子中有些是为亲人购置的礼品和上海南京两地敬老院托老所的资料，能否请他们转交给我妻子，她将乘晚五点二十分 CA1855 次航班去上海。他们一口同意，说他们一定将东西送到她的机舱口。我轻信了他们的人格。我回美后立即与妻子联系，她说她不但没有收到请他们转交的东西，而且我的那只箱子也不翼而飞。

当我登机时，机长要求中方解释为什么把我加入他的旅客行列，他得到的答复是由于“不可告知”的原因，这个人必须跟他的飞机返回美国。当我进入机舱时，我向舱内等了我一个多小时的中外旅客挥手用英文道歉：抱歉，各位。我得到的是热烈的掌声，有人还挥起双臂。难道他们真的知道发生了什么吗？我不得而知。但我知道，没有一个人抱怨我。飞机尚未启动，舱内是不提供服务的，可是乘务长亲自给我倒了一杯水，还用英文向人说：这男孩真可爱！大概是我向大家道歉的诚意感动了她，以至把我这老头子看年轻了许多。我心中流过一阵暖意。

就这样，我除了随身带的一只照相机，两手空空地回到了美国。进关时，海关人员问我，你在境外逗留了多长时间，我说两个多小时，中国海关不让我入境。你都干什么了？我说什么都没干。你一定干了什么事，他们不高兴了。我问他听说过一九八九年在北京发生的事吗？那当然。我告诉他，我和朋友们在帮助六四孤儿完成中学和大学教育。那是大好事啊，真不可思议。你是回去看望家人的吗？是的，我的母亲，她八十六岁了。她不能见到你，一定很悲伤。是的，我也很悲伤。现在你回家了。是的，这是我唯一可回的家了。

十六日晚九点半，我，一个被誉为“不受欢迎的人”，回到了美国我唯一可回的家中。我心中并没有将要客死他乡的悲哀，但是，心里抹不去对年迈的母亲和姑妈们殷切的思念，以及无法为她们安排晚年的遗憾。

特此记下这段经历，以表示对中国政府的强烈抗议。他们高唱的“和谐”社会就是如此来维持的，还有比这更可悲的吗？！

106. 小说《天边》（中文版）序

胡东光（67 届高二丙）

近十年来，好几位读过旅英作家高安华的小说《天边》（英文版）的朋友都跟我说，这本书很感人，是一边读一边流着眼泪才看完的，真可惜没有中文版，没有在国内出版。

高安华是我高中同学，毕业后就没再见过面，只是不时听老师、同学说起她生涯坎坷，现在定居英国。去年我才收到她寄来的书，虽然我英文水平有限，但是书中人物的命运紧紧抓住了我，根本顾不上查字典仔细翻译，一气阅来，老泪纵横。我写了一首五言诗给她：

欣喜收贺卡，惊艳观玉照，感慨读书信，游思寄苍昊。
别离四十年，花容少时俏，洁净洗风雨，安宁出聒噪。
海外何其遥？生涯何其坎？情愫何其敏？忧怀何其眈？
坏事何曾做？假话何曾言？本真何曾失？清纯何曾湮？
先烈父母志，遗孤爱国缘，春风红领巾，阳光共青团。
罹罪丹心苦，羁狱弱身残，厄运惊噩梦，恶语忧讹传。
国家同龄者，身世共济舟，成人皆不易，立业多惆怅。
无中生有事？有酒醉无愁？京斋窗照月，天涯海凝眸。

她请我为其中文版做修改、校对，我自然责无旁贷应承下来。她随翻随寄，先后分了十批。我不管工作多忙总是即时阅稿，主要是校对，“修改”仅限于文字，对于内容至多是提点儿建议。她来信说“回忆往事并非是一件开心的事”，常常是哭着回忆、写作。我深深理解，但又替她担忧，就把我作诗的心得写在信中劝她：自古以来诗人有两种，一种是陷进去难以自拔，另一种是沉进去再写出来，经历一个“复制、整理、修炼、升华”的过程，抒发出来，使痛苦者化解，珍存者愉悦，恚恨者抨击，感激者歌咏，身心为之一振、一洁、一畅，然后迈入从容人生的境界。我的诗写道“烟酒无缘只拜诗”，你也可以说“烟酒无缘只拜文”。激动之后的平静，痉挛之后的轻松，泪水之后的微笑，苦涩之后的甘甜，正是你能解脱羁绊的回眸，正是你不枉渡今生的彻悟。留给后人的，似一杯消烈酒的清茶，如一副解荼毒的良药。真的后面，是美、善；义的后面，是仁、恕。中国古老的睿智，恰在你不经意的童贞中，沉郁顿挫，集结抒发。这样，于读者、于社会、于自己，才都是最有益的。

一切伟大的文学著作，都是现实主义的作品。高安华的书不仅是现实的，而且是纪实的，是真实的。这本书的魅力正在于“真”，绝无想象杜撰。高从小失去双亲，一度寄养人家；学习优异，文革却被剥夺了上大学的权利；当兵积极苦干，却因亲人“揭发”而被迫退伍；英语熟练，外贸业务精通，却被误作泄露国家机密投入监狱；事实真相已经大白，却迟迟不能平反恢复名誉；初恋的背叛，爱人的死亡，工作的失去，女儿的可怜，亲人的背弃，经济的窘迫，政治的高压……坎坷跌宕的人生是何等催人泪下，孤独脆弱的心灵是何等凄苦无助！高安华的姐姐和弟弟也是我们一个中学的同学，弟弟顽皮，高安华柔弱，姐不同，主意正，性情刚，颇有大姐风范，是相依为命三姐弟中的主心骨。没想到她流落边疆，一生不顺，患抑郁症自杀了。我知道后很难过，填了一首“望江东”题为《玉碎》纪念她：

纯净无瑕亦无色，困窘处、刚强厄。
凄风苦雨未知慑，宁可折、何弯得。
深藏野莽黑云噩，恨湮没、他乡客。
漩流烈焰肯悯恻？叹玉碎、孑然溘！

悲剧的年代，年代的悲剧，绝非是一个人的偶然命运。这一代人，谁能逃脱那年代的悲剧呢？把这悲剧真实地再现出来，引起人们认真、客观、科学地反思，不正是追索真理、改正错误以求国泰民安吗？不正是我们这一代人分内应该做的事吗？

高安华的小说（英文版）在海外出版后，引起了很大反响，成为一本畅销书。由于国内没有中文版，道听途说，瞎猜乱测，也出现两种批评的声音。一种批评，说文革中高因出身好当过红卫兵，而红卫兵整了出身不好的老师、同学。我认为，红卫兵整人是错的，不过错主要不在学生；何况高安华生性柔弱善良，从没有整过任何人。另一种批评，说高在海外出版书，骂中国，才受外国人欢迎。不应一概而论为“骂中国”，是错误就要指出，纠正了错误才是进步，不然改革开放干嘛？高安华一生都热爱祖国，至今积极参加各项爱国活动，胡锦涛主席访英拜会伦敦市长时高也应邀出席，她专门为此撰文歌颂祖国改革开放。“在海外出版书”，恰恰是这句话，促使她尽快把书翻译成中文出版，想让国人都看看自己的心。

小说《天边》文笔清秀苍凉，语言生动流畅，人物性格鲜明，情节引人入胜，内涵深厚宽阔，格调正直善良，不仅思想境界高尚，有着积极的社会意义，而且艺术魅力强盛，有着珍贵的文学价值。

高安华是中华人民共和国的同龄人，今年恰逢国家和她六十大寿，她的命运，正是国家命运和这整整一代人命运的一个缩影。我们庆幸的是：

理想摧毁下皎皎坚定
事业失落后渐渐兴旺
爱情破灭中隐隐萌生
人生蹉跎时熠熠辉煌

我期望高安华的这本书能尽快到广大读者手中，期望更多的同龄人写出自己的故事，期望更多的人能认真地阅读和反思这些故事，期望将来我们的子孙后代能从中感知这个时代所经历的磨难，能从中领悟中国历史前进脚步的艰辛。

胡东光 2009 年 5 月于北京

107. 关于小说《天边》（中文版）出版的几点说明

高安华（67 届高二乙）

1. 我的回忆录，最早是由英国企鹅出版社于 2000 年在英国出版，出的是英文版，一直没有中文版。这是因为，我觉得中国人里，比我的遭遇更苦更惨的太多了，我的经历与很多人比都不算什么，所以从一开始写的就是英文，主要是想让西方人更了解中国。但是近年来，我听到了国内一些人对我的书的误解，他们没有读过我的书，却凭想象在互联网上发表文章，攻击我的书是“卖国”，这才促使我决定写出中文版来，以正视听。在校友和朋友们的鼓励和支持下，我用了大半年时间，足不出户，写出了中文版。

2. 中文版的整个故事结构与英文版相同，但是在细节上有所不同。英文版经过英国人的编辑，少数议论不是我写进去的，因此在中文版里都不用。还有些诗词，写英文版时感到困难，所以没有写。例如，我父亲教我唱的“黄水谣”，英文版里就没有。再比如，对文革背景的介绍，中文版比英文版要详实，不像英文版那样一带而过。另外，有些朋友和人物，在 2009 年以前已经去世，我都在中文版里带了一笔，给予了说明。但凡与英文原著在内容上有所不同或增减的，应以我的中文版为准。

3. 我写中文版的根本目的，是为了对中国近代史进行反思，对文革反思，对中国其他政治运动的反思，给我们的后人留下一点可以思索和借鉴的东西。同时也是为了表达我对父母，亲人和朋友的怀念和感激。我不是搞政治的，可是却在政治气氛极浓的中国生活了 45 年，经历了各种各样的群众运动和阶级斗争，必然受到中国政治的极大影响，必然使我对中国的政治有所认识，这些认识在中文版里有更好的表达。由于水平有限，我的认识和看法，尤其是我对毛泽东持否定态度，也许有些读者不能接受。我希望读者能本着求同存异，言论自由和互相宽容的原则，向我提出批评帮助。对于一切诚恳待人的批评声音，我非常欢迎，也很愿意与读者切磋，使自己得到提高。

4．在本书写作过程中，我得到了很多人的鼓励和帮助，一直心存感激。特别要感谢我的先生海瑞，他在10年前就开始敦促我写中文版了。感谢老同学胡东光，在繁忙的工作中挤出时间甚至开夜车，仔细阅读我的书稿，进行修改校对，并提出内容上或议论方面的修改建议，还为我写了序。感谢我儿时的好友何天陵，在读了我前六章初稿后，不仅完全融入我的感情，与我共鸣，给予我充分的肯定，而且鼓励我写下去，使我有信心完成全书的写作。感谢老同学王燕虹，以真诚的友爱和热情，关心我鼓励我，并对我弄错了的史实提出纠正。对于所有在本书写作时给予我关心的亲友，校友和朋友们，我在此一并表示诚挚的感谢。

希望我的书，作为对中国那一段历史的真实记录，为使政治悲剧不再在中国重演，能给广大读者一点启迪，给我们这一代一点回味，也给下一代留下一点精神财富。

2009年5月20日于英国

108. 那一夜，心碎了

金朝红（66 届初三丁）

附录：作者对文章的说明

这几天不断接受采访，为了父亲，为了六四，我都应该说话。可是现在记者的随意主观性，我不敢恭维。看了报道不尽如人意，最后决定自己动笔写一篇，以正视听。下面一段是写给一个要好的记者朋友，表达我对一些记者的报道作风的不满：

六四及文汇报社论开天窗都是要载入史册的，来不得半点苟且。虽然信报记者的报道只是细节上移花接木，加了太多她个人主观色彩，但留待将来，就是对历史的不忠，给后人了解真相增添困扰。我不想指责记者，她这样写新闻特写是时下歪风所致，久入鲍肆不闻其臭，还以为是精彩之作。如果说感性，她确实加了许多个人情感在内，为了她以为的好看，作了不切实的剪接。我也是个写作人，也做过访问，我知道新闻特写稿少不免要剪去枝节，将主干突现，有一定故事性，但忠于事实始终很重要，不能张冠李戴，变成虚构，那不如写小说了，一定故事性更强，曲折摇曳，吸引力更大。这是我想订正的原因，又希望做得漂亮，勿使对方不快，用个婉转巧妙的方式以正视听。稿件请看附件。

正文：那一夜，心碎了

六四已经过去二十年了。二十年，也许有的记忆会模糊，有的会遗忘，有的不提也罢，有的思觉失调，然而这二十年对我们来说，是刻骨铭心，每一次回忆，那血淋淋的场景都历历在目，禁不住心的剧痛。

父亲金尧如弱冠之年投入抗日的洪流，他与同代知识分子一样，愤于当时国民党政府的专制、贪污腐败，加入中国共产党，认为中共代表民主、自由、公平的理想，能带领国家走向先进、文明、富强。我手头有一张四十年代中共在重庆的机关报《新华日报》社论的目录：《中国要求的只是民主》《不能因国民程度不高而拒绝民主应用民主政治教育人民提高人民》《有人民自由才有国家自由》《民主的才是合法的》《民主一日不实现，中国学生运动一日不停止》，读一读这些标题，可想而之，为什么它能吸引那么多有识之士向心？

那一夜，六月三日的夜晚到六月四日的凌晨，我们看到什么？黑夜里坦克隆隆，枪弹呼啸，人群四散，有的人倒下了，几个人扑前抢救，又有人倒下了，平板车飞奔，看得见上面躺卧着伤员。泪顺着脸颊汩汩地流，心碎了，剧痛。

若干年后，父亲在美国向王丹谈起这一幕，他仍心痛。他提到我曾问起他当年学运包围上海市市长吴铁城的情形，军警是如何驱散学生，他说只是挥舞警棍，没想到数十年后的北京竟是如临大敌，军队的精锐尽出，彷彿一场鏖战，面对的是赤手空拳的平民和学生。

一九四六年年底，全国各地学运风起云涌，抗议美军强暴北大女生，“反内战，要和平、要民主、要自由”的口号响彻中华大地，父亲是上海学运的领袖人物之一，并因此被国民党政府通缉，被迫放弃毕业论文，离开上海。“六四”之后，先父有次跟我谈起对八九学运的看法，他说：“四一六社论之前，我认为学生是爱国的；四一六社论之后，我仍旧认为学生是爱国的，他们不过希望政府改进，提出反贪污、反腐败、要民主的口号。在这一场学运中，难免有些过激的言行，我们当年搞学运，几十年后回过头看看，也有过激的言行。这样就可以大开杀戒吗？北洋军阀政府向示威学生开枪，死了 47 人，100 余人受伤，全国震怒，段祺瑞执政因之谢罪下台。此后国民政府不敢向示威学生动枪。学生是我们的下一代，子女犯错，顶多打一下屁股，哪能用刀砍？”

基于这样的理念，1989年5月19日听到李鹏宣布戒严令，父亲和《文汇报》员工是如何之激愤，为了表达这种心情，决意社论开天窗。社长李子诵伯伯与《文汇报》高层讨论时，有人提出“痛心疾首”四字，大家都称好，又顾虑新华社不易通过，再提出“夫复何言”方案，婉转一些，将两个方案都送新华社，由他们选择。人同此心，众所周知，新华社副社长张浚生选了“痛心疾首”四字，社长许家屯也首肯。这四个字开天窗的社论，是《文汇报》员工上下合力，也包括当年新华社高层合力，才有这惊天动地之举。新华社内部整肃时，听说张社长痛哭流涕，自我批评语文水平不好，以为“痛心疾首”感情色彩不那么强烈，终于过关。这是后话。在那一刹那，我们看到的是人性的良知迸现的光辉，真，善，美。排天的浊浪卷来时惊惶失措，是人性的软弱。请记住圣彼得也曾三次不认耶稣基督，李子诵伯伯与我父亲背负起十字架，他们的步伐是那样的坚定。

父亲那一代人历尽沧桑，渴望中国好起来，人民能过上平等、自由、富足的生活，是他终生的追求。

六四之后，他紧记书生报国的言责，“铁肩担道义，辣手著文章”，受到不少压力。有人善意提醒他要小心，可能会用一些下流手段对付他，譬如教朋友出面请他喝酒，灌醉了，送上车船，在香港消失了。小妹闻讯，很担心父亲的安危，飞回来说服他去美国探亲旅行，带他去各处参观，了解美国的社会。父亲一生写了不少文章批评“美帝国主义”，这次旅行他不但看到这个国家对不同族裔的包容，也看到这个社会对民众的一视同仁、以及对老人提供的福利照顾，他才同意小妹的要求定居美国。后来他跟我讲：

“老吾老以及人之老，幼吾幼以及人之幼，是我追求的大同理想。没想到美国反接近这个理想境界，中国尚差得远。”最重要的一点，“书生报国无时地，风雨神州入梦来”（《去国有思》1991年9月19日写于洛杉矶），所以他才让小妹尽孝心。

父亲去了美国，想起六四，心还是痛。在一个六四祭日他写下一首词，上阙云：

“今夕复何夕？望天门，沉沉惨雾，昏昏危阙。
虎斗龙争无寻处，剩有寒凝碧血。闻大地低低呜咽。
休问人间竟何世，彼苍天，歼我良人烈。天丧予，生民绝。”

2009 年 5 月 29 日

109. 附中人与附中精神

吴小白（68 届高一甲）

作者说明：本来这篇文章已写好几个月，一直怕以偏概全，抓一漏十，不能全面反映附中六八届高中毕业生的风采，所以没有发表。但不说出，更是埋没了英才，所以思量再三，还是贴出来了。

2008 年 9 月 29 日，南师附中 65 届初中/68 届高中校友重返母校，参加“人生六十岁，毕业四十载”的聚会。不少 65 届初中/68 届高中校友在大会发言时都提到附中人和附中精神，并给予高度赞扬。我认为，由于每位校友的思想基础、生活经历、家庭背景、认识水平存有差异，对附中人和附中精神的理解和感悟也是各不相同。

我们 65 届初中/68 届高中校友，经历了 65 年初中毕业时部分同学因家庭出身不好而被迫“支边”的别离，经历了高中一年级的“教改”，更经历了空前浩劫的十年文革动乱，如今，大多数 65 届初中/68 届高中校友已从各自的岗位上退休，大家都在或多或少地对自己的一生进行追忆和思考，我相信附中的绝大多数校友都会这样说：面对人生，我们已经尽了最大的努力，我已无愧于自己的一生。而人生信念的确立，有着家庭教育、环境因素的影响，但学校对每个人一生的影响和教育是至关重要的。如果说小学的教育还是思想启蒙阶段，那中学的教育就是一个人思想形成的基础。而附中精神在人生思想最敏锐的中学阶段已深刻融入了我们的大脑中、血液里。

在阐述自己对附中精神的理解时我先讲几个校友的事例。

第一位我们初中甲班的同学刘伯和，当年的他有着年轻人的活力和帅气，聪慧精干，天赋极高，学习在班上名列前茅，获取优异成绩对他是轻而易举，他又是排球场上的高手，性格上有着迷人的随意和洒脱。这样的同学，如能高中毕业要考上任何大学都易如反掌，也一定能成为国家栋梁之材。因为成分不好，对政治不太关心或是不抱奢望。就这样被扣上“不关于政治、不要求进步”的帽子，当然也主要因为家庭成分不好，初中毕业时虽成绩优秀仍没有被任何学校高中录取，原因是附中高中不录取并扣住他的档案使其他学校无法录取。当时的附中校方还要痛下杀手，动员包括刘伯和等没被高中录取的同学去“支援边疆，扎根新疆”，刘伯和开始一直没有同意“支边”，于是，班上团员带领的一组组班上同学天天上门动员，一连数天就赖着不走，非要刘伯和答应“支边”，正是“屋漏正遇连绵雨，船破恰逢排天浪。”在这样连珠炮式攻击下刘伯和心灰意冷，只能屈服，答应去支边新疆。结果到新疆农场一去就是十多年，直到文化革命后社会大学招生，刘伯和才考进了无锡轻工学院机械专业，毕业后去美国改学计算机专业，三十多岁时才开始学计算机软件，困难是可想而知的，刘伯和经过坚韧的努力完成了学业，终于事业有成，并在美国安家落户。

一位我的同班同学在 65 届初中/68 届高中校友聚会时跟我讲了这样一个故事：当年高一丙班的刘裕和因成份不好受到班上红卫兵的较大的冲击，之后和附中同学在苏北洪泽插队。后上调到湖北二汽当一名普通铣工。我同班的这位同学大学毕业设计时也来到二汽实习，先期到二汽实习的同学对他说，你们南师附中太出人才了，你在学校中成绩一流，而你们南师附中的另一位同学刘裕和太了不起了，一位普通铣工，对整个加工流水线了若指掌，对每台设备的加工工序、生产能力、定位方法、加工精度，说起来如数家珍。陪同实习的学校辅导老师、工厂的技术人员也许是实践经验差，只能当听客，也津津有味地听刘裕和的介绍。试想一下，一位普通工人，很好地完成本职工作已经不易，能对全厂、全生产流水线的加工如此熟悉，这要付出多大的努力，要有怎样的学习和钻研精神呀。由于自身表现优异，刘裕和被送到清华大学深造，也正因为有这样的精神，现在这位校友刘裕和已是二汽集团本田公司的老总了。

我的这位同学感慨地说：南师附中人具有特别顽强的生命力，就像是一粒种子，不管把他放到怎样贫瘠的土地上，只要有一丝缝隙，一丁点儿机会，他就能破土而出，生根发芽，开花结果。

在65届初中/68届高中校友聚会时，我与当年的副校长李夜光进行了交谈。李夜光反复地强调说：你们这一届，是我最佩服的一届附中学生。你们高中在附中，就参加了一年的教改及到农村劳动，没有学到什么知识，后来又经历了文化大革命，学校停课“闹革命”，68年你们又都下了农村，基本上没有学到什么知识。今天看到你们，发现你们没有消沉，都在顽强奋斗，有的同学自学成才，有的同学上了大学，有的同学非常优秀，我为你们高兴，更为你们骄傲。

在南师附中65届初中/68届高中校友中，的确不乏事业上的成功者，处级以上的干部比比皆是。另外一些同学，凭着个人的努力，终能大展宏图，高一乙班的钱乘旦，引经论据，经常给中央的领导们讲课；高一丁班的李克正，没上过大学，却凭借自学考取了中国科技大学数学研究生，后到美国继续深造，成为中国数学界的新星；高一甲班的江明，在教育部成为中小学教材的审批人，为各省市的中小学教材把关。特别是应该看到，众多的当年因成分不好受到排斥的校友们发愤图强，逆势而上，成就斐然。

当然，因为自身的经历和环境因素，更多的附中人还是默默无闻，但他们绝大多数是本行业的精英，同事中的佼佼者，他们用几十年辛勤耕耘，开拓自己的领域，是各自岗位上不可忽缺的人才，他们没有名人的显赫，没有名人的富有，没有名人的权势，但同样是成功者，同样应受到人们的尊敬。

从这些附中人身上，我们感受到了特别的素质和精神，就是这种持之以恒的精神，才使附中人在众多的学校中脱颖而出，独树一帜，卓尔不群。对附中精神的理解仁者见仁，智者见智，目前没有形成统一见解，但我觉得有以下几项的内容：

胸襟宽广，正直为人，清白做事，扎根大众；博学广识，学以致用，触类旁通，具有创新精神；气质高雅，宽厚待人，自律自重，善待同事；作风严谨，工作踏实，有事业心、有责任心；坚韧刚毅，不辞劳苦，百折不挠。

这样的附中精神时时地影响着我们，也时时影响着在附中学习的一代又一代莘莘学子，使南师附中这个百年名校人才辈出，历届毕业的数万附中人的优良品行和突出业绩，与附中名校相映争辉，使附中精神不断完善并发扬光大，代代相传。

以下是网友议论：

王虹：我觉得每次校友聚会都应该是一次反思的机会。毕竟我们的社会在60年间的变迁中，让大家品尝了太多的酸涩苦辣。当人们需要忘记过去，从此快乐下去的时候，社会却已经进入了巨变（政治体制变迁）的倒计时！在这样的形势下探讨附中精神似乎不是时候。

110. 南师附中图书馆图书被盗卖事件

吴小白（68 届高一甲）

文化大革命的动乱中，什么样的离奇的事情都会发生，可能许多附中的校友已经忘了，在南师附中这个百年名校，一九六七年的冬春之际发生了一件惊天大事：学校图书馆的大量珍藏书籍被盗卖，仅仅是为满足几个红卫兵徒步串联的需要。

那是一九六七年春节刚过，记得是在一月末，社会上一月风暴正在展开，但多数人还沉浸在过节的气氛中，社会各种政治力量的斗争还相对平静。而寒冷的冬季尚未过去，给人带来身心上的阵阵寒意。

当时全国大串联已基本告一段落，有几支红卫兵做了徒步行走到“延安”“井冈山”等红色根据地串联的尝试，这样既能大大地缓解了全国交通运输的压力，同时也可释放红卫兵们的过剩的精力，维持了全国文革运动的高潮，“徒步串联”立即得到了当时的中央文革和国务院的大力支持和推广，当年的报纸和电台连篇累牍地报道徒步串联的事迹，在全国大中院校的红卫兵和群众组织中得到热烈响应，千万支红卫兵长征徒步串联小分队如雨后春笋应运而生，大中学校的学生纷纷走上向革命圣地顶礼膜拜的行程，并在当年的初春之季达到高潮。当然，徒步串联也只维持了几个月的时间，随着天气的炎热，蚊虫的增多和食宿的不便，以及文革的政治形势发生重大变化而悄然中止。进入到六七年的五、六月份，全国文化大革命群众组织派别斗争的高潮正在来临时，早期的红卫兵运动此时已基本结束，除了有几个干部子弟聚集的中学的老红卫兵还在为“老子英雄儿好汉，老子反动儿混蛋”理论做最后的辩护之外，社会上已没有了老红卫兵的踪迹。就是在我们南师附中，就在那个时期及以后一段时间，有许多同学走上了“徒步串联”之路，后来大家发现农村及山区的风景太美了，于是“徒步串联”变味成了游山玩水，沿海城市和黄山、庐山等旅游胜地成了首选的徒步串联之地，这已是后话了。

当年的南师附中初中部教室在建国院的北侧，图书馆在建国院南侧一长排教舍的中间和西侧，应该有四间教舍，其中两间是阅览室，两间是书库。文革前南师附中图书藏书达六万余册，其中不少是古籍珍本，在全国的中学首屈一指。文化大革命开始后，除了毛泽东的著作和党中央的文件，绝大多数书籍都冠之以“毒草”或疑似“毒草”，图书馆也停止开放，只是偶尔找出一些“毒草”作反面教材之用。批判北京市委和“三家村”时，找出了“燕山夜话”作为批判的“靶子”，让同学们发挥想象写批判文章。到停课闹革命前，图书馆教舍门口被一排大木板从上到下钉死，图书馆也被封闭了。

在六七年春节的一场大雪之后，我又赶到了南师附中，想了解学校的近况。到了学校，碰到了几个熟悉的同学，说是学校图书馆的图书被盗卖了。盗卖人以当时的南京师范学院某领导的儿子高二的王晓淮为首，带领几个在文化革命中表现最“抢眼”的初中的红卫兵干的，理由是要筹集资金进行“徒步串联”。当我来到被盗的图书馆门口，看到一间书库门口钉死的木板已被撬开了几块，迈腿就可以走到书库里。书库里一片狼藉，除了少量的图书还在书架上，劫后尚存的图书大多数都散落在地面，地上歪七竖八地躺了几摞的图书，走路就要踩在图书上。靠里面的一间书库好像被搬空了，已没有什么书籍了。书库里偶尔进来一两个同学，饶有兴趣地翻看地上的书籍。看到这种破败的景象，我也就只能叹息了。

据说王晓淮一帮人是下午靠晚的时间开了一部卡车来到学校，因为那时学校里同学和老师最少。卡车是物资回收公司的车子，当时他们以废品多为由让物资回收公司开来卡车搬书。这样，几万本书就被他们卖掉了。正因为王晓淮等红卫兵们盗卖了大批图书，图书馆的封门木板被撬开后，南师附中的不少同学们进来挑选和拿走自己喜欢的图书阅读，很快南师附中图书馆的六万余本书籍遗失殆尽。作为盗卖图书的始作俑者，应是无颜面对当年培育他们的母校的。据说，有了这些费用，这批"红卫兵小将"们就趾高气扬地上路了，可没走多少天路程，又感觉到徒步串联太苦，有些吃不消，就用这些钱买车票坐车串联，钱花得差不多后，坐车返回了南京。

若干年后有老师告诉我，当年被盗卖的图书，大多都是南师大的存档资料，有许多都是线装古籍，南师附中隶属于南师大以后，南师大的一批古籍图书档案没地方存放，就运到南师附中存放，而正是这一批最宝贵的文物级的资料，其中的许多线装书都是珍本、孤本和善本，被三文不值二文地当废纸给卖掉了，被永远地毁灭了，而且毁灭在一群既无知又目空一切的红卫兵手中。

必须指出，当年人们的行为是十分纯洁的，在文化大革命中社会极度混乱的情形下，当权派被批斗，警察打派仗，没有行政机构维护社会治安，但社会上基本没人抢劫，没人抢银行，没人会把公家的财物拿回家享受，贪污盗窃是不耻行为，从这方面来说，盗卖学校图书就是极其恶劣的事件。虽然当年盗卖图书所得钱款并不很多，但是盗卖的图书多是珍本、孤本和善本，其价值是无法用金钱来衡量的。所以，这次盗卖图书的行为，无论在当时和现在，列为重大刑事案件也不过分。旧事重提，就是想要告诉大家，当年部分红卫兵盗卖图书的行为，让国家的文物造成了无可挽回的损失。我不知道当年参与盗卖图书的“革命小将”们现在的境况如何，想必一定是飞黄腾达，因为在当时就能想到盗卖图书这样“发财致富”的方法，套用当今非常时髦的一句话：真是“太有才了。”

以下是网友议论：

王虹：据附中老师说，南师附中当年是中华民国中央大学附中。校内的标本林属于林学院的。文革中被盗卖的这批线装书是属于中央大学的，很多资料在全国属于绝无仅有的宝贵资料。1949 年后，政府并没有对各类资料，包括文物实施集中收藏保管，而是就地收藏保管。比如许多古代历史文物在大陆就分别在北京，南京保管。据说南京的这部分古代文物 60 年来都没有开封。这也帮助人们了解南师附中保管的线装书的价值。据学校的老师说，文革中档案室，实验室等处保卫管理得比较好。图书馆就没有人过问了，因为当时被认为是封资修的地方。肇事的红卫兵以高二甲王晓淮为首。当时据说卖了近千斤书籍。

111. 校友相聚忆当年

吴小白（68 届高一甲）

在去年的 1965 届初中暨 1968 届高中校友聚会上，我与多年未见的同学见了面，并与不少同学做了感情上的交流。特别与其中的一位同学，因为他等取到聚会的相片后就要出差，在等待照片的时间里，我们做了较长时间的交流。

特别要指出的是，这位同学很有天赋，学习上特别聪明刻苦，高中到南师附中，学习成绩特别是外语成绩一直跟不上来，可是经过半年的努力，各类课目成绩在班上名列前茅，令同学另眼相看，也成了高一年级发奋学习的榜样，并在全校的大会上做过“为革命而努力学习”的发言，介绍了自己如何发奋学习成绩迅速提高的经验。当文化大革命开始后，许多“被颠倒的事又被颠倒过来”，于是他又被班上的“红五类”子弟当作是走“白专”道路的典型而备受歧视。

从此后，该同学下决心走“自我改造之路”，文革初期自愿到南汽厂劳动了很长时间。红联成立时，他并没有加入红联，而是加入当时班上的中立的组织，最后那个组织的成员大多数都加入了红联时，他仍在观望，直到同学们的动员，他才加入了红联。一旦加入红联，他就展示了自己的胆识魄力和交际能力，因为长期住校，随时可参加活动，最后成为红联中的重要成员，曾留下一些敢作敢为的故事。四十年后，这位公务员同学几经奋斗，已是一个大部门副总经理，在上海管理了一个上市公司，麾下有一个办事处，几个央企和实业公司，不小的权势集一身。

所以，在这次聚会时，我特想了解一下他对当年的回忆。想不到的是，我问到他时，他说道：当时是一个动乱的时期，也是人生的一个低潮，已不想回忆当年的发生的事，现在人生已到 60 岁，找快乐还来不及，何必再去回忆当年不愉快的事情，搞坏了自己的心情。对在附中发生过的一些事包括自己做过的事，已经记不清楚或有意识地忘记了。

我说：既然你想忘记那一段经历，那你对参加红联的经历是怎么看待的。他说：参加红联，是当年的形势所迫。当年的社会政治就是搞阶级斗争，而学校的“红五类”子弟，对成分不好的同学进行排挤、打击，让他们没有政治地位，没有说话权，边缘化成分不好的同学，让他们自暴自弃，丧失了生活的希望。而红联的成立，让这些备受打击的同学走到了一起，让我们有了说话的权利，表达了观念的权利，又找回了生存下去的自信。我们是把附中红联看成了自己的家，在这个家里，我们找到了许多的朋友，又可以恢复了做人的尊严。红联在当年的发展过程中，也犯过一些错误，做了一些错事，但如果没有这个家，我们还处在低人一等的地位，想犯错误都不可能。

我相信，这位同学，把红联当成“家”的认识，在许多当年加入红联的同学中或多或少都有同感，在这里，有事大家承担，同学的友情得到了发挥。我记得，那时即使平时沉默寡言的男生，不关心政治的女生，无论是知识分子子弟、干部子弟和其他家庭出身的同学，只要红联活动的需要，都是积极地参加，有一种凝聚力在团结着大家。

而学校的“造反军”们，在地方干部受到社会上运动的冲击后，已失去了当初红卫兵的革命“热情”，只剩下少数人，特别是初中造反军组织的“铁血师”还在坚持中，并在中苏发生全面冲突之后竟然把南师附中改名为“第三次世界大战备战军校”，把自己当成了世界的救世主。

经历十年动乱及四十年的磨炼，就像我的这位同学，心境已非常地平和，早已处事不惊。他说道：经历了当年受压制的感受，我对下属的处理上特别慎重，不要轻易地对别人造成伤害，能免处分的就不处分。做什么决定都要设身处地去为别人着想。就是对于当年的造反军同学，也认为当年他们年轻气盛，做出伤害其他同学的事也是情有可原，毕竟是当年还小，不懂事罢了。

对这位同学说的“红联是家”的感慨，我是完全认同，这个家是思想上的家，在政治上受到压制，人格上受到迫害，身体上受到摧残的时候，当年就有许多同学被本校的红卫兵抄家，有好几位同学被剃了阴阳头，有了一个组织能让大家聚到一起，相互倾诉，笑在一起，联络在一起，共同奋斗着渡过了当年最困难的时期，这是多么难能可贵的经历呀。

经过四十年磨砺，当年参加过红联的同学，政治观念也有了很大的变化，也可以说有很大分歧，有许多人在思考当年发生文化革命的历史原因，如果现在红联同学有不同观点的交锋和辩论，那一定会是在和谐的气氛中进行，绝不会上纲上线到反党反社会主义的地步。而且，这种交流完全不影响当年红联同学在一起时的热情、坦诚和相互信赖。

这也使我想到同样在当年的造反军同学中，过去和现在，观念上的分歧，动不动要上升到阶级斗争的高度，一定要让对方名誉扫地，“遗臭万年”才痛快，表现最典型的是对《天边》一书及其作者的评价。对当年文化大革命中发生的事件的描述肯定有不同的观点，有必要那么大动干戈吗。四十年的实践已对文化大革命做了很好的注解，并一定会做出最后的裁定。

希望我们南师附中老三届的同学中，想忘记当年的事也罢，想反思过去的事也罢，都能心情快乐，晚年幸福。也让我们能珍惜同学的友情，直到天长地久。

以下是网友议论：

戴相陵：中苏在珍宝岛发生冲突是在 1969 年初。把南师附中改名为“第三次世界大战备战军校”，确有此事。但是时间应该是 1966 年 7、8 月的事。另外还有“红卫兵战校”（八一战斗队）、“工农红军大学附属中学”（北草场黑字兵）。这些我都有日记记载，以后将会有较系统的回忆。

112. 再谈附中人的精神

吴小白（68 届高一甲）

我在南师附中老三届上写了一些文章，看到大多数的跟帖评价都较中肯，给我不小的鼓励。在最近的一篇文章“附中人的精神”中，有一些质疑之声。我想应该做个解释。

我看到留言在“附中人的精神”跟帖中对刘裕和的职务提出了疑问并做了查证。因刘俗和不是我班的同学，对他的工作经历并不清楚，我只是被一位校友提到的刘裕和的刻苦学习技术的精神所感动，并询问了刘裕和当年所在的高一丙班的同学，得到肯定后才把刘裕和写了上去。我认为一个人的生存价值不在于他的地位，而在于他所做的努力，逆流勇进者就应该得到尊重。

我写“附中人的精神”的本意，主要是为大多数默默无闻地奋斗一生的附中人正名，特别是当年成分不好而受到压制的老三届同学，所以，我在文章中特别提道：“因为自身的经历和环境因素，更多的附中人还是默默无闻，但他们绝大多数是本行业的精英，同事中的佼佼者，他们用几十年辛勤耕耘，开拓自己的领域，是各自岗位上不可忽缺的人才，他们没有名人的显赫，没有名人的富有，没有名人的权势，但同样是成功者，同样应受到人们的尊敬。”我认为一个人在社会的位置是由其社会环境、个人的机遇和自身的性格和能力等诸多因素决定，在人生之路上只要尽了自己的努力，就可以没有人生的遗憾。

我文章中提到这样一句话：“处级以上的干部比比皆是。”这只是一句铺垫，为以下的出身不好但矢志奋斗的同学作一个承接。老三届校友中当干部的有几种情况：一是父母就是高干，借些关系，自己当了干部并升迁快一些。二是当年上了大学，毕业后赶上提拔有文凭的人当干部，顺理成章地当了官。虽然每个人事业上的成功都与他的努力分不开的，但对第一种当干部的人总感觉有些不爽，所以我文章中就没提到这样一些走上高位的同学。百年名校南师附中形成的严谨校风，使得历届校友中搞技术、学术的同学特多，南师附中校友中阿谀奉承，钻营拍马，拉帮结派，弄权术耍手腕的，比社会上有些学校校友要少。所以，南师附中历届校友中，独当一面，当行政正职领导和企业总经理的人很少，这也是不争的事实。

对同一历史事件，各人的政治观念不同，体会和感受不一样，得出的结论不一样。如对当年的文化大革命，痛恨恶绝或持批评态度的人是绝大多数，但是还有一些人，持赞扬的态度，我在网上看到一些极端的观点，把当今腐败成风、社会矛盾激化、贫富差距悬殊的现象归结为没有执行毛泽东思想，是邓小平一伙复辟了资本主义，毛主席要发动文化大革命来改变社会现状，并扬言要七、八年搞一次运动，来维护社会的秩序。当然，这些观念的提出者，是一些所谓的“专家学者”，而吹捧者，不少是“90 后”，他们没有经历过文革浩劫，以为文革就是自下而上的群众运动，自发地向“地富反坏右，走资本主义的当权派及其各层各级的管理者”发动斗争，毛泽东只是支持了群众的革命行动。试想一下，现在谁要是成立组织，向当权者、富有者发起斗争，会有怎样的一种结果。文革后掌实权的邓小平以一句“不争论”制止对产生文革的历史原因做深入的探讨，“文化大革命”成了一个讳忌的名词，有关文革的事情都不准报道，以至现在的年轻人对当年发生的浩劫一无所知。如果邓小平能活转过来，会对现在由他放任的“褒毛贬邓”的思潮做何感想？

南京附中自沙尧担任校长以来有一段特殊的历史，配合社会上阶级斗争越演越烈的趋势，沙尧把南师附中逐步引导向以教改为名，培养阶级斗争工具的场所，招收的学生逐年加大了高干子弟的成分，当时南京军区、省市各级领导的子女几乎都在附中，到最后初一的同学几乎清一色地招收军队和地方干部子女，如果仅凭升学考试的成绩，没有背后的安排，高干子女在南师附中绝对没有这样高的比例。所以，南师附中当年在南京市成了“血统论”思想泛滥的重灾区，而沙尧自己在文革中最先受到的是高干子弟红卫兵的批斗，不知他被批斗时有无“悔不当初”的感受。

虽然有这样一段非常的历史时期，南师附中的大多数“非红五类”老三届学生，在文革中，他们顶住了“血统论”的压力，没有消沉，没有自甘堕落。68 年后插队到农村，在广阔的田野上，他们用汗水和泪水与命运抗争，在文革结束后，许多附中老三届同学又跨入了各类大学的校门，所以，今天附中老三届人的成绩，是与他们自身努力分不开的。正是这样的一群人，40 年多年前聚集到南师附中，感受了南师附中的校风，形成了独立思考、刻苦学习和自强自信的能力，所以，他们成绩，应该是和南师附中的传统分不开的。所以我认为，附中人的精神里最重要的第一点是：“胸襟宽广，正直为人，清白做事，扎根大众”。我们是经过文革浩劫的一代人，我们再也不能允许“以革命的名义”为幌子蛊惑一代又一代青年人，我们已是文革的最年轻的见证人，我们应留下我们的记忆，我们的心声。同时，我衷心希望所有的附中老三届校友们，晚年调节心情，乐观安逸，宽容待人，生活充实。

113. 一位赴疆支边青年的悲惨命运

吴小白（68届高一甲）

吴晓月，1962年南师附小毕业，进入南师附中后，与我同在初一甲班。她个头较矮，白皙的皮肤，圆圆的脸庞，戴着一副眼镜，说话慢声细语，性格温和，活泼开朗，为人坦诚。学习认真刻苦，成绩中上等，在班上担任少先队中队文体委员。因为当年的学生都有些分男女界线，我与她交流很少。

当年的南师附中已有黄桂玉等一批高三毕业生放弃报考大学而直接务农的“革命行动”，为热衷于“教育改革”沙尧的脸上贴金不少，所以，南师附中在临近毕业的初、高中同学中反复宣传“一颗红心，多种准备”，要同学们接收祖国挑选，做好升学、支边、务农三种准备。临近中考前，在当时的班会上，班主任要全班同学一个一个表态，如果高中落榜就响应党的号召到农村或支边，大部分同学都表了态。当轮到学习成绩优秀的刘伯和表态时，他显得十分迟疑，没有肯定地表态要下农村或支边，老师反常地一再追问，他仍没有做出明确地表态。他父亲的“政治问题”害了他，使他没有被任何学校的高中录取，那次的迟疑表态也是给他中考落榜一事火上加油。

初中毕业时，班上除了少部分同学（包括几位成绩优秀的同学因忍受不了南师附中越来越浓厚的阶级斗争气氛）选择报考其他学校的高中，大部分同学都选择了报考本校高中。考试后，经过让人烦躁的等待，录取通知单下发了，许多成分不好的同学没有被任何学校录取，哪怕是班上学习成绩最顶尖的学生。吴晓月同学因（当时还在劳改农场）父亲的历史政治问题也不幸地掉进了落榜生的行列（尽管她为了彻底与剥削阶级划清界限而将父姓：俞改为母姓：吴）。现在已经看得很清楚，所谓的“接受祖国挑选”就是接受南师附中校方极左的基于家庭出身为标准的血统论的政治软迫害！

当年初三甲班共有七位同学落榜，都是成分不好的同学。有些落榜同学已作好了支边的思想准备，而更多落榜同学是经过多次学习教育和上门动员，被迫同意到新疆支边的。我们甲班就有六位同学1965年去新疆支边，他们是刘伯和、杨威森、陈绍敦、周世平、郭永铭和吴晓月。吴晓月和杨威森同学虽然积极报名支边，南京有关部门也批准放行，但（不知来自哪方面的干预或内定）因他们的父亲还在劳改，新疆又是当年反修防修的前线而不予接收，最后还是两人的母亲带上他们，亲自到大方巷议事园宾馆，找到新疆阿瓦提县在宁办理接收的谭科长担保说情，并拼命表示自己要脱胎换骨干革命的决心才得以恩准成行。当年还有一位袁玲瑜同学虽经学校老师和班上团支部的反复动员，仍然不同意支边，留在了南京。时隔一年后的文化大革命中，袁玲瑜虽已是社会青年，却仍被原初三甲班的红卫兵抄了家，在家门口贴了大标语，作为她不走学校安排的革命道路的代价！

当年南师附中支边的初中及高中落榜生共四十五名，南京市1965年赴新疆支边的知识青年共有3701人。1966年又动员了社会青年300多人支边，南京支边知识青年共四千余人。南师附中和鼓楼区其他中学的支边的学生共1060人，都安排到新疆塔里木盆地北缘的阿克苏专区阿瓦提县（尚未开垦的）丰收农场三分场。

1965年8月底，我们高一新生提前开学，参加了学校在五四草坪组织的一次赴新疆支边青年告别演出会。会上，由当时的校长沙尧、新疆农场的代表及支边同学代表讲话，沙尧重申了“一颗红心，多种准备”是当代青年的选择的论调。新疆农场的代表对青年学生支边新疆表示了欢迎，并介绍了新疆农场的状况和发展前景。支边学生代表发言，表达了扎根边疆、改造自己、反修防修的决心。

南师附中赴疆支边青年的演出是大会的高潮。有独唱，有合唱，有舞蹈。支边青年集体演唱了当年的革命歌曲。我知道，当中的许多同学是在强制动员后才同意支边的，对前途未卜的远行，唱出的歌声既有热情和稚嫩，又带着伤感，有壮士一去不复返的悲壮。

让我记忆犹新的是女生们穿着新疆维吾尔族的民族服装，载歌载舞地表演新疆舞蹈："送你一束沙枣花"。歌词是："坐上大卡车，戴上大红花，远方的青年人，塔里木来安家。来吧！来吧！年青的朋友，亲爱的同志们，我们热情地欢迎你，送给你一束沙枣花，送你一束沙枣花。"新疆舞蹈是在新疆代表中的老支边青年的指导下匆匆排练起来的，却唱得凄美动听，跳得是妩媚动人。我知道这些女生中许多人并没有表演天赋，也从未上过舞台，可就在面临人生道路的重大关口时，表现出了少女们鲜花怒放般的瑰丽才华。

再过几天，他们就要踏上遥远的征程，许多小学到中学的共同成长的同学将要远隔万水千山，也许永生再难见面，想到这里，我当时就有些热泪盈眶，只能在心中默默地祝福他们。

欢送会后的第三天，支边的同学们就踏上征程。

不久，班上同学收到赴疆同学的来信，说他们坐了四天四夜的运送援越物质的军用战备列车，到了新疆吐鲁番前面的大河沿车站，又坐了五天的卡车穿越了茫茫大戈壁才到达塔里木盆地的阿克苏地区。一路上卡车行进在戈壁沙滩上，扬起漫天的灰沙，每个支边青年身上脸上落满了灰土，除了眼睛和牙齿之外，什么都分辨不清。天、地、戈壁、砂土公路混为一体，茫茫一片！以至于驾驶员因过度疲劳和单调睁着眼睛睡着了，开出公路幸好有惊无险！刚出发时车队还飘出慷慨激昂的革命歌曲，此起彼伏。逐渐的就被引擎的轰隆声代替了。

在阿克苏一杆旗人民公社休整了一个月（若干年后方知道是阿克苏地委和阿瓦提县在谈判，各方要抢用这批人）。十月的一天这批丰收农场知青们在群情激昂的"向塔里木进军誓师大会"后又坐了半天的卡车才来到阿瓦堤丰收三场。此时丰收三场一无所有，满眼的沙漠、红柳、骆驼刺、胡杨林、沙枣树和野麻。这些当年十五、六岁的少年，经过多日的旅途劳顿，来到这样一个天涯海角，抱着行李钻进了脚下刚挖出来的栖身地一地窝子！这个海是浩瀚的沙海，是没有回头路的苦海！后来听说邻近有不少劳改农场和劳改队，是个逃不出去的地域！大家暗自思忖着：不知何时才能再回到山明水秀的可爱的故乡。

阿瓦提县丰收三场是一个新开垦的农场，建在塔里木盆地北缘沙漠深处喀什格尔河和叶尔羌河交界之处，原是一大片胡杨树林和沙丘，就等着南京支边青年前来开荒，据说为了引进这批支边青年（当地政府确实很看重这批知情），阿瓦提丰收农场用了每人一吨棉花给南京市政府才换来的。

南京支边青年在农场刚安顿下来，就开始垦荒，每天 5 点钟知青们饿着肚子（两小时后在工地开早餐：玉米糊和玉米窝窝头），扛着红旗和工具从地窝子里钻出来高歌开赴垦荒点！拖拉机推倒了千万年形成的胡杨树林和红柳沙包，支边青年用新疆特有的农具砍士镘挖走胡杨树和红柳的根系，平整土地，修整沟垄，灌溉冲洗盐碱。种上了玉米、小麦和棉花，祈盼来年的丰收！

现在看来，在新疆沙漠中破坏千万年形成的胡杨树林种植农作物，是一个破坏生态环境的失策举措。胡杨树发达的树根系和高大的树冠，留住了沙漠中宝贵的水分，庇护了在它怀抱里生长的灌木和草甸，保护了沙漠里的小动物，形成了良性的生物链。而胡杨树林一旦消失，在干燥的沙漠上再也无法恢复植被。现在塔里木地区河流干涸，罗布泊消失，风沙肆虐，不能说与当年在塔里木垦荒没有联系。

面对着广袤的大沙漠和肆虐的沙暴，人的力量渺小而无助。终日的简单而艰苦的劳动，吞噬着人们的热情和意志，远离南京的亲人，更需要感情上的抚慰，一些支边青年开始找寻异性的朋友（据说当年政府是男女知青比例搭配好的）。

吴晓月幸运地找到了她的男友，一位英俊帅气的青年，南京二中学生汤协星。汤协星长得浓眉大眼，聪明活泼，多才多艺，记忆力超强，常与支边青年下盲棋娱乐，他也是农场宣传队的成员，“近水楼台先得月”，与同在宣传队的吴晓月谈起了恋爱。汤协星的父亲是南京传染病医院的院长，在文革时期当院长就是“资产阶级反动学术权威”，两人的家庭成分都不好，同样的经历使两颗年轻的心走到了一起，在万里荒漠的戈壁上，传达了感情的依托和抚慰。那段时间，汤协星的情绪特别快乐，经常情不自禁地哼着彝族歌曲："星星和月亮在一起，珍珠和玛瑙在一起，庄稼和土地在一起，劳动和幸福在一起"，表示了汤协星的"星"和吴晓月的"月"星月相辉，连在一起。认识他们的支边青年都认为两人很般配。

可是，就这沙前月下的幸福时光也不长久，很快，文化大革命的斗争狂潮也刮到新疆农场，大潮一来，泥石俱下。吴晓月的男友被人举报收听敌台（苏联台）。当年的文化生活极其贫乏，出于好奇，收听广播里的苏联歌曲，排解生活寂寞，也是正常的事，当年却有很多人背上收听敌台的"罪名"而堕入深渊。既然有人举报，汤协星就受到了当时驻场工宣队的审查，特别是他所在的排里对他进行了激烈的批判。在那个阶级斗争的年代，灵魂被扭曲，想踩着别人肩膀向上爬的人多了去了。批判会上，许多支边青年都发了言，会上的气氛充满了火药味，这对于一位涉世未深的青年人，看到领导和同伴对自己的这样批判，他感到极其的迷茫和沮丧。

批判会后，他想到了吴晓月，希望从吴晓月那里获得少许安慰，获得生存下去的勇气。他乘着夜色来到吴晓月的宿舍，发现吴晓月和同宿舍的女生都不在。此时，吴晓月的连队正在召开会议，工宣队在会上提到要注意阶级斗争的新动向，提到有支边青年收听敌台的反动行为。会议结束时已经很晚了，回到宿舍的吴晓月看到了汤协星，此时的汤协星多么需要她的安慰，而吴晓月内心几天来也在进行痛苦的斗争，情绪十分低落，特别是晚上连队开会的讲话使她觉得自己应该站稳立场，于是，她对汤协星说：不要对抗人民对抗组织，有问题要认真交代，否则，我也要与你划清界限，不再与你交往了。

听了吴晓月要与自己划清界限的话，汤协星彻底失望了，周边的支边青年离他而去，女朋友吴晓月离他而去，家庭在万里之外不能指望，只有一死才能抛弃人间的一切烦恼、伸张自己的冤屈，汤协星最终选择了自杀，第二天，人们就没有看见汤协星的身影。

工宣队找吴晓月谈话，想了解汤协星的下落。知道汤协星失踪了，吴晓月预感到最坏的事发生了，哇地一声哭了出来；在工宣队员敌意的凶狠目光下，她又立刻闭嘴止住哭泣！！！害怕又会引出自己的“阶级立场”问题。几天以后，在农场喀什戈尔河盐碱滩边发现了汤协星的尸体，死亡时间长了，尸体已经有了异味。汤协星原来就会游泳，为了求死，他用双手紧紧抓住河底的水草，直到窒息而死，他对人生已没有了留恋，下了最大的决心求死。汤协星的意志是脆弱的，没有经得起这场政治风暴，可是这能怪他吗，在当年的阶级斗争、路线斗争的大棒之下，冤屈了多少无辜的灵魂，这样的冤魂还少吗。

因为是“自绝于人民”，工宣队安排在汤协星自杀的河边上挖了个坑，把他的尸体草草地掩埋了。汤协星自杀的时间是：1970 年 4 月。

文化大革命结束后，农场开始了对冤、假、错案的复查工作，汤协星得到了平反，宣布他是受到不白之冤。农场组织人员找到当年埋藏汤协星尸体的地点，挖出了他的遗骨，放入棺材里，埋入农场的公墓里。当年的农场医院的医生为验明正身而参加了这次行动，此时汤协星已成白骨，只是那一对整齐洁白的牙齿让患牙病农场医生赞叹不已，使他几十年后印象深刻。

自从男友自杀之后，吴晓月就陷入了悲痛和自责之中，与男友断绝关系的说辞本是那时流行的违心的套话而已，却成了真正的现实。日思夜想，恨爱交织，使得本来就多愁善感的吴晓月心力交瘁，先是得了忧郁症，整天郁郁寡欢，不久又患上了心脏病、哮喘病，心动过速，呼吸困难，胸闷心痛，常常干得好好的农活就突然昏倒，成了农场的负担。

当插队农村的老三届知识青年开始回城的时候，新疆兵团、农场对支边青年的政策也开始松动，首先是身患重病的知识青年可以调回南京，而吴晓月母亲的工作单位南师附小落实政策，可以让一个子女回到身边并安排工作。当时阿瓦提县丰收三场就有五、六位重病的支边青年一批回到南京，其中就有吴晓月。

吴晓月于八十年代初回到南京后，分配到玄武区教育局一个小招待所工作，总算有了一个较轻松的工作环境。回到南京后的吴晓月经过一段时间的调养和治疗，身体状况有了改善。经过近二十年的新疆农场的磨难，此时的吴晓月已是大龄青年了。女大不中留，有人介绍了一个男友，都是岁数大的人，出于尽快组建家庭的考虑，双方很快就结婚了。婚后的生活很不愉快，家庭的琐事，生活中的烦恼，无望的记忆折磨着他们，男方又是一个气量狭小、脾气暴躁的人，经常打骂吴晓月，这种恶劣的生活使吴晓月的身体状况又趋于恶化，无爱的婚姻只维持了不长的时间，吴晓月与丈夫就离了婚。即使离婚之后，原来的丈夫还经常找吴晓月吵架，更给她带来心理上的创伤。

后来她回到母亲家中，此时的家庭也难以容下这个女儿，吴晓月的父亲已在劳改农场去世，母亲又找了一个丈夫，姓杨，也带有自己的儿女，吴晓月的母亲要应付自己再婚后的复杂关系，无法安慰这个心灵备受打击的女儿。继父也难以容忍一个疾病缠身，仍然住在他们拥挤住房的继女，一家人的矛盾也显现出来。这时的她的忧郁症加重了，身体一天天的虚弱下去，经常因为哮喘病、心脏病而住医院治疗。有位回南京的新疆阿瓦提丰收三场的支边青年看到吴晓月时，大吃一惊，只见她脸色黯淡，皮肤松弛，面容憔悴，此时才三十多岁的她像是一位五十多岁的老妇女。

生活的经历让她绝望，疾病的磨难使她丧失了活下去的勇气，男友汤协星的自杀使她内疚了一辈子。终于在八十年代的某一天，吴晓月离开了人世，离开人世对她可能是最好的解脱，她的一生只有童年和与男友汤协星交往的短暂时间是幸福的，以后就是一片灰暗。

假如吴晓月初中毕业后能继续留在南京上学，假如吴晓月没有经历男友自杀事件，她忍让宽容的性格一定能让她过上相夫教子的平和生活。她的学识和聪慧能让她找到称心的工作。但文革前后的阶级斗争思潮打碎了许多青年人的梦想、更有一种无形力量剥夺一个人生活的勇气和希望。

许多人都说，吴晓月死于自杀，我要说，她是到天堂找寻她的幸福、追随她的男友汤协星去了。

（注：本文编写时询问了多位与吴晓月一道支边的南师附中同学后才予以发表）

114. 南京支边青年叙述的又一个故事

吴小白（68届高一甲）

我写了吴晓月同学的遭遇之时，又有一个故事如骨刺梗喉，一吐为快。那是附中支边的一位同学，七十年代初因事故造成胸椎骨骨折，先到上海治病，后又回南京休养时，我们见面闲聊中谈到的一件事。

当年附中支边青年所在的农场在阿瓦提县，有位县领导（可能是县委书记），维吾尔族人，经常到阿克苏农场看望支边青年，与农场的支边青年边劳动边交心，平易近人，没有当干部的架子。我的这位同学在劳动时的交往中知道，在中苏关系蜜月之际，该干部曾派驻到苏联工作过很长时间，后调到北京任新疆维吾尔自治区驻办事处主任，到新疆阿瓦提县任县领导之后，安家在阿瓦提县城。

这位干部普通话讲得非常好，为人谦厚，平易近人，很有长者的风范，思想特别革命，处处显示出共产党干部的作风，虽是维吾尔族，平时穿着汉人的服装，说标准的汉话，他家的几个女儿也与他一样穿汉服、说汉话。

文化大革命中，各地的当权派都受到冲击。当时中苏关系特别紧张，随时准备要与苏联打仗，新疆更是反修最前线。因为这个县领导在苏联工作时间很长，有苏联的护照（或是双重国籍），被认为是苏修的特务，回国刺探情报的，被关入了阿瓦提县监狱，成了一名囚犯。本来是一位维吾尔族的上层人员，有着显赫的地位，一下子关入自己县里的监狱，这样大的反差让他受不了，少数民族的性格耿直，不像汉人大难当头时能权变、能忍耐，这个县领导进监狱后不久就气病而死。他死后，他的几个女儿气愤难平，认为父亲受到汉人的迫害，脱下汉装，穿上维尔族的传统服装，并发誓一生永世不讲汉话，只讲维吾尔族语。

记述这件事，是告诉大家，我们的民族政策，经常出现重大的失误，有许多民族矛盾的产生，不要完全责怪少数民族。在少数民族地区搞文化大革命，就是重大的民族政策失误，因为少数民族的宗教信仰和政治观念与汉人相距很大。维吾尔族人一生下来就受到家庭宗教的熏陶，笃信伊斯兰教，即使是后来有的维吾尔族人加入了共产党，日常生活也要遵循伊斯兰的教规，生活习惯和思维方式与我们汉人差别很大。维吾尔人的阶级斗争意识绝没有汉人那样强烈，在伊斯兰教内都是兄弟。跟人数众多的汉人在一起，你就是平等对待他们，他们心里也会忐忑不安，更何况经常因政策偏差或执行者的主观臆断而造成不必要伤害。国家经常为少数民族地区付出了大批援助资金，而往往是收效甚微。看一看中国的西藏和新疆的问题，不要说自己一贯正确，值得反思的地方很多。

我们经常搬出事物发展的规律：“内因为主，外因为辅”，这种思维也应该拿到对民族矛盾的认识中去。

115. 致1957届高三甲班学生

丁文卿

编者按：丁文卿老师虽然离开了这个世界，但他说出心声的勇气已经赢得了人们永远的尊敬！

亲爱的校友们！同学们！

隔绝50年了，高三甲班的同学们！从附中毕业后，你们多年劳燕分飞，而今日，最难得，又能欢聚一堂，诚如伟大古代诗人屈原所云："悲莫悲兮，分别离，乐莫乐兮，相聚时"！然而对我来说，你们这个班留在我的印象里，还是往年那朝气蓬勃的青少年时期的你们，甚至你们在班上的座次！你们的表现，我快乐着，也有过忧虑！毕业后，不少人上了大学，但终归都又回到社会，为国家和社会贡献了你们的才智，在学术、事业上都有好的成就。我祝贺你们！对我来说：也是我最大的慰藉！

可是，也就是在50年前，1957年，在你们从附中毕业后那年暑假，我却被莫名的打成了"右派"。整整20年，戴着那不人不鬼的"右派"帽子，内心里真是痛苦莫名！所以对你们这个班在我任教的50年里，印象是最深的，最深的班级啊！

然而在我的内心里，我深感坚持活下来，是因为你们，以及在我所教过的班级校友们，对我的理解！可为我作证：我是无愧于心的。

如今，我年已九旬，体弱多病，我这一代已是接近尾声了。而且又失声。只书此，以表我的心意！祝校友们，同学们健康！幸福！

曾任 1957 年高三甲班班主任

丁文卿书 09. 4. 14

（本文引自南师附中校友通讯 2009 年 6 月刊）

以下是网友议论：

老莫：每当校友聚会照相，常看到沙尧老校长端坐在正中，面呈微笑状。不知道他老人家对过去发生的事情是否还有一丝记忆。完成每个单位 5%的右派指标，可能不是一个轻松的工作。沙校长当时是有选择权的，起码有三种选择。

第一种选择是洗手不干，宁可丢官也不干这种缺德的事情。

第二种选择是自己顶上个名额，宁可自己充当牺牲品也不去嫁祸于人。

第三种选择是昧着良心将无辜打成右派，从而为自己的仕途铺平道路。我们遗憾地看到沙尧校长认准的是第三种选择。

116. 读小说《天边》中文版后的随想与反思

戴相陵（66 届初三丙）

116.1.写在前面

早在几个月前，我就与学姐高安华在南师附中老三届网站上公开的交流过。我声称是她二十七万字中文版小说《天边》的一位认真的读者。下面是当时交流的一些要点，外加上一些今天的说明。我为什么是小说《天边》的读者，而且自以为是认真的？这是因为我总是在心底里觉得，我欠该书作者一个书评，尽管我自己都不能保证这篇书评的质量。附中网站人才济济、个个能写，我算老几，凭什么要写这个书评？这是因为，我大概可以被指责是附中网站上“高安华风波”的挑起人，可以说是点导火线的“罪魁祸首”。

我对风波起因的粗略回忆如下。

年前，在附中网站转载了高安华小说中的“解剖课”一节后，时任网管之一的黄健，署名难忘，根据一些网站的报道，对作者高安华做了正面的引荐，与其他知名的“反和谐”旅外作家齐名。黄健虽然不是附中校友，但他是初三丙的铁杆好友、“名誉成员”。他把引荐也带到了初三丙网站上。

正当我尊敬地对你刮目相看的时候，初三丙网站出现了下面的反对贴，而且是署了实名的。“高安华在小说里显然把自己写成一个受压制被迫害者，其不知在同学的记忆中完全是另一回事，尤其是同班同学。她是烈士子弟，文革前在我校就有很高的地位，不用说文革中了，是站在高处狠整同学的一位。文革后她从高处跌了下来心理不平衡，找了个老外嫁了出去。知道的人都认为她小说有很多篡改事实的地方。这就是为什么同学对她的小说很不看好，尤其是同班的。”接着，又有了一个跟帖来支持，署了不同的实名。“没有兴趣看她的东西！”

我读了后，心里直倒胃口。于是想纠正黄健，就把二帖引到了附中网站上，而且没加任何核实，还跟帖上了自己的想法：“反思难，难于上青天。明明是当年的迫害者，却在传记小说里把自己写成一个受压制被迫害者。这种艺术夸张，有颠倒黑白之嫌。这里并不是只针对某位作者。自己写作时，也在注意抑制这种夸张。力挺王虹：还是先把史实搞清楚吧。”

我认为就是这初三丙的三帖，点燃了“高安华风波”的导火线。首先，对你的抨击来自你的高二乙班的匿名同窗，他们是从文革前柯庆施时代的“上海市三好生”“附中阶级路线”中“阶级感情最深”的“革命后代”“红卫兵运动”中“响当当”的“自来红”、68 年“内部参军”开始数落的。第二方面的抨击是在你的“伦敦市长邀你与胡锦涛共宴”的文章出台以后，主要来自曾小渤，涉及扬毛还是贬毛的政治，还有传统道德观和你的个人涉外婚姻等。接着就是轩然大波式的大辩论，对你褒贬都有。为你辩护的，以匿名的“北美小老李”为代表。

因为根本不是什么知情人，我在指责自己，没经调查就轻率地发言，起了煽风点火的作用。于是，我就只好龟缩起来，对此就不敢再说三道四了。只是心里总觉得欠了你一点什么。因为阶级路线、血统论和红卫兵运动，在附中曾经给包括我在内的一大批同学造成过重大的伤害，我对此的研究就多了一点。主要是当年的史实、当事人当年的心理及行为、还有当事人今天的忏悔和认识。就我这一点点“不识相的”的研究，也遭到过道貌岸然的指责以及和稀泥们的劝退。

在得知小说《天边》的中文版要问世后，我一本正经地询问了在美国的两位高二乙学长。他们虽然都是血统论的受害者，可是都回忆不出对你在文革初期“站在高处整同学”一说有什么具体行为。这与你在小说《天边》和这里的表白是一致的。我接着又打电话给初三丙第一帖的同学去求证，问可有整人证据？答曰：自己也是听说的。

我明确地对他们说，如果没有根据，所谓高安华的整人一说就不能成立。而作为风波的怂恿者，我要在适当的时候澄清这件事，于是萌生了写书评的念头。我与你素不相识，可是我想提请你注意我在谈话中听出来，你在高二乙同班同学中似乎口碑不佳。你知道自己在班上的口碑，或者想知道为什么如此吗？可以想象，对当年阶级路线、血统论和红卫兵的感受，我们和以你为代表的红五类，实在是谈不到一块去。可是毕竟四十多年过去，地球早就转入二十一世纪了。难道你们和我们，今天就不能针对利用血统论搞迫害、谋私利，在人性和人权的层面上，达到一定程度的共识吗？这需要红五类和受益者在思想境界上有一个很大的升华才行，也需要我们这群人有很大的宽容才行。

还是拿你说事。你即使没有整人，但要想得到同学们的接受，不是一句简单的同情话就可以办到的。当然，作为一位海外知名作家，你完全没有必要来追求这种接受。我是说，如果你在乎的话。

换位思考，我可以帮你想一下。在“高二乙团支部政变”前后，你虽然不是策划者，但可能是受益者。你在受伤害的同学面前显摆过吗？在附中的阶级路线年代，你是受宠者。你在失宠者面前张扬过吗，不管是有意识、还是无意识的？在血统论肆虐的 1966 年呢？尽管你没有直接整人，可是有没有同学见到你的时候产生过恐惧感，尤其是你身穿军装、腰束武装带、戴着红卫兵袖章、“里里外外红透了”的时候？对出身非红五类的同学来说，以上对他们的伤害，虽是无声无息无形的，但却是心灵心理上的重创。如果没有真诚的反思，受害者是不容易释怀的。

还有你们姊妹三人的那张大字报。表面上是攻击校领导对烈士子女专政，可是有没有在影射学校对出身不好的宠爱庇护，把矛头引向和对准了这部分同学？这里我只是猜测一下而已。所有这一切，你审查过自己、做过换位思考吗？

对这些提问，高安华都一一回帖、做了回答，也一一做了否认。否认当然没有问题，我也没有异议。问题是她还质疑了提问人的心态。意思好像是在指责人家念念不忘、至今还走不出当年的阴影。这是当年的受益者或者迫害者们，又一次在轻言受害者今天仍然想不开、放不下的心态。前者这样做，在道义上是否妥当，是值得商榷的。似乎为了证明大多数人的心态已经恢复正常，她说在上次同学聚会时，人人都对她热情友好。

我看了回帖后想，学姐大概没有认真地把自己放在受害者角度的去认识血统论。如果我是红五类，大概会对念念不忘者表示理解和同情，安慰着说，我们真没想到当年对你们的伤害竟会造成这么深远的影响。不过，我仍然决定继续闭口，因为没人有权利要求她换位思考。我只是得出了一个暂时的结论：在此问题上，我与她迄今为止，没有共同语言。

四十几年前，由于阶级路线、血统论和红卫兵的灾难而人为地制造出的两大派同学，今天人都还健在，而且有些人对对立和迫害记忆犹新。心结打得开、打不开，是因人的心理素质而异的，是人家自己的事。活到这把年龄，大多数人已经淡忘、想开了。可是想不开的人毕竟还是有的。历史上的雷锋叔叔就是一个。他念念不忘腿上的伤疤。传说中，那是解放前讨饭时，被地主的狗咬的。他在后来的忆苦思甜中念念不忘。他不仅提醒自己不能好了伤疤忘了疼，还要下一代的小朋友们永远记住这血泪仇。

我只是想提醒两点：一是雷锋的念念不忘，被那些别有用心的当权者利用了。他们热衷于煽动阶级仇恨、展开阶级斗争。而血统论的受害者，他们不想、没有、也不可能达到这一步。二是要是真的轮到有人来劝雷锋想开一点，那他们应该是白毛女、刘文学、黄继光、董存瑞、还有贫下中农；而绝不应该是黄世仁、刘文彩、周扒皮、南霸天、那个地主、还有他们的狗腿子、他们的子女。

而我们这里，却不断听说，血统论的施害者和受益者在讽刺、指责和规劝受害者。我想再次请当年的受益和施害群体三思。不要老指责受害群体仍然在念念不忘。也请不要指责人家想不开、心胸狭窄。还是那句话，没有受益者的思想境界的升华，受害者的也难以得到升华。如果没有双方的共同升华，就谈不上真正的释怀与和解。那么，发生在当今同学聚会时的下列现象，就可能不完全是出自真心的-见面时的热情拥抱，席上的碰杯畅饮，离别时的紧紧握手。

觉得不理解、甚至可怕吗？这只是我的猜测而已，但愿我说错了。还是言归正传谈书评吧。今天我喜欢读小说《天边》，是因为写的是真实的你，高安华。而且前提是，对重大和敏感史实的描述，中文版和英文版是一致的。请不要指望我的书评能有什么作为。不过有一点我要做的，可能是反思毛泽东领导的那场农民战争、农民政权和农民运动。它的动机、过程、后果、灾难，以及卷进去为之献身、牺牲、遇难和丧生的人们，还有他们的后代。我的出发点，与小说《天边》不同。

以上是我提笔写书评前的状况。可是直到提笔时，才知道不是好写的，因为书评毕竟不同于市井上不负责任的评头论足。在读完二十七万字中文版小说《天边》后，我才意识到自己是自不量力。

一是资格浅。怕是轮不上我一平头百姓、无名小卒，对知名作品评头论足，尽管我对众多的“知名作家”，从来就是持谨慎态度的。

二是水平低。人家洋洋二十七万字，涉及了上个世纪的四分之三。从 1926 年老子年轻时投身革命，写到 1999 年本人远渡天边外嫁英国。虽然是流水账，但却是很有系统描述。我怕是没这个系统性，即使扑上大量的时间精力也无济于事。

无奈早就放话应诺写书评了，作为折中，随看、随想、随笔是个办法，再加一点自己个人对一些敏感话题的反思。抛砖引玉，希望能引出作者和同窗们的共鸣、反弹和批评，是我的主要追求。

116.2.与高安华比童年时的换位思考

由于高安华有个被称为是革命烈士的好爸爸。与她比童年，我是自愧不如。文革前，在党的阳光下，当她戴上团徽时，我已经应感到了党的阶级路线的困惑和威慑。在她被内定包送大学时，我在苦苦思索和表现，试图逃避黄桂玉走的那条与家庭决裂、上山下乡的道路。

文革初，当她身穿军装戴着红卫兵袖章，在学校晃了一下就回家谈恋爱时，我却在被喝令要脱胎换骨、彻底改造、去农村挖烙印。1968 年，当她内部当兵时，我去了苏北农村、插队落户。即使两年后，她从部队复员到 714 厂去“工人阶级领导一切”的时候，我在农村暗无天日的日子，似乎还远远没有熬到头。

大家都是过来之人，知道当年老三届出身红和出身黑，当兵和插队之间的巨大反差。由于自认为自己在个人素质，尤其是在智力上，并非差人一等，我只好在字典里找到了一个贬义词，来形容自己的心态：嫉妒。在现代词汇里，用个中性词，叫心理不平衡。不平衡之余，想起了换位思考。

高安华从小就失去了双亲，七岁丧父，十二岁丧母。可以想象，她在最需要得到父母呵护的时候，这种不幸是多么沉重的打击。这样的儿童，在今后个人的成长发展上，会有不可摆脱的心理阴影的。我们童年时期有父母的人，应该要体谅和同情作者的感受。“就是死，全家都要死在一起。”这是在 1969 年秋天，许多为人父母所作的抉择：他们面对着全家下放农村的灾难，义无反顾地把身边的子女全带了下去，还把在其他地方插队的孩子也弄到了一起。父母想的，就是保护自己的子女；孩子要的，就是父母的呵护。哪怕再艰难，孩子下工回来，母亲的怀抱总是热的；逢年过节时，父亲扯的二尺红头绳，还是有的。我有贴身体会。那时，我们全家团在茅草房里。两个妹妹，一个九岁，一个十五。城镇户口被剥夺了，可是她们仍然有父母的关爱和呵护。而作者却没有这种温暖。尤其值得同情的，是她们姐弟在寄人篱下时遭到的白眼、冷落、甚至是虐待。还有后来住校时，过年过节，都只能在空荡荡的学校里，无家可归。什么都不如小小年纪失去父母失去家更为痛苦。这话我理解、也认同。可是，上面毕竟在各方面照顾着烈士的遗孤，政治上和生活上。当时更苦的孩子实在是太多了。他们有父母，然而，他们也在恨着父母，希望自己没有这样的父母。

听说有这么一家，住在南京大方巷的西桥一带。为父的很早就被关了进去。这个反革命家庭里，常年就母亲一个人带着五个孩子生活。收入，全靠手工给人家缝地毯，按件计酬。这家当年的一景，就是小孩放学后，不准出去玩，只能在家帮母亲缝地毯。只有这样，全家才能活下去。

那么我们这些有父母的、还有那些烈士子女，可不可以再换位体谅一下，这姐弟五人的心理发育成长呢。可以理解，这家人人都有理由恨她们的爸爸。尤其是最小的弟弟。他从生下来起，就记不得有过有爸爸，于是也谈不上父爱和感情。政治上极端歧视，生活上一贫如洗。在最饥饿的时候，小弟弟曾经在饭馆后面的猪食缸里，偷偷捞出一块漂起来的肥肉，放进嘴里大嚼。他家的故事，就像传说中的旧社会。难怪熬到八十年代，父亲平反释放回家时，就是这个小弟弟，守在家门口，坚决不给爸爸进来。他死活不认这个没有给他带来过任何欢乐的爸爸。结果为父的硬是没进家门。他回到了老家后，不久就死了。

在那个世道，有多少人在希望自己没有政治上累赘的父母啊。包括在文革期间，不能排除一些烈士子女，甚至在庆幸父母的英年早逝。否则，一夜之间，他们不就成了走资派了吗。我本人也不能确定，当流亡海外的生父此时出现时，我自己能有理智的反应。所以，那个年头，孩子有父母，不全是好事；父母不在，也不全是坏事。

心理不平衡的良药，就是换位思考。对她，对我，对你，都一样。理想中的好爸爸是不存在的。可是接近理想的，还是有的。就看你理想中的选择了，是要做反革命子女、还是革命烈士子女。可是俗话说，“家庭出身是不可选择的”。从文革前后一路走过来的人都清楚，前者弄不好很难生存；而后者顺当的话，很容易飞黄腾达。

116.3.如果当年让高安华一直顺当下去的话

可是她没有想到，在个人发展的金光大道上，竟有不测风云。1969 年底，她在部队遭人告发后，先后失去了当五好战士、提干的机会。在 1970 年初，竟然是不很体面地复员了。从此以后，她就一蹶不振，从顶峰跌落下来，个人生涯开始走下坡路。可不可以设想一下，如果当年没有被告发而复员一说，她人生一直顺当下去的话，今天该是个什么样子？

我想她大概被顺利地评为五好战士，入了党，从护理提干为护士。不久，在时兴工农兵学员时，又被哪位“父亲的老战友”弄进了军医大，毕业后成了军医。今天，她是我军某医院的院长或者政委，主任医师。或许她选择了读军外院，以发挥自己的外语天分。如今是我军某外语学院的院长或者政委，职称教授。而且婚姻生活美满。因为在这期间，她嫁给了一位年轻的军官。他也是高干子弟，于是如今也官运亨通，身处高位。也许夫妻俩其中一位早就下海经商，形成了一人做官、一人经商的最优家庭组合。

可是，这个假设的家庭，鉴于当今的上下官商腐败，最终可能逃脱不了上帝的惩罚。因为我曾听有一民间传说称，如果把当今高官排起队来，当成贪官一个一个地枪毙的话，里面肯定有冤枉的；可是如果是一个隔一个地枪毙的话，里面则肯定有漏网的了。

我的意思是，如果当年让高安华一直顺当下去的话，她得到的，是今天富足和地位。可是这是她想要的吗？她的心灵能平静吗？她失去的，是她下半生的五彩人生、当今蓝天白云下的无污染的环境，当然还有无污染的心境。

我要是她，我是不会后悔所谓的那次人生走的下坡路。

116.4.那场农民战争、农民政权和农民运动（姑且也称之为“三农”）

耳顺之年谈家史和个人史，就一定得在中国现代史的框架内说事，就一定要谈伟大领袖领导的那场农民战争，战争胜利后建立的农民政权，还有那个政权设计的、强加给老百姓的、一场场无休止的、形形色色的农民运动。在近代史的九十年里，三农政治已经导致形成了具有中国特色的、而且是根深蒂固的“党文化”。

如果我当年不是搞语言学，而是学历史的话，我的博士论文和研究课题，大概可能是把这个当代的农民政权，与历史上的其他农民政权做个比较。从陈胜吴广、朱元璋、李自成，到太平天国，列出它们的相似之处。我大概可以论证，当代的这个，与历史上的农民政权基本上是一样的。最起码在主要方面：揭竿而起、造反起义、打江山是为了坐江山、皇帝丞相和朝廷命官、江山还要传给下一代、为当权者和利益集团谋取更大和最大的利益。

这就是我为什么想说，既然他们也是农民思维，那么所谓的“新民主主义革命”和“社会主义革命”，就是农民战争、农民政权和农民运动的翻版而已。不过与历代不同的是，当代的三农具有更大的欺骗性和残酷性。他们从西方和俄国引进了马列主义和共产主义，于是就有了一场接一场的内部整人的运动。更有甚者，当我读完了《第三帝国的兴亡》一书后，还非常吃惊地发现，他们的有些做法，竟和希特勒法西斯非常雷同。

我不是政治学家和历史学家，所以不想对这个政权妄加评估。可是我相信，在他们掌权的前 27 年里，中国的非正常死亡人口至少高达四千万。这个数字，比民国政府执政时多，比历届农民政权多，比历届封建王朝多。这时，有人会说，这四千万大部分死于所谓的“三年困难时期”。三年困难时期，又与所谓的“三年自然灾害”联系在一起。据官方报道：1959 年到 1961 年的连续三年里，我国九亿亩耕地中，有六亿亩受灾。三年自然灾害，据说是导致 1960 年到 1962 年的三年困难时期的最主要的原因之一。

当然，这些都是官方的新闻导向。而非官方的说法，却有很大的差异。首先是农学家和气象学家，他们对连续三年有全国范围的自然灾害说法，提出质疑。而政治家和经济学家，则一针见血地指出，三年困难的原因是三分天灾、七分人祸，归罪于 1958 年大炼钢铁、大跃进和三面红旗的政治和群众运动。

至少，我是不会认同一个有四千万非正常死亡人口的农民政权的。对于它的统治，即使不用“罪孽”一词，大概“人祸”还是可以用上的。请千万别跟我提那些成就，因为没有前三十年的折腾，我国的发展水平应该与日本的成就差不多。也千万别提我国的人口多，因为我们也地大物博。而日本国，人口密度比我们高得多，而且资源贫乏，人均占有的资源要比我们少得多。

看来就凭四千万屈死的冤魂，就可以彻定否定毛泽东和他领导的三农了。可是，这是需要勇气的，因为彻定否定是个很痛苦的连锁反应过程。微加思考，就可以发现，否定三农，意味着也要否定我们父辈们的一生，尤其是那些“革命前辈”们。他们为着理想抛头颅、洒热血、干了一辈子“革命”。更痛苦的是，也意味着要否定我们自己的大半辈子。因为我们在党文化的熏陶下，也为“共产主义事业”奋斗过几十年，至少是在青少年时期。

我们的痛苦，还远远没有中止，因为人们脑海中被三农和党文化强加的许多“深入人心”概念，现在需要重新独立的评估和反思。比如，什么是“革命烈士”“革命干部”；什么又是“地主”“资本家”“反革命”；还有那些在三农中失去生命的人，从“壮烈牺牲”的到“拉出去枪毙”的，难道我们迄今仍然要按照党文化和成者为王、败者为寇的民族传统，坚持三农下的定义和结论吗？

否定别人容易、否定自己痛苦，而且还要找出种种理由为自己开脱。可以理解，这是人的本性决定的，包括我在内。

116.5.从光荣牺牲的“革命烈士”到死有余辜的“地主分子”

有一点，现在已经不重要了。这就是，即使在党文化中，作者的父亲该不该追认为烈士，还值得商榷。从广义上说，烈士是牺牲在疆场或刑场上的，比如堵枪眼的黄继光。如果雷锋在执行公务中不幸殉职，也还可以称为烈士的话，那么那些病逝的呢？比如开国元帅罗荣桓，他是不是烈士呢？还有本人的父亲，他兢兢业业地教了五十几年书后病逝的，可谓桃李满天下。他是我心目中的英雄，他是不是烈士呢？

我认为小说《天边》，至少是她的前半部，没有摆脱三农和党文化的阴影和思维模式。作者在谈“革命烈士”和“革命干部”时，语气是津津乐道的，口气是理所当然的。在她的心目中，革命烈士是至高无上的，大概证书是毛泽东（皇上）亲笔签发、安葬是彭冲、许家屯（朝廷命官）操办的吧？作者开口闭口革命烈士，还引自为豪。以至于在《天边》以后，其父的陵墓被迫迁移、墓碑被迫销毁，她“哭泣的灵魂”在指责当局的无情无义。

大概是我们已经长大，甚至在变老，经历得太多的原因，当今天再次满目地读到“革命烈士”的时候，我们已经找不回中小学时代对烈士的那个感觉和那份感情了。当然在这里，我非常理解和赞同父亲在女儿心目中的伟大和神圣，但是不要老用为三农“积劳成疾而去世”的“革命烈士”来说事。

这位前辈，三农已经对他很不错了，毕竟让他在陵寝里安息长眠了四十多年了，而且对他的子女也倍加关照。相比之下，小说《天边》中那位被拉出去枪毙的“现行反革命”就悲惨了。他其实倒是应该与张志新烈士齐名的。唯一的罪状，就是质疑了正在进行的文革。临刑前，不能为老母尽孝的话还没讲完，下巴就被刽子手弄脱了臼。更可怜的是，他的尸体，竟在掩埋的当夜，就被作者所在部队的人民子弟兵偷偷盗出，下锅煮烂后将肉剔除。目的，就是要取这位壮士的一副完整的骨架，继续为三农的军事医疗事业服务。这使我想起了，宣传中被残酷的西藏农奴主剥下的那张农奴的完整人皮。

所以，革命烈士和反革命分子，他们子女之间的换位思考就显得重要起来。其实，为三农献身和丧生的人实在是太多了。如果三农把为数不多的一头定为烈士的话，那么另一头，则是大批的地富反坏右资黑。他们中的很多在走后，竟是死不见尸。这里只举两个例子。其中一位，是本人的外祖母，她是自溺身亡的。

我从记事起，就记得外婆从上海迁来。她与我们同住，由父母供养，零用钱由两个外地的舅舅寄来。那是 1954 年的事了。某种意义上说，我是在外婆的呵护下长大的，与她的感情之深，丝毫不亚于作者与她的父亲。至今我还记得外婆给我洗脸洗脚，给我补袜子，给我讲往事，给我唱虫虫虫虫飞飞。在家乡解放和土改的时候，外婆不在场，于是也从来没有给划过成分。可是母亲一贯对党忠诚老实，每次政审填表时，都说外婆本人是“地主分子”。地主归地主，不过也阴错阳差，外婆倒是一直有选举权。每次选举人民代表，居委会一定要通知她到场投票的。平时外婆从来不下楼外出。有时一定被喊出去开会，她的一口上海土话，没有人能听懂。后来连居委会都懒得搭理她了。

当年闹文革，就这么一位与世无争的老人，我也怕她在劫难逃，而且果然不幸言中。那是 1969 年 10 月的事了，我在苏北插队还不到一年。有一天下工回知青屋，收到妹妹从南京的一纸来信。就冰冷的短短几句，足使我彻底地心寒。她说，外婆在居委会的清队中，畏罪投河自杀，死有余辜，要我站稳立场，与外婆划清界限。我大惊失色，但很快又回到那个年头的见怪不怪中去了。

我在回忆外婆与我的最后一次交流。那是上次过完春节离家返乡上路时的最后一瞬间。我背着挎包咚咚地下了楼。外婆不放心地紧追出来，大声叮嘱我在乡下要好好的。我回头挥手，看了最后一眼，她慈祥满面、白发苍苍。

表面上的站稳立场压制住了我内心的悲痛，我立刻把信让同屋的两个知青看了。可以理解，他们的态度是介于官方和同情之间。接着，我马上把此事报告给生产队和大队干部，以示我无意向组织上隐瞒。

事后不到一个月，我家被通知下放。下放原因是否与外婆有关，只有去等今后的档案解密了。

在后来很长的日子里，由于种种原因，我都不便仔细地询问外婆殉难的详情。只是听说，是上海电机厂牛棚里劳改的高工舅舅，扯出了个家庭出身问题。于是专案组伙同家乡的贫下中农，追杀到了南京。他们与居委会的工宣队一起，把外婆“揪了出来”。事情前后没有几天。天天满院子的大字报、大标语。天天居委会、工宣队都要上门。天天有外婆的批斗会。天天外婆都要交代、要劳改。天天爸爸、妈妈、妹妹在学校都要表示划清界限。天天我家都是鸡犬不宁，没有正常日子过。

直到我全家下放农村多年后的一个黑暗的阴雨天，我才就外婆的殉难采访了母亲。外婆当年已经 76 岁。虽然她表面上不闻窗外事，可是外面的文革她还是知道的。舅舅在上海被揪出来，我在乡下插队，父亲母亲在单位清队中迟迟不能归家，妹妹在学校红卫兵当不上。所有这一切，她都隐隐感到与自己多少有点关系。果然终于有一天，她被揪到了批斗会上。

出事的那天早上，妈妈起床后发现她不在了。外婆没有留下遗言。她穿了一套干净的中式布衫、小脚布鞋，不辞而别。为了不引起猜疑，她把自己的钥匙留在了枕头旁，床铺理得整整齐齐。没多久，我家窗前不远的池塘里，飘起了一具老奶奶的尸体。围观的民众，人山人海、人声鼎沸。外婆之死，惊动了娄子巷、三牌楼一带的大街小巷。他们说，一个地主婆投河死了。

我问母亲，你有没有去看外婆一眼？她无奈地答曰：没有。母亲告诉我，那天居委会、工宣队的人上楼来问：要不要去看看？要不要去收尸？我都坚决地说了不。还好，隔壁的唐世中老师去看了。她为了安抚母亲，后来特地悄悄在背后对她说：我代你看过了。老人临走还算安静，眼睛是闭着的。这就是我得到的有关外婆的最后信息。这就是外婆之死，我们家人是死不见尸。这也是三农中千百万死不见尸的冤魂之一。

如果这时有人会指责我把自家的事扯到书评里来，显得有点牵强，那么我仍然可以拿作者的家庭来继续说事。那第二个死不见尸的例子，就是烈士的亲父亲、作者的亲爷爷。据说他也是“地主分子”，也是走投无路后，投江自溺身亡的。对我来说，作者的爸爸和我的外婆，他们都是人。如果作者有意识无意识地在三农思维中用烈士把前者拔高，还要恕本人不能苟同。作为人，我们都要尊重人权人格；作为长辈，我们都要尊敬热爱；作为逝者，我们都要安葬立碑。这里，没有什么烈士和地主之分，当然也包括作者谢世的父亲和祖父，还有我的父亲和外祖母。

可是，那都是三农的鼎盛时期啊。只是传到了涛哥这一代，统治集团权衡利益的侧重点已经与当年很不同了。当年，定为烈士而厚葬，或者定为地主而死不见尸，是利益集团的需要。而当今，通知烈士的陵寝搬家，或者对冤死的亡灵继续遮遮掩掩，也是利益集团的需要。只是这代统治者老挂在嘴边的一句话，不知何时能对平头百姓兑现。那句话就是：以人为本。

116.6.再谈走后门

今天生活在社会中下层的广大国人，只要谈起腐败现象，就咬牙切齿，谴责那国体上下似乎已经不可救药的腐败。即使是很多对三农至今还放不下的人，也认为，要再这样腐败下去，亡党亡国，那是迟早的事情。

在这里，我无意对腐败进行分析研究。可是作为过来人之一，我怎么总是觉得，腐败的初始阶段，应该追溯到四十几年前的走后门呢。而且，在初级阶段，走后门是依仗着血统论、家庭出身和阶级路线，在幕后悄然进行的。听说过“留苏预备生”一说吗。早在上个世纪的五十年代末，在南师附中当老师的母亲就提及过。那几个身价类似金枝玉叶的高干子弟，在高中还没毕业的时候，就已经“内定”，毕业后直接保送苏联读大学。

作者倒不是留苏预备生，因为她赶上了中苏交恶的年代。可是她也不怎么逊色，被内定毕业后直接保送北京外国语学院。这是 1966 年 5 月的事，由南京市副市长王彬和江靖宇定下来，通知了南师附中。而且讲得很清楚，不要感谢两位市长伯伯，而是要感谢她当了烈士的爸爸。

回顾一下，那是个什么年代呀。政治形势急剧左转、文革即将爆发。那年 5 月，我们初三的同学，在江宁县的陆朗劳动。高二高三的更艰苦，在苏北盱眙县马坝公社开门办学。前两届“一颗红心、两种准备”的牺牲品，历历在目。黄桂玉她们，1964 年去了盱眙当农民；1965 年的那批更加惨烈，他们远赴新疆阿克苏的丰收农场。我们，尤其是非红五类，在升学和下乡的浑水中，都要淹得窒息了。而作者在此时，已经高枕无忧，在展望未来步入外交部门的美好前景了。还给她说对了，如果不是文革的爆发，那还真不是一场黄粱美梦。

有人可能要出来为作者说话了：她毕竟成绩好、外语好。可是，我敢打赌，与她同等水平的，在同校同届里，至少能找到好几个，而且不乏干部子弟。那么为什么偏偏要内定她？有人还是要打抱不平，说这毕竟是内定、而不是作者要求的。那么，就请看看作者自己要求的吧。这里只谈几件决定人生轨迹、走了上层路线的大后门，都是顶着烈士子女的光环干的。

作者的弟弟当兵，1967 年 4 月 6 日，南京军区装甲兵司令员肖永银走的后门。作者本人高安华当兵，1968 年 4 月 19 日，南京军区司令员许世友走的后门。这两宗可都是在文革中老三届离校下乡前的故事。这里大概不需要我重温一遍，当年当兵和插队之间的巨大差异：政治上、经济上、精神上和前途上的。

在那拨内部当兵的走后，我还在天真地苦思而不得其解：那些人中的近视眼是显然不符合当兵条件的啊。殊不知，在统治集团利用手中权力来实现切身利益时，那些条条框框只是针对老百姓的。作者的姐姐和夫婿，1981 年 3 月从内蒙古调回南京。走的是江苏省省长惠浴宇的后门，因为他的亲弟弟周惠，是内蒙古自治区的第一把手。

这里大概也不需要我再来重温一遍，当年调动工作的难度。且不谈内蒙古太苦确实可以理解，就是人生最大的痛苦之一的夫妻分居二地，想调到一起，又谈何容易。我的一位朋友在山西，因苦于常年调不回福州与妻子团聚，结果不得不离开祖国、移民香港，才把太太给弄到了一起。

如前所述，走后门的初始阶段的特点之一，是以血统论为前提的。家庭出身不好，想都不要想。广大工农子女也不要想，因为他们的父母不是有权有势的干部，也就少了一群能帮得上忙的叔叔阿姨。笔者以前的拙作里，就对走后门和血统论就有所讨论。不足之处，是可能也没逃出三农思维。这里摘抄一二如下：按照学校的旨意，干部子弟是努力学习的，在政治上是要革命的。头上戴着家庭出身好的光环，他们应该清楚，在对未来进行竞争、本应该是公平的起跑线上，他们的起跑点被他们的父辈，人为地提前了许多。有多少优秀青年，甚至被取消了竞争资格。干部子弟的起跑，比他人要轻松得多。这是因为，我们的祖国，在决定年轻人前途时，把家庭出身看得越来越重、对党的阶级路线，执行得越来越左。我从来就没有听过中央文件里正式传达过如此党的阶级路线，可是当时却是全社会的共识。这就是那臭名昭著的、欺骗了一代人的三句话：有成分论、不唯成分论、重在政治表现。

（摘自《祖国的花朵》）

试评走后门

只有在物资贫乏的世界，走后门才会有市场.这点，我们国家具备了。那些年，我们不仅是世界上最贫穷的国家之一，而且雪上加霜，连报纸都不得不承认：国民经济已在走向崩溃的边缘。广大人民的温饱都难以维持，所以可供分配的政治资源和经济资源是极其有限的。什么是政治资源和经济资源?对我们年轻一代来说，无非就是升学，当兵，招工，提干，入党之类的了。

我们暂时可把走后门，定义为用不正当的手段来谋取政治资源和经济资源。关键又是怎样去定义所谓的不正当的手段?当权者对这些是最清楚不过的了。我们的农民领袖们，与历代君王一样，在他们进城坐江山的不久，就开始念叨“财产和权力的再分配”了。早在1967年春，毛泽东的夫人、当代“红都女皇”江青，就在“为人民立新功”一文中，赤裸裸地宣称：这种财产和权力的再分配，是一代一代地，不断地，进行着的。

如果让一代年轻人，在同一起跑线上，公平地竞争这些极其有限的政治资源和经济资源的话，那么很可能他们心中的有些人会竞争不过而落榜、被淘汰出局。怎么办?办法之一，当权阶层制定了党的阶级路线，作为资源再分配的准则。用这样的方法，使一大批优秀青年失去了竞争能力，甚至竞争机会。请问这算不算不正当的手段?今天再一次回顾历史时，我们可不可以说：当年党的阶级路线就是某种意义上的走后门，是披上了合法外衣的，冠冕堂皇的走后门?

在农村的日子里，人们所目击到的最大的一次集体走后门，算是干部子女，尤其是军队干部子女的“内部当兵”了。一夜之间，这批知青可以走得精光。不需要贫下中农推荐，不需要体检。他们不辞而别，临走连招呼都不打，连户口都不用吊销！

（摘自《从知青到工人》）

后来十年的历史表明，血统论以及它的各种版本，仍然是当权者压在广大青年身上的最沉重的包袱之一。在运动初期，他们是用血统论来搞迫害。搞迫害，是血统论肆虐的高峰。在运动中期后期，他们是用血统论来搞不公平的竞争。

为了谋取自家最大的利益，他们把决定年轻人入党、入团、招工、升学、参军、转正、提干、提级的权力，牢牢地掌控在自己的手中。也就是说，他们把这个国家"不断进行着的财产和权力的再分配"的权力，牢牢地掌控在自己的手中。为此，他们玩尽了一切权术，甚至在文革辞典中加入了"可以教育好的子女"的词条，使众多的青年人感动得热泪盈眶、给当权者感恩颂德。

（摘自《我的文革初期纪事》）

当然，我以上的评论谈不上很系统。可悲的是，在党文化的熏陶下，广大人民群众对自己无后门可走，已经认命了。甚至有人可能要出来打圆场，提醒老百姓：走后门并不是三农的特产。从民国追溯到历代封建王朝，都有不同版本的走后门。哪个时期的统治者不玩这一手。我的看法很简单：你走后门可以，可是请不要同时又在搞欺骗。这边后门走得呼呼的、那边又在标榜自己是什么"为人民服务"的，是什么上面派来的"三个代表"，来搞什么"和谐社会"的。这里我想把评论走后门推向一个更沉重、更敏感的话题：批判别人容易、批判自己难。

我自己也是通过走后门，在 1972 年底从农村走进了工厂。虽然级别很低，但性质是一样的。是苏北的一个县大集体单位，走的后门也低到县革委会生产组副组长，他是我家旧时小保姆的哥哥。下面是我的反思自己的走后门，也摘自《从知青到工人》。

当了工人后，我又背上了一个额外的沉重的思想包袱：我是走后门进厂的。最初，我试图用三条理由来安慰自己：一是我在农村表现好;二是县大集体,不是什么好单位;三是走后门是从上面开始的,不能只许州官放火,不许百姓点灯吗!可是渐渐地,这些对我,对广大的还在下面的知青,都不能自圆其说。焦点又回到在同一起跑线上,大家公平竞争的问题上。下面表现和我一样出色的知青多得很。没有杨、邵、梁等人的帮助,这次招工机会能给我捉住吗?

从 1973 年开始,四人帮开始唆使人们“反潮流”。比较知名的有张铁生、黄帅、李庆霖等。但第一个反潮流的,要数钟志民了。钟因其父亲是解放军福州部队政治部主任,在插队时内部当兵的。经过激烈的思想斗争,他意识到并公开承认走后门的错误,毅然从部队退回农村,继续当知青。事后,“人民日报”对钟的行为加以宣传报道。于是很多走后门的青年纷纷效仿,自愿退回原籍,似乎形成了一种潮流。当时,我刚刚进厂,思想境界还没那么高,只是有点不安地观察局势的发展。

不久,在 1973 年初,中共中央 XX 号文件关于走后门退回原籍的意见下达。据我回忆,该文件在轻描淡写地批评了走后门现象和赞扬了钟志民等人的行动以后,要求停止走后门者退回原籍的潮流。原因是形势将要失控。我记得文件中居然还有这样一句话:走后门的不一定都是坏人。文件下达后,其客观效果使走后门得以进一步合法化,甚至半公开和公开化。以后,走后门愈演愈烈。

举个例子。淮安县范集公社的南京下放干部 XXX,在本人上调县教育局任秘书后,利用职权和关系,迫不及待地,把自己在农村刚毕业的三个子女,先后弄进了部队当兵,弄进了江苏省淮阴师范学校和南京师范学院当工农兵学员。那个即将去南京上大学的受益者,由于得意忘形,在公开场合被人讥讽是走后门的。他居然恬不知耻地说:他能上学是由于贫下中农的阶级感情!这种口出狂言,可能是他父亲教的,也有可能就是倚仗那个中共中央文件吧?他家的好事独享的所作所为,在当地引起了公愤。

就是从当年走后门合法化的开始,助长了社会不良风气,发展到当今国体上下的腐败。这个观察不知有无道理。而我,当年处在险恶的形势中求生存谋发展,也身不由己地被卷了进去。我历史上形成的思想包袱，在三十几年后该作怎样评价，也可进行仁者见仁，智者见智的探讨。”

我很佩服作者走后门的能量、胆量、方式和策略。为了自身的利益，她做了最大的努力。这点不应该有异议。试问哪个人、哪群人不是为自己而全力以赴呢，不管是为了生存，还是寻求发展。问题是今天在回忆自己走后门的时候，用的那种理所当然和津津乐道的口气。全然没有察觉到，当年那是在参与掠取广大穷苦老百姓极其有限的政治和经济资源。

如果在回忆走后门的时候，能稍微调整一点语气，再略加一点反思，我把这看成是一种对得起虚度六载后的境界升华。这也是我为什么在抨击别人走后门的同时，把自己也弄了进去。

116.7.人性里的假丑恶——六亲不认

我到现在都不知道，人一生下来，到底是不是圣人所说的人之初，性本善。可是我一直认为，人性里的各种各样的邪恶，只有在各个历史时期五颜六色的社会大染缸中，才能表现得淋漓尽致。小说《天边》里也不例外。这里只剖析几个最重大的假丑恶事件，发生在党文化中的六亲不认。如前所述，1969 年底，作者在部队里春风得意、似乎是仕途看好的时候，意想不到地遭到告发后，先后失去了当五好战士、入党提干的机会。在 1970 年初，竟然是不很体面地复员了。从此以后，她在政治上一蹶不振，从顶峰跌落下来，个人生涯开始走下坡路。令作者难以相信的是，告发她的竟是自己的亲姐姐。

原来，作者与她的大姐培根一直有通信来往，讲的全是真心话，包括自己不愿意吃苦，还有对所在部队领导的不满和批评。没想到，培根给部队里领导写信告发，并附上了作者给她的有关信件。结果，除了在大会上丢人现眼外，作者承认这对她人生的打击是毁灭性的，而且永远不能理解培根为什么这样做。四十多年过去了，现在看来，该事件除了其偶然性的一面外，从一开始就在酝酿它的必然性。

先从心理学的角度上分析。培根出生在战火纷飞的年月，要比作者大好几岁。那个艰苦年代不仅谈不上得到父母应该给的关爱，而且在送出去寄养期间，如果不是老百姓的舍命保护，连性命都差点丢到敌人的手里。乡下的生活和卫生条件都很差，培根的头上生满了疥疮。不幸的是，疥疮使她失去了头发。后来经过了大力补救，周边的头发都长出来了，但还是留下了头顶上的一片秃。可以理解，这对一个女孩造成的心理创伤有多大。自卑伴随着内向甚至是自闭，还有对周围一头黑发的女孩子的嫉妒。最直接的嫉妒，是冲着自己的弟弟妹妹们的，培根视她们的美丽为自己生理缺陷的天敌。

当嫉妒发展成嫉恨，最后成了仇恨的话，可怕的报复就有可能发生。而且早见端倪，语言上的冲撞，在文革前就开始了，只是没有引起重视和警惕。生活在不同文化背景下的人，甚至我们的下一代，对培根模式的报复确实不能理解。这种事，只有在三农和党文化下一路走过来的国人才能理解。为了党的事业，不仅国人的互相残杀是必要的，而且还提倡家庭内部的六亲不认。那时候，坚决划清界限，是一句非常上口的话，成全了许多人，当然是在他们伤害了许多人之后。在这里，培根是前者，作者是后者。这样的受害者，一定是被人同情的。培根的这一手真绝，报私仇和党的事业弄在了一起，把人在政治上置于了死地。而且，干的还使所有的当事人都无话可说。至于她本人和我们的党得到了多少好处，也只是老天爷才知道了。

六亲不认，是违背人性的普遍准则，也是违背中华民族的伦理道德的。再读小说《天边》，我发现类似的事件，早在十五年之前，就在同一个家庭发生过。性质完全一样，可是后果却严重到了死于非命的地步。只不过，作者是站在了一个完全不同的立场上，没有为受害者讲话。

1954 年 4 月，作者的亲爷爷，千里迢迢来到南京，投奔身为我党高级干部的作者的亲爸爸。当时，爷爷还带着地主兼工商的帽子。他不堪乡下的窘迫，想到儿子家渡过自己的晚年。还好毕竟不是拒之门外，但也只勉强留宿了一夜。美其名曰，爸爸因党的纪律不能收留爷爷这个地主分子，以免玷污了这个革命家庭的声誉。与其说是安排爷爷走，不如说是打发，甚至是赶走。否则，爷爷会不久就投江自溺，死不见尸，从地球上蒸发吗。

这就是党文化下的划清界限和六亲不认，发生在父子之间、姊妹之间。而且是几十年一脉相承。难道作者就没有意识到，当年为父的作为，很有可能被女儿培根学会吗？类似的事件，小说《天边》中还有，只是没有那么严重。这里包括那个马列主义老太太，作者前夫的母亲，苏州地区的一朝权贵冯彬。在字里行间的暗示中，作者的亲弟弟卫国也有类似的举动。

六亲不认，是贬义词；对应着的褒义词，是大义灭亲。问题是党文化中的大义灭亲，一定得导致亲情、生活和经济上的彻底断绝。不像在其他地方，父亲可以仗义把儿子送上法庭，可是他一定也会按时去儿子那儿探监的。这方面，我最佩服的是同院子长大的高三丁班的学长王亮。从 1958 年起，他就定期去劳改农场探视被打成历史反革命和右派分子的父亲，回来后就给我讲那里的见闻。他也是在他父亲追悼会上当之无愧的致词者。王亮是我小时候的楷模。于是我最恨与家庭划清界限，当然也不喜欢要我与家庭划清界限的那些人。

近几年来，可能是自己变老的原因，我老在琢磨一种永恒的关系。如果世界上任何关系都能人为地割断的话，有一种关系是永远割不断的。这就是血缘关系。这就是我为什么最终原谅了我的亲生父亲，与他的家庭重归于好。了解我身世的人都清楚，生父在我的一生中，曾有意识无意识地对我造成过极大的伤害。

我真诚地希望，今天，作者已经对大姐的行为已经有所原谅和彻底释怀；而培根在她的内心世界，也做过了深刻的检讨和痛苦的忏悔。同样，在另一个世界里，作者的父亲和祖父，也去化解了各自的心结。他们就人性中的丑恶和社会的罪恶，做了开诚布公的交流。

还是那句话：血缘关系是永远割不断的。

116.8.人性里的假丑恶——践踏人权

1985 年 9 月，当作者的逆境开始好转并开始有起色的时候，她经历了一生中的第二次打击。她被关进了监牢里吃官司。事情经过很简单：身在外贸部门工作的她，无意中提早了一天，把政府即将公布的一份外贸限制清单写信告诉了是谈判对手的港商。因为被及时发现，没有造成任何伤害和损失。

设想一下，这个案子在一个法治和人权得到尊重的国家会怎样处理。被告律师会做这样的辩护：初犯、无意、没有造成直接经济损失，要求撤诉。被告很可能遭到行政处罚。比如罚金、扣除奖金、不予提级加薪、警告记过、甚至解雇，或者被罚在社区无偿服务三个月等等。可是底线是被告的基本人权和尊严不可侵犯，虐待和暴力是绝对不能用的。

不幸的是，事件发生在三农的党文化下。为了照顾利益集团、安全部门和党的颜面，作者被判缓刑一年。而且还经历和目睹了人间最大的假丑恶。告发和证人是初见端倪的腐败分子、顶头上司，他是在打击报复。执行侦察逮捕的是践踏人权、没有教养、粗鲁冷酷、水准低劣、好大喜功的安全厅。他们打着党是一贯正确的旗号，凌驾在司法部门之上，一开始就想弄出个重大的特务案来。看看不行了，就往团伙经济犯罪里搞。最后实在不行了，还把省政法书记搬出来，阻止放人。关押在红色渣滓洞里，狱吏的残暴、牢房的潮湿、打骂和酷刑、猪狗饭食，简直像传说中日本鬼子和国民党反动派的监狱。

整个办案过程，竟变成了安全厅和公检法之间的一场争斗。无视社会正义和当事人的最基本的人权。为了维护党的脸面和自己的脸面，就不能保证他们不敢草菅人命，当然是弱势群体的人命。更有甚者，是出狱以后所遭到社会上层和单位领导的冷落和歧视。他们从踢皮球到扣发工资，对一个才出来的弱女子，什么都能做出来。此时什么烈士子女和走后门，已经没有用。因为这些与统治集团更大更切身的利益已经有了矛盾。

最不能容忍的是，几乎所有亲戚都加入了划清界限的行列，包括作者的胞弟和两个身为高干的表叔，他们要坚决断绝来往。作者女儿的奶奶冯彬做得更绝。官至苏州地委书记的她，为了不可告人的目的，居然去打招呼，让单位不要分配工作给作者。没有工作会导致没有生计的，这个冯彬肯定清楚。可是在党文化下，置人于死地的亲戚居然也有，而且还来自高干阶层。

所有这一切丑恶，都是冲着一个孤立无援、使人同情的弱女子而来。难怪在不堪忍受的时刻，她起过轻生的念头。

116.9.人性里的真善美

毕竟人间的真善美是主流，不管在天边、还是在中国。表达爱情、对爱的追求，是美的表现之一。在战争期间，作者的父亲为了表示对母亲追求的决心，勇敢地闯入会场，当着领导的面，一刀剁下了自己小指为证。这一刀，也彻底斩断了领导对漂亮妈妈的邪念。作者的二姐安东对小詹的追求也是一种美。她的那种几步之内就使他“就范”，真是别具一格。为了爱，安东可以抛弃内部当兵的机会，跟着去了内蒙古，连拖板车都干过。

作者与本惠的暗暗的初恋没有具体情节。虽然没有导致婚姻，它的美，体现在后来作者落难孤独一人生病时，本惠闻讯赶来探视帮忙。人类美好的共性也体现在小说《天边》。那封大鼻子海瑞给作者的长信，体现出英伦绅士的求爱风度；而作者能倾家荡产为他求得的一张来华机票，则是东方女性美好的回应。

注重亲情，也是人性之美。作者的父母对子女的爱，还有作者对父母的爱，在《天边》中都有大笔的描述。还有那种隔代亲。作者在外婆家吃的唯一的那顿热饭。外公从病床上挣扎着下来，一定要陪着姐弟们一起吃。其深刻的内涵，只有我们做了祖子辈后，才能体会得到。最值得赞赏的是安东对作者的姐妹情，这是因为作者在最窘迫的逆境中，二姐竟是唯一愿意和她保持关系和能讲上知心话的亲人。

再回到割不断的血缘关系这个话题上，或早或迟，也不管是在这个世界还是那个世界，作者的父亲、弟弟、培根，爷爷，外婆，还有作者本人，或者会忏悔，或者会宽恕，大家一定会最终回归到人性美好的亲情中去。

再谈谈友情。出于内心的友情，甚至是对弱者的同情，是一种微妙复杂的感情。战争年月的普通农妇刘寡妇，为了保住培根，宁可受尽凌辱和酷刑，直到被活活打死，也没吐出一句话。作者的父母与许多战友结下了终身的友谊。所以作者在失去双亲后，得到了很多这些叔叔阿姨的关照。最典型的是生活上的关照，比如吃食和住房方面，甚至在今后的出路上。这些叔叔阿姨的关爱，也不是一句滥用职权和走后门就可以说清楚的。这些事情的背后，还隐藏着人类善良的爱、友情和同情。

这使我想起了在知青插队的艰辛岁月里，有一位无权无势的母亲。她的儿子是我同班同学，在淮安插队。这位母亲教了一辈子书，眼下看着丈夫在关押受审，儿子在农村受苦。她提早退休后，就跑到儿子插队的村里，与知青屋里的三人同住。长年累月，默默地天天给他们烧饭。这是一种什么感情。母子情，不全是，因为她还照顾着其他两位同学，他俩的父亲也在牛棚里关着。是爱心、友情、同情，还是党文化中的“阶级感情”，恐怕说不太清楚。可是有一点可以肯定，这是一种伟大的人性美。

在作者被拘留期间，单位里的一百多名职工联名，由工会主席代笔，给法院上交了一份请愿书，要求从轻处理。从民间发出呐喊，是一种对专制、腐败和所谓的法制的挑战和抗争，当然也是人性美的反映。这种美也反映在作者出来后进医院动手术时，来了两位同单位的女工在病床前照料，给了她亲人般的温暖。

案件的当事法官王志栋，伸张正义、从心眼里同情作者。他不顾铁的办案纪律，冒着有杀身之祸的危险，给身为案犯的作者出谋划策，与安全厅斗智。除了他憎恶无法无天的安全厅外，主要是同情受害的弱女子。在作者绝望、想轻生之际，他给了及时的鼓励；在作者释放后没有收入的情况下，他每个月贴给她五十元生活费。难怪作者把王法官当作了铁杆朋友了。所谓铁杆，我的理解是，为了保护朋友，自己可以牺牲一切，甚至生命。这种俗话说的江湖义气，也是一种人性美。

同学情，倒也不一定非要达到铁杆的程度，可也透出难得的真诚实意。文革前，当作者把同班同学田智敏拉入团内的时候，可能是因为同情，也有可能是家庭成分出自一辙。但不管怎样，她和田智敏在二十年后再相遇时，虽然彼此已经认不得对方，可一旦道破，就立刻就有了共同语言。开始时的业务关系，到后来落难时的受雇关系。作者从田智敏那里得到关照和提携，是举足轻重的，甚至关系到恢复对生活的信念。

在作者的档案里被写上了今后永远不得涉外以后，是田智敏把她重新带进了广交会。使她可以衣着时髦、昂首阔步地迈进原单位的谈判间亮相，一展自己雄厚的实力和亮丽的风采，惊倒了几乎所有在场的旧日同事们。感谢老同学田智敏，使我在人前抬起了头，恢复了自信，作者在原文里是这样写的。这也是我在小说《天边》里读到的最扬眉吐气的一段。

日前，有个涉世不深的后生家问，你们这帮老同学中之间到底能帮多大的忙。我支支吾吾地回答，大概可以帮助找到一份工作，或者搞定一个对象，或者把小孩弄到国外读书。无疑，这些都有很大的实际性。在读完小说《天边》后，我要再加一条精神上的：帮助恢复对生活的信念。

最后，真实，也是人性的真善美之一。在这里我第一次读到了学生时代的作者在农村劳动时有怕苦怕累怕脏的思想，而且当过逃兵。也第一次读到了文革前插队在苏北盱眙马坝、与黄桂玉同屋的知青中，有人写下了我恨、恨这里一切的日记。

整个小说《天边》的可读性，首先就在于它的真实性。作者能把自己的一生，用真名实姓，不加隐瞒地全盘托出。包括祖孙三代、个人隐私和人生失误。这是需要很大的勇气的。做出这样壮举的人，在南师附中老三届同学中没有几个。

就凭这一点，高安华就应该得到我和其他同学的尊重。

116.10.写在最后

所谓的书评，到现在也应该结束了。虽然是尽力而为，可还是写得很不系统，因为小说《天边》牵涉的时间和事件实在是太广了。可能有人要问为什么没有细谈阶级路线和血统论。主要原因，是原著本身，对此几乎是一笔带过的。作者没有必要、大概也不想，在英文原版中，向人权民主社会介绍东方历史中这黑暗的一页。

这一页，已经翻过去几十年了。对于有些同学，虽然只占少数，我一如既往地看好和尊重他们的思想境界的升华。他们主动地承认，忏悔和道歉。他们没有把罪孽的责任全部推给社会；他们贵在也从自己的人性中去找原因。这样，我们就有了共识，他们中有的学长现在已经是我的朋友了。这在当年，简直是不可思议的。

至于那些现在仍然在遮遮盖盖的同学，我理解你们的心理，也不奢望你们的觉悟。好好过日子吧，我知道国人要面子的重要性。只是当年的所作所为，怕是苍天都曾有过纪录。对于那些时不时就出来指责、讽刺和规劝受害者的人，我与他们在这个问题上，没有共同语言。重提一次，这是一个道义的问题。口碑问题确实重要。尤其是，三人成虎、人言可畏，是东方文化的特征之一。难怪高安华有理由忧虑自己的口碑，我也是一样。

在《我的文革初期纪事》陆续上网后，有人居然通过初三丙网站传达信息，说在北京的南师附中老三届的学长们，都不同意我重提旧事。信息里还暗示，他们中不乏当年两派的头头和骨干。若这消息果然当真，那就是好一个道貌岸然。我似乎成了附中老三届中阶级路线和血统论受害者“忆苦思甜、搞清算”的急先锋和代言人了。

事态有这么严重吗？学长们多虑了。人贵有自知之明。戴相陵在文革前的附中初三丙，不是团员、不是优秀学生。在文革中也不是头头，只是逍遥派一个。而且他现在落荒在海外，身份只不过是草民一个。我人微言轻，只是在这方面开始探讨，想把一段历史搞搞清楚，做一点点自我反思而已。

还是回到结束语中来吧。小说《天边》中有大量的作者婚姻、家庭和亲戚中发生的故事，我也没有涉及。这要感谢老祖宗的提醒：清官难断家务事。小说《天边》中还穿插了中国现代史中的重大事件。当然这可能为了迎合洋人和英文版的需要。可是其基调，基本上和三农、党文化一致，而且是作者本人的主观叙述。小说《天边》基本上没有超脱三农和党文化的思想境界。但不管怎样，人各有志，我们没有权利去要求作者去脱离哺育她长大的党文化。从作者最近的一篇欢呼中国海军来访的文章中，可以看出她的情结。这与当局的舆论导向，相差不大。就是爱国的国是指中华人民共和国；爱国必须爱党，爱党必须爱人（领袖）。

她的另一篇文章中，也可以看出这种爱国情结。在伦敦市长的欢迎宴会上，英国方面把她与涛哥安排坐得很近。我不很清楚英方这种安排的意图。如果把她当作知名作家来取悦中方，这可能使她感到很风光。但事情未必如此简单，因为外交事务中的细节有时非常微妙。如果英方把她当作持有不同政见或者遭到过迫害的作家的话，那就是用来与涛哥较劲的。英方似乎是在向中方传达，自己维护人权和言论自由的一贯立场。

如果是后者，我就有点觉得，作者成了中英双方政治斗争中的一粒棋子了。什么人都能骂共产党、毛泽东，可就是轮不到你骂，这恐怕是同学中对高安华最尖刻的讥讽了。此话差矣，这位同学恐怕只了解高安华的一半，1969 年以前的她，或者 1985 年以前的她。因为在这以前她是党文化的受益者。伟大领袖的有些话还是有道理的。世界上没有无缘无故的爱，也没有无缘无故的恨。只要通读了小说《天边》，你就有了一个完整的她。她人生道路中有后来的两次下滑，产生怨恨是自然的，骂一点也不为过。

是凡常人，就不可能脱俗。她是，我是，你也是。我还想提醒的是，小说《天边》的中文版好像读的人不多，评论几乎没有。对作者的偏见，可能是第一条。还有一开始把二十七万字全放在了一起，网站和阅读器的力度都有限，翻阅困难、速度很慢。这里，我要感谢高安华的帮忙。她给了我小说《天边》的微软电子版。

至于没有评论，原因之一可能是由于我过早地放了话，“垄断”了这个话题。这里我表示歉意，并希望本作能为小说《天边》带来众多的读者，还有评论。让我感谢高安华学姐写了《天边》。我欣赏她的五彩人生，给我带来许多带着乡土气息的怀旧。她过早就失去了双亲，婚恋上不顺，事业上两受重挫。也就是说，她也曾经是社会上各种各样“弱势群体”的一员。对于弱势群体，我的态度是一贯的。这就是同情。

她是第一位读到我初稿、再稿、再再稿的同学之一，尽管迄今我没得到她实质性的反馈。她表示尊重我的言论自由，也声称我对她是友好的。“我的小说《天边》记述的是我过去的真实经历，书写完以后，过去一切的恩怨我就都放下了。我活在当下，珍惜的是现在的生活，亲情和朋友情。对于我的过去，是非由人们去评说吧。不论褒贬都不会对我有任何影响。我不愿与人争论，但会保留我自己的意见。在此，我对你在书评中表现出来的坦诚表示感谢。”

我对学姐的上述写给我的原话，感到十分欣慰，也赞赏她对生活的态度。积极意义上的反思，是针对某种理念；而绝不是针对某个人，旨在把人在精神上整垮。高安华除了不愿意对拙作的初稿提意见外，还提及了他人没能体会孤儿的痛苦。她还重申她是同情血统论受害者和我的遭遇的。她再次说，回国期间，同学们对她是友好和理解的。她还指出，小说中发生的一些事，都是人性所驱。如果换成戴相陵，也会这样做的。对于这些，我都不持异议。

倒是在本文的首稿在初三丙网站上征求意见时，有人说我不应该写这“洋洋万言”的书评；指责我是为了出风头，不体会高安华看了后的感受；说教我要尊重别人，尊重别人的劳动，尊重别人的作品。有人甚至对我当头棒喝：你以为你是谁啊？

我是这样回答的。就是为了尊重，我才花了很长的时间，进行了自以为是负责任的评论。否则，也匿名地去讽刺挖苦一下，岂不是又省事、又可以不负责任？况且，在大千世界的二十一世纪，“小人物”当然是可以评点“名作家”的。人人都可以用自己的方式去写书评。

对于来自外界的评论，高安华和我一样。当一个作者将自己的自传发表的第一天起，她就在准备接受读者各种各样的评论。要准备有赞扬、有批评、有善意的、也有恶意的，甚至谩骂和诽谤。可以理解，有这样勇气的作者，不是很多的。如果她心理不能承受，那就不要写。或者写出来，只给自己的人看。那么评论都是养眼的了。

可惜我只是一个初出茅庐的作者，人气不旺。如果有人要评论我的自传，那我是求之不得。我随便什么都能承受。我接受建议，我也订正补充改写。我也不怕恶意诽谤，不是还有其他读者在看着吗。不管学姐对本文是认同、还是保留，我都真诚地希望她在小说《天边》能认真回忆和思索，特别是能换位思考。

最后，我要把本篇献给我的外祖母薛月娥。这是我和我的家庭，第一次公开提及她的殉难、纪念她的亡灵。今年正好是她四十周年祭。外婆，我怀念你。你安息吧，到了那一天，我一定会在那个世界你的墓碑前，献上花圈，为你默哀、三鞠躬；也是为了所有的那些屈死的、在这个世界没能有葬地的前辈们。

我也要把本篇献给王亮，我的学长和好友。你是第一个向我幼年潜意识里输送这样一种关系的人。永恒的血缘和真实的亲情。在这里，党文化里划的那条历史反革命和革命烈士之间的政治界限，已经变得那样模糊不清、微不足道。

本文结束之前，我要再一次提及美国的全国公司和俄亥俄州立大学图书馆。没有上司和同仁们的宽容和支持，我是不可能有时间细读小说《天边》，也更不可能完成这篇随想和反思的。

戴相陵 2009.11.30 于美国

以下是网友议论：

知情者：戴相陵的书评与去年 X 学友们的表现让人们感受到完全不同的文化。尽管书评也时时表现出一种“火气”，但仔细读来可以清楚地看出：“火气”是对准专制制度下的迫害而发的。X 学友们中或许也有人对毛泽东有微词，可是不将老毛同专制制度捆绑在一起来认识问题，那还有什么意义呢？

117. 四十五年的沉冤何时昭雪?

——看原南师附中杨壮彪老师的凄惨晚年

汤光辉

117.1.何等凄惨的晚年

在南京下关某街道的一个不起眼角落，那里，有一个搭建的没有门牌号码的矮小住房。在这个住房里，夏天没有空调，像蒸笼一样闷热；冬天没有暖气，又像冰窖一样寒冷。这里面，住着一个七十岁的高大老人，脑梗阻后的他，步履艰难，行动缓慢，健康状态几近极差。

他，长期没有工作，子女因父亲的错案迟迟得不到纠正而不在身边，妻子因丈夫冤案迟迟得不到平反且离他而去。他，没有退休养老金，也没有医疗保险金，更没有人来过问过他—-他好像已经被整个社会遗忘了，遗弃了！他的唯一经济来源，就是从街道居委会每月领取的无业居民补贴 100 元——这意味着他的晚年过的是猫狗不如的生活。

117.2.顷刻间的沉浮

谁曾想到：这么一位高大衰弱的老人，年轻时曾经是一个非常优秀的青年教师—-高中时他就是学校共青团书记，被保送进了大学，大学里成为年轻的共产党员；毕业后分配到南师附中——这是江苏第一重点中学，不是一般老师所能进的去。他被新华日报报道过，被江苏电台介绍过。这一切都发生在他二十岁左右的青春岁月里。

也许是这一切来得太顺利。他青春得志、书生意气但又涉世不深，对人世间的险恶知之甚少，由于他对学校个别领导的权钱交易等走后门不正之风，按照党章的规定，也是按照当时形势的要求，敢于在党组织会议上直言，竟然遭到个别校领导灭顶之灾般的打击报复。校某领导竟滥用职权，肆无忌惮的违反有关规定，处心积虑、别有用心地以他的“师生恋”为借口，蛮横无理、无情无义的将他开除党籍，开除公职。他们这么做，严重地违反宪法、违反党章、违反有关规定。这起再清楚不过的带有打击报复性质的冤假错案，发生在 1965 年 1 月。

他一生没有做过一件对不起人的坏事，却因在党组会上说了几句当权者不爱听的话，惨遭报复，被强加诬指为所谓的“坏分子”。已经离开学校一年半、组织上已和原学校没有任何关系的他，文革初期，又被红卫兵强行挟持回学校，被批斗、殴打、游街、剃阴阳头。六六年文革初期学生对他那种惨无人道、法西斯般的迫害，引起了南京电子管厂工人和周围老百姓的强烈义愤，人们自发地起来保护他，制止幼稚无知、被利用的学生的胡作非为。当地派出所、街道办事处又将送他到办事处的集体所有制工厂。他在蒙受冤屈的情况下，硬是靠踏踏实实的工作和极其良好的人缘关系，又干到厂长位子。

虽然他蒙冤被开除，而后又重新从工厂做起，但是他仍然以他人格魅力，赢得了一姑娘的理解。他后来有了两个孩子，一个大学毕业，另一个获得研究生学位。本来应该又重新好起来的家庭，却因为他的历史上蒙上受的不白之冤，几十年过去，迟迟得不到平反昭雪，太太出于无奈，2003 年和他协议离婚，孩子也因父亲的冤屈得不到伸张，不能接纳他。而此人就是本文附加小题目上的那位杨壮彪老师。

117.3.事情的原委

写到这里，杨老师的现状让我们震惊。面对着这几十年来中国发生的翻天覆地的巨大变化，从历史上的反“AB”团，井冈山时期的王佐、袁文才、延安时期的王实味，到解放初期的胡风反革命集团案，庐山彭德怀的错案，文革中国家主席刘少奇的冤案。这些几乎都是铁板钉钉、永世不让翻身的冤假错案，在有错必纠的八十年代，和全国大大小小几百万起在极左时期历史积压的冤假错案，一时间几乎全部矫正，得以平反，为什么杨老师的冤案却迟迟得不到纠正？

文革期间的六九年，即便在当时极左思潮甚嚣尘上的情况下，杨老师所在的街道办事处的干部孙文成同志也对他的不幸遭遇感到不公，并亲自出面同相关部门交涉。就在杨重回南师附中工作有望的时候，孙文成突然被调走，杨的事从此化为泡影。以后还有几次努力，其中最有希望获得甄别的是一九七八年。当时南师附中组织部干部杨琼，几经周折，也几乎能够让杨回学校重新工作。可是报到上面的材料，却被无理退回。

什么原因致使原本并不难解决的问题迟迟得不到平反昭雪？事情要回放追溯到1963-64年间。前面提到，杨老师在年轻时，从高中起到大学，乃至进入南师附中工作，是一个按当时的话说“红专并进”的优秀青年：政治上，他是校共青团书记，共产党员；教学上，他出类拔萃：广播、报纸均介绍过他。他身材高大魁梧，是一个文体积极分子，校篮球队主力队员，时年杨老师也只有二十三、四岁，正是青年学生崇拜偶像、年轻女生暗恋的对象。

这当中有两位女学生比较明显，其中一位偏偏就是当时省委书记的女儿，她一厢情愿的将对杨老师的爱慕之情跃然纸上，写进日记里，恰恰又被她母亲在偷看女儿日记时发现。“我们一个堂堂省委书记的女儿怎么能够找一个小小的中学老师？！”书记的太太勃然大怒，随即便联系学校和教育局，并恶狠狠地要挟南师附中校长：“一定要将杨壮彪搞倒、搞臭！”杨老师是校长沙尧一手培养、提拔起来的，校长并不想为师生之间的所谓情感问题让自己损兵折将。县官不如现管。沙尧没有理会来自上面的“压力”。这里要说清楚的是：被发现的两青年女学生日记里写的东西，完全是女生们的单相思，杨当时并不完全知情。事情偏偏发生在64年，中国搞了一个社会主义教育运动，南师附中则按照上级指示，进行了“新五反”，其中一个就是“反不正之风”，包括反对利用职权走后门等等。

一帆风顺的杨老师哪里知道社会的险恶，他在背对背党小组整风会议上，披露、揭发了沙尧有不正之风的两件事：一是校长沙尧曾利用职权，同南京工学院（现东南大学）院领导杨某某搞权钱交易——沙尧将杨某某的女儿，作为插班生走后门进南师附中高中，沙尧在东南大学在读的小舅子吴某将获得东南大学的助学金。二是沙尧将自己亲侄女沙某某初中毕业时参军表格作了手脚，将自己兄弟的地主成分改为“革命干部”，从而顺利进入南京军区卫生部主管下的部队；随后，南京军区卫生部某副部长之子，作为插班生从他校转入了南师附中高中。杨壮彪老师的这个发言，显而易见得罪了校长沙尧。

前面已经提到省委书记的太太为了不让自己的女儿暗恋杨，扬言要将杨“搞倒、搞臭”，这位现管的校长大人沙尧还知道是非曲直，他保护了杨。现在，杨竟敢在自己头上动土，岂能饶他？！于是乎，一个明显带有打击报复的险恶计划便明目张胆的实施了。校长和省委书记夫人配合，在违反党章国法的情况下，利用职权将杨老师无理地开除党籍、开除公职，以达到宣泄自己私愤的目的。

党章里明确规定，只有上级党委的纪检部门才能决定对党员的处分——对杨老师根本就没有按此规定办理！学校也无权随意开除教师，只有市教育局才有权决定！对杨老师根本也没有走这个程序，没有按照这个规定；当时南师附中领导担心真相败露，偷偷摸摸的就用他们手中掌握的所谓“支部大权”做出处分，真是以权代法！

从党纪国法的意义上说，学校那种做法本身就是不符合有关规定，违反党纪国法，杨老师现在还应该是一个共产党员，是一位人民教师。多少个风雨交加的日夜就这样过去了！好人究竟是好人：好的坏不了，坏的跑不了！杨老师以他高尚的人格魅力、良好的人际关系和超人的工作智慧、能力，当上了一家工厂的厂长；（虽然属于集体所有制，没有退休福利。）

117.4.荒谬的借口

林彪事件发生后，林彪及同伙制造的几乎所有冤假错案全部平反昭雪；四人帮倒台后，他们一手制造的无数起耸人听闻的大大小小的案子也全部平反昭雪；唯独杨老师的案子，它既不是政治问题，又不是刑事案件，而是某些别有用心的领导借着师生恋—-其实是学生单方面之恋，对敢于给他提意见的共产党员无端的行使打击报复。这是再清楚不过的铁的事实，居然一拖几十年，几次几乎就要解决，几次被上面死死压住，最后竟然以找不到档案为理由，将杨老师置之于千里之外，迫使杨老师的晚年出现本文开始陈述的那样凄惨情景。

按照常理，即便师生恋按当时规定不容许，师生间也没有任何出格行为，一般也就是提醒注意，充其量给个口头警告。校长沙尧和那个省委干部夫人，完全出于私心，假公济私，找着借口，吹毛求疵、小题大做，无情的伤害、摧残杨老师，恨不得将杨置于死地而后快，这是党纪国法所不能容许的！

杨老师的档案找不到了！但围绕此案、曾有心帮助杨老师解决此案的人还在。杨老师的档案的遗失，那是有关组织和人员的失职、渎职。书面的档案没有了，但是，人们心目中的档案还在，大量的有益于杨老师的人证还在，为什么有关方面的领导就不闻不问？况且，没有档案的人被平反的屡见不鲜，它不能成为不为杨老师平反昭雪、落实政策的理由和借口！再看看现在的贪官，如果不是在东窗事发后让我们看到一个个令人匪夷所思的绯闻，有谁去介意他们的金屋藏娇、情人二奶？！何况杨老师当时正是青春正当的恋爱年龄阶段，他也并没有做出什么出格的事。前后历史，两下相比，这种社会发展的极端和反差，岂不是令人深思和费解，令人发指和愤慨。还有什么理由不让杨壮彪老师冤案早日尽快平反？！

117.5.有错必纠

如果我们本着历史问题易粗不易细、易大不易小的原则，杨老师的问题根本就不是个问题，应该毫无商榷的就地解决；当年那些当事人，早已是为人之父，为人之母，过去个别领导，再去为自己当年制造的冤假错案辩护，或者纠缠其中，已经没有任何意义；杨的案子里没有受害对象、物体，没有任何被事实证明杨严重错误的东西，只有杨在高压下的违心部分签字，它不能成为某些别有用心人迟迟不落实政策的口实和理由，反过来，倒应该成为某些领导反省自己心胸狭隘、打击报复提意见人的证据。

八十年代中国就流行这么一句话：当官不为民作主，不如回家种红薯。当我们祖国逐步强大的时候，在我们国家日益进步的今天，当我们内心深处的良知和公正尚未泯灭的时候，在整个社会强调用人性化筑造和谐社会的今天，我们还有什么理由一拖再拖，不让他回到教师的队伍里，享受他原本应有的退休及医疗保险待遇？！

杨老师的不幸遭遇，从过去到现在，不断的引得了社会广泛关注，当年的人证愿意为他作证，当年的知情人愿意为他站出来说话，当年的邻居、朋友、同事及旁观者也都愿意出面讲话，都希望他的问题赶快解决，希望尽快为杨老师落实政策：解决退休工资问题，解决医疗保险问题；更希望杨老师的前妻关心或回到杨身边，希望杨老师的子女来照顾年迈多病的父亲杨老师——让人性化的和谐社会再增添一笔夺目的光彩。

我发表此文，也愿意听听方方面面的意见，更希望得到社会广泛的关注和帮助，以期待问题一直到彻底解决时为止。

2010 年元月十六日于美国波士顿

附：

2023 年 3 月，许祖云老师从微信上看到此文的转发件后，写下了一段阅后评议：

此文不实。杨壮彪是数学老师，他班上有位姓许的女生与家庭不和，长期不归家，住在水佐岗杨的家中。杨单身，与老母同住。盛热之夏，杨竟与女生许某（初三）同睡一凉席之上。许某父亲是许家屯，不关心子女。许某母亲后来发现此事，告状到沙尧校长处。此事即由鞠健副书记处理。处理之中竟然发现杨壮彪还利用郊游，在栖霞山草地上压在一位蒋姓女生(初三)身上戏耍。两事，杨都承认是自己的不当。学校双开了杨壮彪，并在青年教师会上作了警示教育。文中说杨琼(女，人事秘书，已病逝)为杨鸣屈，也不是事实。杨在文革中曾拐带街道一年轻女工私奔，也是一件丑闻。沙尧还是一位清廉干部，并非文中丑化的那样。杨要平反，早有耳闻，可能办不到了。

118. 记南京下关铁路客运站的大规模武斗

吴小白（68 届高一甲）

一九六七年的夏天是个格外炎热的夏天。在江青提倡的“文攻武卫”以及林彪的“好人打好人，误会；坏人打好人，报复；好人打坏人，活该”的鼓动下，各个造反派组织都厉兵秣马，组织武斗队伍，制造武斗兵器，甚至到兵营抢夺部队的武器，全国各地都爆发了两派群众组织用棍棒、长矛、大刀直至枪炮进行大规模厮杀的武斗事件。此时的文化大革命，已变为“武化”大革命，武斗从城市波及农村，从地方影响到军队，各地都形成海陆空部队各支持一派、有时同一兵种军人也形成对立的两派，均向所支持的造反派组织提供帮助，甚至输送武器。此时全国大乱，腥风血雨，惨剧连连，每天都能看到听到全国各地传来的“紧急求助”“告急”“血腥屠杀”等武斗消息。炎热的天气里，野草烈火般蔓延的武斗事件更让人透不过气来，人们处于一种精神极度亢奋的情绪之中。

江苏的两大派别原是文革初期与保江苏省委、南京市委的“赤卫队”斗争中的战友，并在全国第一场武斗事件（1967 年 1 月 3 日）中相互联手，攻下了“赤卫队”所占据的江苏饭店。此事当时震惊全国，国外媒体也进行了报道，周恩来总理及中央文革小组大发其火，将矛头指向保当权派的“赤卫队”组织，造成全国的“赤卫队”组织被迫解散。可“1.3 事件”才过了 23 天，以江苏红总（红色造反总司令部）为首的造反派组织 1 月 26 日到江苏省委夺权（抢到江苏省委、省政府及各部门的大印）时，排斥了以八二七为主的造反派组织，造成了造反派的分裂，两派在许多问题上分歧越来越大，并都迅速地扩张队伍，在南京形成了势力相当的两大派，红总在工厂里的实力相对强大，八二七在大、中学校中占有很大优势。刚开始两派还用“大字报”“大辩论”的方式进行文斗，到了四、五月份，已是拳脚相加，从六月份起，武斗逐步升级，从一个单位内两派武斗发生到两派抢占市内各制高点，构建武斗工事，垒以砖瓦石块，一处武斗发生即调集全市武斗人员支援，造成了双方相当数量的人员伤亡。

这里，我记叙一场发生在南京下关铁路客运站的七.卅一大规模武斗事件。当年的南京大学是社会动态反映最灵敏的地方，也是八二七在市中心最大的据点。一九六七年七月卅日下午，我来到南京大学看大字报，发现在南大文革楼(教学大楼)前的马路上，停放着十辆卡车，多数是运矿石的自卸车，每辆车旁都站着几十位武斗队成员，他们身着蓝色工作服，头戴柳条安全帽，每人手里握着一只长矛。长矛约两米长，矛杆用钢管制成，这比当时普遍使用的用角铁制作的矛杆手握舒服多了，矛杆头部加工有内螺纹，尖尖的矛头底面加工成外螺纹旋在矛杆上。有的长矛在矛头部位扎了红布须，成了红缨枪。

这时我忽然发现在这支队伍里还有我们南师附中的三位同学，一位是我的同班同学，浓眉大眼的漂亮女生龙江，同样是蓝工作服、柳条帽，更显得英姿飒爽，一个女生站在全是男人的武斗队伍里显得特别抢眼。另一位是初三年级外号叫“峰峰”的大眼睛男生，还有一个初一甲班的体瘦个矮的小费。这三位同学我都很熟悉，我就与他们聊了起来。得知这三位同学是派到八二七总部参与宣传工作的，这次随着跃进钢铁厂八二七和梅山钢矿八二七的武斗队伍一道行动，昨天晚上刚参加了与红总铁道兵的一场武斗，早上才开进南京大学进行休整，现在正集合待命，并指着倒挂在文革楼五楼窗口的一面标着“铁道兵”的红旗告诉我，这就是武斗队昨天晚上的缴获的战利品。目前，这支武斗队作为八二七总部的一支机动部队随时待命。正说得高兴，集合的哨色响了起来，整支武斗队伍要提前到食堂吃饭，随时准备应付突发的武斗事件，我也就此告别了三位同学。

晚上十二点钟，中山路上的红总广播站在夜深人静之际突然发出震耳的广播声：紧急声明，紧急声明：全市的革命群众们，红总的战士们，八二七的一小撮混蛋纠集了大批的武斗人员，正在围攻我们英雄的下关铁道兵总部，铁道兵战士们处在万分危机之中，请各单位红总战士紧急集合，马上增援！马上增援！随后播放了几段战斗歌曲，又再次播放了“紧急声明”，一直反复播音到凌晨二、三点才结束。

文革期间南京的各大单位的造反派组织，都在自己占据的大楼上设有对外宣传的广播站。除此而外，在南京的主要马路上，如中山路、中央路上两派都设有对外广播喇叭，向全市的群众宣传，是要在宣传的气势上压倒对方。当然这些装在大树和电线杆上的高音喇叭经常遭到对方的破坏，曾经在南京工学院（现在的东南大学）内发生过电死学生事件，就是红总方面南工井冈山的一位无线电系的学生，在校内破坏对方的高音喇叭时触碰到高压电线，下面多位井冈山同学眼睁睁地看着他被电死而无法施救。不过两派的广播站都心照不宣地遵守早上八时后开播到晚上八时前停播的时间表。除非发生了重大事件：如最高统帅发表了最高、最新指示才破例开播，这次的深夜广播是大武斗发生的前兆。第二天即七月三十一日，早上八时多，我按例骑车到南师附中，听说下关客运站正在发生大规模武斗，一路上感觉气氛异常，鼓楼到下关的中山北路已不通汽车，南京电子管厂红总在山西的厂门路口，3503 厂红总一二. 一在三牌楼厂门口都设立了路障，几十位红总武斗队员手持长矛站在路障通道口虎视眈眈地注视着行人，认为可疑的人员就进行盘问。

到了学校，见到的同学们都在议论下关火车站的武斗，出于好奇，我与班上徐平同学决定到下关看一看武斗的场景。沿路上看到不少附中的同学正赶去下关。在经过挹江门城楼时，看见马路当中横着几根木棍当成路障，南京十二中的八二七在城楼上把守着，并不时探头向下张望。热河路广场旁下关百货公司大楼上，还飘扬着八二七的旗帜。沿着热河路向火车站方向走，就看见了几十辆卡车，每辆卡车上坐着司机和一名拿长矛的武斗成员，这是红总的运兵车辆，挹江门被八二七扼守，他们是从新民门进入下关的。再往前走，就看到一队队排成方阵的红总武斗队伍，每支队伍前都举着一面战斗队的旗帜。

好家伙，晨光厂红总、长江厂红旗、电子管厂红总、十四所八一八、3503厂一二一、宏光厂红总、南京体育学院一一四、炮兵工程学院革反团、南京无线电工业学校八一二等所有的有实力的红总单位悉数出动，武斗人员在四千人之多。

我就在想，这里如有一小队八二七武斗人员突袭运输车队，抢夺车辆，将打乱红总的布署，严重影响红总武斗队的士气。到了下关客运站前的广场，看到近百名解放军士兵，排成三列挡在武斗队伍及客运大楼的之间，力图阻止武斗的发生。而在解放军士兵与武斗队伍中间，省军管会首长与红总的头头正进行着谈判。省军管会副主任吴大胜、杜方平与红总的副司令张建山（南大学生、红总武斗指挥部总司令）和红总工总司令朱开地（晨光厂工人）等头头面对面站着进行最后的谈判。张建山戴着眼镜，身材瘦削，说话音调很高。朱开弟个矮体胖，很少说话。虽然我与他们相隔几十米，仍能听到他们的讲话。

军管会说：希望你们保持克制，撤走武斗队伍，不要扩大事态。

张建山中气十足地回答：不行，八二七欺人太甚，我们已不能忍耐。

军管会又说：如果大规模武斗带来的人员伤亡和财产损失，你们要承担责任！

张建山说：现在的局面只能武力解决，我们敢于承担一切责任。请你们不要阻拦。

军管会的首长看到劝说无效，阻止武斗发生已无可能，只得坐军用吉普车离开现场。后面的近百名士兵也登上三辆卡车离开，他们走时听到了红总武斗队伍中发出的一片喝倒彩的嘘声。此时，广场上已围观有数千的群众，红总武斗队将人群赶到更远的地方，一场武斗开始了。

下关火车站有两座大楼，一座是四层楼的客运大楼，原先是八二七方面的铁联司占据，但此楼两侧连着三层楼房，三层楼房连着两层楼房，二层楼房连着平房，使进攻者可以一层一层向上进攻，攻占的难度较小，客运大楼成了红总攻击的目标。另外一座是南京铁路分局大楼，有六层，原是铁道兵总部，在昨晚的武斗中已被八二七方面占领，两座大楼上现在都飘扬着八二七和铁联司的战旗。

此时已是上午十时左右，解放军刚一撤离，红总各战斗队的头目聚集到张建山、朱开弟的身边开始战前布置，一会儿各红总武斗队喊着口号包围了下关客运站大楼。一部分武斗队员进到客运大楼内部寻找上楼的通道。一部分武斗队员进入车站月台，还有武斗人员试着启动停在广场上的消防车上的水龙头。

广场上停着三、四辆消防车，这应该是消防局的公安联总（八二七派）昨晚协助进攻红总铁道兵总部而派出的，今天早晨没能及时撤走。一部分红总武斗人员拿起了消防车上的消防水龙头，开启水柱向客运大楼楼顶上的守卫者喷去。一些水流喷射到守卫者的身上，守卫者就高声嘲讽地说："天气热，洗个冷水澡真凉快。"并用屋顶上的瓦片和石块向下回击。本来掌控消防水龙头要有很大的握力，红总武斗队员不会操作，现在又要提防楼上砸下的石块，应接不暇，有几支水龙头脱手了，水带在地上跳舞，猛烈的水柱喷向周围的红总成员，惹来围观群众的一片哄堂大笑。这时听说车站内已经打起来了，我们从旁门进入到车站月台内，看见武斗正进行中。在二楼屋顶上有六、七名守卫者，他们用屋顶上的瓦片砸向进攻者；而一百多名红总的进攻者有的站在一楼房顶上，有的站在附近的月台顶棚上，也用瓦片和石块向守卫者扔去，守卫者虽然居高临下，但他们人数很少，四面八方的石块、瓦片密集地飞来，总有些应接不暇。应战了一刻钟后，退守到三层楼顶，这样可以减轻从月台顶棚上红总队员攻击的压力。但站在二楼屋顶的红总队员人数众多，扔出的石块、砖瓦仍然很密集，经过长时间的对峙之后，防守者退到了客运大楼四层楼顶。三层与四层只有一个楼角相接，只能利用客运大楼三层处有一个伸出墙面半米宽的平台，从平台架梯子可以上到四楼，但梯子几乎是直立架起，稍不注意就会跌到近二十米的地面，那基本上就小命呜呼了。

四楼是镀锌铁皮做房顶，没有可做武器的瓦片，守卫者砸完石块后，一面拾起进攻者扔来的瓦片进行回击，一面手握一根长 6 米的搭脚手架的钢管，横在屋顶，可以顶扫敢于爬上屋顶的进攻者。部分红总武斗队员在三楼屋顶用石块、瓦片发起攻击，以分散防守者的注意力，另一部分红总武斗队员在两侧平台上架起了两三把梯子，试图爬上四楼屋顶，但爬上梯子的进攻者，看见头顶上横扫来的铁管，不敢造次，只得退回到三楼的平台上，双方僵持了很长时间。

突然，东侧的三层平台的楼梯上，爬上了一位敢死队员，他头戴击剑面罩，身穿击剑用的厚棉衣，一手拿着日本战刀，一手举着钢质盾牌，一跃身从楼梯登上了房顶，而几名守卫者经过两个小时的战斗，心力俱疲，更是心软而不敢用钢管将进攻者顶下地面，自动放弃抵抗而跑开，这样在四层屋顶两侧坚守的最后七、八名防守者都当了俘虏，被押下屋顶。此时全体进攻的红总武斗队员发出了长时间的欢呼声。更有近百个红总武斗队员爬上四楼屋顶，用长矛在镀锌铁皮的屋顶上捣出了十几个大洞，然后跳到天花板上，又在天花板上砸出大洞，向大楼内部发起了从上而下的进攻。

这时大楼内传来嘈杂的叫喊声，不久听到响起了一声巨大的爆炸声，应该是红总成员炸开了攻不下的防御工事。又听到二、三下声响，应该是枪声。紧接着一阵惊人的呼叫声，听人说是防守大楼的铁路中学的男学生不愿被俘，从三楼纵身跃向窗外的大树，想顺树而下逃走，却没抱牢树干直接摔到了地面，跌断了腿，还是被抓了回去。

当大楼内的战斗声逐渐平息之后，我们回到车站广场，此时广场上红总队员站成两列人墙，人墙一直排到客运大楼门口。一会儿，八二七的俘虏从大楼门口在两列人墙中间被押了出来，直接上了押运他们的卡车。每个俘虏都高举双手，低着头，沿途受到红总武斗队员的嘲笑和辱骂。还有好几位女俘虏，也被押过来，都是披头散发，看不清面容。

我们感到奇怪的是，此时号称八二七武斗队中最能战斗的大桥八二七、东方红一直没有出动增援，长江大桥建设工地就在下关，他们都是湖北人，没有带家小，武斗中是不要命的敢拼。我见到过他们，基本上都是三、四十岁的人，刻着皱纹的古铜色的脸上没有笑容，好像都是执行命令的机器人。我们在月台上就可以清楚地听见从南京长江大桥传来的广播声：南京长江大桥二处、四处全体八二七、东方红的战士们请注意，立刻紧急集合，作好战斗准备。这条通知反复广播了几遍。但一直没有派出战斗队参战的迹象。

直到下午二点多钟，除了留下部分人员防守下关客运站而外，红总的武斗队已经开始撤离下关。看来不会有新的武斗发生，我们也骑车回家去了。后来通过几位当时守在下关的几位南师附中同学口中了解到，武斗发生前铁联司的武斗队派去防守刚占领的铁道兵总部了，守卫下关客运大楼的武斗人员主要是芜湖铁路局被打出来的一批人，他们来到下关，受到南京铁联司的接待，给吃给住，所以当铁联司总部被攻打时，他们是挺身而出，在楼顶上坚持战斗的就是这一批人。守卫在下关客运站的还有一些铁路中学等外单位人员，基本上没有武斗的实力。七月卅日下午我在南京大学见到的三位南师附中同学龙江、峰峰和小费，当晚就随着八二七武斗队参加了与铁道兵的战斗，第二天清晨就留在下关客运站，准备加强下关地区的八二七宣传工作。想不到当天就卷入了武斗，并且被红总俘虏。

三位附中同学被俘后待遇各不相同。初一的小费过了几天就被“教育”后释放了。初三的“峰峰”在武斗中手掌虎口处被长矛刺穿，正值夏日炎炎，又被关押了几天，虎口感染发炎，如不及时治疗就可能导致手掌残废，放出来后八二七方面联系南京军区让他坐飞机到上海去治疗。

最不幸的是我班的女生龙江，本来她因性格刚烈，不肯低头，就必然要吃苦。更因为八二七俘虏们被关在长江厂，长江红旗发现她是本厂支持对立派二. 二七的中层干部的女儿，她一关就是二十多天。我当时看到八二七的宣传材料上说到，龙江被关押的二十多天，炎热的天气不让她洗澡，且多次在审讯中遭到殴打，特别被男性非礼，经历了一段非人的待遇。但她被放出来之后，以更大的热情投入到运动中去。一位同学告诉我，他看到龙江头帽安全帽，手执长矛守卫在下关轮渡码头上，显得更加成熟和勇敢。龙江是我班的团支部书记，果敢泼辣，热情冲动，政治运动是她自如发挥的舞台。

这场武斗还造成了一人死亡。死亡者是南京体育学院学生，红总南体一一四的沈维洲，江苏省铁饼冠军，国家特级运动员。他是在冲进铁道客运站大楼后，被躲在门后的一位八二七铁路中学女学生用长矛从背后捅到颈后脊椎处而死亡。红总方面宣传说他看到了这位女学生，以为女生很柔弱，不曾提防，以后红总方面高调地宣传了沈维洲的“英勇事迹”，还为他举办了隆重的葬礼。

当天傍晚，武斗事件发生了出人意料的变化。此时红总的大队伍已撤离，留下了少量人员防守客运站大楼，又派了宏光机械厂近百名武斗队员分乘两辆卡车来前来增援。宏光机械厂武斗队到达车站广场后，派出联络人员到客运站进行联系，其余人员留在车上待命。此时从广场旁的小巷内又走出一队排列整齐的打着红总旗帜、带着红总胸章的武斗队伍，宏光机械厂武斗队员见到这么多战友前来增援，很高兴地向他们打起招呼，可这队武斗人员走到近处，立即包围了卡车，只听到一声喊“打”，所有武斗人员同时扔出手上的石块，雨点般地砸向车上的红总武斗人员，在车上的武斗人员低头趴倒躲避砖雨之时，车下人的长矛已指到车上的红总战士身上，几个想反抗的被刺伤，其他红总战士知道已无法反抗，在长矛的威逼下举手投降。而这些突然杀出来的人员，就是大桥八二七、东方红的武斗队员，他们在对方松懈时突然发动袭击，在俘虏了宏光机械厂武斗队员的同时，冲进了客运站大楼，在对方猝不及防时迅速占领了整座大楼，被红总攻占的下关客运大楼仅几个小时后得而复失，并俘虏了几百名红总武斗队员。

这样南京两大派在下关客运站发生的武斗酣战历时三天，从 7 月 29 日晚开始到 7 月 31 日晚结束，八二七方面俘虏了红总三百名武斗人员，红总俘虏了八二七近一百成员。双方头头在省军管会主持下进行了谈判，双方同意释放被俘人员。四天后，大多数被俘人员被释放，也有像南师附中龙江同学这样的“死硬派”，关了二十天后才释放。

到了六七年八月初，南京两派的武斗达到了高峰，发动大规模武斗已不要任何理由，红总方面逐步攻占了市区内的多处八二七据点，特别是“八. 四南京砖瓦厂惨案”和“八. 五”攻打五中八八，造成了较大的人员伤亡。八二七方面在占领了下关火车站后，乘势夺取了中山码头、金陵船厂、肉联加工厂等下关和浦口的所有红总据点，在下关形成了“解放区”，八月八日，八二七头头采纳了江苏省军管会主任许世友的劝告而主动撤出市区坚守下关，最终形成红总占据城区，八二七占据下关及郊区的局面。下关客运站的这场武斗是局势发展的关键之战。

南京发生一系列的武斗事件造成了人员和财产的严重损失，加剧了两派人员的隔阂和对立。当年沉醉武力的造反派头头们都受到一定的惩罚，有的头头付出了生命的代价，但制造了这段历史，让中国人内斗的起因和经历却难以说清。

119. 那些年那些人那些事

——朱厅长

长 弓

文革前我们院子里住着四位江苏省教育厅的副厅长，朱厅长就住在我家楼上。

朱厅长是河南人，高高的个子，目光慈祥。他声如洪钟，有点耳背，所以说起话来声音很大，很远都能听见。在共产党的高级干部中朱厅长个算得上是一位雅士。他喜欢下围棋，打网球，还写得一手好毛笔字。到了周末朱厅长会约些人来“手谈”，棋子落盘的啪啪声经常响至深夜。有时他高兴起来会把我和他儿子毛头招在一起给我们讲一些“金角，银边，草肚皮”之类的围棋ABC。周末时朱厅长还经常背着网球拍骑自行车去五台山体育场打网球。朱厅长的魏碑体毛笔字苍劲有力很见功底。

在省教育厅朱厅长主抓中学教育。朱厅长先前曾在南京市教育局做同样的工作，所以他是这方面的行家。朱厅长的教育理念十分开放，他主张开门办学，学生走向社会，反对埋头读书。六四年毛泽东《春节谈话纪要》发表后，全国上上下下都在推行教育改革。朱厅长是这场改革的积极实行者，他去南师附中蹲点试行教育改革。有一次附中学生步行去农村开门办学，年过五旬的朱厅长陪同学们步行了几十里。同学们把当时流行的一首歌“巍巍井冈山，养育了钢一连，毛代表就在我们身边，朱军长走在队伍前面。”中“朱军长”改成“朱厅长”一路高唱，士气十分高昂。

六五年的一天朱厅长请回乡知青董加耕来他家做客。董加耕是江苏盐城人，六一年时他放弃了保送上北大哲学系的机会，放弃高考，立志回乡务农，做出了成绩。六四年十二月二十七日，在京参加第三届全国人大会议的他被邀请参加毛泽东的七十一岁生日家宴，坐在毛泽东的左手边，坐在毛泽东的右手边的是邢燕子，同桌的还有陈永贵、王进喜、钱学森等。董加耕在当时是个家喻户晓的人物，记得有儿歌唱道，“咯噔蹬，咯噔蹬，我骑马儿去盐城，盐城有个董加耕…”（去年十月凤凰卫视“鲁豫有约－董加耕访谈”节目中鲁豫戏称董加耕为当年的刘德华）。

那天我们知道董加耕要来朱厅长家做客，早早就等在楼梯口。不一会董加耕来了，他那天穿一件暗红色的卫生衣，黑红黑红的脸膛很朴实，一副邻家大哥模样。董加耕向围在楼梯口的大人和孩子们微笑招手，我们都很兴奋激动。

六六年文革开始后，朱厅长写了一张大字报批判“修正主义教育路线”，南师附中的红卫兵小将们给大字报加了序并冠以醒目的标题“厅长也造反了”。这张大字报当时贴满了南京大街小巷。六七年三、四月间，全国上下开始“抓叛徒”。不知为什么朱厅长的名字也进了叛徒名单。一天晚上南师附中来了几十个红卫兵，院子里自行车黑压压停了一大片。小将们冲进朱厅长家要他交代成为叛徒的经过。从在楼梯上上上下下的小将们的脸上和他们的议论中看出他们很气很激动，他们曾如此尊敬和拥戴的朱厅长竟然是一个隐藏在革命队伍中多年的叛徒。朱厅长在客厅里大声地解释和争辩着什么，一直持续到下半夜。小将们把朱厅长带去南师附中关在一个小楼上继续审查。在后来几天的审查过程中小将们动手打了朱厅长，朱厅长不堪其辱以跳楼抗争，摔折了腿。“医院诊断为腰椎断裂，脚跟骨折。朱出院在家休养期间，又被学生揪到学校审查，当时是由丁老师（附中两个右派之一）用板车将不能动弹的朱拖到学校的。朱在学校禁闭了几个月，由家中的小女儿和保姆护理。”（“南师附中老三届”网《南师附中文革大事记》）后来省级机关在句容县的下蜀镇和桥头镇建“五七”干校，朱厅长尚未痊愈，拄着双拐下了乡，他家保姆随之下乡照顾他。朱厅长的夫人在南京市的一个机关工作，当时带着十三四岁的儿子毛头和毛头的一个姐姐下放到淮安农村。毛头的另一个姐姐留在了南京，一家人分了三处。

七四年朱厅长从干校回了南京，这时我们全院已搬入民政厅的残废军人收容所。朱家只分了两间阴暗潮湿的小屋，白天屋里不开灯什么也看不清。我有时去他家串门，看见朱厅长总是静静地坐在屋里看书或写什么东西。朱厅长一家在这样的环境中住了整整十年。七九年我们都搬出了这个院子，从此就很少见面了。

七七年高考恢复后，中学的教学迅速回到追求升学率的老路上。朱厅长当时闲赋在家，可他一直关注中学教育的发展状况。八十年代初是改革开放的年代，当时的改革之风激起了朱厅长长期以来从未平息过的教改热情。他在南京八中找了一些赞同他教改理念的老师搞起了试点。为了获得第一手资料，他去八中听课。当时朱厅长年近七十，已是一介平民，每次去八中都是挤公交车，他在文革中摔折的腿走路很困难，每去一趟的难度可想而知。朱厅长的耳朵那时基本失聪，借助高分贝的助听器才能听见一点声音。朱厅长在八中听课，严格地讲是“看”课。他坐在讲台前，面对学生，通过看学生的表情来判断教师的讲课效果。由于他的热情，八中当年曾短暂地形成过一个教改的氛围，大约持续了一年。朱厅长的教改之梦很快就被追求升学率的大潮淹没。在学校的改革碰了壁，朱厅长又想召集一些有志于教改的老师来写点东西。他认为自己的思想是超前的，虽不为当时的人们所接受，但将来一定会有益于教育事业。他的这一想法不知什么原因，最终没能付诸实现。朱厅长多年来一直在做着教改梦，可一直壮志未酬。他的一个女儿曾这样评价她的父亲，“热情有余，处处碰壁”。

九四年我回国探亲，特地去朱厅长在西康路的住处探望了老人。老人看见我很激动，握住我的手半天不放。老人很健康，眼神还是那样慈祥。问了一些我在美国的情况后，老人告诉我他正在写书，想把他几十年在教育领域工作的经验和体会写下来。老人说：“我的观点和他们（我想是指当时主管教育的人们）完全不同，没有人愿意听我的，但是我还是要写。”说这话时老人平静、自信、坚定。他已没有了追随者，孤身一人，仍为自己的信念奋斗着。我望着这位八十岁的老人，心里充满崇敬之情。老人对教育工作的观点或许有可商榷之处，但他这种执着的精神深深感动了我。九四年后我再也没见过他。后来听说朱厅长完成了三十多万字的书稿，但没有地方可以出版。出版社的条件是他必须自掏腰包，自行推销。老人已没有精力完成这件事，这部书稿现在仍束之高阁。

朱厅长于二零零七年八月十一日在南京逝世，享年九十三岁。这样，老人走完了他坎坷的一生。

我相信南京市一些老中学教师一定还能记得这位为教育事业特别是中学教育事业工作和操心了一辈子的老人。

（由亚特兰大笔会张贴，王虹转贴）

120. “革命大串联”中的故事

余仲华　王虹（66 届高三丁）

120.1.余仲华（66 届高三丁）

公元 1966 年 10 月 12 日晚，我们高三丁班 10 个清一色的小男生，意气风发、斗志昂扬地从浦口火车站登上了北上的火车，向着我们心中向往的首都北京出发，开始了我们经风雨，见世面的革命大串联。

一路上有许多趣事，如今回想起那些发生在年轻时代的故事来，仍然很有意思。因为时间已过去了近四十年，许多事情已经淡忘，而且我没有写日记的好习惯，单凭脑子中残存的记忆，有些事情不一定记得准确，如有胡编乱造的不实之词，望一同出游的老同学们出面质疑和订正（如有戏说成分则另当别论）。我今天在这里先起个头，欢迎各位积极参与，共同把当年我们十个革命小和尚云游四方、取革命之经的历史故事进行到底。

首先列出 10 个小男生的姓名，他们是：沈立智、许远志、苏平、黎明、王虹、王伟民、余仲华、沈德辉、龙祥生……火车从浦口车站开出已近半夜时分，13 日上午停靠在济南站。经过火车一夜的颠簸和摇晃，十个小男生早已个个饥肠辘辘，虽然大家都知道革命不是请客吃饭，但为了干革命又不得不吃饭。于是大家一同来到车站广场，反正也没什么好选择的，大家都一样，每人弄了一碗鸡蛋汤，还有馒头油条什么的。只见大碗中飘浮着缕缕带着血丝丝和腥臭味的蛋花

（大概是散黄蛋加上没烧熟的原因），还加了淀粉，有些黏稠，味道真是不能谈了，好在还是热的！想必如今开大排档的小老板们一定无法理解、而且会令他们羡慕不已——那样的大锅汤居然能够有多少卖多少，生意不要太好喔！

到了北京，我们被安排住进了三里河附近的商业部招待所，房间里明亮干净，睡的是地铺，每人发了一条崭新的毛毯，而且那一年室内还提早放了暖气，居住条件比起半年前搞教改住在马坝农村里时要好多了。食堂里的供应除了馒头、大米饭，常常吃的一道菜就是肉末烧白菜，虽然菜里见不到猪肉的影子，但毕竟有猪肉的滋味，就像是放了太太乐鸡精，觉得味道真是好极了！而且吃饭不要钱，是共产主义式的。吃饱了饭，自然要去干革命了，每天除了正儿八经地到北大、清华、北航、北师大等高校去看、去抄大字报，收集各种宣传材料之外，自然少不了以革命的名义、三三两两一伙，悄悄游遍了除八达岭长城之外的北京各大公园和名胜古迹。

10 月 18 日，是毛主席接见百万革命师生的日子。记得那天一大清早就起了床，从三里河步行，排队沿着长安大街一路向东行走，路过了西单，眼看离天安门越来越近了，但到了天安门广场还要继续往东走，有没有走过了东单已经记不清了，终于停下来列队等候。当时东、西长安大街两侧全是人。（那天午饭每人发了些什么干粮许远志至今记忆犹新！）中午时分，毛主席检阅的车队突然风驰电掣般地驶过来了！但因车速太快，在拥挤的人群中我拼命踮起脚尖、伸长了脖子，只依稀看到了伟大领袖的侧面像在眼前一晃而过。最最幸福的时刻从此永远定格在了我的脑海中！进京朝拜的任务总算是圆满完成了。

接着，就该南下广州了。记不清是 10 月 19 日或 20 日晚离开北京的。那天正碰上冷空气南下，北京气温骤降，衣衫单薄的我们，在北京车站广场上候车时个个冻得活抖！记不清是哪位同学身边带了一床毛毯，于是 10 个革命小和尚拱成一堆，席地而坐，把毛毯扯开，像搭帐篷一样捂在头顶上，相互用身体温暖着彼此，呼出的满腔热气，息息相关、休戚与共！我们终于用这一方小天地的温暖小气候，战胜了大自然的严寒！

列车在祖国大地上向南飞驰，把北方的严寒抛到了后面。南下的第一站到了武汉。记得住在武汉钢铁公司。住地离市区很远。武汉是一座英雄的城市，在这里除了继续我们的革命串联和革命旅游之外，有一件挺搞笑的事在此值得一提。俗话说天上九头鸟，地上湖北佬，意思是湖北人打架斗殴厉害，而且听说武汉小偷小摸也很盛行。果不其然，这种事还真让我们给碰上了！

某天一清早，苏平和老许一同外出闹革命去，奔波了一上午，自然该轮到肚皮向他们闹革命了，因为那天两人跑得太远，无法赶回住地用餐，于是二人就近找了一家小饭馆，解决一下自己的肚皮问题。至于当时两人是点了四菜一汤还是几荤几素，本人因为没有调查研究，自然没有发言权。反正是在一翻猛吃猛喝之后，身上开始冒汗了。于是，这两个经过三年自然灾害的严峻考验、饱尝了瓜菜代滋味的小男子汉，先后脱下身上的毛衣，摆出一副比赤膊上阵也好不了多少的架势，接着把碗中的、盘里的好菜好饭一个劲地往肚里填。脱下的毛衣装在网兜里，随手放在了身后的板凳上。由于二人那一刻只顾吃喝，一时忘记了伟大导师的谆谆教导，放松了阶级斗争的那根弦，丧失了革命警惕性，结果可想而不可知-在二人饭饱酒足、摆平了肚皮闹革命的后顾之忧之后，这才发现大事不妙，装毛衣的那个包，不知何时居然没了踪影！

在过去的那个年代，毛线衣可也算得上是贵重物品了。于是二人赶紧找到公用电话向当地派出所报案，接电话的公安人员操着一口浓重的湖北口音，苏老兄为了尽量能使自己与对方有着共同语言，凭着平时学外语的悟性，急用先学、立竿不见影的学起了湖北腔调来。据说头两句模仿的还真像是那么回事，不过接下来，那满口仿造的所谓湖北话，倒像是电影《平原游击队》中咱们耳熟能详的、日本鬼子指挥官口中说的中国话——我们的、正在咪西，毛衣的、偷掉啦！。回来后，听了老许如此这般的一番描述，在大家一片哄笑声中，满脸沮丧的苏老兄和老许顿时也变得开心起来了。反正越往南走越暖和，毛衣一时也穿不着，况且，那时天要是真冷了，谁带的衣服有得多，拿去套上就是喽，保险冻不着！

离开武汉，我们到了长沙。住在湖南省科委。那时的长沙城市很小，省科委所在的那条马路很清静，有点像我们南京的颐和路那一带，附近还有一个烈士陵园。在长沙逗留期间，大家去了一趟韶山，参观了伟大领袖的故居。

接着南下到了广州。由南到北，又从北向南，这一路上十个小男生始终团结得如一人。那时国内已经天下大乱，铁路运行秩序自然也乱了套，红卫兵专列开车停车根本没个准点，常常是说走就走，说停就停。有时在站上停车很长时间都不开，夸张点说，大概去逛了一趟新街口回来，火车说不定还在原地没动；但有时刚停下来，连小男生撒泡尿的工夫都不到，火车就又开动了。因此即便停车，我们也不敢随便走远，以防被火车甩下来。只有王伟民例外，常常是一停车，就见不到他的影子了，眼看火车就要开动了，在大家忧心如焚的关键时刻，总是可以在人头攒动的站台上，看见金丝鸟晃动着他那可爱的大脑袋，匆匆忙忙地向着我们的车厢飞奔而来。总之，王伟民虽然时常不遵守革命纪律，但从来也不误事。而龙祥生则没有那么幸运，他一向遵守纪律，临时停车从来也不乱跑，但在从长沙到广州的旅途中，停车时因去了一下在站台上的厕所，便误了火车。当时其他 9 个小男生好不容易都已挤上了火车，发现小龙还没上车后，为了等他，在火车开动前的瞬间，又全部从火车上挤了下来，改乘了下一趟火车。

列车到达广州站后，车站内的高音喇叭正反复播送着一个通知，招呼中学的革命师生往东走，大专院校的革命师生向西走。我们老老实实地按照广播的指挥往东，很快被接送到一所设施简陋、食宿条件很差的小学。经过前些天经风雨，见世面的革命锻炼，此时这帮走南闯北、见多识广的小男生早已今非昔比了。经过一番紧急磋商，一致决议离开此地，想办法换一个条件好一点的地方去住。

于是一行人又重新回到了火车站，并且混进了西面大学生排的队伍里。轮到登记安排我们住宿时，智多星沈立智向接待站的工作人员出示了他的学生证。此时，他已预先打开了学生证的封面，露出了张贴有照片的那一页，那一页的台头上印有一排十个红字——南京师范学院附属中学。关键时刻，只见沈立智面不改色、心不跳地手持学生证，大拇指紧紧捏着并盖住了附属中学那四个多余的字，其他人则配合着在边上起哄、打岔，以分散接待站工作人员的注意力。这样居然成功的蒙混过关，十个中学小男生摇身一变，成了南京师范学院的大学生，被安排住进了广州德宣中路（东风路）上的中共广东省委大院。大院的隔壁是中山纪念堂，大院的后面与越秀公园毗邻。机关大院内绿树成荫、环境幽雅，景色宜人。因为是省级机关，这里大字报很多，内容丰富，住在这里消息也很灵通。

到了广州，算算离开南京已好多天了，有的小男生还是第一次跑了这么远，有了归心似箭的感觉。但因为当时广东以及周边省份，经广州北上去首都北京和全国各地大串联的革命师生众多，接待站根本无法搞到回南京的火车票，也只能既来之，则安之了。因此我们在广州安营扎寨，逗留的时间最长，大概有半个月之久。这一期间，我们有幸参观了经过红卫兵小将破四旧整改后的、空前绝后的——1966 年广州出口商品交易会。去了黄花岗七十二烈士墓、广州农民运动讲习所旧址。中山纪念堂虽然就在我们住处的隔壁，但当时并不对外开放，每次路过，只能隔着铁栅栏围墙向内观望。

有时我们还会去住地附近电影院，只花 5 分钱买张票，就可看上一场百看不厌的大型历史舞蹈史诗东方红。这尤其让很有些音乐细胞的王伟民同学当年受益匪浅。五彩云霞空中飘，天上飞来金丝鸟一曲，让他听得如痴如醉，被他模仿得惟妙惟肖。在那个轰轰烈烈只讲革命的年代，至于电影中，演唱那只革命歌曲的少数民族清纯 MM，是否一度成为当年的革命小男生王伟民追求的梦中情人，咱不得而知，但他从此便被大家尊称为金丝鸟而誉满全球却成为不争的历史事实！呵呵！

120.2.记红色挺进队的串联（王虹 66 届高三丁）

1966 年 9 月底，我们成立了“红色挺进队”，队部就设在建国院的一间小屋子。国庆节之后，我们就在那儿活动。一天晚上，有人带来了一本油印小册子，封面印有《出身论》的字样。在场的几个人都粗略地翻阅了一遍。就当时的社会氛围，在公开的场合，这本小册子会被认作“大毒草”，但在私下，情况就可能不尽相同了。当时黎明“说的是对的”那句话，我依然记得很清楚。

随着时光的远去，人们的记忆已经模糊，甚至有同学对建国院的小屋子也失去了印象。好在当时在场的沈立智对小册子也有着同样清晰的记忆。

红色挺进队成立后的第一件事情，就是到北京串联。最初打算全体成员一同前往，但部分同学由于有事没能同去，最后成行的共有十人（高三丁的王伟民、王虹、沈立智、沈德辉、黎明、余仲华、许远志、苏平、龙祥生、李雷）。

出行的时间应该是10月7号前后，当时是冲着10月15日可能会有毛主席检阅而去的。那天的晚上，一行十人赶到了浦口火车站。在此之前，只有我和王伟民、沈立智有过到上海串联的经验，但那次是从学校拿的串联票，这次得自己掏钱买票。我们买了到滁县的最短距离车票，准备上车后再想办法。离发车还有一段时间，一行十人在车站晃悠，目标还是蛮大的。我们在车站发现了几位本校的红卫兵。为了避免节外生枝，黎明等同学还是经验老到，采取了回避的策略，直到上了车才算松了口气。

有票就有座位，但滁县很快就到了，我们决定过了蚌埠再说。刚过蚌埠，我们就派代表到列车长室去交涉。没想到列车长对我们的北上表示完全的支持，根本不提补票手续。这时我们才意识到，买滁县车票的招数，未必是最佳的选择。

第二天是个好天气，互不相识的学生们在车厢内交谈着，气氛逐渐活跃起来。我前方的一位大男生很快成了话题的中心。他是北航红旗战斗队的，人很精神。那时候北航红旗可是响当当的造反派，听着他介绍北航的造反经，大家是一愣一愣的，都听傻了。就在他讲到兴头上的时候，车厢的中间起了一点骚动。原来是有人发现坐在过道的一位学生，用印有毛主席照片的报纸垫在屁股底下！当时就有周围的人提出批评，当事人则不停地为自己辩解。这样的事情应该说在现实中时而有之，只是结局可能会大相径庭。好在大家都是去北京串联的学生，又不是一个单位的，车厢内缺乏那种欲将人置于死地而后快的氛围。但毕竟这也是件事呀！北航红旗经过一番观察后终于也发话了："这起码说明对毛主席的感情还不够深。"。北航红旗此时已经确立了自己车厢内的权威地位，他的话无疑是给事件本身定了案。当事人顺势做了自我批评，这事儿就算了了。北航红旗继续着他的故事。

下午，列车终于到达北京。接待革命师生的接待站就设在车站外面。我们一行被分配到三里河的煤炭部的接待站。记得当时都是用带篷的卡车将学生送到各个接待站的。煤炭部的接待站就在煤炭部大院里面，我们十人住一间房间，打的是地铺，每人只发了一条毯子。

接待站告诉我们"接见"要等到 10 月 15 号之后再另行通知，此间还要进行几次队列训练。刚刚安顿下来没多久，就有南师附中来京的其他同学前来串门。他们是初二甲的高卫国和高一丙的王义，两人都身着黄军装，当时是红卫兵八一战斗队的。他们说是从接待站查到了我们的信息。校友在北京见面多少有点亲切感，他们身上也没有散发出血统论的气息。倒是高卫国言谈中表露出对共青团组织，以及一些团员在文革中的表现不满。由于离毛主席接见还有一段时间，我们抓紧到清华、北大去看大字报以及收集有关的资料。十个人分成几个组分头行动，早出晚归。第一次到北京串联，并没有将心思放在游山逛水上，而是一心一意搞革命，汲取北京造反派的经验。记得有一次我同沈立智、王伟民路径颐和园也没有进去游览，只是利用了一下厕所。可见当时的自我约束力是很强的。北大、清华的大字报铺天盖地，每天还有更多的大字报贴出，即便泡在大字报堆里也来不及看。我们将注意力放在批判血统论，即所谓谭立夫路线的资料收集上。

经过十天左右的等待，终于确定 10 月 18 日毛主席接见。那天一早，大家乘上卡车直奔天安门方向的预定地点。我们分配的地段并不理想，比较偏离天安门，应该是到了东单。我们坐在道路的南侧，按照个头的高矮排列，然后席地而坐，并规定毛主席检阅时，大家不许站起来，以免造成场面混乱。在等待的时间里，学生们不时唱着语录歌，甚至"造反歌"。在我的左侧是来自沈阳的学生。虽然我出生在沈阳并生活了 11 年，但这时却明显感觉到他们的东北口音，而他们则感觉不出我曾经是个沈阳人。

检阅的时间似乎不断地延后。事后才听说那天出了些“情况”，蒯大富的首都红卫兵第三司令部的卡车开到了天安门，因而延误了检阅时间。就在大家的注意力不够集中的时候，队列左侧的人群突然一阵骚动，前排坐着的人像倒推骨牌一样唰地站了起来。我向来比较守规矩，让坐着就不会站着，可是前排的人都已经站起来了，此时的我也顾不上规矩了。然而毕竟是慢了若干拍，待我站起来，检阅车已是飞驰而去。当时没听到什么“万岁，万万岁”的呼喊声，大家的注意力全都集中在眼睛上。即便是这样，我也只是看到了一个说不清楚的背影。平心而论，那个背影也没有留下什么清晰的印象。事后听说毛主席那天没有登天安门，只是驱车检阅。由于有了前面所说的“情况”，检阅车过了天安门后提了车速。不过，好歹算是“见过”毛主席了。

以后的一些时间仍然是重复着到大学去看大字报。现在回想起来，当初脑子怎么就这么轴——为什么不去一个中学看看，比如清华附中之类的学校？北京的形势了解了，毛主席也算是见了，考虑到出来一趟也不容易，不如换条路线南下，还可以顺路去看看毛主席湖南湘潭的故居。于是我们一行十人再次踏上南下的征程。我记得离开北京的时间是 11 月 2 日。当天气温骤降，幸亏我向总政的一位熟人借了一件军用雨衣，可以用来挡风。余仲华当时还戏称之为“党服”（谐音同挡）。

南下的第一站是武汉。我们住在武汉钢铁学院的学生教室，课桌当床。当时钢铁学院的大学生们也多在外地串联，教室内的课桌多是上了锁的，其中还有的是转字锁。看到转字锁我就来了兴致，因为我家就有一个日本的转字锁。我的那把锁比较简陋，表面没有什么突起的印记，但我仍然可以闭着眼睛将之打开。原因就是锁的旋转部分多少有些空隙。不是说我手感有多好，只要按照要领去做都可以做到。后来插队时，我还将那把日本转字锁带到农村，解决了大家（四人）出门带钥匙的烦琐。那时我们个个都是开锁的高手——根本不需要记住密码（628），无论白天黑夜，一分钟之内一定开锁！

话题回到钢铁学院。为了检验自己的开锁技能，满足一下好奇心，教室里的几把国产转字锁没费什么工夫都一一破解了。好奇心满足后，再重新将课桌锁好，毕竟当时的兴趣并没有放在课桌内的书本上。

在武汉，除了余仲华提到的所到之处，我们还参观了武汉钢铁公司，见识了中国最大的高炉，另外也见看到了平炉。在我的印象中还参观了轧钢厂。

另外还有一个记忆：即我们巧遇了也同时在武汉串联的李丹柯一行。离开武汉后我们到了长沙。在韶山冲参观毛主席故居的时候，等待参观的人群排起了长长的队伍。当时的队伍之长完全可以同后来瞻仰毛遗容的人群队列相媲美，而行进的速度却是后者的若干倍！也许是沾了“灵活机动的战略战术”的灵气，我们决定发挥集体作战的优势——多点“押队”。几个人分别在不同的位置尝试“押队”，然后由联络员将大家“联络”到最佳的位置，这一着让我们省出了两个钟头左右的排队时间！离开长沙，我们到达了广州。广州给了我们全新的感觉，那里如同是夏秋之交，天气真是好极了。我们成功住进了省级机关大院，设施条件在我们所到之处是最好的。那里的早餐有面包、香肠（还有其他食谱），每天还有淋浴。机关大院有篮球场，一些串联到广州的大学生常在那里打球，我们则利用办公楼（当时的接待楼）前的羽毛球场地，开始了“广州集训”。记得每天晚饭后，大院的工作人员便拉起球网，开始打羽毛球。我们中的龙祥生最为投入，以至于在双打中折断了一只球拍。

在广州我们吃到了真正新鲜的香蕉，品尝了过去没见过的杨桃，以及广州特色的肉稀饭等。还去电影院观赏大型歌舞史诗“东方红”，以及新版纪录片“核爆炸”。我们游览了动物园，见识了竹叶青蛇，也领略了牦牛等巨型动物震天动地充满共鸣的吼声。

本来准备在广州稍事休整后返回南京，无奈火车班次有限，只能耐心等待。在休整期间，我们整理了在北京收集的传单资料，并将其中关于“谭氏路线”的内容略做编辑，利用接待站提供的蜡纸钢板，刻印了有南师附中红色挺进队落款的传单。据大家回忆，当时还在广州电影院等处散发过我们刻印的传单。记得有一次沈德辉、许远志去电影院看电影，放映前见到二楼散落下来的传单，便去争拾。好不容易拾到了一份，还互相撞痛了头，再细看竟是自己刻印的传单！抬头望去——王伟民正忙乎着往下面撒传单呢！

11 月下旬，在广州逗留了半个月后，我们乘上了开往南京方面的火车。我们抵达上海后被安排在提篮桥监狱的接待站。当时大家急于返回南京，在上海没停留几天。记得返回南京那天，火车到达时已是半夜三更。大家约好 12 月 1 日再到学校。

五十多天的大串联终于结束了。如果说我们的串联有什么特殊的地方，那就是我们是以组织的形式进行串联的。并且在串联过程中有过印发批判“血统论”，署名南师附中红色挺进队传单的花絮。我们的串联，为在附中展开针对“血统论”的批判，做好了准备。

121. 南京鲁迅中学革命委员会

王虹（66 届高三丁）

据[68]革复字第 767 号文“江苏省南京市革命委员会(批复)”，南京鲁迅中学革命委员会由刘永晨、吴鼎福、方永兴、张振海、闵开仁、王盘琴、孙盛元、王义、徐建华、卞昌久、何纪宁（暂缺领导干部、群众代表各一名，民兵代表暂不设）等十三同志组成，刘永晨同志任主任委员，吴鼎福同志任副主任委员，暂缺副主任委员一名。批复落款时间为 1968 年 11 月 20 日。

注：1968 年 11 月经南京市革命委员会批准，南师附中改名为鲁迅中学。王义、何纪宁为红联代表，徐建华、卞昌久为造反军代表。

122. 七律·读刘迎胜诗词

曾小渤（66届高三甲）

苍凉一曲雨霖铃，烈士悲歌垄上行。
把酒群英伤别宴，临窗孤月对寒檠。
一怀才气鸿鹄去，万里戎衣塞马迎。
待到团圆长剑舞，再当破浪踏寰瀛！

1969年2月

注1：刘迎胜。高三乙班同学，因近视戴眼镜，得“二柄”之名，又因大脑发达、才华横溢而称“教授”，又因为“造反军”之主要中坚骨干和智囊，遂又有“栋梁”美称。1969年1月，收其9日来信及诗词。

注2：雨霖铃。词牌名，刘迎胜所填该词一首。

注3：垄上行。时刘下乡至苏北，耕于垄亩荒野之中，然诗中鸿鹄大志，甚为壮烈，故曰。

注4：寒檠（qíng）。寒灯。檠，灯，灯架。苏轼《侄安节远来夜坐》：“梦断酒醒山雨绝，笑看饥鼠上灯檠”。

注5：寰瀛。亦即瀛寰，天下、地球水陆总称。寰，寰宇；瀛，瀛海，大海。陈三立《渠林五十生日赋赠》：“英雄自有无穷世，起看瀛寰举一卮”。

注6：刘迎胜来信：老眯（余之绰号，因近视常眯眼而得），亲爱的，你好！

（疑为“前”或“昨”或“今”）天你大爷我上街挑粮食，一路担子翻了二次，绳子断了，从早上直到下午，真是又累又饿，下午才回到家，就接到你的来信，在这种倒霉的时候，收到你老兄的信，真是一种宽慰。

你的请帖我收到了，不过元旦已过，且故乡万里，只好遥祝你等新年快乐。我的新年过得很惨淡，烈酒一杯，别无他物。纵二（纵晨光，因排行第二，故得名）给我带来了纪念品，秋收起义袖章，我一看这刺目耀眼的袖章，就不禁想起了可回忆的书生年代，它已经过去了，我不会忘记它！我更不会忘记那些共过患难的同志们。

信悉你当兵不成，真是丧气。命运是常常和愚蠢的人开玩笑，我已不止一次受过骗。老眯，不行的话，就下乡吧，到我们淮安来，让刘大胜去找段彩明想办法。全淮安县将下放 5 万 5 千人，平均每个大队要插队 100 人，名额是不少，就看能不能钻空子。或和二王她们一起到河北去。我们这一辈的人的奋发努力，将把我们的祖国建设成一个世界强国，东方新世纪的暴发户！

艰苦的生活，繁重的体力劳动在等着我们，这些对我们这些人是十分重要的，有了这些，加上我们先天对毛主席的忠诚，对革命真理的敏锐感，我们将是不能（被）战胜的，坚强的，富有经验的人士。科技论坛的事，我已将此心埋葬，将来的命运如何，让将来回答，我不想管它。

老头子（李天燕）能和你等重逢，恐怕他自己也不能设想。我也不能设想，将来有无和老头子相会的一天。愿命运给我作出一次安排吧。寄给你几首诗，分手以后，也算是一个留念，请自妥为保存。现抄如另纸。阅历浅，写不出好诗，这是一句心里话。就这些了。革命的敬礼！忠实的（一个眼镜的图案）

七律：

凭高临江白云游，云端不见长江口。
烈士愿解腰下剑，直为斩取黄龙首。
神陆海外是天涯，男儿西北有美洲。
长风入海几万里，疾舟与水竞相流。

五律：

秋江三更月，万物尽黑黄。
长云低吴天，何处寻周郎。
再叹楚项羽，慷慨辞乌江。
今日无言语，英雄泪成行。

五律：

秋来黄花放，蕊冷花暗香。
秋风吹花叶，往事如秋江。
雄才图六国，关中有始皇。
烈心化刀剑，龙虎中原望。

五律：

痛悼刘亚楼伯伯

昨日传噩耗，闻此泪沾裳。
苍天未见老，人已一命之。
唯我先烈志，后辈莫敢忘。
君看东海边，飞鸥逐前浪。

渔歌子：

许昌一席青梅酒，野芳难销万里愁。
长风吼，大江流，落霞西照金陵楼。

念奴娇：

寒江霜晨，叙往事，霸王千年去矣。
心绪纷纷乱如丝，犹忆当年雄姿。

勇冠三军，八千子弟，狂风摧万里。
楚虽三户，兵破咸阳雪耻。
项王乌江别姬，兵败穷境，可怜命归西。
江东父老心欲碎，唯留名垂青史。
百足之虫，死而不僵，念此鬼神泣。
一腔怒火，春风吹时又起。

水调歌头：思罗帅

孤月照长城，千里如霜雪。
相对却生悲切，姣月今又缺。
罗帅长逝遗词，字语凝影沥血，竟未成事业。
耿耿少年心，面有愧颜色。
悲西风，撩心田，何萧瑟。
誓将去彼东洋，深处斩妖邪。
苍天望云欲裂，取我莫邪宝刀，正值好时节。
愿阳春德泽，遍万国沃野。

雨霖铃：

长天清秋，残照吴山，万里鸿雁。
大江滔滔东去，千帆过，渺渺尘烟。
一江千年如故，却变了人间。
今番又，别宴豪歌，唱尽萧萧易水寒。
多情自古伤离别，更如今，群英一团圆。
把酒闲道功业，畅胸怀，许多语言。
今宵过后，便是天涯各据一边。
何时节，再饮一堂，月下舞长剑。

1969.1.9

（摘自曾小渤网易博客）

123. 选冠子读刘大胜诗词有感

曾小渤（66 届高三甲）1968 年 12 月

抱器怀才，潜光含颖，泻水悬河披展。
青春血热，慷慨豪歌，唱尽大江秋晚。
当与策励驰腾，微志蝥弧，清霜紫电。
任华年一瞬，风云千里，直冲高远。
君又道、小庙神灵，浅池王八，尔尔怎生消遣？
惛恢沓沓，庸妄骞骞，鸺老调长声厌。
休瞥鸿沟短桥，噪聚招摇，嚼蛆难变。
笑强争革保，飞沫腥臊几点？

注 1：刘大胜。南师附中高一同学，造反军才子。

注 2：抱器。比喻怀才待时，典出《易·系辞下》：“君子藏器于身，待时而动，何不利之有。”唐彦谦《楼上偶题》：“可能前岭空乔木，应有怀才抱器人。”此喻刘大胜诗词所展现之抱负。

注 3：潜光。隐匿光彩，比喻不显露才华。李白《纪南陵题五松山》：“圣达有去就，潜光愚其德。”

注 4：含颖。含颖不露。颖，才能秀出。陶潜《饮酒诗》：“规矩一何愚，兀傲差若颖。”

注 5：泻水悬河。悬河泻水。原比喻说话滔滔不绝文辞奔放。《晋书·郭象传》：“听象语如悬河泻水。”此借喻刘大胜诗词及文思。

注 6：慷慨豪歌。指刘大胜诗中描绘造反军弟兄即将插队到苏北时 11 月 9 日夜送别晚会上的慷慨高歌。

注 7：大江秋晚。引刘大胜送战友赴淮安诗："直下瓜州古渡头，金风落叶大江秋。"

注 8：策励。督促勉励。萧子良《与孔中丞稚珪书》："孜孜策励。"

注 9：微志。卑微志向，多用于谦词。李密《陈情表》："愿陛下矜愍（mǐn）愚诚，听臣微志，……"

注 10：蝥弧。春秋时诸侯郑伯所建旗名，后泛指军旗。卢纶《和张仆射塞下曲》："鹫翎金仆姑，燕尾绣蝥弧。"

注 11：清霜、紫电。皆古宝剑名。王勃《滕王阁序》："紫电清霜，王将军之武库。"

注 12：华年。青年时代，犹如青春。李商隐《锦瑟》："锦瑟无端五十弦，一弦一柱思华年。"

注 13：小庙神灵，浅池王八。原出"庙小神灵大，水浅王八多。"此引刘大胜诗："小庙浅池王八多，屡番蠢蠢欲如何。"

注 14：尔尔。如此。李处全《水调歌头·送王景文》："江山尔尔，回首千载几兴亡。"

注 15：惛怓（hûnnáo）。喧扰、争吵。《诗经·大雅·民劳》："天纵诡隋，以谨惛怓。"

注 16：沓沓（tàtà）。形容话多。沓，繁多、重复。柳宗元《乞巧文》："沓沓謇謇，恣口所言。"

注 17：庸妄。妄庸。狂妄庸劣。《史记·齐悼惠王世家》："人谓魏勃勇，妄庸人耳，何能为乎。"

注 18：謇謇（qiânqiân）。放肆。见注 15。

注 19：鸺（xiû）。鸺鹠，猫头鹰。引刘大胜诗："老鸺任可尽招摇。"

注 20：鸿沟短桥。鸿沟，指学校金川河；桥，五一桥，即金川河上之小桥。亦引自刘大胜诗句："同讴大海一支曲，不过鸿沟五一桥。"

注 21：噪聚。群聚鼓噪。唐德宗《西平王李晟东渭桥纪功碑》：

“乘便饵诱贪卒，煽结暴徒，伺其不虞，噪聚犯阙。”

注 22：嚼蛆。胡说八道。王实甫《西厢记》第五本第四折：“那吃敲贼怕不口里嚼蛆，那厮待数墨论黄，恶紫夺朱。”

注 23：革保。即文革中所谓“革命派”“保皇派”。文革前期，南师附中主要形成以红卫兵“红色造反军”为主的组织，后因批判所谓“资产阶级反动路线”而兴起的“红色造反联合会”成立后，宣称自己才是革命的“造反派”，而“造反军”自始至终是“保皇派”，拒绝与“造反军”实行大联合。刘大胜《赠我校内战老手》诗道：“新调终归谈老保，老词奚得换新歌。”

注 24：刘大胜赠诗词如下：

《无题》67.6.19：

量人从底片，亮相镜圆中，
除旧原无咎，立公才有功。

《阮郎归》67.7.22：

炎天暑日计无休，风兮底事休？
悠然一去不强留，只期能转头。
惊芾叶，入隅陬，新添几许幽。
更怜回旋劲方遒，掀翻两峙楸。

《西江月》67.11.17：

自古学堂圣地，绮襦纨绔如云，
一声戒尺早销魂，西北东南不认。
教育如今革命，光脚赤膊由人。
莫嫌老子面多尘，笑你不如大粪。

《满江红》67.12.26：

称兕觞歌：“毛主席，无疆万寿。”应道是曲高和众，万方同奏，势作钱塘海潮壮，声成扬子风雷骤。记犹新，黄鹤之楼头，滔滔酹。

溶霜雪，驱禽兽，陟高岗，争先后。把岳麓换得紫金双岫。几度迷途寻故迹，一朝感慨红书授。向心间，字字与行行，精雕镂。

《七律・闻南越又报大捷》68.2.17：

莫教大使寂寥生，佳节新添爆竹声。东道甘承三户责，西秦枉设万人坑。戳穿协定成虚伪，发动人民自战争。敢问明年欲何度，窃惊无处说连横。

《七律・赠我校内战老手》毛主席《送瘟神韵》68.2.20：

其一：私心杂念任凭多，鹿马不分如此何。新调终归谈老保，老词奚得换新歌。蓬莱所幻原仙岛，贵体之居为小河。大局顾全三退舍，存心望蜀竟余波。

其二：满口穷言十六条，项庄有意宁沙尧。同讴大海一支曲，不过鸿沟五一桥。小将妒能稍倜傥，老鸺任可尽招摇。曾参自晓渔翁在，只怕双双釜里烧。（刘自我点评：此二首尤其艰涩至极，追求过多的束缚，实不为好诗。）

《七律・偶看前日“赠我校某些人”二诗，觉意犹未尽，续二首以叙工人宣传队进校之赫赫战果，调之与前截然》复次毛主席《送瘟神韵》68.10.28：

其一：小庙浅池王八多，屡番蠢蠢欲如何。麾旗猛展龟涕泣，指示新传人颂歌。乐看工农进学校，喜听风浪起沟河，三天胜比千年变，心共一波又一波。

其二：附中王国日萧条，桀犬何能不吠尧。保险丝头揪黑线，平衡木左架新桥。钢成气节倍肃杀，铁打江山难动摇。还望一添炉里料，金睛火眼赖熏烧。

《五言排律三十韵・浦江觅春》68.2.22于上海：

乘闲作信步，视野尽铺张。夜被晨曦没，天依出日光。
羞红滨侧雾，惊散水中阳。耀眼因波荡，寒心是笛狂。
乜斜帆绰绰，瞩目濑汤汤。钟震捕余韵，烟痕寻远航。
才估声渐静，忽觉世尤昌。趸货船头闹，苏州河口忙。

桅争桥下过，舟泊岸边长。短棹如鱼贯，轻艇似燕翔。
斑斓轮渡色，旖旎外滩场。风带昨宵冷，旗为信号扬。
翁伸老手脚，童舞锐刀枪。车挤分三路，人多自两旁。
东西随棒指，左右任灯黄。偶驻谈生产，常闻讨黑帮。
题旋转南越，血顿满胸膛。权必从新掌，军需到底将，
无言不谠论，有曲必东方。孰料传喧嚷，君听响鞳镗。
欢呼革委会，喜报党中央。鼓恨枹擂缓，锣怜音振强。
梦回刚瞬息，兴致忘康庄。侧耳聆时刻，仰身看上苍。
高楼半得照，巨幅几成行。原就空间画，何消取景框。
还愁坎旦暮，未及细评量。欲使冬离树，已驱春上墙。
丹青描语录，蓝黑暗缀文章。堪说陶潜解，安知此乐乡。

《沁园春》68.3.25：

春满江南，岂忍留连，金川渎潽。觅鼓楼亭下，葩开最艳；石头城侧，芽发刚新。指示频传，社论倍促，鼙震锣鸣君不闻？钟山麓，尽红装绿缀，空自追寻。于今谁有闲心，逛校园东西标本林。怅枯枝萦寂，昏鸦归穴；报栏剥落，骂语残痕。到甚么坡，听甚么曲，流水高山总是琴，能弹得，出一颗芳种，种取阳春？

《六洲歌头·为毛主席支持美国黑人抗暴斗争生命而写》68.4.18：

山崩地裂，主席发声明。风云涌，人民喜，鬼神惊，黯销凝，何处寻安慰？东南亚，下赌注，加军队，输光本，贴三成。昔日版图，犹未添新土，赤字穷增。更哪堪听得，四面楚歌声，阵阵穿心似雷霆。料难浇灭，匹兹堡，华盛顿，火翻腾。焚商店，除枷锁，黑奴兴，赤旗擎。以毒攻毒，抗暴力，把枪横。三十亿，二千万，一根绳。全世界无产者，同仇敌，同觅升平。约环球红遍，齐仰北京城，旭日蒸蒸。

《七律·村中》68.4.18：

见惯城中纸满墙，却怜乡里别风光。标红泥壁分明色，缀绿老枝重选装。有线广播柔入耳，无巢燕子软穿梁。新门未及粘双喜，主席

慈容早进房。《七律·桃果山》68.7.8：不必农家腊涵浑，为尝六月向桃新。求鲜还绿多红点，欲净已滋先雨淋。

闻说守宵常寂寞，见知灯柱苦殷勤。唤君皆与同欢聚，效我何妨弼马温。

《七律·偷桃》68.7.8：

两声苦喊刚来贼，八处穷追恰碰头。
夺路回身三脱险，开怀转手几盈兜。
桃才半熟人先啃，人未脸红桃倒羞。
无奈园林心一片，伸枝挽臂只相留。

《扇子小谑二首》68.7.22：

其一：张处秃圆半个，收时光棍一条。
如何久摆犹汗，却道三摇便春。
其二：火在凉中取热，人从扇下偷风。
偏心自主全面，于用何曾折中。

《送战友赴淮安》：68.11.1：

直下瓜洲古渡头，金风落叶大江秋。揪沙斗李犹余勇，种地耕田当不愁。茅屋冬居如挟纩，昏灯夜读似添油。此心尔与贫农一，家史悲时泪共流。

《十一月九日到十日夜为送别的晚会写》：

通宵达旦喜狂欢，唱彻冲霄众口圆。闻奏能令今有再，听歌独恨耳无三。争鸣百籁吹犹劲，过海八仙离不还。最是绕梁音胜处，宁宁引嗓那时间。

《七绝·效毛遂—与曾小渤等共勉》68.12.23于最新指示发表后：

一扫中华穷与白，吾曹不荐更谁当。
老来为使无惭怍，慷慨还须复慨慷。

《一桥飞架》69.1.3：

其一：君记否，一桥飞架句，闲庭信步时。豪言屈指曾许，不见通车不我知。知我，知我，天下皆知。我工人阶级，从未轻语；说十天完事，分秒岂迟。泰山好举，更容易、写一行，连天南北，铁骨钢锋壮志诗！

其二：今识尽，由来天险地，古时兵斗场。演过多少悲戏，得乐寻欢是强盗。强盗、强盗，敢比谁强？试一伸巨手，略吐粗气；接不周天柱，令立大江。金箍如意，棒横镇、制黄龙，千年纵战，放荡难羁野马狂！

其三：依旧是，滔滔东入海，威风却赧颜。思来更又慷慨，主席胸怀纳下天。天下，天下，旗映红天。问何时击水，神女安在；续老词新阙，佳唱绝篇。欲传千代，桥虽大，不仗凭，三吟两叹，能耐秋风几度煎？

（摘自曾小渤网易博客）

124. “我们对红卫兵创立宣言的看法”大字报的前前后后

何纪宁（68 届高一丙）

1966 年 8 月，文化大革命已经在南师附中轰轰烈烈地开展起来了。随着破四旧运动的展开，南师附中的第一个红卫兵(毛泽东思想红卫兵)于 8 月 9 日中午成立。学校的广播站播出了《红卫兵创立宣言》。我和郭有莘等人觉得创立宣言了有很多糊涂观点，或者说是错误观点。因为创立宣言把斗争的矛头指向了一大批同学，鼓吹“自来红”们站起来、“老子英雄儿好汉”“老子反动儿混蛋”“龙生龙，风生凤，老鼠生儿打地洞”。而“自来红”是我们几个月前，在南师（大）句容农场劳动时刚刚批判过的。当时农场的一位劳动模范老农工张立山勉励我们：应当更严格地要求自己，接下父母的大红旗，千千万万不可背上“红包袱”。每个青年思想里都要有一根“红鞭子”，不断地鞭策自己，在劳动中锻炼，要“劳动红”“革命红”，当好革命事业接班人。

我当时就决心要把“自然红”丢到太平洋里去。身为革命军人的子女，不能躺在父辈创下的业绩中吃老本，决不做软弱的一代，倒掉的一代，烂掉的一代。所以听到“自来红”的高调，心里面比较反感。

听到他们指责非革命军人，非革命干部家庭出身的同学是“自来白”“自来黄”“自来黑”时，觉得他们是在打击别人，抬高自己，孤立自己，表现出一种腐朽的封建贵族思想。出于这种看法，我起草了《我们对红卫兵创立宣言的看法》的大字报。在大字报中我提出了自己的看法：

1. “自来红”是一种形而上学的提法，这个提法不利于革命家庭出身的子女在三大革命斗争中锻炼成长，不利于他们成为革命世界的接班人。这些“自来白”“自来黄”“自来黑”的提法，更不利于一大批青年学生的思想改造，也不利于他们成为革命事业的接班人。这些“自来”的提法，只会使革命后继无人。

2. 不能团结大多数人一道干革命，把自己的同志当敌人看待，就使得自己站到敌人的立场上去了。

3. 呼吁“工农子弟，革命干部子弟”，要认真学习毛主席著作，积极投身到三大革命中去。所谓的“里里外外都红透了”，要经过广大群众来鉴定，而不是自封。

大字报写好后，杜红月，吴惠蓉，李修竹，郭有莘，秦志宁在大字报上签了名。还有的同学不敢签，怕得罪红卫兵。有的同学自己本身就有自来红思想，对我们的大字报不以为然。8 月 12 日上午，我们把大字报贴了出去。马上就有人到高一丙班教室找我，同我辩论。在辩论中，围攻的人越来越多，把整个教室都挤满了。我和郭有莘跟他们讲道理，他们一点也听不进去。当时学校中省市委，南京军区，军事院校的干部子女很多，其中有些同学平时就有很大的优越感。这次搞“自来红”，正好满足了他们的既得利益。我们讲一句话，他们就抢着打断我们，不让我们讲话。当时我们成了少数，但他们也决然不能代表大多数。在辩论中，我注意到周围的情势，观察到同学们不同的表情。我发现站在课桌，椅子上，越是靠近的人越张扬，恨不得把我们吃了一般的愤怒。而站在后面椅子，课桌的人则是沉默，同情，迷茫……。站在最高处课桌上的人，有的敢怒而不敢言，有的在思考，有的跃跃欲试想发言。这些同学我都认识，平时都是好朋友。在人群中，我还看到几位年轻老师，在他们的脸上，我看到欲言又止的神情。

忽然，我听到后排最高层传出一个声音：“你们不能这样对待她们，她们讲得也是有道理的”。我一看，是高一甲班的肖邦放同学。

就在这个时候，“砰”的一声响，教室屋顶悬挂下来的一只日光灯管被拥挤的人群挤破，玻璃碎片撒了一地。周苏同学大喝一声：赶快散开！日光灯气体有毒！于是人群迅速散去，这场“辩论会”也就此告终。

8月13日，学校的大字报栏里贴出了高三丁班李得宁同学支持我们的大字报。立马就有人在李得宁大字报上刷上“反面教材，永久保留”的字样。我们的大字报因12日当晚的一场大雨，被冲刷一空。我们并没有保存大字报的底稿，是有心人把我们的大字报抄录下来，并汇编成册才保存至今。

我们的大字报打破了当时南师附中言论一边倒的格局。从6月1日“停课闹革命”以来，大字报中没有辩论，基本上处于批判，揭发阶段，所有的观点只要上了大字报栏，就所向披靡，天然合理。以至于在“革命派”中出现了矛头指向同学的不良倾向(包括以“自来红”“里里外外红透了”自居，攻击其他同学“自来白”“自来黄”“自来黑”)。自我们的大字报以后，大辩论在学校展开了。

8月13日，也就是我们大字报的第二天，高一己班的陈微找到我们说：“我支持你们。我回家告诉我父亲了，我父亲说他们（指红卫兵）是左派幼稚病！”。与她同来的还有贾新民同学。陈微接着问下一步怎么办？我回答说，打笔墨官司没有意义，要革命还是老老实实走与工农相结合的路。我们去学校桃园找工友老谢（谢宝元），参加劳动吧！

8月15日，我们到附中“桃园”去劳动，帮助老谢抬水。老谢60多岁了，劳动了一辈子。我把我们碰到的问题告诉他。老谢说，刀不磨要生锈，人不劳动要变质。我儿子十天不劳动都会变懒，我一天不劳动就不想动弹。我想，我一定要天天劳动，改造自己，决不让自己的思想生锈。

8月18日，毛主席在天安门广场接见检阅了红卫兵。我校的李天燕。曾小渤，王晓旭见到了毛主席。我是8月19日听到这个消息的。红卫兵是群众的创造，有缺点可以改正。毛主席都参加了红卫兵，我们能不参加吗？郭有莘同我说：和他们的观点不同，参加进去纠正。于是，我参加了李天燕他们的红卫兵——红色造反军。但是半个月不到，我又退出了红色造反军，因为很多观点不能和他们苟同。记得王晓旭问我：你赞不赞成自来红？我回答：这是左派幼稚病。说完这句话，我掉头就走了。我知道，这是我与他们彻底决裂了，我再也不是他们中的一员，我要走自己的路，成立自己的红卫兵。我要到北京去见毛主席，问毛主席“自来红”究竟对不对。

8 月 31 日，毛主席第二次在天安门接见了红卫兵。

9 月 4 日，我和杜红月，褚战英，扒火车到了北京。我们住在外贸学院。有一天晚上我做梦，梦见毛主席接见了我们，毛主席还握着我的手说，“革命青年要走与工农相结合的道路，要到工厂去，到农村去……”醒来后才知道是广播里正在播放一篇人民日报的社论，评论大连海运学院红卫兵步行到北京的。我感到这个社论就是毛主席对自来红的回答。从而更加坚定了我们没有自来红，只有和工农相结合走革命路的信心和决心。

9 月 15 日下午 5 点 15 分，我们在天安门广场见到了伟大领袖毛主席。我们喊：“毛主席万岁！”，毛主席向我们挥手。广播里传出了他雄浑的声音：“人民万岁！”。我们那时的心情，真是刀山敢上，火海敢闯，永远跟毛主席干一辈子革命。

我想回到学校，组织长征队再到北京来。10 月中旬，我组织同学再到北京。11 月 3 日，我又一次见到了毛主席。这次，毛主席是坐着敞篷汽车从我们面前缓慢地开过去的。我看到了他高大的身影，向我们挥动着大手，慈祥庄重的面容和深沉的目光。我们又喊“毛主席万岁”，他对我们喊“人民万岁”。我们激动得都要疯狂了。

我们组织了红卫兵“延河”长征队，有郭有莘，缪有芳，秦志宁参加。我们从西安出发，历时十天走到延安。路上的事情，我写了一首诗在日记中：

延安，延安！在向我们召唤，八百里的行程向我们召唤，困难和风险吸引着我们啊，毛主席和延安人民鼓舞我们向前。

看，红旗随着疾风向北飞去了，我们快步赶上前。背包，绑腿，还有军帽，威武，雄壮，英姿飒爽。

第一天住宿碰上的小会计，你不相信我们能走到延安？！第二天碰到的老大爷，用慈爱的眼光鼓励我们："走吧，好小子，走上一千里路，铁脚板就是你的啦！"——哈，他还不知道我是个姑娘！呼呼的冷催我们向前，飞扬的尘土伴我们向前，冻结得河水送我们向前，幽幽的月光随我们向前！

毛主席给我们开辟的航向，我们要坚决走到底，
党中央沿路送来了温暖，接待站就像家一样，
到了，延安！我们看到了窑洞，到了，延安！
宝塔山在欢迎我们，延河在欢迎我们，枣园在欢迎我们，
延安的一切都在欢迎我们！心，跳吧，跳得越响越好！

脚，飞吧，飞得越快越好！唱吧，唱吧，放声地吼吧！我觉得脸兴奋得发烧，这就是革命的圣地！

走在延安的大街上，我们是多么自豪，胜利永远属于勇敢的人，
胜利永远属于毛泽东思想的革命派！

1966年12月，我们从延安回到了南京，成立了红卫兵飞鸣镝战斗队。

1967年3月14日，南师附中红卫兵革命造反总司令部成立。

1967-1968年期间，我们红卫兵革命造反总司令部和红色造反联合会两次组织同学们到农村去支援农忙，向贫下中农学习。

1968年11月23日，我们响应毛主席号召，到农村去接受贫下中农的再教育，到江苏洪泽县插队当新农民，真正走上了与工农相结合的道路。

125. 怀念阴曼霞

沈中林（68 届初一丁）

阴曼霞是我小学、中学的同班同学，在我们共同度过的校园生活中，她给我留下了许许多多美好及难忘的记忆，她的优秀品质及她美丽的音容笑貌至今仍深深刻在我的心里！饱经世故风霜的我本深知生老病死是一条人类不可抗拒的规律，但记得在得知她病逝的噩耗后，我还是震惊了！那天晚上我什么也没做，独自一个人在宿舍……独自一个人在宿舍静静、静静地怀念她，往事像电影般一幕幕地脑海里呈现……

相信我们班的全体同学都会对阴曼霞留下深刻、美好的印象：童少年时期的她：修长的身材，长长的辫子，落落大方的仪态，大大的充满善意和求知欲的眼睛。上课的时候总习惯地把双手背在身后，身板挺得笔直，把头偏向左肩聚精会神地注视着老师、注视着黑板。（这可能和她一直坐在最后一排，由于视力和听力的原因而形成的习惯。）在我的记忆中：有一次一位冒失的临时代课男老师为此竟严厉训斥了她……她伤心落泪了！我们全班男女同学都为她愤愤不平：阴曼霞是我们的好班长（从一年级到六年级）；是我们班公认的最最好的学生，你凭什么找理由批评她！这以后直到中学（文革前），课堂上的阴曼霞刻在我心中最完美的形象依旧是：睁着大眼、侧着头，微微的咬着下嘴唇，似全身心的在努力学习着的模样。

孩提时期的我们，不知从哪块版图抄袭下来了“男女界线”：男生和男生玩得热火朝天，不可开交；女生和女生扎堆在一起；但总是风闻和也能察觉到些“三八”线的那边常常是今天谁和谁好，不带谁玩了；过几天又是叽叽喳喳谁又不和谁好了，又和谁好了，再不带谁玩了……但在这些“巾帼绯闻”中，阴曼霞总不在其中，总是表现出罕见的超然与成熟。在学校时以成绩论英雄的，她应该就是“女中豪杰-女强人”了（按现在的说法），但我从没有见过她以强凌弱，没有见过她训斥同学，瞧不起同学，更别说欺侮同学（不像我，惭愧！）在平时和同学交往时、在有时班里开中队委会时（我也是其中一员），她总是那么和善的静心地听取他人的发言：你的建议对，她热情采纳——态度好；你的意见是错的，甚至是在捣蛋、恶作剧，她顶多也只是把头昂得高一点和你理论；坚决不同意，但仍然和颜悦色——态度好，她的这种以柔克刚、以德服人的修养，时至今日我仍引为自己为人处事的榜样，仍令我深深佩服着！正如曹小平在留言中所说：阴曼霞是德才兼备、品学兼优的好学生，在她的身上有许多许多闪光的优良品质在感染着我们，值得我们永远学习、怀念，在这暂且不一一述说了。我只想带着沉重的心情讲讲阴曼霞在我记忆中难忘的三件事：

一、记得是在宇花六年级时，有几天没见阴曼霞来上课（她从不缺课，且又在考中学前的关键时刻），大家都很奇怪……一天她臂挽黑纱，脸上失去了往日的笑容，两只眼睛仍红肿着走进教室——她心爱的母亲逝世了！可能是慈母过早的去世给了她幼小心灵以严重的创伤，我发现原本开朗、活泼的她从此性格忧郁了许多许多。在考入南师附中后我们又在同班，午间休息时我俩经常交谈（中学的男女界线已是模糊不清），我曾问过她：“你从小学一年级起一直当班长、中队，现在什么都不当，心里是不是有点不高兴？你怎么想的？”（我当时在班上还当班干部）我清楚地记得她说：“班里的同学都不错，都有许多长处值得我学，我没有不高兴。我现在只想我的妈妈！我要好好学习……”我沉默了。亲情！亲情！当时年少的我根本无法设身处地地体会到她失去母爱的悲痛；无法安慰及分担她内心的痛楚！阴曼霞，请你原谅、宽恕你无知、愚拙的同学吧！

二、跨进中学校门还不满一年，文革开始了（大难临头的日子当时还以为自己成了天兵天将）。南师附中的红卫兵代表李天燕（高三学生、南空干部子弟）在主席8.18首次接见红卫兵时在天空门城楼上还发了言（当时前面几个发言的都是女学生（彭小蒙等）。周总理问："有没有哪个男同学勇敢点出来发言？"当周围的人还在发愣时，李天燕说："我敢！"周总理问了一下他的政治情况，彭小蒙说他是我过去的同学，父亲是北京空军的才调到南京。总理递给他一张发言稿，又叫了陈伯达的秘书把短袖衫脱下来给他穿（当时南京天气热，他穿的背心、西装短裤上天空门的），当他念稿子发言时，主席还探过身看了他几眼（当时纪录片有这个镜头）。李天燕回来后，即召集军区、军院的子弟组成了红卫兵。当时军院王平的女儿、××的儿子、××的女儿都是南师附中的红卫兵，我也混杂在里面：上过街、抄过家、窜遍了大半个中国……在动乱的这些年期间，我只见到过一次阴曼霞，就这一次至今仍在我的心中留下深深的伤痕，仍不时隐隐作痛：记得是在1966年11月初，我和宋世益俩（宇花校友，一班的）从北京回到南京几天后，又准备去圣地延安、广州等地，在乘轮渡过了江在浦口火车站侯车时，突然一个熟悉的身影在我面前出现："阴曼霞"我脱口喊她，正想上去打招呼……只见她（她父亲是原国民党的高级将领，在小学时我见过他老人家：高高的身材，长脸形，花白的短发，有一副很威严的仪表）看了我一眼，眼中的目光似乎是见到洪水猛兽般惊恐，随即一闪插入蜂拥的人群中不见了……我茫然了！友情！友情！这么多年同窗的友谊（我是调皮、我是捣蛋、我是欺负过同学，可我从来从来没有对她不好过，一点都没有！一点都没有！）就不见了！这怪谁！这怪谁！十多年后（七十年代未、应该有照片）阴曼霞（已结婚）来到南京（印象中是来看病），幼时的同学们相聚在玄武湖。在湖中荡舟时，我忍不住旧事重提问她当时为什么见到我要跑？她说：也不知道为什么，只是她好怕，好怕，可能是本能吧！那时的她：依然那么秀丽、依然那么谦和、依然带有那么一点点淡淡的忧郁（气色也不太好）。下船上岸时，她的手指不慎被来回晃荡的小船和小船间夹伤了，她痛得脸都白了，我痛得心都揪起来了！阴曼霞——我的好同学！我们同学间的珍贵友情将伴我一生！我记得雨果在《九三年》的序言中说过这样一段话：在一切口号和原则之上有一个更高的原则——良心。

三、邓小平第二次南巡之后，我终于说服顽固的老革命爸爸，毅然决然地来到深圳（九二年四月）。在广州李建平给我上了一堂至今难忘、生动的改革、开放课。在深圳杭立热情接待了我。我们公司老板的爱人是沈宁绢的亲威（听说沈宁绢在扬子乙烯，当时还是公司里的一支花呢！）九二、九三年在公司筹建初期，我数次给阴曼霞写信（当时电话没现在普及）动员她也来深圳，来我们公司做财务工作（她当时在昆明的财贸学校）。我知道她的为人，信任她的能力，期盼她也能来助公司一臂之力，物质享受在其次，至少共同享受一份事业成功的满足感。初时的她答应了，我很高兴。可是后来在信中她提到孩子正在上中学，需要辅导；加上单位正在准备分房子，如果留职停薪或辞职，可能会受很大的影响等等，最后还是没能成行——遗憾！遗憾！再往后，就是听到她病逝的噩耗！

阴曼霞是我小学、中学的同班同学，在我们共同度过的校园生活中，她给我留下了许多许多美好及难忘的记忆，她的优秀品质及她美丽的音容笑貌至今仍深深刻在我的心里——怀念你：阴曼霞！我的好同学！好班长！好朋友！

126. 怀念王燕虹

高安华（67 届高二乙）

好友燕虹近日不幸病逝，噩耗传来，我非常悲痛。虽然对他的病况早就了解，早有思想准备，但是他一旦真的离去，我还是受不了，他的音容笑貌举手投足，时时在我脑中闪现，往事点点滴滴桩桩件件，不断浮上心头，挥之不去。实在舍不得他走啊，舍不得！

燕虹是我的校友，也是我最要好的男友，最信赖的知己。我说的男友，绝非是男女恋爱的男友；我说的知己，亦绝非是所谓红颜知己；而是冰清玉洁纯洁无瑕的同学之谊，朋友之谊。这种友谊是我一生中最可宝贵的财富。1965 年 2 月，我和燕虹同时转入南师附中高一。我从上海来，他从无锡来，我分在乙班，他分在丁班。那时虽然我们互相知道，但因不在一个班，很少讲话，很少来往。他们班的汪铁羽同学，富有表演才能，常来找我练习朗诵，所以我与他关系比燕虹更熟。那时汪铁羽很真诚地想与同班的干部子弟交友，可是他们班不少干部子弟都看不起他，不理睬他，只有燕虹对他不歧视，待他友好。汪铁羽告诉我说，燕虹的父亲名叫甘霖，省科委主任，家住高云岭，与王史唯是近邻。他之所以能与燕虹交友，是因为燕虹虽然身为高干子弟，却从不张扬，心地善良，能平等待人。这些，就是我在校时所知道的燕虹。

2002 年金秋 10 月，南师附中百年校庆，我与夫君海瑞特地从英国飞回南京参加校庆典礼。10 月 1 日上午，庆典大会在北草场结束后，我与海瑞走进校史展览室。正浏览时，猛然间有两位校友迎面走来，兴奋地叫着："高安华！"我愣了一下，定睛一看，随即也兴奋地叫道："王燕虹！汪铁羽！"接着我又面对燕虹说："你父亲是甘霖，对吧？"他点点头，高兴地说："真想不到，你不仅能认出我们，还能记住我父亲的名字！"说着，他递给我一张名片，上面写着"南京书城打非扫黄办公室"。看着名片，令我心头涌起一股莫名其妙酸酸的滋味。在英国住久了，关于中国对书籍的严格查禁，不仅时有耳闻，而且还真有些反感和不屑。暗想，燕虹这么一个正派老实的人，怎么也搞起查禁工作来了？不过，我没有表露，还是热情地与他们聊了一会儿，然后握手再见，分开活动，回到各自的班级。那次与燕虹见面，是我们走出校门分别 34 年后的重逢。

那次在南京游览东郊风景区时，发现灵谷寺旁边，父亲题书的"灵谷深松"四字，因缺乏修缮，字迹有些模糊了，想找人帮我向有关方面反映一下。找谁好呢？我想到了燕虹，便给他写了一封信。燕虹接信后立即与中山陵园管理局联系，很快就将我父亲的题字油漆一新，还拍了照片寄给我看。我特别高兴没有看错他，果然是个热心人。燕虹还在回信中说，今后我若是回南京，可以住他家。

2003 年 9 月，我与夫君海瑞一起回南京探亲访友一个多月，就住在燕虹家。从那以后，我年年回国，都住他家，每次都要住上一两个月。就在那次回宁，我才得知他是第一批下岗的，后经朋友介绍，去了"打非扫黄办公室"，有些事情做，也可多点收入，并非他对"查禁"感兴趣。我和他互相之间似有心灵感应，谈话总是十分投机。燕虹对我以前在中国的一些遭遇非常同情，所以对我特别好，对我照顾得很周到，体贴入微，每天早餐换着花样为我买各种南京小吃，他对我说："这些你在英国吃不到的，所以每种都让你尝尝，让你能常想着家乡，常回来看看。"

燕虹的爱人华吉，为人宽厚善良，豁达大度，对于我的不断造访，都是热情欢迎，视燕虹的朋友为自己的朋友。那时华吉已经留职停薪，下海经商了，生意做得很不错，家里的开销和孩子留学的费用，基本上全靠她一人挣钱支付。而燕虹爱好文学，下班就回家，做做饭，看看电视看看书，哪儿都不去，连卡拉 0K 都没有去过，一生只坐过一次飞机，还是因为华吉为他在香港的保险公司投了医疗保险，必须他本人签字，才不得不跟华吉坐飞机去了一趟，今日飞去，明日就飞回来了。对于什么商海大潮，什么做生意赚钱，满世界度假旅游，燕虹完全不受任何影响，那些东西对他没有任何吸引力。尽管他家经济条件相当好，也没有改变他艰苦朴素的生活作风。他本分地做着自己觉得应该做的事情，不抽烟不喝酒，不逛街不讲究穿戴，不玩电脑不上网，看过的报纸都整理好，隔一阵就卖几块钱，袜子破了，戴上老花镜，穿针引线，自己缝补。在今日的中国，恐怕连农民都很少有人会缝缝补补了，可是燕虹会，而且针线活儿做得比很多女性还要好。燕虹对自己很严，从不乱花钱，可是对朋友却很大方，从不计较金钱。我觉得他真的很纯，很纯。与他这样的朋友在一起待得久了，自己都会变得很纯。

我喜欢看中国的老电影和一些历史电视剧，每次回国，都要逛音像市场，看到老电影的碟，基本上都一网打尽，全部买下。但有时还是买不到想要的影碟，就托燕虹帮我买。他由于在南京书城工作，近水楼台，经常可以买到好影碟。如果他们书城没有，他就在周末去别的地方帮我淘。从 2003 年底至 2010 年 3 月，燕虹给我邮寄的包裹有十几个之多，不但帮我淘到我想要的碟和书，我没想到的，只要他看着好，都帮我买了寄来，还寄来了易中天教授签名的“品三国”上下册，那是他在南京书城举办的“易中天签名售书”活动时，特地买了两套，请易先生签的名。他寄来的影碟和书，我都很喜欢。所以我回信时对他开玩笑：“你真像是我肚子里的蛔虫，我喜欢什么，你都知道。”这些年他寄给我的包裹，仅邮费就要好几千元，又不肯跟我细算，我只好每次去南京时，象征性地给他些钱，给多了他不要。

燕虹性格内向，不多言不多语，非常自律内敛。他用自己的真诚，默默地关心着我，给予我精神的温暖。我没有为他做过什么事情，而他却为我做了很多很多。我每次回南京，都觉得宾至如归。因为燕虹一家三口都不把我当外人，我就像是他们的家庭成员一样，在他的家里自由自在，没有拘束，轻松愉快。燕虹几次对我说过，如果我的夫君比我先走，要我一定回来，一定要落叶归根，千万别死在异国他乡，我答应了他。我一定做到答应他的事，会实现对他的承诺。

2008年5月，我又回南京，住进他家。那次除了校友聚会，品尝夫子庙小吃，还去南师附中校友会看望了许祖云老师。没想到许老师一定要我给即将出版的校刊投篇稿件，我不知写什么好，许老师说写国外见闻也行，于是我决定写“与胡锦涛主席共进晚宴”。回家后与燕虹商量，他说题材很好，应该写，并且拿来纸和笔。许老师要得急，限定我两天内交稿，所以我连夜赶稿。写好后，先给燕虹过目。燕虹仔细阅读，还帮我修改了几处语病，比如我写“中华人民共和国胡锦涛主席”，他说语序不对，不符合中国的语言习惯，应改为“中华人民共和国主席胡锦涛”，还笑着对我说：“你在英国住久了，中文语序都搞忘了。”经燕虹审阅，并在结尾处加上了对汶川地震的关心，在他点头后，我第二天早上将初稿认真抄写好，才去南师附中校友会，交给了许老师。这篇稿子，我是被许老师“逼”着写的，为了向许老师交差才写的，事先从未想到要写，并非像某些校友所骂的，我是特地为写这篇自吹自擂的文章而回南京的。若真想写这个文章，在英国就能写，干嘛非要回南京来写呢？

2009年6月，我再次回到南京。那时燕虹刚做完胆囊切除手术不久，虽说恢复得还不错，但毕竟伤了元气。可在我来之前，他早早地就买好两张戏票，等着和我一起去看。原来是北朝鲜“血海剧组”来南京演出歌剧“卖花姑娘”，只演一场，机会难得。上世纪七十年代，朝鲜电影“卖花姑娘”曾打动了无数中国观众的心，燕虹和我都很喜欢这部电影，而我俩又是特别怀旧的人，所以他在听说该剧团来宁演出的消息后，马上就买了票。那天晚上我俩去看这部歌剧，南京人民大会堂里竟座无虚席，很多都是白发苍苍的老人，大家都很怀念过去的岁月。当序曲音乐响起时，那熟悉的旋律令全场掌声雷动。全剧在演出中，观众多次对花妮和小顺姬报以热烈的掌声。虽然距离放映“卖花姑娘”电影的年代已经过去很久，这次再看同名歌剧，还是令我们感动。演出结束后，燕虹不肯马上走，他跑到前台，让饰演花妮的演员在说明书上签了名才离开。燕虹对于过去，记住的全是美好，全是真善美。

他尤其喜爱中国老电影，特别喜欢电影“英雄儿女”。华吉说，这部影片，他差不多看过一百遍之多，真正百看不厌。他对电影里的每句台词，每个背景音乐都烂熟于胸，谈起来如数家珍。我受他的感染，也看过好多遍，确实看不厌。

今年 4 月 26 日，我又回南京。事先已接到燕虹来信，说他已搬家。所以我到宁后，便去好友王静雅家住下。第二天我就去新街口南京书城找燕虹，却被他办公室的同事告知，他生病了，已经好些天没有上班了。我立即拨通华吉的手机，她说燕虹 4 月 1 日发病晕倒，住进省人民医院了，但是明天要回家，过几天就是儿子王桦大婚，他要参加婚礼的。4 月 29 日下午，我走进燕虹在长江路九号小区的新家。我看到的燕虹此时骨瘦如柴，非常虚弱，脸上还有一片因昏厥摔倒而青紫的淤血。我惊得心里“咯噔”一下：“怎么病成这样了呀？”燕虹却对我说：“这次你来，我生病了，不能接待你，很对不起你。”说完递给我一张王桦婚礼的请柬，还嘱咐我千万别送一分钱礼金。我忍不住泪水在眼眶里打转，对他说：“你现在什么都别去操心，好好养病，争取早日好起来。记住，你所有的朋友都要你好起来。”我悄声问华吉他的病况，华吉悄声说：“肝癌已经扩散了。”我立即意识到，燕虹将不久于人世了，心情沉重。

5 月 2 日，我又去看望燕虹，并与他和华吉一起吃了中饭。燕虹因服药很多，胃口不好，只喝了一点汤，浑身无力，连坐起或躺下都要靠人扶。可令人想不到的是，饭后他说要去单位交纳党费。华吉说，她会代缴的，叫燕虹好好休息。但燕虹却说，党费必须他亲自去交。于是我对华吉说，这是他的心愿，我陪他去吧。于是华吉帮他穿好衣服，然后下楼叫出租车，我扶着燕虹，燕虹杵着拐棍，慢慢走向电梯下楼。华吉工作太忙，所以只能由我陪同他。到了他的单位，我扶他在底楼大厅的椅子上坐下，然后飞快地上楼找到党支部书记张宝华，告诉他燕虹来交党费。张宝华是宁海中学的，老三届高三的，下乡插过十年队，与我们是同辈，经历过沧桑坎坷，没有一点架子。他立即跟我下楼，边走边说，现在像燕虹这么自觉的好党员实在是太少了。燕虹在单位年年被评为优秀党员和先进工作者，凭的不是夸夸其谈和拍领导马屁，而是任劳任怨，踏踏实实的工作。张宝华见到燕虹后，燕虹竟交给他一年的党费，还问有没有其他附加费用需要缴纳的。张宝华忙说没有其他费用，只收下他一年的党费。燕虹明知来日无多，可他就怕少交，而要多交。燕虹还请张宝华向全体职工问好，我觉得他是在向张宝华作诀别。尽管华吉一直向他隐瞒病情，但是燕虹清楚，自己的病这次是好不了了。在张宝华书记出去叫出租车的时候，燕虹说恶心想吐，我扶他站起来，慢慢走到大厅旁的痰盂处，他艰难地弯了弯腰，将午饭时喝的那点汤全吐了。看了真叫人难过。

5 月 8 日晚，我买了一束玫瑰花，去山水大酒店参加王桦的婚礼。燕虹那天下午去医院挂水，补充营养液，以便能支撑着前往婚礼会场。燕虹在内蒙插过队，在那里结识了好友辛协，所以也邀请辛协参加婚礼，并安排我俩坐在主桌，坐在他的旁边。燕虹的儿子结婚，没有邀请其他校友，只邀请了我和辛协，说明他非常看重我俩。他对我的这份真挚情谊，我会永远珍藏在心。本来我们打算在新郎讲完话后，婚宴开始前就送他回家的，可是燕虹却坚持在那儿坐了三个小时，婚礼结束才起身回家。华吉忙着结账和送别亲友，我和辛协送燕虹回家。又在他那儿陪他说了一会儿话，才起身告辞。

第二天，燕虹就又住进医院，每天挂水 12 个小时之久。我经常去看他，帮他按摩手指手背和腿部。虽然我祈祷他好转，然而不久，他就发生肝腹水，病情不断恶化，可他从来不呻吟，我去看他时，他总是表情安宁地听我说话，时不时也说上几句。有些危重病人，因不愿让人看到自己憔悴的病容而谢绝朋友来访。燕虹不同，他坦然直面人生的最后时刻。在他病重期间，尽管瘦骨嶙峋，两眼深陷，早已失去健康的容颜，但他最愿做的一件事，就是尽量多见老朋友老同学，他要抓紧时间多看朋友几眼，多说几句话，让自己在人世间最后的日子里，始终沐浴在亲情和友情的温馨中。多少眷恋，多少深情，多少珍惜，多少关爱，燕虹在拼命抵抗着病魔，抢夺着时间，以他的方式向朋友和亲人们道别。直到最后一刻，他对生命都没有轻易放弃。

5 月 30 日，星期天，是我今年南京之行的最后一天，燕虹得知后特地回家度周末，并嘱咐我那天早点去他家。早上九点我就到了燕虹家。他见到我时，露出欣慰的微笑。那天，他从清晨开始就在等着我的到来。一见到我，就递给我一张为我赶制出来的DVD影碟，那上面录制了他儿子王桦的婚礼，也录下了燕虹留在人世间的最后的身影。我们坐着聊天时，华吉从外面进来，带回一些新鲜蔬菜，请我帮忙摘洗一下，说今天中午就在家里自己烧点饭菜，三个人一起吃顿家常饭。说完就上班去了。我由衷地佩服华吉，她始终以她的从容和镇定，支撑着燕虹的精神世界，从不慌乱。我一边摘菜，一边与燕虹一起看电视。看的是老电影"董存瑞"，燕虹喜欢，我也喜欢，我们都很欣赏演员张良的朴实无华的演技。近中午时，华吉回来炖了一锅土豆烧牛肉，炒了蔬菜，还从外面餐馆叫了一钵菌菇汤。那天燕虹心情不错，每样菜都吃了一点，还吃了一点米饭，喝了一点汤，也许是他自 4 月份病情恶化以来，吃得最多的一餐了。真希望他天天都能如此，可以慢慢恢复体力。饭后，华吉又去上班。燕虹请我上街帮他买来当天的"扬子晚报"和"周末"，他靠在沙发上阅读。他看报时，我就坐在他的脚头，将他的双脚捧着按摩，就这么静静地坐着，谁都没有再说话。下午两点半，我见他很疲倦了，便起身扶他躺下，叫他闭上眼睛好好睡一觉，然后向他告辞。他友爱的目光久久地凝视着我，没有说话，眼中有泪水滚动。我握了握他的双手，然后给他盖上薄被，就退出了。当我出门后将房门轻轻关上时，屋内传来燕虹在人世间对我说的最后一句话，那是他拼尽全力高声喊出的话："你写信来啊！"顷刻间，泪水糊住了我的双眼。我知道，他舍不得我走。只要我再返身进屋，他仍会凝视我而不肯闭眼休息。我不敢这么做，我怕消耗他的体力，更怕我自己会当他的面伤心落泪。我走了，没有回头，哀婉地想："也许，这是我与他最后一次见面。也许，今天就成永别！"我的预感不幸应验，那天是我和燕虹最后的相处。

回英国后，我给他寄了祝福卡，又分别联系了校友汪铁羽，周文虎和杨威森，叫他们去医院看望燕虹。他们都去了，燕虹感到很欣慰。不久，他收到了我的祝福卡，非常高兴。7 月 14 日，我去香港，与校友胡东光、丁媛媛一起，校对我们三人合作翻译即将出版的中英文双语诗集。我们三人在一起度过了十分愉快的一周，但我们内心都在为燕虹担心，常常谈到燕虹的病，不知有没有什么进展。7 月 22

日，我离开香港。胡东光用他公司的车送我去机场。我飞回英国后，一进家门，就看到一封中国来信，静静地躺在桌上等着我。那熟悉的字体告诉我，是燕虹写来的。海瑞说，这封信在我飞去香港的第二天就到了。我打开信，竟是满满的两页！落款日期是 6 月 24 日，邮戳日期也是 6 月 24 日，信写好后他一天都没有耽搁，就托人寄给了我。这是燕虹在病榻上强撑着给我写的最后一封信，是他在人世间写的最后一封信！是写给我的！是写写歇歇，再写写再歇歇而写成的。他在信里写道："安华，我这次得了重病，你在国内期间给了我无限的关心，爱护和鼓励、支持。我知道你无时不刻不在关心着我，你是真正的朋友，只有在患难中才更能体会到。"他还在信中安慰我说，他的病情已有好转，各项检查都接近正常，每日三餐都能吃一点，叫我别太为他担心。身患绝症，却时刻为他人着想，这就是燕虹！他在信里还夹寄了"扬子晚报"的简报，上面有校友吴云生获得航模比赛世界第一的报道。他为校友的成就感到高兴，也把这个好消息告诉我。最后，他再一次希望我写信给他，还问我要牟承晋的地址电话。

我希望真的如他信中所写，他的病情好转了。回家的翌日，我立即给他写了回信，与新买的祝福卡一起给他寄去，盼望着奇迹的出现，期待着他恢复健康。然而事实无情，我的回信和祝福卡寄出后才四天，燕虹还没有看到，就接到校友王虹发来的燕虹去世的噩耗。我陷入悲痛，满脑子都是燕虹最后那骨瘦如柴可怜的身影，难过极了。没心思做事，没心思读书，没心思好好吃饭。最难过的是，我赶不回去参加他的追待会，不能再最后送他一程，只好托王虹参加追悼会时帮我签个字。随后，我给华吉打了电话，本想对她说节哀，可是华吉比我坚强，她用平和沉稳的语调告诉我燕虹最后的情景，然后说："让我感到安慰的是，所有认识燕虹的人，都说他是个好人。"少顿，又对我说："你以后回南京，还和以前一样来我家，我家就是你的家。"我哽咽着回答："好的，我一定去。"放下电话，我忍不住哭了。

从后来牟承晋给我的邮件中，我又知道了有关燕虹临终前的一些感人细节。7 月 27 日下午，燕虹感觉不错，没有一点重病的痛苦，他清醒地知道这是回光返照，大限已到，便急切地嘱咐前来探视的辛协通知牟承晋，请他今天务必要来，他要见牟承晋，还要送他一本书。燕虹用微弱的声音对辛协说："快叫他来，不然的话，就来不及了。"辛协听后立即打电话给牟承晋，牟承晋及时赶到医院。分离很久的朋友终于见到了，两人握手，泪水都喷涌而出。然后燕虹抬起左手，微微指了一下抽屉，辛协打开抽屉，拿出燕虹和姐姐写的书"我的家"，交给了牟承晋。这本书，是燕虹和他的姐姐在2007年自费出版的，此书记录了他们的父母生前的故事，还有他们的童年。书刚刚印好，他就寄给我一本。如今，这本书与燕虹的信件和照片，成了我纪念燕虹的最珍贵的宝藏。燕虹在生命的最后关头，想着的，等着的，是自己的好友。此心愿一了却，燕虹便坚决要求出院回家。华吉满足了他人生最后的愿望，用车接他回到自己万分爱惜的家。

7月28日凌晨将近两点，燕虹回家后仅仅过了六个小时，便在自己的家中平静地走了。他是带着人生最美好的记忆，带着无限的亲情友情，带着微笑带着爱，没有任何遗憾走的。他知道仍会活在亲人和朋友们心中，他知道自己仍然和大家在一起，他也知道自己永远不会孤单。

燕虹，亲爱的朋友，在我心里，你虽死犹生，你对我真挚无瑕的情谊将伴随我度过余生。愿你的在天之灵安息，你和我永远心灵相通！

2010年8月8日写于英国

以下是网友议论：

苏北农友：王燕虹是附中同学尤其是高干子弟中平等待人友善待人的佼佼者。高安华的回忆文章让我们能够在眼前浮现他在最后日子里的侧影。他在最后时日交纳党费的情景让人百感交集、无话可说。他的离去使共产党内又失去一位即使在校友间也享有良好声誉的忠诚党员，在越来越多的劣质品渗入这个已腐化变质的机体后，有良心的好党员们的来日是令人堪虑的。感谢作者的生动文笔和对逝者的深厚情谊。

127. 回忆龙江同学

吴小白（68 届高一甲）

已经四十年了，在我的脑海里，经常浮现出一个身材苗条、瓜子脸、大眼睛的姑娘，她就是我的南师附中同班同学——高一甲的龙江，她热情、执着、单纯、泼辣的性格，略带沙哑的嗓音，永不停息的政治追求，给我留下了深刻的印象。

127.1.龙江入团

南师附中六二届初中一年级四个班中有三个英语班，只有甲班一个俄语班，甲班成了超大班，有六十多位同学。从小学升到中学，同学们都还十分单纯、天真烂漫，无忧无虑，政治上十分幼稚，不知道主动向组织靠拢。面对当年提到绝对高度的“阶级斗争”，我心里有个疑惑，要跟谁斗呀！后来知道了，是“跟人斗，更要跟自己斗，斗出一个红彤彤的新世界”当年的“立场坚定、爱憎分明、敢于斗争、思想进步、积极向组织靠拢”是当一名革命接班人的最重要的要求。

当时，每个初中班级都派有高年级的团员担任辅导员，配合学校团委的工作。我班的辅导员顾小懿，在班上第一次与同学见面并做过自我介绍之后，马上就谈到共青团是中国共产党的助手、革命青年的先锋队组织，要求同学们努力进步，争取早日加入共青团。

每个班级的班主任老师负责学生政治教育上把关。初中年级还有一名年级政治辅导老师，负责对同学进行思想政治教育工作，我们的年级政治辅导老师是季福修老师。从学生辅导员、班主任、年级政治辅导老师到学校团委，南师附中在组织机构上确保了对学生思想政治上全方位的“灌输”。

发展团组织是校方重要的工作，班上最初的发展团员搞得是神神秘秘，不到最后的时刻，不知道花落谁手。直到初二上学期，学校组织师生在“五四”青年节到雨花台悼念革命先烈，在纪念碑前，学校团委书记宣布请新团员到烈士纪念碑前宣誓时，我们才发现，我班的龙江和温岱霞已发展为班上的第一批团员。甲班同学中占人数近一半的学生原是南师附小的学生，多数为知识分子子弟，属于头脑聪明，学习成绩好，政治敏感性特差的一类，在南师附中浓烈的政治环境中严重水土不服。而温岱霞、龙江的学习成绩不突出，很少出头露面，也没担任班上的“一官半职”，都是默默无闻的女生，成为第一批团员确实是出乎意料。现在看来，这两位女生都是干部子弟，生理上已经占了极大的优势，家庭成分是当年团员发展时不可逾越的门槛，第一批团员非她们莫属，也在情理之中。以后，班上又发展了几名新团员，建立了团支部，温岱霞和龙江成了班上团支部的正、副书记。初三下学期温岱霞随父亲一起转学到北京，龙江就一直担任班上的团支部书记。虽然团支部书记是班上最重要的一个职务，但龙江学习成绩一直是中流，也不是班上各方面的活跃学生，在班级的影响力不大。

127.2.文革初期的龙江

1966 年，文化大革命开始了。文化大革命是龙江在政治上得到充分发挥的时期，她身上潜在的政治敏感和性格适合她在文革舞台上潇洒发挥，游刃有余。

1966 年 5 月 16 日，中共中央《关于开展文化大革命的通知》即五. 一六通知正式发表，一场急风暴雨般的运动立即震动了全国。二报一刊(人民日报、解放军报、红旗杂志)不断发表的措辞激烈的社论，震撼着每个人的思维，学校里就有激进的同学提出：“中国之大，已放不下一张课桌了”。提出停课闹革命的要求。

不久，所有的学校均按照中央的要求开始“停课闹革命”。说到我当时的心情：是有一点窃喜，当时南师附中在高一年级搞教育改革试点，取消所有考试，已使我们在学习上放松不少，现在可以不学习功课，完全没有压力了；但更多的是迷茫，不上课这样混下去，能挨到毕业吗，毕业后没有文化又怎么工作。

虽说是停课闹革命，每天都还要到学校。课还是要上的，不过不是学习数理化，而是由班主任老师带领，按照校领导的统一部署，选择报刊上的社论和文章进行宣读和学习，那时新华书店大量地发行所谓的“单行本”，将二报一刊的社论和重要文章印发出来，供群众学习，一本单行本，就可以打发一天的学习时间。平日里是宣读文章后各人自学，再进行小组讨论，最后是全班大会讨论，基本上是所有同学都要发言，谈自己结合社会实践的学习体会。

不久，随着二报一刊“横扫一切牛鬼蛇神”社论的出笼，中学红卫兵走上街头，“破四旧、立四新”，用暴力的手段砸烂一切，才十几岁的小青年们搞建设一窍不通，搞打、砸、抢、抄、抓这样的破坏可是心狠手辣，毫无顾忌，这些人被煽动起来就是无比巨大的破坏力量。南京市内所有的庙宇被砸烂，古迹被破坏，孙中山的铜像从新街口拆除，大街小巷贴满了大标语、大字报，“地富反坏右”分子被抄家、被游街，马路上人潮涌动，不时走来呼喊口号的游街队伍，被斗人员戴着高帽子、还要呼喊打倒自己的口号。所有南京的地名和街名的搪瓷标牌，均因被指认为象征国民党的青天白日徽章而被砸掉，旧有的地名也被任意更改，如鼓楼、玄武、建邺、白下、下关等区分别被改为延安、要武、红卫、遵义、东方红等区。南京和全国大城市一样处于一片“红色恐怖”之中。

南师附中高一丙班成之德的父亲是印尼爪哇商会会长，他的家也被包括我校学生在内的一伙高干子弟给抄了，对这样一位国际上有影响的人物被抄家，引起中央和国务院的重视，当时省政府还派人上门道歉。可是对于千千万万国内“地富反坏右”分子被抄家、被游街、被毒打，遭受人格的污辱，家庭财产蒙受重大损失的事件却无人过问，任其发展。不久，学校主要领导沙尧也受到大字报的冲击，南师附中被“革命无罪、造反有理”的学生批判成“资产阶级知识分子藏污纳垢”的场所，产生“修正主义的温床”，培养资产阶级“孝子贤孙”的滋生地。当年批判南师附中执行资产阶级反动路线的主要是干部子弟们，他们认为自己文革前的十七年受到排挤和压制，现在扬眉吐气的时候到了。

此时的沙尧，效仿江苏省委采用“丢车保帅”抛出孙叔平（江苏省哲学研究所所长）、吴天石（南师大校长、省教育厅长、省宣传部副部长）的办法，抛出陶强、吴耀卿等部分教师、杨长庚等中层干部、甚至其他校领导的档案，让同学们将斗争矛头指向出身不好的老师和干部。南师附中成了战火四溢的大字报战场，几乎所有的教师都因为其出身或言行受到同学们的批判。

随着二报一刊社论明确提出：“这次文化大革命的重点，是整党内那些走资本主义的当权派。”给了沙尧一个致命的打击。沙尧故意转移斗争大方向，阻挠南师附中文革发展的手段很快被揭露。以造反军和八一战斗队为首的红卫兵组织，对“走资本主义当权派”的沙尧召开了全校的第一次批斗大会，一些紧跟沙尧的干部和老师都受到了同学们的批判。

此时校内有组织的政治学习停止了，老师批过了，校领导斗过了，“红五类”们又将矛头指向同班学生。各班的学习活动已变成了对出身不好同学的“挖烙印”会、批判会。各班都发生了对出身“黑五类”同学的批斗事件，有许多同学被抄家，有的同学受到殴打，甚至有的同学被剃了“阴阳头”。全校被斗争最激烈的就是高二年级的陈光炎、谭钢屏同学。

当年还发生一件事，就是两位已毕业并升入大学的胡崇海、刘英泗同学，本着对南师附中教育事业的无比关心和热忱，曾给当年主持南师附中教改的教育厅副厅长朱之闻写信，对教改的一些做法提出异议，文革中，学校领导和学生联名写揭发信到他们的学校，控告这两位同学的反动观点，胡崇海甚至被揪回南师附中批斗，在当年就是遭受到灭顶之灾。

我班的班长方晓珊同学也因不满将同学按成分划分为几个等级而受到“批判”。班上的几位“非红五类”同学也被红卫兵抄家，包括高中时已不在南师附中的两位同学。一次，班上的几位红卫兵参加了的对本班一位同学母亲的斗争会。斗争会由居委会的社会青年组织，会上发言水平不高，内容空洞无物，只说这位同学的母亲是上级党委走资派的忠实走狗，资产阶级、修正主义路线的忠实执行者。斗争会结束后，班上几个红卫兵一番讨论之后，由直肠子的龙江出面，向这位同学说出了他们的意见：这算什么批斗会呀！假斗争、真包庇，抚皮搔痒，不接触实际，不触及灵魂，这种批斗会，太没有阶级斗争气氛了，你以后要与家庭彻底划清界限，要“回家闹革命”。

龙江当年作为干部子弟，在文革初期盛行“老子英雄儿好汉，老子反动儿混蛋”的“血统论”时期，也表现出“自来红”的优越感。但她作为台湾中共地下党、1948 年奉调回大陆的一般干部子弟，显得“底气”不足，嗓门不高，没有机会充分展示自己。

1966 年 9 月下旬，学校红卫兵组织非红五类子弟以支农劳动的名义到江宁陆郎公社，进行深挖阶级烙印、改造思想的活动。此时班上出身革干、军干的红卫兵都准备进行大串联了，监督“非红五类”学生农村劳动的重任，落到了龙江等三位出身非高贵血统的“红五类”学生的肩上。作为团支部书记龙江，成为三人中阶级立场最坚定，言语最尖刻，对同学“像秋风扫落叶一样残酷无情”。

在江宁陆郎劳动的十天里，每天早晨上工前的训话，都是由龙江主讲。每次训话时，先朗读几段毛主席语录：“凡是反动的东西，你不打，他就不倒，扫帚不到，灰尘不会自己跑掉。”“在阶级社会中，每个人都在一定的阶级地位中生活，各种思想无不打上阶级的烙印。”，这些语录，都是当年“地富反坏右”分子每天必须背诵的段句。接着就是一顿狠批：

“你们都是资产阶级的公子小姐，你们要利用劳动的机会，认真向贫下中农学习，深挖你们头脑中的肮脏东西。”“老子英雄儿好汉，老子反动儿混蛋。你们一生下来，身上就带有剥削阶级的烙印，这种烙印总是要顽强地表现出来，必须要经过长期的、痛苦的、一辈子的思想改造，才能克服你们的劣根性。”“你们这些小资分子，就是会翘尾巴，翘尾巴不怕，翘尾巴我们就要狠狠地打，打到你们服了为止，让你们一辈子夹着尾巴老老实实做人。”

这样的言语，她多是出口成章，口才一流，叫人是不服不行。近二十个同学服服帖帖地听从三个“红五类”同学的调教，现在看来是不可思议的事情，当年却像批斗“地富反坏右”、打倒“走资派”一样理直气壮，无可争议。班上的一些女同学，身体本来就羸弱，强体力劳动适应不了，成了龙江奚落的对象，早晨训话的内容，这也造成了她与女同学关系十分紧张。

由于大部分非红五类子弟劳动时不怕吃苦，村里的贫下中农对我们深有好感，经常与我们交谈，引起了“监管人员”的不满，告诫贫下中农不要与我们接触：“他们表面上老实，头脑里思想反动，不要被他们迷惑”。每天晚上，都要召开“挖烙印”交流会，每个“非红五类”都要交代自己的思想，如果自我批判不深刻就得不到通过。龙江对同学们的严厉批判直到劳动的最后几天才缓和一些，看到我们的刻苦劳动的态度，她也开始与我们进行了少许的交流。

127.3.加入红联的波折

1967 年初，南师附中高一甲班已形成对立的两派，一派是红卫兵“造反军”分部，一派是当年被排斥在红卫兵外的同学组成的反“血统论”组织“东方红造反团”。“东方红”成立于 1966 年 12 月 16 日，最初由五位大串联时见识了世面，认定“你能革命，我也能革命”的五位同学组成。参加“东方红”的主要是知识分子、平民和部分地方干部子弟。当时班上还成立了“红色造反者”的中立派组织，后来“红色造反者”的成员基本上都加入了“东方红”。

应该是 1967 年 3 月底的一天傍晚，我生病在家，我班“东方红”的余本义、方晓珊两位同学来到我家，说是有要事相商。原来几天前，龙江到班上来找到“东方红”的同学，要求加入“东方红”，“东方红”同学感到十分突然，当时表态说要经全体成员开会讨论才能决定。

为反对龙江加入“东方红”，有女同学写了匿名信。这两位同学拿出了刚刚收到的匿名信，信中写道：龙江是班上“血统论”的重要执行者，迫害同学的急先锋，现在想加入“东方红”，是看到“东方红”势力大了，纯粹是政治投机。我们女同学坚决反对，如果你们硬要让她加入，我们将退出“东方红。字写得歪七倒八，看了半天不知是谁写的，只能猜到班上女生中谁最可能写。后来知道，是一位女同学口授，另一位女同学用左手写成的。

我想龙江要求加入“东方红”有三个原因：一是她确实秉性真诚，知错能改，对压制非红五类同学的做法要表达悔意；二是她父亲为长江机器厂的中层干部，正受到工厂造反派的冲击，她体会到了从干部子弟突然贬为走资派子弟的极大反差；三是她与高干子弟倨傲的性格存在较大差异，她与非高干子弟的同学交往更随和一些。

有一点我们三人的意见是一致的：任何人只要认识到以前的错误，痛改前非，我们都应该欢迎，我们队伍的人越多越好。可是我们也不能得罪已与我们站到一起的同学，这封信给我们出了个难题。

我提出一个想法：龙江当时做得确实过火，积怨太深，同学们讨嫌她，孤立她，这种心情完全可以理解，应该让受压制的同学特别是女同学有个发泄的机会。我们可开一个龙江同学批判会，会上可以狠狠地批评她，一是让其他女同学看到我们是坚决维护她们利益的，对我们就更加信任；二是让龙江对自己的错误有个深刻的检查和道歉，以证实她想加入“东方红”的决心，如果连同学的批评都接受不了，龙江就不能加入“东方红”。两位同学都同意我的意见。大方针决定后，我们三个人做了分工，方晓珊去找龙江，叫她准备做深刻的检讨，并且要有心理准备：接受同学们的严厉批评。我和余本义二人分头找“东方红”的其他男同学进行交流，取得共识。在批判龙江的班会召开前，我们通知了当年受到压制的所有同学，开会的当天下午，我们几个男生还提早到了教室，将教室桌子排成半圆形，准备让龙江站在半圆形的圆心处，男同学坐在呈半圆形摆放的椅子上，女同学站在男同学的身后，形成了对龙江的最大威慑。开会时，当年受压制的同学基本上都到了会场，龙江也按我们的要求，低头站到会场中间。

主持人宣布：龙江同学检讨大会现在开始，先由龙江做检讨。龙江在检讨中，首先向所有被她骂过的同学表示诚恳的道歉，向被她得罪的同学表示忏悔。她说：我虽然响应毛主席的号召参加文化大革命，但是没有真正学好毛泽东思想，没有团结大多数、打击一小撮敌人，扩大了打击面，得罪了自己的同学，犯了路线和方针的错误。这也是私字作怪，今后要认真学习毛泽东思想，少犯错误，欢迎同学们对自己的批评和帮助。

主持人接着要求同学们对龙江进行批评。按照事前的沟通，所有的男同学都做了发言，对龙江的错误言行进行了猛烈的批评，言辞激烈，声色俱厉，大家把在“血统论”泛滥时受到的压抑之气都发泄了出来。我发现自己适应不了太严肃的政治场合，对龙江受到“群起而攻之”的处境竟有些同情，心里在怀疑我们是否做得有些过火，当然我还是表情严肃地批评了龙江，并表示希望龙江能回到正确的道路上来。会场上大多数女生没有发言，但可以看出，龙江的诚恳的态度，使她们对龙江的隔阂有了一定的缓解。

主持人在大家发言完毕后要求龙江对同学们的批评做出表态，龙江是铁了心的要加入“东方红”，发言的态度十分诚恳，她对同学们的批评表示了感谢：今天看到这么多同学都批评我，更感到我以前犯的错误太大了。我现在要求加入“东方红”的愿望是坚定的，希望同学们能原谅我，给我改正错误的机会。如果今天能同意我加入“东方红”，我一定好好表现自己，与同学们一道并肩战斗；如今天不同意我加入“东方红”，我也会在思想上与同学们保持一致，与“东方红”站在一起。

会议进入表决程序，主持人请龙江暂时回避一下，龙江离开了教室。主持人让大家对是否同意龙江加入“东方红”进行举手表决。男生和部分女生都同意让龙江加入“东方红”，前提是有一个月的“考验期”，如果龙江表现好就可以正式加入“东方红”，这也正是我们事先商定的方案。最后，把龙江喊来，正式向龙江宣布了同学们表决结果，龙江表示很高兴地接收一个月的“考验期”。

第二天，龙江来到了教室，与同学热情地打招呼，与女同学亲切地交谈，好像昨天的检讨会没有发生过一样。而“东方红”的女同学也至少表面上认可了龙江的加入。我这时心里是暗暗高兴，“东方红”的同学们没有因龙江的加入而产生分歧。从这件事上可以看出，龙江是一个单纯、坦诚、执着，勇于承认和改正错误的人，她一旦认定了自己的道路，就会全力以赴，不畏千难万险，意志坚定地走到底，这与许多当年的干部子弟红卫兵，已被事实证明是犯了错误，就是死活不认错；或借口执行“毛主席的革命路线”，将自己的当年的错误“洗”得一干二净；有的人直到现在还满脑子的文革思维。明明是斗争了同学，当年的“自来红”们至今一句道歉的话都没说，难道就不能为当年的错误稍稍地反省一下，在这一点上他们与龙江差得太远了。

1967 年春天，是南师附中“红联”“造反军”斗争最激烈的时期，两派相继发生了一些冲突，如逐驱北京“联动”分子事件，5 月 3 日冲击全市黑字兵红卫兵会场事件，红联占据高中部大楼事件等等。在这些事件中，龙江表现得非常活跃，兵来将挡，水来土掩，只要遇到对方的女生，“红联”男同学不便出面的事，她是义不容辞，挺身而出，实现了她许下的诺言：参加了“东方红”，就要全力以赴。我们都高兴有了一个可信赖的战友。

1967 年初春，北京发生了“联动”分子（北京红卫兵联合行动委员会）对民主人士、起义投诚干部的抄家事件，引起中央的反感，北京市公安局抓了一些“联动”分子，引起“联动”的强烈不满，他们在长安街举行了七次游行示威，造成了极坏的印象。加上“联动分子”看到文革运动的斗争矛头已从破“四旧”、斗“地富反坏右”转到了斗争刘少奇等“走资派”身上，从保护自身的利益出发，他们发起了质疑中央文革小组、反对江青的活动。从干部子弟中流传开的关于江青的绯闻不胫而走。于是中央文革宣布“联动”为反动组织，通告予以“取缔”，并在“联动”举行游行示威时抓捕了几百名“联动”分子，（几天后就释放了，释放前周恩来、江青、康生等还做了一次苦肉计式的安抚工作。）余下的没被抓获的“联动”分子散逃到全国各地。在造反军的掩护下，我们南师附中的宿舍内，也偷偷地住下了好几位北京的“联动”分子。

从中央取缔“联动”的行动开始，是文革发展的一个重要阶段，表明中央和中央文革小组已不再需要红卫兵的造反行动，他们太幼稚，太冲动，不识大局，干扰了斗争“走资派”的大方向。此时，大学、工厂和机关中的造反派组织已荣登文化革命的主力军，红卫兵将很快退出文革的舞台，还在坚持中的红卫兵组织只能是“昔日黄花”、为昨日的“荣耀”而苟延残喘。

记得是三月下旬的一天，红联召开紧急会议，会上中心组负责人宣布：据可靠消息，学校宿舍里窝藏了几名北京流窜过来的男、女“联动”分子，南师附中红联决不允许被中央宣布为反动组织的成员躲藏在我们学校，我们必须把他们抓出来。会上做了分工，由高三丁班“红野”为主的男生立即搜查了初、高中的男生宿舍，但没有搜到任何男“联动”分子。事先男联动分子得到信息，已翻墙逃到校外。红联的女生搜查了女生宿舍，很快传来消息，在女生宿舍中搜到了二名女“联动”分子。

一场激烈的“联动”分子争夺战开始了。虽然现场有二、三百名红联男生，可是都插不上手。高一年级的女生在这次行动表现突出，龙江也有出色的发挥。几十名红联女生，拽、拉着一名女“联动分子，用力向红联占据的高中大楼拖过来。造反军女生拼命抱住“联动”分子向回拉。有时就像拔河一样，红联女生抓住女“联动分子”的一只胳膊向高中大楼拽，造反军女生抓住女“联动”分子的另一只胳膊向外拉，红联女生人数更多一些，扳开造反军女生的手拖着女“联动”就走，没走几步又被造反军女生缠住了，双方你来我往僵持了近二十分钟，两名女“联动”分子终于被拉进了二楼高二甲班的教室，这时红联男生封住了大楼的门口，一场富有观赏性的“拔河比赛”终于结束。

红联中心组对两名女“联动”分子进行了询问。我也去看了这两个“联动”分子，看样子也只是初三学生，穿着褪色的黄军装，胳膊上套着近一尺长的红卫兵袖章，皮肤特别白，在几十名红联学生的环视下倒也镇定自若。一位女“联动”分子坐到窗台上，有同学劝她小心掉到楼下，她回答说：我掉下去要你操什么心。有一个“联动”分子指着周围的同学说：我知道你们之中有人出身干部家庭，你们这是给出身差的同学当枪使，而“地富反坏右”子弟则是在进行阶级报复。

到了中午吃饭时间，红联同学给女“联动”分子打来了盒饭。两个女“联动”都漫不经心地用筷子拨弄着饭菜，时不时地拨出一些饭菜到地上，同学们质问她们为什么浪费粮食，她们的回答是我们不喜欢吃你们的饭菜，这样烂菜有什么吃头，这种态度遭到了习惯艰苦朴素生活的南师附中同学的同声谴责。

到了下午，两名北京男“联动”分子回到南师附中与红联中心组进行谈判，这两位男“联动”也与女“联动”一样身着黄军装，戴长袖章，都是高年级学生。他们表示，只要红联方面释放两位女同伙，他们什么条件都可以接受。红联让两名女“联动”与他们见面，两名女“联动”立即依偎到男“联动”的身边，好像受到莫大的被遗弃的委屈一样。经过谈判，他们表示愿意带着两个女“联动”一起离开南师附中，当天晚上就坐火车回北京接受审查。这样，事件得到圆满解决。

127.4.一次贴标语引发的故事

龙江属于一旦参与，就全力以赴投入的那种性格的人。她参与过67年7月31日那场决定南京两派命运的下关火车站的武斗，甚至吃尽了苦头，成了对方的俘虏。被放出来之后，龙江却以更大的忘我精神投入到运动中去。一位同学告诉我，他曾看到龙江头帽安全帽，手执长矛守卫在下关轮渡码头上，显得更加成熟和勇敢。我想：如是在战争年代，她一定会成为勇士或是烈士。

由于龙江全身心地投入社会活动，与班上同学很少见面。1967年11月的一天下午，龙江回到班上，我们正集合了四、五位班上同学要去中山北路贴大字报，看到龙江来了，我就邀请她一道参加活动，她欣然同意了，我们带了事先写好的大字报、白纸和笔墨，抬着浆糊桶，走到中山北路贴大字报。

在南京军区政治部家属宿舍区外墙上刷标语时，突然发现身后围了许多人，其中多数人都戴着红总的胸章，这时才发现从附近 3503 厂的大门口涌出了千余名红总成员，他们在 3503 厂开完大会后正返回各自单位，见到我们在刷标语就围上来观看，有八中八．一二、3503 厂 12.1、南电红总、建校红总司等红总骨干成员，这时我们还在镇静地刷着标语，突然听到身后发出了呵斥声：“住手！你们破坏了我们的大字报。你们必须给我们恢复！”

这时我们才注意到，我们几张标语，覆盖了八中八．一二的几天前贴的大字报。他们仗着人多，先撕掉了我们刚贴的大标语，对我们是不断地叫骂，特别是八中八．一二最凶悍的几个人，抢下李维民同学头上的狗毛东北帽，用帽子去擦我们的大标语，帽子上粘了许多浆糊和墨汁，狗毛也被擦掉了。我当时也只能豁出去了，就是不服软，上前与他们理论，说他们破坏了我们“四大”的正当权利。

我们一行同学中表现得特别激动的是龙江，她大声地叫喊着：你们仗着人多欺负我们，你们还讲不讲道理啦！哭着闹着张开双手护着我们贴的大标语。

红总的人员在大庭广众之下不便对女生下狠手，只好在我们男同学头上出气，一个矮胖的八中八．一二成员，嘴里对我喊道：你还敢凶，我要教训你！冲了上来，举起手中一米多长的棍子对我脑门狠狠打了下来，我反应很快，头一偏，棍子重重地打到我的肩膀，当时就是一阵酸痛，活动了一下，幸无大碍。

这时龙江挡到我的前面，带着哭腔对打人者说：“你打，你打，你敢把我们都打死就好了，看你有没有这个胆子。”她情绪激动，气概英勇，完全不把对方放在眼里。龙江有一个特点，一激动眼睛就会发红，这次她无比激愤，眼睛血红血红。红总的成员都被镇住了，面面相觑。这时好像是八中八．一二的头目的一位高中男生，暗示了矮胖的打人者，意思说不要再闹了，打人者悻悻地退到一边。

在刚开始争吵时，我班的陈慰同学非常机灵，看对方人员太多，向我使了个眼色，悄悄离开人群，拔腿向南师附中跑去，二十分钟后又赶了回来，身后陆续跑来十几位附中同学，高一乙班、高三丁班的同学都在其中。但看到对方人员实在太多，他们没有暴露身份，而是插入人群中，假装不认识我们，当起了“和事佬”：“有什么了不得的大事，不就是贴个标语，值得打人吗！”“观点不同，也要讲道理幺！要文斗不要武斗”“双方都有错，下次要多注意。”

在他们的掩护下，我们才得以撤出红总人员的重重包围。回校的路上，龙江好像因刚才的激烈的发挥耗去了太多的精力，低着头一声不吭地走着。我倒是埋怨她了：就是你太逞能，你倒没事，让我挨了打。

她低声说：也不能怪我，我也是一时气不过，他们太蛮不讲理了！

这事隔了三、四天后，龙江又来到班上，把我和李维民喊到一边，给我们看了一封信，信是八中八．一二“全无敌”武斗大队大队长写的，托一位认识龙江的同学转给了她，我猜想，写信的人应是那天八中八．一二的头目，信的内容如下：

龙江同学：你好！

如果我没猜错的话，你就是大名鼎鼎的龙江了。那天因贴标语而产生争执，看到你的表现，我十分佩服，在我们那么多人的包围中，你能毫不畏惧，勇敢地坚持自己的观点，这种敢作敢为的性格我是非常敬佩的。我俩的社会观点虽然完全不同，但并不妨碍我们两个人能心平气和地讨论一下各自的看法，我们捍卫毛泽东思想的出发点是相同的，我想跟你交为朋友。如果你也有这样的愿望，我们可以见个面，我会在本星期×下午二点到玄武湖大门口一直等你，希望你一定要来。仅是我们两人见面，都不带其他陪同人员，说不定在交往之后，我们能相互理解，那该多好呀！祝毛主席的革命路线胜利万岁！

尊敬你的八中八．一二“全无敌”大队长(签名)

看了这封信，我们都哑然失笑了，一场剑拔弩张的争斗居然与男女交友联系到一起，在当年谈恋爱就是小资产阶级情调的表现，革命还没成功怎么能沉溺在个人私情之中，这在当时是要受到批判的，这位八中八．一二“全无敌”大队长的胆子也够大了。

我们笑问龙江你准不准备赴约，她说：当然不会。确实，这位“全无敌”大队长太自信了，一个南师附中文武兼备的团支部书记，怎么可能会屈就于一位当年以武斗著称的战斗队的头目。我仔细端详了龙江的面容，脸色红润，肌肤里透着光彩，大而圆的眼睛里闪着异样的色彩，苗条的身材柔韧挺拔，同龄女性比男性身体发育得更快。青春期的少女正焕发着诱人的魅力，难怪连“敌人”也被她吸引了。

我当时就听到一些传言：龙江与一位铁路中学的男生已在“患难”中结为知己，班上还是第一位同学有异性朋友的传闻，说明龙江对两性关系的领悟能力比绝大多数同学要早。

127.5.泪别同学

进入到 1968 年，经过二年的文革动乱，国家已无法承担因绝大多数企业停工停产带来的经济崩溃，以及各地两派组织大规模的武斗造成的破坏，只能尽快结束“春秋战国”的混乱局面。社会上两派群众组织，在中央的一再号召和施压下，加入了大团结大联合的潮流。1968 年 3 月，江苏省、南京市革命委员会的成立，标志着江苏省大规模的武斗宣告结束，两派从明争转为暗斗，工厂逐步恢复生产，中、小学校逐步恢复上课。

“广阔天地，大有作为”，无法安置工作岗位的全国一千四百万知识青年下放到农村插队，成了中国解决就业困境的出路。当然，许多的干部子弟纷纷开后门参军入伍，逃避了绝大多数知识青年所经历的插队农村的命运，开创了“开后门”的先河。

在知识青年上山下乡的初期，除了正式渠道安排之外，一些同学自找关系下放插队。高三乙班的张三力、戴佐农、余本仁就到全国各地考察插队的理想之地，当他们来到内蒙古大草原，发现这里天高地广，羊肥马壮，即有诗情画意，又能陶冶情操，决定到内蒙插队落户。回南京后，他们找到省、市革委会相关部门联系插队内蒙事宜，得到的答复是必须有内蒙方面的同意接收的正式公文。南师附中高一丙班女生杜红月的舅舅，时任内蒙革委会副主任，通过这层关系，内蒙插队所需的手续终于搞定了。

当时中苏关系极其恶化，苏联已取代美国成为中国的头号敌人，双方在政治经济领域全面对抗，中苏双方正处于战争的边缘，内蒙已是反修防修的前线。所以，到内蒙插队很能满足知识青年的革命激情，也深受当地政府的欢迎。以南师附中为主，联络了九中、十中、宁海、十六中等南京其他中学的学生，到内蒙插队的知识青年共有一千另八十人，其中南师附中就有三十八人。这一行动，得到了南京市革委会的大力支持，南京火车站还开出专列，将这千余同学直接运送到内蒙。龙江同学的政治热情使她向往激烈的战斗生活，抱着革命的美好理想，她与亲密的同学们一道，报名到内蒙插队，高一甲班到内蒙插队的有龙江、吴建功和朱鸿鸣三位同学。此时，龙江在校内已是小有名气，听说有好几位高三的男生对龙江深有好感，有意识地接近龙江，甚至愿意一同插队到内蒙，可惜这些情感都没有结为良缘。

当时的同学们传阅了初三甲周正龙写的“告别战友”的一封信，开头的二句诗句是：“没有不散的筵席，没有不分手的朋友。”可是到了真正分别之时，那种情感的宣泄却如“飞流直下三千尺，疑是银河落九天”，惊起滔天的波澜。

1968 年各地革命委员会成立后，全国上下又祭起“阶级斗争”的大旗，大张旗鼓地学习“北京新华印刷厂”清理阶级队伍的经验，清查混在群众组织中的国民党余孽、地富反坏右分子，要落实毛泽东的“阶级斗争，一抓就灵”的论断。在南师附中，一些过去因成分问题被整过的老教师们，又开始人人自危。

当年被迫害的老教师如陶强、吴寿玉、吴至婉、田翠娥等老师组成的“东方红教师支队”也宣布解散。

到“清查五．一六”时，江苏等省市更是形成了对造反派组织，特别是对红总的清算。其时，部分南师附中同学也受到了政治上的迫害，几位已插队到农村的同学，仍被当成“五一六分子”受到审查。南师附中高一年级的某位老师还主动跑到他的学生插队的苏北农村，向当地政府揭发他们在文革中的“罪行”。

在当时的环境下，红联同学的心情都有些压抑，与内蒙插队同学的分手，就像经历了一场生离死别，不知此生能否再相见，同学情谊此生能否再相叙。1968年10月23日，内蒙插队同学离开南京时的悲壮场景，是我经历过的有生以来的最让人刻骨铭心的离别。当时为了让同学们有充分的话别机会，同学们自发地组织了各类活动，最大的告别活动是从临行当日凌晨二点开始的。当我赶到举行告别活动的会场—生物教研室时，大教室内灯火通明，挤满了同学，整个告别活动正在极其狂热的气氛中进行，许多不善演讲的同学也争着上讲台去演讲，有的激动得连话也说不下去，只能掩面哭泣。上台演讲的同学都噙满眼泪地讲述着对附中的感情、对同学的感情、对并肩战斗的战友的感情，述说着自己的理想、自己的梦想，希望在有生之年，在自己生命历程走到尽头的时候能与中学的战友重相逢、再相会。台上说得声嘶力竭、豪情万丈，台下鼓掌欢呼，喊声一片。

许多同学，争相上台唱起了当年的歌曲，有些同学本身就五音不全，唱得音调不对，声嘶力竭，但饱含着激情，眼噙着热泪，句句声声感染着在场的每一个人，台下的同学也大声地加入合唱，深情和悲怆的歌声响彻了附中的夜空。

这是赴内蒙同学离开学校、走上人生道路的第一步。中国的文化大革命，破坏了人伦纲常，淡薄了家族、家庭、父子间的亲情，父母与子女都存有感情上的代沟；但同学之间可以相互信任，同学之间可以相互倾诉，同学之间可以相互依存，同学之情、战友之情在文化大革命中发展得更加牢固，所以在分别的最后一天，插队内蒙古的大多数同学都选择在附中和战友们通宵达旦地欢聚。

告别大会一直延续到旭日东升，参加大会的同学又一起赶到下关火车站，进行最后的道别。此刻的下关火车站内，月台上人头攒动，赴内蒙插队的千名同学、数千名前来送别的同学和家长挤满了列车和月台，到处都是依依不舍喃喃话别的人群，到处飘荡着祝福的话语，还有些同学抓紧时间与插队内蒙的知青合影留念。

随着开车的时间一点一点地临近，车厢内、月台上已没有了轻快的话语，现场的气氛越来越凝重，越来越沉闷，同学都紧握着对方的双手，用力地摇晃着，不时地从车厢的各个角落里传来低低的哭泣声。这时，车厢内发出了开车前的广播：列车马上就要开动了，请送别的亲友和同学们赶紧下车。这广播声好像触动了在场人们的神经，所有人的感情，此刻像火山爆发、像山洪决堤一般排山倒海地发泄出来，无论是古稀老人，铁打的汉子，还是年轻的姑娘们，送别哥哥姐姐的幼小的弟妹们、在场的人们都爆发出惊天动地的号啕大哭之声，那是一种包含着绝望的、痛彻心扉的、捶胸顿背的哭泣，所有的人都是高声痛哭，谁也控制不住自己的感情，任凭泪水在脸颊上横流。有几个人抱在一起痛哭的，有的人扶靠着椅背和车厢墙壁哭泣到全身颤抖，似乎随时会晕厥倒下。就是一些给同班同学送行的南师附中造反军同学，也哭得像泪人一样。

由于送别的人群久久不愿离开即将成行的亲人、同学和战友，火车不得不多次拉响汽笛，可是在震耳的哭声掩盖下，刺耳的汽笛声此刻几乎听不到声响。当我随送行的人群哭着走下车厢时，发现所有的站立在车厢和月台上的列车员和车站工作人员，受到强烈的气氛感染，都在尽情地哭泣着。

当列车“轰隆”一声启动时，哭声达到了最高潮，在震耳欲聋的哭声中，“再见，再见”的呼喊声响成一声。许多送别的同学高高地挥手，追着驰去的列车跑上一程。直到列车消失在人们的视野中，哭声才渐渐减小，随着人群的散开才平息。所有离开月台的人们，脸上挂着泪水，眼神茫然，表情若有所失，还沉浸在刚才的悲痛之中。

从我们记事以来，阶级斗争、政治运动从来就没有停歇过，1966年开始的文化大革命，让每个人的思想受到冲击，灵魂受到震动，时局的瞬息万变，使许多人对自己的命运充满了忧虑，今天还是同志，明天就会成为敌人。许多的知识青年，今天送走到内蒙插队的同学，还不知道自己明天的归宿将在何方，触景生情，尽情宣泄自己的感情在所难免。在这次送别内蒙插队同学之后，大家的感情也逐渐麻木，再也没有出现过类似这次几千人群高声痛哭的场景。

127.6.长眠蒙古大地

到内蒙的南师附中同学，插队在伊克召盟鄂托克旗毛盖图公社的三个大队。龙江和十余位同学来到了圐（ku）圙大队，当起了新一代的牧民。在那个“天似苍穹、地唯莽莽，风吹草低见牛羊”的广袤的草原上，相伴热情好客、朴实剽悍的蒙族牧民，纵马驰骋在蓝天白云之间，带来了轻松宁静和无限遐想，这种诗情画意的生活，深深吸引了刚从喧嚣的大城市走来的南京知识青年们，他们把这里当成了新的家园。

内蒙牧民的生活并不丰富。从一户蒙古包到另一个蒙古包往往有几十公里的路途，骑马也得走上大半天。平时就是骑着马儿赶着羊群去放牧。羊肉是主食，粮食是金黄色的小糜子，煮出来后有股香喷喷的气味，很是诱人。喝的是羊奶和奶茶，奶茶是用云南的茶砖煮沸后滤去茶叶茶梗，放入奶酪再煮沸饮用。茶砖是用茶树的枝叶压制而成，象砖块一样结实，这样才能经得起长时间的烧煮。

蒙古牧民非常好客，任何一个远行人只要到了一个蒙古包内，就像到了家一样，受到主人的盛情款待，拿出最好的食品招待客人。因为大家都知道，出了这个蒙古包就可能很长时间找不到吃喝的地方，款待客人成了蒙古民族的一个传统。

蒙古民族最著名的节日是那达慕节，蒙古族人一个聚会、交友，相亲和交换物资的场合。那达慕节在夏末秋初，经过一个夏季水草的滋养，此时的牛羊长得滚圆丰满，正是拿到市场交换的好时机，牧民们用牲畜毛皮交换外地的米面粮食和生活用品。一到节日，方圆几百里的所有牧民都会聚集到一起，跳舞、歌唱，摔跤和购物。摔跤是蒙古民族最喜欢的活动，体现出蒙古人的彪悍和崇尚武力的性情。内蒙知青告诉我，别看蒙古族人高马大，很有蛮力，但摔跤时脑子没有知识青年灵活，知识青年懂得借力发力，“四两拨千斤”，会使腿脚的绊子，身矮力弱的知识青年往往能摔倒比他更有实力的蒙古牧民。就是这样一个有悠久传统的那达慕节，文化革命中在内蒙古的许多地方也被认为是封建主义的东西而遭到取缔。当然，由于蒙古牧民一直在男女交往上非常开放，知识青年散居在草原上，女知识青年在遇到性骚扰时往往呼叫无助。我校的一位女同学就被蒙古牧民非礼，当她挺着大肚子回到南京，父母亲认为是家耻而拒她入门，最后是同学收容了她，在尝尽了情感的痛苦之后，她至今虽事业有成但仍是单身一人。

当南京的知识青年逐步地适应内蒙牧民习惯，融入草原生活之时，一场新的政治风暴已在内蒙草原上爆发了，它以排山倒海之势，横扫过千里草原，留下了心中永远的创伤，这就是内蒙古历史上最大的冤假错案：内蒙古“内人党”案。

蒙古“人民革命党”简称“内人党”，是上世纪二十年代在苏联十月革命影响下成立的政党，在外蒙古宣布“独立”后，内蒙古的“内人党”已撤到了外蒙古，停止了在内蒙古的活动。由于文革时执行了错误的少数民族政策，对蒙古族的不信任，怕他们搞民族分裂活动，认为文革前的内蒙古自治区主席乌兰夫，利用“内人党”的组织勾结亲苏修的外蒙古人民革命党，对抗中央、叛变祖国，所以要彻底清查“内人党”。内蒙各地都成立了专案组，从城市到牧区，从省市级干部到普通老百姓，包括在内蒙工作和生活时间较长的汉人都受到审查，人人过关，其审查的时间和深度，远盛于江苏等省“清查五．一六”的运动。

强大的政治攻势下，“逼、供、信”的普遍执行，造成了在清查中包括蒙古族普通百姓都受到审查，并造成大量无辜人员的死亡。内地的政治清查，较少地波及下层的民众，而“内人党”的清查，涉及所有的内蒙古人。可能没有人完整统计过当年清查“内人党”造成的死亡人数，相信是十分惊人的。“内人党”清查无限扩大化也造成了内蒙古政局的激变，成百上千的内蒙军区的蒙古族士兵，放弃了对边境线的守卫，聚集到北京，穿着军装，戴着获奖的勋章和红袖章，在长安街上游行，反对清查“内人党”，要求平反受迫害者。由于事态的严重，他们受到了中央首长的接见，即对他们擅离职守给予批评，也对清查“内人党”的扩大化允诺给予纠正。最后，在各种压力下，清查工作逐步停止，到文革后期，乌兰夫也得到解放，并一直留在北京担任全国人大副委员长的职务，最后担任国家副主席一职，没有再回到过内蒙古。“内人党”这一冤假错案最终得到了彻底平反。

审查“内人党”的专案组，也吸收了部分知识青年参加，龙江在内蒙还是离不开政治舞台，她是参加专案组的唯一一个南师附中同学。如果说，当年的南师附中同学们在学校里参加学生组织，投入到文化大革命，还是一种政治热情，对许多同学来说是维护起码的人权尊严的需要。可是在离开学校独立生活之后，还参加专案组，只能说是她尝试着走一条从政的道路。

在内蒙插队三年之后，大部分南京知识青年都调到内蒙的工矿企业工作，龙江也在 1971 年中调到包头市西哈业胡同采石场，先是担任一般工作人员，最后据说担任采石场的团支部书记。这期间她与一位同在采石场工作的姓杨的南京知识青年谈起了恋爱，最终组成了家庭，还生下了一男一女。虽然生活稳定了，可是龙江的人生理想：投入革命洪流轰轰烈烈地干一番事业的愿望没有实现。由于她鲜明的个性，与周围的一些女同志相处得不够融洽，心情上比较郁闷，相信此时的她对现实的生活环境还抱有不少的遗憾。后来我得到消息，龙江同学因为一次事故：煤气中毒，离开了人世。“青山处处埋忠骨，何须马革裹尸还”，龙江的墓地至今还留在内蒙的大地上。龙江的两个孩子当时已带到南京，由她母亲抚养。

龙江在当时中国的社会环境下是很普通但又很典型的青年形象，她精力充沛，求知欲望强烈，政治敏感性高，敢作敢为；她性格外向、热情、冲动；她思想单纯、执着、敢于认错；她不甘寂寞，追求人生的轰轰烈烈，她一直在政治的风口浪尖上徘徊。从不停歇，从一个方向奔向别一个方向，她竭尽全力，用自己的行为，诠释了当时一个在迷茫之中却又自认为理想远大的“革命青年”的作为。

用现代青年的眼光来看，她的行为不可思议，但却是她这样一位毕生追求“革命理想”的青年的坎坷之路。文化大革命，将千万个龙江这样的有才华知识青年变成政治运动的牺牲品，这能怪龙江吗？！

128. 南京六.二七机校纵火案

吴小白（68届高一甲）

文化革命进入到1967年的5、6月，全国各地两派群众组织的对立进一步加剧，从文斗的“四大”（大鸣、大放、大字报、大辩论）转变为争夺地盘和控制权、用武力制服对方的武斗。67年6月上旬，江苏无锡市的“九．二”和“主力军”两派爆发了大规模的暴力冲突，真正用大刀、长矛进行厮杀。“主力军”一派失利，丢失了许多据点，一部分“主力军”被迫撤出无锡，乘汽车、扒火车来到南京。当时的无锡“主力军”被当作无锡真正的造反派受到南京对立两派的支持。南京的许多院校都留宿了无锡“主力军”的成员，南师附中也住了一批。

住宿南师附中的这批无锡“主力军”成员，是初中与我们同一届丙班的南师附中校友顾立群带过来的。顾立群当时在无锡上学，文化革命中参加了无锡“主力军”，这次随一批撤退的无锡“主力军”乘卡车来到南京，一时找不到住所，他就带领这批无锡“主力军”成员住到南师附中。当时在南师附中实际维护运作的南师附中“工人红卫军”的工友们，虽然烧水送饭给他们解渴充饥，附中校医董老师还给无锡“主力军”的伤员看病，但“工人红卫军”的师傅认为，这一伙拿大刀带长矛的武斗队员住在校内十分不妥，不好管理，容易滋生事端。“工人红卫军”老祁师傅找到顾立群，由顾立群找来无锡“主力军”的头头，要求他们离开南师附中。无锡“主力军”的头头表示由于卡车没有电水（电瓶里的蒸馏水）而无法起动。老齐立即安排管理物理实验室的金从友师傅给他们的卡车电瓶加注蒸馏水，使卡车得以起动。从前一天下午二、三点钟进校到第二天下午五时离开南师附中，无锡“主力军”成员只待了一天多一点时间。老祁的护校的精神是应该称道的。

有一部分“主力军”成员是无锡轻工业学校的学生，很自然地住到与他们有校系关系的东南大学（当时叫南京工学院）校内。东南大学内对立的“东方红”，“井冈山”两派对无锡“主力军”都十分友好，对他们进行了热烈欢迎，主动让出宿舍，捐衣捐被让他们居住。

这天下午，我在东南大学看大字报，正巧目睹了无锡“主力军”进入东南大学时的军容。无锡“主力军”打头阵的近一百战士，排着五、六个人一行的队伍，挺着胸膛显出大无畏的造反精神，见到围观的群众，队伍里就有人领头喊着：“向南京人民学习，向南京人民致敬”口号，还是有几分的斗志。后面的“主力军”就是一片散乱，三个成群，五个结伙，步履凌乱地走进东南大学校门，前后走了半个小时。

这些“主力军”成员，经过多日的武斗和劳顿，又没有休整，身上的衣服破烂，脸上手上全是黑灰，想必是扒货车时粘上的煤灰。

最使人们惊奇的是，这群无锡“主力军”战士手中提着的、肩上扛着的不是棍棒，而是真正的长矛大刀。这些大刀都是经过锻打和磨砺，寒光闪闪，显得十分锋利。有一些“主力军”成员，故意只抓住大刀柄部的红布，让整个刀身拖在柏油马路的路面上，与粗糙的路面相擦，发出刺耳的、尖锐的、碜人的金属碰撞声。这是我有生第一次看到真正的可以格斗的大刀。面对这样的杀人武器，立时就有一种莫名的敬畏。

一些无锡“主力军”成员像日本武士一样头部用红布条扎住额头，在额頻处留下飘扬的布带，很有一股子决死的杀气。接连二、三天，无锡“主力军”聚集了几百号人，在南京的主要大街和省军管会所在的大方巷游行示威，沿途散发传单，呼喊口号，控诉无锡“九．二”的暴行，当然，这些动作的主要目的是向省军管会施压。

几天后，问题得到了解决，无锡“九．二”在省军管会的压力下，同意无锡“主力军”人员返回无锡。无锡“主力军”也要杀回无锡夺回失地，在离开南京前他们借用了南京造反派的广播宣传车，上街散发传单，发表声明，感谢南京人民对他们道义上的支持和无私的援助。

南京群众对无锡两派的武斗，以及双方观点并无兴趣，可是当南京两派还在用嗓门和拳头争高下的时候，无锡人已用大刀、长矛进行拼杀，攻城略地，着实让省城人民开了眼：原来还可以用老祖宗的传统武器来进行战斗。相信从这一刻起，南京两派的武斗手段和理念有了飞跃。

说一个小插曲。南师附中高三丁班的王虹同学，很想重温当初南京赤卫队同造反派相争的非常刺激的感觉，在 67 年 7 月下旬，只身一人独闯无锡。经过几天的了解，在听取了众多的意见之后，他得出了一个结论：无锡“九．二”绝不是像无锡“主力军”所宣扬的那样，是一个保守派组织，也是造反派组织。于是他来到无锡无线电工业学校九二的总部（抗大临革会总部）调查时，当即产生了以南师附中红联八二七的名义支持“九．二”的意念。当王虹说出想法后，“九．二”的人当即表示欢迎和感谢，能有省城南京的造反派支持“九．二”，那真是求之不得，备受鼓舞的事情。王虹起草了声明，随后同“九．二”的人在无锡中心多处地段张贴了声明。声明的内容大概是：无锡两派都是造反派，没有根本的利益冲突，应该团结联合而不应该属诸武力。这可能是南京革命群众组织第一次发表声明，支持无锡“九．二”，拉近了南京“八二七”与无锡“九．二”的联系。

无锡两派的大规模武斗，在南京引起了强烈的回声。南京真正意义上的武斗事件，1967 年 6 月 27 日在南京机器制造学校爆发了。南京机器制造学校，是一所中等技术专科学校，一千多名学生中，700 多人加入了八二七的南京机校东方红，300 多人参加了红总的南京机校井冈山。东方红占据了四层教学大楼，井冈山占据了三层的学校办公楼，平时两派也是冲突不断。技校学生主要是外地生源，绝大多数住宿学校，召之即来，来之能战，战斗力很强。

南京机校地处童家山，周围的工厂企业中红总的势力占有很大的优势，有南京电子管厂红总、3503 厂一二. 一、第十四研究所八. 一八、六九 O 二厂红总、建校红委会等，这些工厂中仅有南京电子管厂八二七烈火大队能占据一块生存的空间。机校东方红与周边的红总单位在广播宣传上经常发生论战，周边的红总势力不允许自己的卧榻旁有他人酣睡。

6 月 27 日上午，南京八二七中学分会在南京大学大操场召开誓师大会，八点半钟，数万名南京市各中学、中专和技校的八二七学生已经聚齐，正等待大会的召开，而此时主席台上还空无一人，同学们都有些惊奇。又等了一刻，只见一位八二七中学分会的负责人匆匆忙忙走上主席台，拿起话筒宣布：

同学们！八二七的战友们，我们的战友、南京机校东方红战士从昨天晚上起就受到周围的工厂企业的红总围攻，他们在极其困难的环境下坚持战斗。红总武斗人员在久攻不下时，竟丧心病狂地放火焚烧机校东方红据守的大楼。我们机校东方红战士的性命正处于万分危急之中。经八二七中学分会中心组紧急研究，今天的大会停开，请参加大会的全体人员立即出发，火速赶往南京机校解救我们的战友。

八二七中学分会负责人的话音一落，操场上的数万中学生一片呐喊，大家群情激愤，跃跃欲试，按照广播中指明的路线，前往增援，浩浩荡荡的人流通过南大后门走上了赶赴南京机校之路。大队人马走过北京西路，整条北京西路涌动着熙熙攘攘高谈阔论的人流，沿着西康路一直走到绿树庇荫的小山坡上一堵围墙前，说是已到了南京机校东南角的围墙边，在路上共走了四十多分钟。

我看到了围墙里面一座正在燃烧的大楼，那应该就是南京机校的教学大楼。大楼很长，楼中间部分是四层，用大瓦铺就了屋顶，两侧三层的裙楼没有楼顶，是带墙裙的大平台。大火就是在中间的屋顶上烧出来的，屋顶已被垮塌，仅剩几根还在燃烧的梁架，从屋顶垮塌的楼内窜出红红的火苗和浓浓的黑烟。

当我们到达南京机校围墙边，围墙内每隔约十余米就可看见有一个拿长矛的红总人员在望风把守。听说机校大门也进不去，那儿有更多的红总武斗人员守卫。此时围墙边上已聚集有千余名八二七中学生，听到有人喊：我们这么多人，干脆推倒围墙冲进去，于是上百人站到围墙边，在“一、二、三”的吆喝声中一起用力，二十多米的一段围墙轰然倒下。

开头冲入围墙缺口的人还拿着在围墙边拾到的树枝棍棒，准备与红总的守卫人员搏斗，却发现此时围墙内一个红总人员都没见到。看到成千上万的八二七增援队伍，红总人员见势不妙，早已溜得差不多了。南京机校东、南面的围墙同时被推开了好几个缺口，各路八二七中学生像潮水般地涌入南京机校。

这时南京机校的学校大门也打开了，一直被红总武斗人员堵在大门外的南京消防支队的消防车开了进来，立即投入了灭火的战斗，在几根水柱的冲击下，燃烧的明火很快就熄灭了，只剩下了几缕青烟。南京机校的教学大楼屋顶已经完全垮塌，大楼的大多数玻璃窗户在烈焰和水柱的双重冲击下已经破碎，楼内的多数桌、椅都毁于大火。

据当时也在南京机校的南师附中同学回忆，此时军管会也有人到达现场，但处理南京第一起大规模武斗事件时，给人的感觉是：优柔寡断，没有魄力。不是果断地组织力量立即灭火，而是向北京方面请示，应该是向林彪办公室（林办）打电话。最后北京方面指示立即灭火，这才开始行动。

此刻，南京机校校园内到处是熙熙攘攘的人群，从通宵酣战后满脸的疲惫、额头上扎着日本武士式的红带子、手握着用角钢制作的长矛、穿着撕破的还带着烟火气息的衣服，很容易地认出南京机校东方红的成员。虽然红总的大队人马从南京机校西门和北门匆忙撤退了，但四散在大门口及围墙边的部分红总守卫人员，没能及时得到撤退的信息而被堵在南京机校校园内，成了南京机校东方红搜捕的目标。我就看到两个被抓到的十四所八. 一八的成员。

一位是个子不高三十多岁精瘦的白面男子，被南京机校东方红的成员认了出来后，立即拔腿拼命地奔跑起来，追赶的人急呼前面的人进行堵截，前面的一个八二七成员伸腿绊了一下，这个白面男子被绊了个大跟头，额头上跌了一个破口子，不停地流血，被几个南京机校东方红的成员给押走了。

才隔了一会儿，我身边一位拿长矛的小个子南京机校东方红的成员，指着一位三十多岁体态十分臃肿肥胖的女人大喊："你跑不了，你是十四所八. 一八的人"。那个女人大喊冤枉，说自己是看热闹的周围居民，那位指认她的南京机校东方红的成员反驳说：从昨天夜里我就在大楼上看到你与攻楼的红总人员站在一起有说有笑，你是赖不掉的。这个女人开始死活不肯被机校东方红的人员押走，一个机校东方红的人员用木棍敲了她背后一下，她在惊吓之中发出了号啕大哭，边哭边随着押送人员走了。

此时校园内聚集起一堆堆的人群，听机校东方红的人员讲述武斗的经历。这场冲突原先只是昨天晚上机校两派东方红和井冈山发生争执，后发展成一场冲突，东方红的成员涌入井冈山总部，井冈山学生少，招架不住，紧急向周围的大单位的红总队伍求援。周围的红总正想教训一下南京机校东方红，拔掉这颗眼中钉，于是聚集了周边红总的所有兵力，于夜里包围了南京机校。看到大批的红总武斗人员闯入，南京机校东方红立即退守到教学大楼，封闭了楼梯，做好了迎战的准备。

红总武斗人员这次攻打南京机校东方红是有备而来，除了长矛大刀，他们带来了一种新式武器：巨型皮弹弓。当年的儿童玩具少，皮弹弓是男孩的常备的玩具。而这种的巨型皮弹弓，结构与儿童玩的皮弹弓相似，有一米多高，皮筋用自行车胎做成，要三人操作，弓架插入地面的缝隙中，旁边一左一右有两个人扶持着，另一人用力拉动皮筋，将鸡蛋大小的石块、铁块当子弹弹射出去。巨型皮弹弓杀伤力很大，如被击中，相信与被真子弹击中无异，该武器太歹毒了。但它的致命缺点是准头太差，从现场的情况来看好像无人被击中。

我的一位班上同学在当年就曾详细地观看了一种固定式巨型皮弹弓的使用，皮弹弓支架用角钢制作，安装在建筑物的楼顶上。支架两个顶端分别焊有大铁环，板车内胎做的皮筋用铁丝捆在铁环上，用板车外胎皮做成子弹包皮用铁丝绑在板车内胎中间。巨型皮弹弓的子弹是电线杆上绝缘用的瓷瓶，弹射瓷瓶必须有二人操作，否则拉不动用板车内胎做的皮筋，两人用力拉动左右皮筋，其中一人还拉动包裹了瓷瓶的子弹包皮，二人同时松手，瓷瓶就飞速地弹射出去，射程可达百米之上，具有很大的杀伤力。

红总武斗人员这次使用的是移动式巨型皮弹弓，尺寸和重量应相对小一些。红总武斗人员在巨型皮弹弓的掩护下，架梯子从大楼窗户登楼，被大楼里砸出的砖头、石块给压了下去。想顺着大楼里的楼梯向上爬，楼梯内塞满了用学生木床搭成的障碍，该木床相互依附，从下面根本无法拆除。

红总武斗人员进入南京机校几个小时，想尽了各种办法，就是攻上不了大楼。久攻不下，红总几个单位的头头聚在一起商量对策，十四所八.一八的头目苗凤高是技术人员，看到堵塞楼梯口的障碍物是用木床构成的，提出用火攻的办法将楼梯口的障碍烧毁。有的红总头头表示担忧，怕承担不了放火的严重后果，火攻的办法没有实施。

据后来从红总内反戈的人员揭发，到了凌晨三点多钟，3503 厂一二.一的头头林树勇着急了，这可是一个胆大包天的主儿，敢打敢杀是出了名的，找到了十四所八.一八的头目苗凤高，决定采取火攻的办法，尽早拿下大楼。由苗凤高派人回单位拿来一桶汽油，浇在堵塞楼梯口的障碍物上，林树勇用打火机点燃了第一把火，“嘭”地一声，火苗就烧了起，沿着楼梯很快地烧了上去。由于大楼里堆满了木质的课桌和椅子，火势越烧越旺，很快整个大楼都着火了。大火燃烧的速度和范围超出几位红总头头的想象，他们也担心控制不住蔓延的火势。

火是烧起来了，又产生了一个红总头头不曾想到的问题，燃烧的楼梯内火蛇蔓延，烟雾呛人，成了一道屏障，阻挡了红总武斗队员的进攻，只有等到楼道的大火熄灭，堵塞的木床烧为灰烬、温度降低后才可继续进攻。大火烧起来的几十分钟后，消防支队接到报警，立即派出了消防车救火。红总头头们害怕救火会阻碍了他们的攻楼行动，紧闭南京机校大门，将消防车挡在大门外。并加派人员防守大门及周边的围墙，防止八二七方面的增援。

经过一夜的攻守战斗，交战双方都已十分疲惫。到了天色大亮的早晨，南京机校东方红还牢牢地控制着教学大楼，数千名装备精良的大型企业的武斗队员，经过一夜的努力，奈何不了几百名十几岁的中学生，让红总的头头们咽不下这口气。可是，此时的形势已对他们十分不利，当他们看到八二七的增援队伍时，起初认定这只是附近中学的八二七学生，只要在南京机校周边围墙加强防守就可抵御，他们迟迟不愿撤退，等发现对方是数以万计的大队人马时，想从容撤退已经来不及了，让少数后撤不及的红总人员当了俘虏。

当八二七的增援队伍到达后，南京机校的武斗已经基本结束了。南京机校东方红的学生面对十余倍的进攻者，凭着勇敢的精神、顽强的斗志守住了大楼。可是当我望着楼顶塌陷、门窗残破的大楼，想到马上就要进入暴雨连绵的夏季，在文化大革命全面停工停产的年代，很难找到维修大楼的建筑工人。

听到南京机校东方红学生的诉说，他们吃住在教学大楼，衣服、被褥、生活用品都在大楼里，这次火灾，损失很大，不少生活用品被烧毁。当年的中专和技校生多半为外地人，生活必需品一时难以补充。特别是在当时买衣服要布票，买被褥、棉衣还要加棉花票才能购买，一个人的全年布票、棉花票供应量还不够买一套衣服，我真替南京机校东方红的学生的生活担心。

经过几个月的调查，八二七方面找到了 6 月 27 日当天在苗风高、林树勇身边的红总成员，他们描述了放火的经过，并详细讲述了苗风高、林树勇当时的谈话内容，八二七方面立即用大字报写出事实真相，驳斥了红总方面散布的南京机校东方红自己放火烧楼，栽赃红总的谎言。

几年之后，当江苏省、南京市及各单位的革命委员会都已成立，两派群众组织都已大联合，造反派们退出历史舞台的时候到来了。曾任原单位红总司令、革命委员会副主任的苗风高、林树勇因多项罪责，特别是作为“六. 二七机校纵火案”的策划者和纵火者，均被判处有期徒刑十年。十几年后我问起林树勇的近况，三五 O 三厂的政工科的小青年告诉我，林树勇刑满释放后回到三五O三厂，已失去了往日的威风，被监督劳动。想当初是独霸一方，拥众数千的造反派头目，现在成了阶下囚，不知他们是怪文革还是怨自己。

这场被称为“六.二七机校纵火案”，是南京第一次使用大刀长矛对阵的武斗事件，造成了国家财产的很大损失，为今后南京即将爆发的更大规模的武斗做了一次预演。这场武斗加深了两派之间的对立，两派都成立了专业的武斗队伍，训练武斗技能，都决心从武力上制服对方。

特别要提到的是，1967年7月份，面临着全国武斗事件频频发生，大规模武斗正一触即发之时，中央文革特别召开了北京和其他部分省市造反派头头会议，一反常态地对武斗大唱赞歌，对全国的政治形势做了新的界定。会上提出：从“天下大乱达到天下大治、乱是乱了敌人，教育了人民，锻炼了群众。”江青在发言中更是一改“武斗只能触及皮肉，文斗才能触及灵魂”的原则，提出革命造反派要实行“文攻武卫”，用鲜血和生命“武装保卫红色政权”。革命造反派们不能被动挨打：“要用革命的两手对付反革命的两手”。

林彪在会上说了：“当前的形势大好，不是小好，整个形势比以往任何时候都好”。并提出一个关于武斗的著名论断：“好人打好人：误会；好人打坏人：活该；坏人打好人：报复。”

只有在武斗中生存下来的群众组织，才是真正的造反派。于是全国各地的冠名“文攻武卫”的专业武斗组织遍地丛生，全国的武斗开始全面爆发。显而易见，任何群众组织永远都不会承认自己是反动组织、保守组织，大家都认为自己是革命造反派，要用武力打倒对方。后来的实践证明，想用武力来打垮对方在全国基本上没有成功的范例，武力镇压只会引来更大的反抗。全国大规模的武斗带来国家和人民财产的巨大损失，造成无数的群众，在武斗中无辜地丧失生命，激起了两派群众组织之间的更大对立。

文化革命终于成了“武化”革命。武斗没乱到敌人，只是毁了自己。

129. 南师附中教改档案流失！

王虹（66 届高三丁）

南师附中教改档案追踪报道

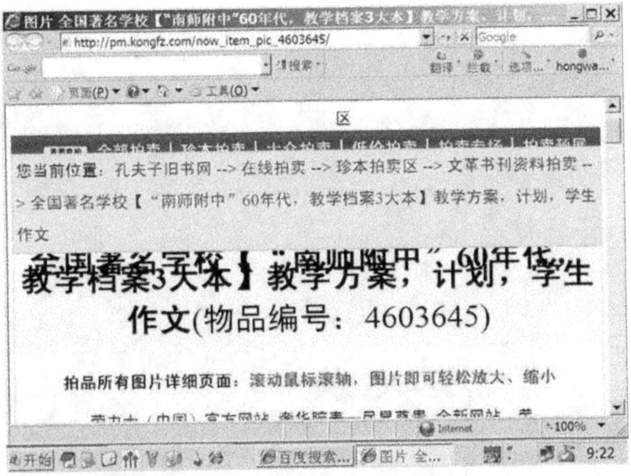

2010 年 11 月 13 日，我不经意在网络搜索中敲入"南师附中教改"一行字。附中教改档案在网上拍卖的信息令人震惊。遂联络了南师附中校友会的许祖云老师，并拜托许老师同附中相关部门联系。

此后，附中相关部门及我，通过拍卖网站同档案持有人取得了联系。经过一番斡旋，持有人同意为我及附中校方各复制档案副本一份。2011 年 3 月 2 日，南师附中的耿国珍老师、刘少青老师及我，与持有人见面。当场达成承诺：档案原件委托附中进行复制，并交付我副本一份。档案原件 4 月 2 日前归还持有人，我作为见证人。至此，教改档案拍卖一事，尘埃落定。

注：经业内人士解释，所谓的教改档案实际上并非档案，也不在规定保管的范围之内，仅仅是一般的教学活动的资料。几十年的教学

活动，这样的资料不计其数，不可能一一保存。所以校方并不负有保管的责任。业内人士分析，很可能校方在处理这份教改资料的时候，一位对教改历史怀有感情的人收留了这些资料，从而保住了这段历史。这位收藏人离世之后，教改资料才流入民间。

1964-1966 年的南师附中教改是中学教育的一个典范，是毛泽东教育思想的结晶。教改同文革一脉承。这个资料对于研究文革前的教育，研究文革，研究毛泽东思想都有着重要的价值。教改资料失而复得，弥足珍贵。

王虹（2011 年 3 月 5 日）

130. 读《我们没有自愿》有感

南师附中老三届校友

（注："我们没有自愿"是有关上山下乡的一篇网文）

阅罢此文，四十年前的一段记忆不由浮起，谨记于下：

1968 年 12 月某日深夜，南师附中一位壮年教师带着几位学生，来到我住的平民小院，将院门擂得震天价响，熟睡的 8 户人家均被惊醒，楼下邻居开门后，他们便奔楼上我家而来，原本住着 68 岁外祖、14 岁弟弟和我的 11 平方的居室，更加拥挤不堪。我正感冒发烧，睡得迷迷糊糊，这位老师命令我立即着衣，下床背诵最新最高指示"知识青年到农村去……"，随即下通牒：明日速去学校报名，上山下乡。外祖慌不迭地说明前些日工宣队的两位师傅来过我们家，了解了我们家的困难后，表示会去向学校反映，会按政策办的。老师不耐烦地喝令老人住嘴，且上纲曰：你们不要对抗最高指示！旋率众离去。

老人摇头叹气：上次来的两位 3503 厂的工宣队师傅倒和颜悦色，肯耐心听我絮叨，理解我们家的困难。而你们的老师，竟这样凶神恶煞，咋不由我分说呢？我们这三口之家，你走了，剩下上老下小，怎么办呀？我无言。老师刚才逼视我的眼神，分明在谴责我之落后……

老师，您是施者，您可能已忘了；在下受者，四十年过来，往事应然看淡，自不会怪罪谁个。孰料早年的记忆硬蹦了出来，我不能也不愿抑制它。如果你读了这段文字，不太舒服，请见谅。

（摘自本站的网友留言。2009/01/17）

131. 插队的日子

王虹（66 届高三丁）

131.1.祝毛主席万寿无疆

1970 年春节，我和李雷留在曹圩二队没有回南京。三队的苏平也在春节前返回了曹圩。我们是在曹圩七队南京下放干部老阚那儿过的春节。

正月十七是一个赶集的日子，恰巧也是苏平的生日。我们三个在黄集街上晃悠。当路过一个烟酒店铺的时候，我突发奇想，提议来个开怀畅饮，既可为苏平的生日助兴又可检验一下每人的酒力。在此之前，虽说大家也与酒有染，却并不曾多饮，不过是沾沾口而已。我的提议遭到李雷的反对。他的理由是：为什么要花钱买痛苦呢？好在有苏平支持，于是开怀畅饮成了我和苏平之间的对决！

当时市面上大多是些山芋干酒，虽然比较便宜却是地道的酿造。我选择了半斤装的洋河，苏平选择了半斤装的双沟。我们匆匆赶完集，相约晚上在三队苏平处开饮。从二队到三队大约三里地，天一黑我和李雷便赶到了三队。李雷因为不介入酒局，便负责下酒菜的张罗。记得当时的下酒菜也非常简陋，没有什么荤菜。李雷带来了一点豆腐乳，说是做一道腐乳肉。不过记忆中似乎并没有肉，而是用萝卜干替代的。经过一番准备，饮酒对决便正式开始了。我和苏平各持自己的酒瓶为自己的小酒杯满上了第一杯酒。

出于正式对决的考虑，我们每饮一杯都要有个说法，有个祝酒令。记得半斤酒共饮了 17 杯，也就是说应该有 17 个不同的说辞。

现在还能清晰记得的也就最初的那一句：祝毛主席万寿无疆。那是当年最流行的一句特定祝福语了。尽管如此，我们仍然对那句祝酒词进行了自己的诠释，以便同社会上的“早请示，晚汇报”以及“忠字舞”区别开来。我们的解释是：我们祝毛主席万寿无疆只是基于他的正确，仅此而已。

实际上这个认识在文革后期，68 年工宣队、军宣队进驻学校的时候就已经形成。我们对新生入校后，军宣队的那套做法不屑一顾。在整个饮酒的过程中，我们的话语比较多，所以时间拖得很长，各自的半斤酒足足饮了两个多钟头。临近尾声的时候，台面上终于出现了情况：苏平有些坚持不住。虽说是对决，其实只是各自饮完自己的半斤酒。当只剩下最后一杯的时候，苏平说什么也不肯再饮了。我极力劝苏平一定要坚持到底，否则名不正，言不顺！岂不前功尽弃了吗？在我的坚持下，苏平终于吞下了最后的一杯。此时酒精的副作用已经完全显现，最初的兴致也已荡然无存，不过结局还算圆满。于是我和李雷告辞了苏平。

记得那天的晚上是个阴雨天气，待我们离开三队的时候，夜深漆黑一片。我们打着手电，撑着雨伞，顶着北风，在落着小雨的泥泞路上一步三滑，直到踉踉跄跄地回到我们的茅舍。进屋后，我刚准备对酒后平衡力作自我欣赏的时候，却不慎碰碎了一个煤油灯罩，让李雷抓了个正着——酒精作用的证据，我也只好认了。余下的几天，我的肠胃症状明显。

自从那一次对决之后，我就再也没有饮过那么多的酒，或者说基本上滴酒不沾了。苏平仍然保持着良好的兴致，后来在洪泽县城以 8 元钱淘得一瓶正宗的茅台，一时传为佳话。

131.2.沉重的箱子

同苏平“对决”后没多久，沈德辉也风尘仆仆地赶回了曹圩，此时的二队就剩下李得宁还滞留在南京。农村的正月比较空闲，一切都显得很平静。可是有一天却发生了一件让我们难以平静的事情。

那是一天的晚上，大队刘书记带着几个大队干部叩开我们的房门，“夜访”知青来了。我们的茅舍是个“一头灌”的结构，从西端的厨房入门向东一连四间。大队干部迅速深入到屋子的每一间，想看看我们都在做些什么。此时我正在听耳机。王大队长凑了上来，对收听的效果表现出兴趣。沈德辉、李雷正在看书。干部们也显示出对书籍的关注。在最里边的屋子里，他们翻阅着李得宁床头的外文书。当时我收听的恰好不是他们关注的“节目”，大家看的也只是数理化以及其他知识类的书籍。

经过一番寒暄，刘书记步入了正题：据贫下中农反映，你们有一个非常重的箱子，能不能打开让我们瞧瞧?刘书记提到的这只箱子，让我们一言难尽。时间要追溯到插队前的1968年。当时工宣队进校搞清理阶级队伍，我们很多人都急于离开学校。既怕自己拖连进去，也不愿意去蹚那盆浊水。红联（包括井冈山）的骨干已于9-10月间集体去了泗洪和内蒙，我们也准备着来洪泽。临行前多少有些“悲壮”，对于母校附中也有着复杂的情绪。这导致我们做出了一些错误的行为。包括运走了校办工厂的一个台钳（准备在农村派上用处），另外拆卸了一个篮球筐以及十二只凳子（每位男生一个）。

我们顺利缴获了这些之后却犯了愁，如何装走这么重的东西呢？正当我们一筹莫展的时候，班上的侨生李德安主动提出将他的铁皮箱子送给我们。凝聚着友情的箱子便跟随我们来到了苏北农村。我相信它一定是知青行李中最重的一个（里面还有姜叙的一副大哑铃）。到黄集街迎接知青的那天，社员们抬着这只箱子走了十来里路。尽管社员们是轮番抬着箱子，也不可能不对它产生印象。

话说刘书记想瞧瞧我们的箱子，这让我们感到不快。从大队干部的眼神儿来看，他们一定把事情想偏了——里面那个重重的“家伙”莫非是……?尽管他们没有说出口。当我们慢慢将铁皮箱子打开，他们才发现除了一面文革组织的旗帜外，已空空如也。干部们显然对文革的遗物缺乏兴趣。于是我们解释说箱子里曾经装有锻炼用的铁哑铃以及书籍之类的东西。（注：台钳早已转移到临接的万福大队，凳子也分散到了各户）

为了缓解一下多少有些尴尬的场面，刘书记讲出了令我们想象不到的一番话：我们向来对同志是既信任又不完全信任，排除疑虑后就会更加信任。听到如此“更加信任”的鼓励，我们不能不由衷地佩服刘书记的水平。

131.3.可食蛋白质

我们在农村的生活很节俭。从营养学的角度来看，除了碳水化合物比较充足外，其他方面的营养都很欠缺。由于很少吃肉，豆腐等豆类也不经常吃，蛋白质的摄入量明显不足。同当地农民相比，除了粮油的量超出农民外，蛋白质总量并不高于农民。农民虽难得有肉吃，但每天有小孩子在河沟里捞些小鱼小虾，多少还有些补充。

村子里没有经营豆腐的农户，这是我们没能以豆类补充蛋白质的原因。我们想到了用盐水腌制鸭蛋。鸭蛋是经过挑选的，食盐也放得较少，还用针在蛋壳上扎些小孔，这样半个月就可以食用了。我们腌制的鸭蛋在质量和口感上绝对超过今天市场销售的产品。

但每天仅仅靠一个鸭蛋仍然不能满足对营养的需求。终于有一天李得宁从阅读中发现了一个新概念——“可食蛋白质”。也就是说，除了一般的食物外，只要是有食用价值的蛋白质，我们都可以将其作为补充。思想开拓到这般境界，令我们异常兴奋——我们想到了猫。当时邓小平的猫论或许还没有正式发表，但猫论与农民的意识大体相似：猫的功能只在于抓老鼠。现在城里人时尚宠物，猫的功能与过去相比已经不可同日而语。但当年我们看到猫，想到的却是另一番景象——“可食蛋白质”！说出来也不怕别人笑话，存在决定意识幺。

尽管有了这个意识，我们却从未主动出击，去干偷鸡摸狗的事儿。至于猫，我们也只是守株待兔，乐见其自投罗网。我们的茅舍位处村子最东头，同农民的房子有些距离。夜里农民的猫会时常光顾我们茅舍的灶台，这是我们唯一的机会。我们堵住窗户将房门略开，然后布置一个传统抓麻雀的局，想着用笆斗扣下来的方式捕捉。

终于等来了机会。这天，我们听到猫进入房门发出的轻微声响，当笆斗落下来的时候，最里间的李得宁首先冲到了灶间。此时猫并没有被扣住，而是跳上了灶台。我这时也赶到了灶间。有准备的与没准备的硬是不一样：李得宁迅速扑向房门，没准备的猫出于本能也扭头扑向房门。只听得重重的，几乎是同时发出的两个声响——前一声是李得宁扑向了房门，后一声是猫头与房门的撞击。那一幕让人感慨万分：为了"可食蛋白质"，人的爆发力竟然战胜了猫！

猫肉的前期工序一般由我来进行。最后将剥了皮的猫浸入屋边的河沟"拔血"去除腥味。烹调采用红烧的方式，可以吃上几天。农户发现猫不见了，多半是若干天之后的事。此后，我们还曾几次得手。记得有一次还提着猫肉到女知青家做客，佯称是兔肉。

说到猫肉，都说其酸。其实猫肉比狗肉细腻可口，甚至超过兔肉。猫肉比兔肉脂肪多，对于缺乏油水的我们来说这点也很重要。光顾我们茅舍的猫并不多，所以我们总共也就品尝过三四只猫，却落下了一个吃猫的名声，这是后话。

除此之外，我们还吃过从大队部引来的通讯员的一只狗。后来干脆将自己养的一只外号"纰漏"的狗也可食了。洪泽多水，我们也尝试水蛇肉。结果并不理想，可食的部分不多，最终还是选择了放弃。

有一次我不在村里的时候，据说沈德辉品尝过白鳝！那是村里人挖棺材时，在棺材板旁边发现的。因为晒不到阳光所以呈白色。当地农民有这样的约定：生产队需要用木材的时候，可以挖祖坟。从社会发展的角度来看，这也许不是件坏事，只是现在的年轻人可能不容易理解，而我们当年已司空见惯。对于当地知青而言，谁家没有一两件出土文物那就不正常了。我们的饭桌板凳、门窗、甚至锅盖都属于这样的出土文物。当然这怨不得贫下中农，巧妇也难为无米之炊。据说58 年大跃进时树木都砍光了，现在要额外安置知识青年，也只好这么着了。

尽管如此，我也没好意思去问沈德辉白鳝的味道。我们最成功的一次尝试，就是品尝黄鼠狼！那是一次偶然的机遇。我们去公社的收购站询问猫皮的价格，无意间发现了一只刚刚扒了皮的黄鼠狼。当地人连猫都不去问津，更何况是黄鼠狼了。我们回来后，简单做了些处理，然后如同红烧鸡一样认真烹饪了一番。我要说，那是我吃过的最鲜美的四条腿食物，其味道让人难以忘却！后来我在部队又碰到一次机会，我说服了战友一同品尝，鲜美极致，无不拍手称绝。

村子里老乡家的猫不见了，多少会引来疑惑的眼神。终于有一次大队刘书记碰到我，提到了这件事情。“你们知青什么都好，就是有一件事不好，你们吃猫！”，“七世才能修成猫，不容易呀！你们怎么不考虑群众的影响呢？”刘书记严肃地说。我当时是矢口否认，反正没有证据幺。四十年后再度见到刘书记，我坦然承认了这个猫事。刘书记笑着说，可以理解。

131.4.没有地址的信

我们的开销不大，但有一种开销占去了收入不小的份额，那就是寄信的邮资。普通的一封信算上邮票、信封耗资人民币八分以上，这对于几乎没有什么收入的知青来说，还是一笔不小的支出。说来也巧，邮局系统当时有个不成文的做法——“毛主席去安源”那套邮票不盖邮戳，据说是维护邮票画面上领袖的光辉形象不受玷污。我总觉得这里面还有着更为深层的考虑。众所周知，盖戳是个既单调又讲究速度的工作。在忙乱中难免不把邮戳盖到伟大领袖的脸上，那后果就很难说清楚。所以敬重只是一个表面的现象，畏惧才是内心真实的感受。

既然邮局有这个畏惧，我们则无所畏惧。于是“毛主席去安源”就不停地，反复地在农村和城市之间穿梭。邮票经过多次用水泡开再用，邮局的工作人员自然心知肚明，这个“优惠”很快便终止了。我们转而选择邮寄毛主席语录。当时人们对领袖有一种敬畏心态，所以购买毛泽东的书籍以及其他相关物品都忌讳使用“购买”二字，言必称“请”。邮寄毛主席著作或语录也不需要邮资。于是我们将“信”夹入语录，或者干脆将信写在包装纸内侧。昔有“柳毅传书”，今有“语录递信”。后来邮寄语录也有了新的规定。我们还有其他的办法，就是用米糊在邮票上再涂上一层，邮戳盖不到邮票，用水泡掉米糊还能继续用。当然这些都有点搞笑和恶搞的成分在里面。兴致过了以后，基本上还是规矩地寄信。

不过有一次实在出于无奈，我写了一封没有地址的信。与那位著名遗嘱的作者普列汉诺夫的“信”相比，我的这封信确实没有地址，尽管邮资一分不少。当时苏平在南京，我有事急于同他联系。他家我曾经去过，但不记得确切的门牌号码。信是一定要寄出的，我只好在信封上认真地画了一个图。好在苏平的住处是大马路旁一座孤立黑色的两层小楼，只要注明位置应该能够投递到。那时我不仅相信邮局人员的智商，更对为人民服务的宣扬抱有信心。信件果然邮递成功！

邮局人员助人为乐的事情还不止这一回。我记得有一次家里来信忘了贴邮票，邮局人员不仅代贴了邮票，还在信封后面加上了批：知识青年到农村去，接受贫下中农的再教育很有必要。估计这位邮局人员不仅了解知青，同情知青，而且对知青也是宽怀大度的。

131.5.不该有的聚会

69 年秋冬，城里人在搞居民下放的时候，我们这些已经先行一步的知青在干什么呢？我想起了当年的一次聚会。这一年的秋冬是我们插队洪泽黄集公社的第二年。知青串门或聚会成了大家难得的愉快时光——年初在马坝走访 64 届老知青时，黄桂玉发自肺腑的感慨也是我们的同感。

“聚会”发生在一次赶集的日子。我同沈德辉一大早便从曹圩二队出发前往黄集。按照惯例，我们总是先去公社的邮局，看看有没有南京方面的信件。在邮局的桌子上，一张空白电报纸引起了我们的注意。或许是枯燥的农村生活需要些刺激，在见到那张电文纸的瞬间，一个奇异的想法或者干脆说是馊点子就在脑子里形成了：搞个假电报，就称谁家要下放速归，然后以此为由头搞一次“送别会”。我的点子一出，沈德辉便拍手称绝。我俩分析了情况，认为曹圩十队的鞠和（高一甲）是最佳人选。当时城里搞居民下放正值风头上，教师也成了下放的对象，而鞠和的母亲恰好是教师。此外，鞠和十分强健，心理素质也比较好，估计承受“压力”不成问题。

说干就干，我们立即草拟了电文。巧在同村的农民曹如会也在场，电文的抄写就请他代劳了，并要求他严守机密。电文写好后，发现背面还需要盖章，我灵机一动在盖章处打了一个勾。这勾的寓意是多方面的，不但包括 OK 的意思，还有执行完毕的含义（当年公安局的立即执行都是打勾的）。

我们匆匆赶完了集，便直奔曹圩四队。当时插队于黄集东面的附中同学，分布在曹圩，万福两个相邻的大队。曹圩四队的位置比较适中，正好在两个大队的中心，是聚会的好点。四队有高二丙的几位同学，他们对电文有些半信半疑，面对这种雪上加霜的“现实”，谁都难以接受。李世融拿着电报再三琢磨，最后做出了肯定的判断：瞧！这后面还有一个勾呢！尽管电文难以接受，电报的“真实性”还是得到了大家的认同。

考虑到鞠和接到电报会很快“回南京”，甚至可能一去不复返，所以“欢送会”得立即着手准备。这时刚刚临近中午时分，争取下午两点钟左右搞个欢送聚会还是来得及的。于是大家立即分工，有的去通知同学，有的去准备饭菜。我自告奋勇揽下了到岔河水产买鱼的苦差事。从曹圩到黄集来回有二十里路，从曹圩到岔河来回也要十来里地，当时谁也没有交通工具，完全凭脚走路。为了能够“聚会”，多消耗些体力也值，谁让自己是始作俑者呢！通知鞠和的任务由沈德辉担当。他有点为难，想就此打住，而我正在兴头，哪能就此退缩。最后沈德辉总算硬着头皮到十队去了。那天我从岔河拎回来两条大鲑鱼，虽说鲑鱼超过两斤就笨了，但考虑到有那么多同学来“送行”，也只能慷慨解囊。下午两点钟过后，聚会的同学都陆续到齐，他们包括曹圩二队、三队、四队、十队还有万福九队的同学。酒菜准备停当后，“最后的午餐”便正式开始。

时间很快就过了午后四点，天色也微微作暗，聚会到了要分手的阶段，我俩的压力却开始沉重起来。戏演到这个份上要收场已很不容易。我和沈德辉溜出来商量对策。尽管内心很虚，但结论还是明确的：立即当众宣布电文纯属虚构。此刻若不说明，后果肯定会更糟糕，挨骂遭拍也顾不上了。我们重新回到屋内，同学们正在作最后的道别。记不清楚我和沈德辉是谁宣布的了，只记得当时有个短暂的沉寂，对我俩来说则是令人窒息的沉寂。“怎么能用同学的信任来开玩笑呢！”三队的苏平（高三丁）终于打破了沉寂。整个下午寡有言语的鞠和，此时再也控制不住——哇地一声哭了起来，“谁都知道下放的人有问题，你们欺负人……”

虽然也有人出来打圆场，可我俩还是不敢正视大家的目光，恨不得找个地缝钻进去。聚会酿成了批判会，这是我们始料不及的。当天晚上，沈德辉作为代表特地到十队向鞠和赔不是。以后的几天，沈德辉常去十队帮助做事，将功补过。“电报”风波总算过去了，农村的生活又逐渐恢复了平静。

事隔几十年，最近读到南师附中 69 年下放教职员工名单，得知 18 位下放教职员工中就有 3 人病逝于下放期间，死亡人数占到了六分之一。可见当年的“下放”造成人们的心理压力该有多么沉重！这不禁让我勾起对“电报”的记忆。无论怎么看，当初“电报”选择下放的内容都是太损了。在 69 年，没有哪件事能比“下放”更让人心情焦虑，精神崩溃。农友们当年的“批判”，现在看来还算是轻的。好在假戏并没有成真，我们造成当事人的心理压力也只持续了几个钟头。这同动真格地让人家下放，还是有着天壤之别呵！这或许是我唯一能够宽慰自己的地方了。

131.6.《怎么办》与《二百首》

69 年，上山下乡运动持续动员。滞留在南京的李得宁已经感到很难继续坚持，于是也来到洪泽黄集曹圩二队。在此之前，他因下乡写给许世友的信件被塞入档案的事情已有传闻。李得宁还带来了一本只剩上册的小说《怎么办》。这是俄国思想家车尔尼雪夫斯基的小说，大家争相传看。文革中，江青自不量力，十分浅薄地批判起俄国的三个斯基一个夫，反而让我对他们的作品更为青睐。为了避免麻烦，李得宁在扉页声明，这是列宁最喜爱的一本书（大家惯用的办法）。当时的书店已经没有这样的书籍，从社会态势来看，也很难再印刷这样的小说。所以，我几乎整段整段地抄写该书精彩的篇章，以加深印象和理解。《怎么办》主张一种“合理的利己主义”，将利己主义划分为“好的”和“不好的”。好的利己主义同时也利他人，所以是合理的。这个合理的利己主义同当局宣扬的“大公无私、公而忘私、先公后私”等，绝对不是相同的概念。我觉得这个理念更容易说得通。几乎在一夜之间，就认同了这个“合理的利己主义”。

记得初中三年级的时候，南师附中高中学生已经有过“人是否是自私的”的探讨。印象中争论很激烈，还出了几个明星人物，包括著名史学家罗尔纲的儿子罗子（绰号）。由于身处毕业班，我对于高中生的争论缺乏更多的关注。一本好书对人的影响会很大，尤其像车尔尼这样的思想家的小说。这本书是列宁流放时携带的少数的几本书中的一本。知青插队虽说算不上流放，但携带这样的书下乡，也很耐人寻味。

有一次我和李得宁在田间车水的时候，我问他是什么主义，为谁服务？这个问题对于当时大多数人来说，可以不加思索就能脱口而出：为人民服务，毛泽东思想呗。李得宁的回答则是另一类：合理的利己主义，为世界服务。可见车尔尼小说的影响力是多么厉害。当然对于李的回答，我并未感到意外。在一片形而上学的浮躁中，一本小说就像打进了一个另类的楔子，让铁板一块的僵化裂出一道缝隙。据说李得宁下乡前就读过费尔巴哈和黑格尔的书。当然，在农村我也没有少读马克思。对我来说，读马克思就如同听古典音乐一样，有一种韵律在内心能够产生共鸣。

还有一次，生产队为农田施肥，我和李得宁负责给社员挑担上肥。劳动的间隙，两人可以说上话。

“你能证明我们的政府是代表民众利益的吗？”李得宁把话题一转问道。我略加思考回答说：“不能证明”。当时我们确实不能证明，因为“政府的行为不透明”，谁知道在干着什么。虽然我们不时会有些想法，但并没有深入的探讨，更不曾想过搞个什么小组。那时我就曾听说泗洪有的知青成立过什么“斯大林小组”，探讨知识青年上山下乡的阻力来自何方。据说还有过结论：阻力来自走资派！这件事听说被当地政府制止，说是文革都胜利结束了，哪来的走资派，“小组”也被取消。这些都是1970年左右发生的事情。

当时带到农村的小说很有限，一部分还是从学校图书馆弄出来的。其中有《远离莫斯科的地方》《青年近卫军》以及舍甫琴科的《音乐家》《美术家》等。物以稀为贵，大家读得都很认真。除了读书，还有《外国民歌二百首》的陪伴。音乐在生活中占有的地位不容置疑。文革时期的城里人，虽说对文艺非常重视，但不免过于僵化。在农村则相对宽松，确实有点像现在的所谓“想唱就唱”了。我们的音乐熏陶主要归功于这“二百首”。原来不唱歌的人，也开始认真学习起简谱，以补上原本应该在学校学好的功课。练习小提琴、手风琴的也有人在，但还是歌曲更容易上口。当时流行的主要有《红河村》(又译《红河谷》)、《草原》《山楂树》《有一个人骑马来自远方》以及《老黑奴》等歌曲，我们百唱不厌。

农村生活的一个特点就是要依靠双脚走路。到邮局或者洗个澡什么的来回也要走上二十里路，时常还是一个人步行。对我来说，路上的消遣便是唱歌。只是在这个时候，才会让人更深刻地感受到农村的确是一个广阔的天地，在这里是可以放声歌唱的。当年通俗的风格还没有流入境内，市面上只有民歌和美声，《外国民歌二百首》的基调显然是美声。如果要追本溯源的话，应该是“二百首”打下了我美声的基础。

知识青年在农村大唱“二百首”也是一种文化现象，它在大家的思想中起到了一种抵制现行文化的作用，即所谓潜移默化的道理。从现在的眼光看，一些苏联歌曲或许也有它的不足，但与“社会主义好”“文化大革命就是好”这样的东西相比还是有很大的不同。俗话说，乐感来自天生。对此我有所保留。应该是既有先天的因素，也有后天的环境影响。设想一个人总是沉浸在“社会主义好”这一类型的旋律中，他的乐感能够有长进吗？

农村同城市的差别，让我们能够稍微放松一下紧绷的政治神经。

这是我们在穷乡僻壤找到的可以自我安慰的价值。

131.7.白鱼鲤鱼混子

1970 年，城里面“一打三反”“深挖五一六”的运动搞得如火如荼，相当的惨烈。相比之下，洪泽农村则几乎没有什么动静，不仅是慢了若干拍子，而且味道也不一样。平静中，首先传来了南京的消息——母校南师附中的消息：南师附中有人想整“红野”……

“红野”是红色野战军的简称，是我们高三丁为主的一个文革派别组织。南师附中的消息内容是，想把红野作为“打砸抢”，矛头指向解放军的典型。听到这样的消息，还是让我不得不认真对文革中的所作所为进行一番思考。震惊全国的南京一三事件，红野的一部分人确实参与了。据说最先冲破保守派防线的就有宋杰等同学。学校抄“黑材料”是红野带的头，还有捣毁九中黑字兵广播站，红野也去了。另外，确实同学校的黑子兵有过肢体接触，但那也算不上武斗呀。为了军训队没有“一碗水端平”，去南京市军管会反映情况是红联所为（红野只是红联的一个成员）。红野整个文革期间只参与了一三事件的所谓武斗（后来知道毛泽东将一三事件定性为革命行动）。显然，将红野搞成“打砸抢”典型，缺乏依据。心中有数，则没有什么包袱。南师附中的消息也就很快淡化了。后来才知道，南师附中的消息在另外的地方动了真格。插队泗洪的井冈山派别的同学没能逃脱劫难，有人硬是被揪回南京整肃了三年之久。

一打三反中，洪泽仁和公社的八中知青陈卓然成就了轰动南京城的“反革命事件”。当时公检法的布告也贴到了洪泽，但我并不清楚具体的情况。只记得破案之前，我所在的黄集公社搞过一次查笔迹行动。当时留在黄集的知青都到公社大院验查笔迹，每个大队的知青还要在大会上发言表态。黄集公社后来也有一名外校知青卷入了一个所谓组织。当局对组织格外敏感，不管是什么组织，包括称兄道弟的也一概取缔。

在慢了若干拍子之后，公社、大队都组织了“一打三反宣传队”。不少知青也参与其中，我们村的李雷参加了公社组织的宣传队，到其他大队去了。我则参与了本大队的宣传队。我们的“一打三反”宣传队，似乎重点放在了经济方面。虽然“一打”缺乏对象，排查还是免不了的，起码也要将平时说说怪话的人敲打敲打。当地有件事情让人哭笑不得：文革中有人对“三忠于”活动挖苦，说成“三种鱼”——白鱼鲤鱼混子（洪泽的主要水产）。下乡之前，城里也搞过一阵子“三忠于”，居委会发给每户三个“忠”字，要求贴到大门上。三个“忠”字代表“三忠于”，这也太形而上学了，贴一个不就得了？不行！居委会复查时，硬是要求一定要贴满三个。相比之下，这个“白鱼鲤鱼混子”，实在是太幽默了！

农民中也有上纲上线的人。有时说着说着就开始扣帽子，居然将“三种鱼”的主，说成了“五一六”份子。我赶紧制止了这种没有根据的说法。“三种鱼”经过一番敲打，总算过关。

农村抓“五一六”展开不起来的时候，城里（包括洪泽县城）的“五一六”已经呈现快速增长的态势。据说南师附中70%的教职员工都受到了冲击。哪来的这么多“五一六”？人们很容易思考到这个层面。别的单位不了解，南师附中的情况还能不知道吗？教职员工在文革中的谨小慎微，自身难保，还有“胆量”去搞什么“五一六”！可是从地方到中央的各级领导不这么认为，而是煞有介事，越搞越起劲。除了五一六，还有现行反革命。哪来的那么多反革命！这个问题常常令我陷入深思。

假如我公开自己的全部想法，多半也会被打成反革命或者五一六——我不能不换位思考。那么我是反革命吗？当然不是。所以我在想，那些被打成反革命的，往往是愿意思考，忧国忧民的人。将这些人打成反革命，当局究竟想干什么？有言道，旁观者清。或许是我们身处政治漩涡之外的缘故，对深挖五.一六，排查反革命特别地反感。由于缺乏信息渠道，遇罗克罹难的事情当时并不知晓，否则觉悟就可能提前。

当时我的思想还停留在“处江湖之远则忧其君”的状态。我时常在想，毛泽东的周围都是如此鼠雀之辈，老人家一定孤独啊！

宣传队期间，李雷有时也回来带些生活用品。有一次他对我说，准备在他去的大队搞个扫盲学习班。他感慨地说：文化原本是劳动人民创造的，可是现在许多农民却被剥夺了文化。扫盲是将原本属于他们的东西，再归还给他们。多年过去，李雷或许已经记不清他曾讲过些什么，但我记住了这些蕴藏哲理的话语。

几年以后，我离开农村到了部队。一次在部队礼堂传达“纠正五一六运动”的文件。四百多人的现场相当肃静，我却无法控制住情绪，竟然抽泣不已。可见当初压抑程度之深。

131.8.热爱社会主义祖国的人们

我们很在乎社会对我们的定位以及关注度。生活愈是艰苦，愈渴望得到些“温暖”，这或许是人软弱的一面。讯息越贫乏就越是关注，包括小道消息之类的。记得有一天，万福一队的廖平兴冲冲地赶来告诉一条消息：国内准备组织知青缅甸军啦！

当时缅共的头头刚刚遇难，游击队受到重创，形势十分的严峻。廖平的这个消息有可信度。据廖平介绍，参加缅甸军的条件也比较优惠。军龄算工龄，回国后安排工作，缅甸军经历不写入档案等等（写入档案当时被视为很严重的事）。我们尽管很关注这个消息，但毕竟是去打仗，性命交关的事情难以盲目乐观。但廖平还是表现出较高的兴致，因此获得了“廖缅甸”的美誉。缅甸军的消息后来没有了下文。

多年后才知道确有其事，只是范围控制得很小，另外参加缅甸军也需要一定的渠道。针对知青量身定制的小道消息，缺乏可信度的也不少。比如 73 年我们听到这么一个消息：毛泽东询问分管农业的副总理陈永贵，关于知青再教育的情况。永贵大叔赞誉了知青一番之后又添了一句：如果再有五年，情况会更好。毛泽东严肃地答曰：人生能有几个五年！听完这个消息，我们仿佛在痛苦之中被注入了一剂吗啡。因为到了 73 年，我们高中的同学很多人年龄已经超过 25 岁。按照当时的惯例已经超过招工，甚至招生的年龄上限。按照廖平的话来说，在初中女同学的眼里已经成了植物人——不可挪动了。如果再来五年，必将全军覆没，不可想象！

每逢元旦、国庆，我们都会格外关注报刊、广播，尽量找出能够同我们粘上一点关系的东西。这种敏感，也让我们的感觉每下愈况。到了 1970 年的国庆节，我们已经开始绝望，甚至有些自我嘲弄。在那么多的国庆贺词中，竟然只有一条可能同我们有些关联——向一切热爱社会主义祖国的人们致敬！可是，如果没有弄错的话，这一条应该是指境外的爱国人士，例如李宗仁先生之类的。显然起草者的本意不会将知识青年纳入其中。李得宁富有逻辑和哲理性的分析，让大家的情绪跌入谷底。

1971 年的国庆却出奇地平静，平静得让人很不习惯。一次和往常一样的赶集，听到了一个让人惊诧不已的消息，林彪出事了！消息有鼻子有眼，说是已经传达到基层支部。听到这样的消息，自然没有心思继续在集市转悠，我立即赶回了曹圩。当然是第一时间同大家分享啰。据李得宁回忆：当天晚间李雷、李得宁和我，三人在油灯下议论此传言。开始还比较谨慎，李雷只是用“二号”来称谓林彪。大家判断此事是真的。据说，我当时就想到打谷场上去呼口号“打倒林彪”，是在二李劝阻下才作罢的。这个心情又难以言表。怎么林彪出事，大家可以这样兴奋？难道大家就这么盼望林彪出事，这么恨林彪这个接班人吗？

当天下午上工的时候，我同义大爷（赵其义）一同整理打谷场地。终于忍不住谈起了这个听来的消息。很快整个庄子的人都知道了，也迅速传遍整个大队。第二天，有着丰富经验的刘书记顺藤摸瓜找到了曹圩二队，很快我就直面刘书记了。刘书记坚持说那是个谣言，我则固执地说那是一个传言。无论如何，刘书记执意让我写一份检查。我只好答应。这个检查不同于“写不完的检查，流不完的泪”的那一类，而是为了承担“传言”的责任。刘书记的意思我很清楚，只要将听到传言的过程写出来就可以了。

写检查的那天，风和日丽。曹圩、万福两大队的知青相约划船去邻近的白马湖一游。为什么选这一天游湖，已经记不清楚，或许是某位同学又要远走他乡的告别吧？当时投亲靠友已经渐成势头，仅靠近的三个大队就有阴曼霞、吴丽文、赵生健、赵生莲、王蕴理、武步宇、吴小军、张明珠、李雷（男）先后离开洪泽以求机遇。记得离开时还得有知青的评语。李雷的评语是我写的，他很满意，说是根据评语可以当选中央委员。这些都是后话。

不过，写检查这件事却让我记住了这次游湖，我是在船上写的检查。事实上，从听到消息时起，大家就做出了判断——这不是谣言。最能说明问题的就是国庆节的平静，以及林彪在报刊广播中的消失，还有城里的来信等等。另外刘书记的态度也极能说明问题。如果真是谣言，就不是写写检查的事情了。

在措辞上我还是坚持使用“传言”而不用“谣言”，否则几天之后“传言”成真，你却说是谣言，那问题可能真会很严重。游湖结束后，我向刘书记交了差。几天后，“传言”成真。

话题要转回到最初的兴奋。我们为什么如此地兴奋？据李得宁回忆：林彪事件一发生，我们即意识到，受此事打击最大的便是毛。我们仿佛在长夜中，看到了一丝希望，所以兴奋。等到“五七一工程纪要”传达后，我们倒有点为林彪未能成功而遗憾了。

对我们来说还有另外一层意义：一切都可以解释了。在此之前，我们的认识不能自圆其说，总是矛盾的。我们虽然不认同这些年搞的“清理阶级队伍”“一打三反”“深挖五一六”等运动，但往往没有将责任同毛泽东挂钩。林彪事件把问题解释得很清楚：连亲自挑选的接班人都出事了，再说毛泽东没有责任，谁能相信呢？我们的兴奋是有了清晰答案的兴奋，是一种思想解脱的兴奋——毛泽东终于自己跌下了神坛。

9.13 事件对于我们这一代，其影响是具有决定性的，是一个思想认识的分水岭。9.13 事件之后，社会上终于形成了人数众多的不再迷信毛泽东的群体，并随着社会的演进，越来越多的人开始反思我们的体制，我们的历史。当然，现在仍有许多人对毛泽东年代认识不清，其原因多半是当初或现在所处的环境不利于思想的这个转变，或者自身努力不够所造成的。

林彪事件的细节与事件本身的意义虽然不可相比，但人们对事件的细节仍然充满好奇。我曾两次听过日本 NHK 关于林彪事件的报道（NHK 每年的 9.13 都会重播这个内容）。NHK 援引蒙古法医最初的骨龄鉴定：三叉戟上没有 50 岁以上的人员。我倾向于蒙古法医的说法，林彪或许不在飞机上……

131.9.样板戏沙家浜

1971 年，曹圩万福两大队的知青联手排演了样板戏《沙家浜》。起因不清楚，自己只是从南京返回曹圩，中途加入的。不过，从两个大队共同承担工分来看，应该是得到了相关领导的充分支持。几个毛头知青全无京剧的底蕴，竟然也排演样板戏，真是不可想象。当时大家因地制宜，充分调动了万福小学的师生。《沙家浜》戏中进攻敌人翻越围墙的那一段“武打”，是对没有任何武功的小学生们严峻的考验。“围墙”是画有围墙模样，挂在绳子上的一条长布。“围墙”后面是类似跳高的落地缓冲装置——一堆稻草（名副其实的草台班子）。扮演新四军战士的小学生们，以自己理解的方式越过“围墙”，免不了磕磕碰碰。他们表现出来的热情，才是促使“样板戏”最终成型的关键所在。李世融演郭建光，徐越兰扮阿庆嫂，鞠和饰沙奶奶，我演刁德一，胡传奎由学校的一位教师扮演，卫生员是徐小梅，郑国民任伴奏指挥客串赵书记，陈国强京胡客串日本军官，廖平手风琴客串翻译官，其他角色由小学生担任。

排练期间还发生了一个抢救溺水儿童的插曲。洪泽多水，河沟到处可见，小孩子落水时有发生。这次幸好被我们碰上（当时正在曹圩四队排练）。于是《赤脚医生手册》上看来的知识都派上了用场。几经折腾，小孩终于缓了过来。大队的医生此时也赶到了现场。医生指出我们打开小孩口腔的方式不够专业，以至于用筷子撬掉了下面的两颗门牙。我在想，能够在第一时间打开口腔，成功实施人工呼吸，已经很不简单。这是我们在农村唯一一次成功抢救生命的集体经历（我还有过另外一次经历，因为不够及时而没有成功）。

经过半个多月的排练，样板戏终于有模有样了。我们在曹圩万福为村民露天演出了十多场次，反映不错，甚至有些名声在外。后来公社召开三级干部大会，还特地邀请“剧组”在公社礼堂来了个专场演出。这虽然算不上大有作为，也该算得上有所作为了。

131.10.黄山行

到了 1972 年，许多知青已经意识到必须做出脱离农村的最后一搏，投亲靠友各找门路成了当时的主调。我们也预感到即将各奔东西，于是大家（苏平、李雷、沈德辉和我）清理了有限的“共同资产”铁箱子和红野军旗，并决定结伙去黄山一游，为“共事”一场画上一个句号。

路费由我买单（作为分得铁箱子的交换）。从南京出发，我们选择了先走水路再转旱路。事后证明这不是一条最佳的路线，却是一个幸运的选择。6 月一个晴朗的日子，当我们匆匆踏上轮船甲板的时候，发现苏平负责的“知青身份证明书”竟然忘记带了。我们并没有去多想，只是良好的心情洒上了一丝不安。

第二天的凌晨，轮船到达铜陵。我们直接搭上早班汽车。经过大约 7 个多小时的颠簸，终于抵达了黄山脚下的太平县城。我们急于落实住处。可是，当所有的旅馆都坚持要求出示身份证明的时候，我们才发现形势比我们想象得更为严峻。情急之下我们想到了公安局。如果能让公安局开出一个安排住宿的条子，岂不是所有的问题都解决了吗？我们四人立刻前往太平县公安局。我们向公安人员述说了遇到的困境，表示了欣赏祖国大好河山的志向和决心。经过我们四人轮番的诉求，公安人员已显现出心动迹象，几乎就要动笔写条子了。

可是就在我们觉得大功即将告成，有些抑制不住喜悦的时候，阶级斗争的觉悟却“本能地”在他们身上激活，准备写字的手又收了回去。接下来的话语更是给了我们相当的刺激：险些被你们蒙住了！要是开出条子，谁能担保你们不出事儿？知识青年不在农村接受再教育，怎么跑到黄山来了？这个条子我们不能开！坦白地说，我们此刻的心情比来公安局前更糟。

旅馆住不成，也得弄个落脚的地方。苏平、李雷在县革委会的门口找到了灵感。那一夜他们取下了县革委会、贫协的两块牌子当作了垫板。我和沈德辉溜进了县医院的候诊室，在长板凳上被医院的蚊子叮了个正着。第二天清晨四人再聚到一块儿的时候，苏平发出了难得的感慨：真是一夜胜过二十年！显然那一夜他的心境很不平静，要不怎么一清早就能讲出如此经典的话语呢？

尽管如此，山还是要上的。就在我们做出最悲情的决定，准备露宿黄山的时候，在乘车站遇到了前一天的车友。他一口答应住宿的事情包在他身上——黄山宾馆有他的熟人。俗话说，车到山前必有路，柳暗花明又一村。一直悬着的心，这时才感到有所踏实。人际关系的传统文化终于翻越了阶级斗争的门槛儿。我们开始有心情同周围的乘客交谈了。我们发现乘客大多是来黄山开会的公职人员。这种以开会为由兼顾游览的行事风格，让我们长了见识。我们感到意外的是，车内专程来黄山游览的，竟然只有我们四人。这时我们才意识到，前一天公安人员的顾虑不是全无道理。那年头有几个专程跑到黄山来旅游的呢？更何况还是知青！我们的行为也忒不合乎“国情”了。

我们如愿住进了黄山宾馆。眼前的山清水秀让一路上的郁闷一扫而空。为了抢在会议人员的前头，我们决定第二天就直奔北海，不在途中停留。第二天登山开始没多久，就看到前方道路一侧的山体上醒目刷写着“无产阶级革命路线胜利万岁”的巨幅标语，落款是南京大学的827。当年也曾有附中学子骑自行车到过黄山，他们没有以这种方式来展现情怀，或许他们心中另有情怀。

在登顶的过程中，我们重点游览了天都峰。我觉得上下天都峰比在鲫鱼背更让人感到心惊肉跳、提心吊胆。在半山寺我们遇到了一位气宇轩昂的住持，他特地为我们介绍了黄山毛峰，让我们品尝云雾茶的清香。在我的记忆中，我们同这位老者应该有过合影。一路上的风景之美就不用去多说了。难得的是一路上几乎碰不到同行者，仿佛整个黄山都处在纯粹的自然当中。这种感受或许是后来者再也体验不到的。

傍晚之前我们到达了北海。由于有山下宾馆“熟人”的条子，不仅顺利住进北海宾馆还受到了一些照顾（包括特地开了一个大间，价格更优惠）。山上的旅客不多，算上短期或长期逗留在宾馆的客户以及宾馆工作人员，总共也就几十来号人，整个宾馆显得十分清静。中晚餐的伙食是两菜一汤，荤素搭配，味道挺不错。加上早餐和住宿，每人一天的费用只有人民币两元。

第二天一早我们赶到了清凉台观看日出。我们穿着租来的棉袍，由于山上水气大，棉袍潮湿湿的，显得很重。那天到清凉台看日出的也就十几个人，不巧的是日出过程完全没能看到。倒是大片乌云在气流的推动下，向我们迎面扑来，周围的山体忽隐忽现阴森森的，给人一种多少有些恐惧的感受。从清凉台返回宾馆后，天下起了小雨，大家只好待在宾馆内休息。前一天登山的疲劳此刻也显露出来，两条腿有些沉重。不过据苏平回忆，当时还打过乒乓球。好在午后天气好转，我们抓紧到西海等景区游览。有名称的景观也算是找到不少，当然为了这些景点也没少跑路。一位上海游客也尾随了我们一程，毕竟一个人爬山还是有些单调。面对山上仙境般的风景，我难以克制内心的兴奋，不禁放开喉咙唱起了意大利民歌《重归苏莲托》。声音在群山之间回荡。那独特的音响效果，令上海游客也赞叹不已。当我们回到宾馆后，苏平突然决定第二天就下山，说是家里有事情。其余三人虽然兴致还未尽然，也只好以大局为重了。我们是从后山下来的。路上并没有遇到前山那么多的台阶，这使得下山更加放松随意。一路上我们是边走边看边琢磨，希望也能发现一些新的“景点”。可见这种“景点文化”当时对我们还是很有影响。回到山下，专程到黄山开会的大批人马已经上山去了。我们住得比较舒适，洗温泉也让疲劳得到了充分的缓解。

返宁的路线与来时也不相同。黄山有到芜湖的直达车，再从芜湖乘火车到南京也非常便利。或许我们从开始就应该选择芜湖而不是铜陵。可如果真是那样，我们必定同那位太平县“车友”失之交臂，后面的事情就很难去想象。当然话又说回来，如果最初选择了芜湖，未必会忘记携带那张最为重要的“知青身份证明书”。当然无论怎样选择，最终靠的只能是“运气”。

这次在黄山停留的时间总觉得短了些，我们把希望寄托在下一次。可是对我而言，“下一次”却始终没能成行。为了那难忘的记忆，我已经没有勇气再去黄山……

131.11.收音机的困惑

半导体收音机当时是知青获取信息的最重要的工具。因为在生产队一般是看不到报纸的，也没有电。文革后期盛行过男焊女织。其中男焊指的就是男生自己装半导体收音机。与曹圩四队张正中的那个近乎专业的外差式相比，我的属于迷你型的单管机，简单却不失创意。最初的日子，我就是靠它来了解新闻。初到农村，生产队还来不及为我们盖房子，我们几个挤在牛棚旁边的一间土坯公房。房子窗户也就是一个洞口，没有玻璃。转眼已是 69 年的四月。之前大家在期待着九大会带来一些转机。一天吃过晚饭，大家在干着自己的事情，我的耳机传出九大闭幕的新闻。这不是令人兴奋的消息，因为结局很难乐观。我们马上想到的是“传达不过夜，学习不漏人”的习惯动作，赶快睡觉才是最好的应对。

说曹操，曹操到。透过窗户洞口，已经看到有手电筒的光束闪动，很快就传来狗叫声以及人员的杂音。光束和声音直接朝着我们的住处奔来。睡着已经来不及了，只能装佯睡着。很快，大队贫协组长刘学仁带着几个人已经围在我们的窗口开始喊叫。“大个子，快起来”（沈德辉的绰号）。可是任凭他们怎么喊叫，我们也没有反应。叫喊声最后干脆简化成“大个子”了。或许他们已经觉察出情况有些蹊跷，于是找来了竹竿，通过窗口捣我们。这一招绝对奏效。为了保护棉被、避免皮肉伤害，我们终于都“醒”了。接下来的程序应该是人们所熟悉的，比如若干人绕着村子池塘之类的地形，喊上几句口号，也算是应付过去。可是，大队还得组织到公社的报喜队，那情况就不一样了，脚板儿得走上二十多里地，还是在漆黑的夜晚！

这一次，收音机虽然没能让我们避免折腾，但也没带来负面的影响。以后的两次遭遇却不那么令人愉快，除了前面提到的“箱子事件”，还有一次也给人以感触。

那是1972年的夏天。从黄山归来后，我便返回了农村。当时留在曹圩的知青只有我一个，不巧又碰上了新的“反革命案件”排查，刘书记带着几个人再次登门。听刘书记介绍，这次排查的对象要满足三个条件：1.有收听工具。2.有一定英语基础。3.对现实不满。

显然，刘书记没有走错门。刘书记提出要把我的收音机带回去“研究研究”，我也只能配合了。这次带走的是我后来用14元人民币购买的一个单管机，比我自己安装的那个效果要好。收音机被带走后，生活完全闭塞。半个多月过去，“研究”成果迟迟出不来，我有些缺乏耐心，于是到大队打听究竟。刘书记的答复出乎我的意料，也令我瞠目结舌。“收音机，我们没收了”，刘书记若无其事地回答。我赶紧解释：这是在百货公司购买的正规商品。“百货公司的商品也不是任何人都可以买的”，刘书记继续自信地说。听到这样的说法，我并没有因为知青的地位，已经到了不能随意购买百货公司商品的地步而自卑，而是内心掠过了一丝怜悯。长期穷乡僻壤的生活，让刘书记这样的精明人也会如此地受到局限。争辩不会有结果，我只能来回二十里地到公社想办法。公社人武部长二话没说，写了条子。刘书记看到条子，也是二话没说，事情就这么解决了。

事后细想起来，心情却难以平静。我们插队之际，文革已经接近尾声。我们的心头压抑着“文革走过场，中学生成了牺牲品”的深深的忧虑。几年的文革造成社会经济秩序的混乱，中学生面临没有出路！这就是我们当时的处境。我们并非没有看到这一点，甚至比其他层面的人更清楚地看到了这一点，只是没有选择。插队农村是顺从了社会的命运——“我不下地狱，谁下地狱”的悲情抉择。

这个世界都知道知青对现实不满，可是有谁知道我们为什么不满？

131.12.土法绘制地图

我们时常会有突发奇想，刘书记也不免受到了影响。有一天刘书记问到我和沈德辉，能否为曹圩大队绘制一张地图。他说自己当了这么多年的书记，曹圩大队究竟是个什么模样也不清楚。我们能够理解刘书记的情怀，也感激他对我们的认可。我和沈德辉掂量了这件事的可行性，满口答应了。预计需要半个月的时间，刘书记许诺工分由大队承担。

我们手头的测量工具只有一个简易指南针和丈量土地用的长尺。我们认定测量只能是个粗略的活，所以用均匀跑步的步数来计算地形的长度。这个方法或许古代先辈们也曾使用过呢。时值冬季，跑跑步还可以驱寒。我和沈德辉分工：一个负责指南针并记录数据，另一个负责跑步记数。

每个生产队一张草图，基本上需要一天的时间。曹圩大队共 12 个生产队，有的比较远也比较大，综合起来确实需要半个月时间。我们的草图包括每块农田的大小形状、灌溉河沟、道路以及农民住房等等。半个月以后，前期工序完成，我们握有 12 张小草图。

时间已经临近 1973 年的春节。我将这些草图带回南京，以便完成绘图的后期工序。12 张孤立的小草图要拼成一张完整的大图一定要经过适当的调整。由于并不要求非常的精准，所以调整没有花更多的时间。很快，一张彩色的曹圩大队平面图就完成了。地图有指北标示，有比例尺，还有农村的一些特殊标示，比如水闸，涵洞等等。

刘书记见到这张地图时非常感慨，他没想到曹圩大队的地形竟是如此不规整。我不知道在此之前，其他地方是否也曾有过这样的地图。可惜，随着曹圩大队的变迁，书记的更迭，这张地图没能保留下来（刘书记后来不无遗憾地提到过这件事情）。否则，那会是一件不错的文物。

131.13.擦肩而过

1973 年是我最忙乎的一年。年初曾尝试用多功能机床捆绑招工名额，希望挤入马鞍山的工人阶级队伍而奔走未果。随后打算报考上海音乐学院工农兵学员，因不是上海知青而受阻。最后只剩下部队文工团这一条路了。凭着“二百首”的功底，我从南京到福州，从陆军到空军，苦苦挣扎了一番。

机会有时会接踵而至。返回曹圩后又被大队刘书记推荐参加县里组织的“批林批孔”工作队。据说全县只有两名知青参与其中（三十四年后，另一位参加工作队的知青对我说的）。不过，在公社领导面接时，还是出了一个花絮。原来工作队是有目标的，工作队成员将是大队书记培养对象。公社领导当时并没有这样直说，而是提了一个问题：是否有扎根农村一辈子的决心。我只能实话实说：还没有这个想法，但我会站好每班岗。显然，这样的回答不能让领导满意。大队刘书记事后埋怨说，当时公社领导通知他——曹圩人选不理想，希望换人。但是刘书记也告诉我，他还是力挺我的。直到进了工作队，我才知道有培养大队书记一说。

工作队由县里统一领导。74 年春节过后，工作队在县城集训了几天，然后分别进入指定公社指定的大队。集训期间县人武部的部长，副部长进行了动员。给我印象最深的是那位副部长，他在动员时宣称，“批林批孔”就他个人理解的第二次文革的开始！他还真敢说。

工作队进入到指定的大队，主要是参与具体的工作，比如农业生产，计划生育等环节，批林批孔实际上只是喊了些口号而已。我所在的大队宗族矛盾十分严重，闹出过冤假错案。工作队内部也受其影响，产生分歧。工作队长将我和另一位下放干部的子弟小徐看作是他的人马。其实队长非常孤立，只有他一个人。队长让我俩写入党申请书（其他人已是党员），结果小徐递交的是入团申请书，被队长批评了一番，说是入什么团幺，直接入党！

当时的计划生育工作也让人匪夷所思。为了保证出生率不能超标，适育妇女要排队生育。今年你生，明年她生，以此类推。如果今年该你生而未生，那么对不起，将重新排队。即便排到猴年马月，那也是你自己的错。另外不该生的，都去结扎。妇女抱怨医生的水平不高，往往带来后遗症，并且没有承诺和补偿政策。遇到这样的场面，我也会加入批评政策不配套的抱怨之中。

这个地方的农民盛行“斗鸡”的民间娱乐，即用手拎起一条腿，呈犄角型，两人相互斗撞，直到其中一人双脚落地为负（现在官方称谓“脚斗士”运动）。我蹲点的一个生产队的会计和队长都是村里的好手。会计败给我之后，姓贾的队长硬是不肯放过我。贾队长身高马大，面相如狮子，体力充沛，是队里一霸。我自知可能不是其对手，就算满足一下他的求胜欲吧，于是答应了。一开始我还能抵挡一阵，而他的体力逐渐占了上风，我被逼近一个水塘的边缘。他看到了机会，而我也是不服输的主，并未就此称臣。他的最后一击，我已经没有退路，直接跳进了水塘，但仍然单腿站立着。贾队长如愿以偿了，我虽说有些狼狈，却也不失尊严。

没过多久，我接到了特招入伍的通知（年龄、体检、政审相对于普通招兵要宽松许多）。那是 1974 年 4 月底，我已经 27 岁。工作队期间是我距离“组织”最近的时候，擦肩而过则渐行渐远，再也没能回头。

再见了，洪泽。

（原载 China in Perspective）

132. 忆查全华君

柯德远（南京五中老三届）

查全华烈士1969年12月15日在南京遇难。1970年2月13日，南京中央路玄武门段惊现“查全华烈士永垂不朽”“我们需要真正的马列主义”等标语。距查全华就义整六十天，炮制者的命运可想而知。是年4月28日，制作并张贴标语的南京赴洪泽插队知青陈卓然君被处决，同案苏小彬获十五年徒刑。二位与查全华素未谋面，更不相识，毫无瓜葛，挺身而出仗义呐喊，令人敬佩，这许是查君所称之民心的体现吧。

我和查君同学三年，相交八年，建立了深厚的友情，查君往事时浮眼前，犹记当年他与京剧票友的父亲在建邺区文化馆，同台演出古装京剧《狸猫换太子》中俊美的小生扮相。还有在校文娱演出中，演奏二胡《良宵》及表演相声、双簧的逗人形象。查君的才艺、特有的气质与亲和力，实为同学中之佼佼者，初二时即被推选为校学生会主席。查君敏而好学，课余就是读书，恰好二十四中拥有一个相当不错的图书馆。查君喜爱写作，以“悲秋”笔名时而写点小文章。当年正值中苏二党论战，报刊连续登载“九评”苏共中央公开信，引起查君的兴趣。在他的带动影响下，同学们积极投入学习讨论，各抒已见，且超出中苏论战范围，涉及国情、国策等诸多问题，其中不乏非主流的见解。查君身兼班长团支部书记，身边聚集班级的团员与积极争取入团的十多名男同学，终于在63年初（农历癸卯年）形成一个学生社团——“癸卯宁条约”，并决定出一份不定期刊物。岂料负责编辑期刊，笔名“南文”的柏金荣同学不慎在做早操时将第一期“期刊”遗失。所谓期刊也就是手写，不足半张报纸大的一张纸，遗失时被折叠成一小方块。只因上面写有涉及时政且不合时宜的内容，使得团员及积极要求入团的这些人深惧影响自己的前途。加之即将毕业，故而一致决定中止活动。尔后未见学校有任何动静，此事也就淡忘了。估计该“纸块”经踩踏后被当废纸扫入了垃圾箱。

毕业时查君报考“第四军医大学”（当年招生时称西安护士学校），却因家庭政审未通过。遂弃考高中，转由学校报名参军入伍。新兵集训结束时，查君凭借出众的表现与才华，被连队领导相中，旋破格提拔为连队文书。从我们当时通信的内容可见，彼时查君也曾立志报效国家。焉知祸从天降，时在南京铁路运输学校就读的朱永庆去信查君，告知他正在争取入团，想把初中时“癸卯宁条约”一事向组织做思想汇报，为此征询查君的意见。不巧，此信被部队查获，直接导致查君提前退伍，且在退役证上注明“不服预备役”。这实际上宣告查君政治生命的结束，查君也意识到自己已沦为一名“内控人员”。退役后查君被安置于南京玄武区修建三队任施工员，后应查君本人要求拜师木工师傅学艺成为一名木工。政治上虽无所求，好学的查君却喜好上哲学，开始研读黑格尔、费尔巴哈、马克思、列宁等人的著作。

闲时偶与为数不多仍有往来志趣相投的中学同窗相聚讨论。

1966年，“史无前例的文化大革命”开始。是年夏秋时节，查君单位的工友王金因历史上担任过伪职，无端被南京外国语学校以官沪宁为首的一伙儿红卫兵殴打致死。义愤填膺的查君为替死者申冤，发起成立了“王金事件调查团”，并两赴娃娃桥市看守所，提审已被收押的官沪宁。此事件也是南京工人投入“文革运动”的一个导火索。从此，南京工人也与学生一道，全面参与“运动”。不久，身为高干子弟的官沪宁被秘送部队参军。如此结局也让查君冷静了许多：他退出了调查团，辞去工人组织中的职务，不参加当时“派系”间的争斗，游离于“文革运动”之外。他潜心钻研马列包括毛的著作，试图从理论上剖析这场运动，推测其结果。当然，如果说有什么议论的话，也只是两三个好友间的私下讨论而已。

1968 年 12 月 8 日因我即将插队盱眙农村，李家骧也将从南京林业学校分配至东北，为替我们送行，查君、王家庆、马如奎与我到林业学校李家骧处聚会。这天就是“马列主义小组”的成立日，其实大家谈论的内容与往常并无多少不同，也没有举行什么仪式。按查君的想法，当时并没有成立一个党的必要。换句话说，即便中国将发生革命，也只是个预测，建党时机并未成熟。所谓“马列主义小组”，充其量为迎接可能发生的革命做些思想准备，称为小组是适宜的。今后根据形势的发展再决定后面的行动。查君为组长是当然的而非选出的，王家庆的副组长之说只是其个人的言辞，而其他人的分工则不存在。五人中，查君、王家庆与我为初中同学，王家庆、我、马如奎、李家骧都是近邻朋友，王、李二人还是姨表兄弟。如是选举，王家庆的票数或许能多于查君。五人林校一别再没有共聚，李赴东北我到苏北，马回下放地六合，只查、王二人在宁。

查君喜欢弄文，以母姓起笔名罗左，意含做一个左派的志向，并写些平时观察与思考的心得。被当局定为反革命政治纲领的《论二次革命》也是这期间写的一篇文章。当时只有王家庆与我二人看过。我担心留下此文会遭祸，阅后即烧毁，这倒不是因为它是什么“政治纲领”。此文仅是查君尝试运用马列的理论，剖析这场“史无前例的文化大革命”及其给国家与人民带来的灾难，将平时大家讨论的东西作一个总结，表达他自己观点的一篇文章。一句话，对当前这场“文化大革命”持彻底否定的立场。这样的文章怎能示人？至于“二次革命”的提法，也是查君预测将会发生的事情。依据是，造神运动出现的“早清示晚汇报”、搭“忠字台”、全民大跳“忠字舞”“万寿无疆”“永远健康”等愚民政策，物极必反。最终民众是不会被愚弄的。另外，众多革命功臣被打倒，知识分子被冠以“资产阶级”，停课停产的革命，学生插队农村，民众稍不小心即因言行之失获“现行反革命罪”。凡此种种，导致的结果必是走投无路的民众起来反抗。毛林自毁国家基石，随时可能引发革命，并很有可能爆发于党内当政者内部。这也就是查君预测中国将会发生“二次革命”的依据。这样一篇文章显然不是什么政治纲领，且只有二人传看过，所谓的“讨论通过”完全是莫须有。

当初定罪时还提到查君另一篇文章《贺辞》是这么回事，69 年初，自诩为“副组长”的王家庆，再三向查君提出，其厂青工朱XX主动向其靠拢，迫切希望加入“组织”，王又拉上另一工人张长岭，认为成立南京玻璃厂马列主义小组条件成熟，他要成立南玻小组，要求查出席他们的成立现场，被查拒绝。后应王的请求，查君写了一篇祝贺南玻小组成立的短文，即所谓《贺辞》。当时我正好从盱眙农村回宁小憩，王改要求由我去宣读该辞，我觉得不妥，与查君交换意见后婉拒了该要求，借口要回农村没有去。这篇《贺辞》最终交由王自行处理，他有没有宣读不得而知。查君与我当时的担心现在得到了证实，判决书中根本没有“积极要求加入组织的朱 XX”这个人。

再过几天就是查全华君遇难四十一年的忌日了，叹查君生不逢时，谨以此回忆作纪念。

柯德远 2010 年 12 月 8 日于南京

以下是网友议论：

1. 李得宁：1970 年春当局发动了名为“一打三反”的政治运动，以打击所谓的“反革命活动”，其中也包括地下读书活动，还有南京的“查全华马列主义小组”。当局以“攻击毛泽东和文革”的罪名将查全华处死，他的朋友陈卓然、苏小彬、倪寒予和王茂雅对这种残忍的杀害极端不满，他们在南京市的大街上张贴了数十张标语。标语的内容有“我们要真正的马列主义！”“查全华烈士永垂不朽！”。不久当局又把他们以“陈卓然反革命集团”之罪关进监狱，后来也将陈卓然杀害了。

2. 史安琪：查全华不是知青，他是南京的一个青年工人。70 年在五台山开的公判大会，当场宣布判处死刑，立即执行，他当时喊口号，就被用绳子勒住脖子，用棉花堵嘴，不让他喊，后来就拖到汉中门外枪决了。当时我从农村回南京小住，正遇上这件事，人们都在暗地里议论，听到的都是赞扬他的，但是谁敢说出来？接着就听说有支持他的标语上墙，是不是陈卓然他们干的，我就不知道了。

3. 王虹：苏小彬所在的炼油厂有我那么多同学，有高中的还有小学的。其中一位小学的同学还是董炜、吴超明等人初中的同学，他的弟弟对陈卓然事件有更多的了解。陈事件也被称为 2.13 事件，正好是情人节的前一天，陈贴出了成立马列小组的宣言……

133. 莫须有的“五湖四海”造反兵团

吴小白（68届高一甲）

在文化大革命中期的1967年8、9月份，全国各地造反组织之间的武斗正如火如荼地展开，各个造反派到了生死决战的时刻，为了压倒对方，两派组织动用了包括枪支、火炮、火箭、装甲车在内的一切武器进行武斗。同时，为达到政治上诋毁对方，一些造反组织的头头，动用一切手段，开动宣传机器，甚至造谣诬陷，将污水泼向对方。

南京文化大革命中，曾发生了一段“天方夜谭”的故事，这就是欺骗了当时南京的所有市民、凭空捏造的“五湖四海”造反兵团事件。1967年8、9月份，是全国武斗最高潮。在江苏南京，旗鼓相当的“红总”和“八二七”两大造反派组织，经过几个月的不断争斗，显出了一定的变数。

“八二七”方面有三支群众组织组成，一支是以南京大学“八二七”为首组建的南京“八二七”串联会，一支是南京工学院“东方红”组建的“江苏东方红”，一支是华水革联组建的老工总（江苏省工人红色造反总司令部（老）），这三派均对以南京大学“红色造反队”为首组建的“红色造反总司令部”（简称红总），在1967年1月26日夺取省市委大权时排斥其他派别的作法强烈不满，相同的目标使这三支队伍联合起来。三支队伍中南京“八二七”实力最强，人数最多，“老、东、八”也通称为“八二七”派。

南京“八二七”在大学中的力量主要集中在南大、南工和华水，其他大学红总力量占优。“八二七”在中学人数众多，实力强大，并在舆论宣传占有优势，但在武力方面稍处劣势。“红总”在多数大中型工厂力量占优，利用工厂生产资源的优势，整顿军备，频频出击，给“八二七”造成了很大的压力。在 1967 年 6、7 月份的武力较量中，“八二七”方面除了在下关地区的武斗中取得大胜之外，在南京市区的武斗中处于被动防守。到 7 月底、8 月初，红总更是频频发起武斗攻势，攻占了“八二七”的“五中八. 八”、四中“反修战校”、二中“红旗”、南京砖瓦厂等重要据点，“八二七”方面在市中心只剩下南京大学、南京工学院、华东水利学院等少数据点，战事吃紧。

在胜负未定、“八二七”主力未受损伤之时，在毫无征兆的情况下，8 月 8 日，“八二七”从市中心突然全面撤退，集中力量防守下关、浦口等“八二七”势力占优的地区。这一撤退行动完全出乎所有人的意料，避免了双方在城市中心区域的血战，保存了“八二七”的实力。“八二七”集中兵力于下关、浦口，红总不能像以前一样采取集中优势兵力，对“八二七”据点分割包围、各个击破的战术。至此，红总再没有主动挑起大规模的武斗，南京市中心地区的战事反而趋于平静。

后来听说，8 月 8 日“八二七”方面的大转移，是采纳了南京军区司令员许世友的意见。在 8 月初，许世友找来“八二七”的总头头曾邦元，提出“八二七”实行战略转移，退守下关的意见。曾邦元开始想不通，说我们“八二七”还有强大的实力，可以与红总放手一搏，如果放弃市区就等于承认失败，会影响“八二七”的士气。

许世友开导说，解放战争初期，我军还放弃城市退到农村，不争一时一地之利，大踏步地后撤，结果是取得了全国的胜利。现在的撤退，正是为了夺取最后的胜利。红总就想在市中心围攻“八二七”，在市中心决战会造成双方人员的大量伤亡，撤退就能保存实力，就能东山再起。曾邦元最终接受了许世友的意见，并将撤出市中心的意见传达给其他“八二七”中心组成员。

8 月 5 日晚，红总出动数千武斗人员分别切断所有通往南京五中的道路，集中力量攻打五中。“五中八. 八”是南京“八二七”中学分会中最能战斗的队伍。“五中八. 八”的头头、“八二七”中学分会副会长庞良贵带领四位同学，坚守在五中门口莫愁路基督教堂的钟楼上，奋战数小时，砸光了钟楼上所贮存的石块。在红总提出退出战斗者可以立即释放回家的条件后，庞良贵劝说其他 4 人放下武器撤出战斗，自己一人誓死守卫钟楼，直到力尽受伤。当红总武斗人员分几路爬上钟楼时，庞良贵高呼“八二七万岁！”的口号，准备跳楼就义，身体已悬出楼外，被红总队员拉住背后衣服得以幸免于难。

庞良贵被红总俘虏后，红总对他十分优待，派医生给他疗伤。红总人员佩服他的勇敢精神和极大的影响力，红总的大小头头都来看望他，好言相劝，并许以红总中学司令部副司令的地位让他加入红总，都被他严词拒绝。庞良贵被俘后，“五中八．八”贴出了“为庞良贵报仇”的标语，更加积极地投入到与红总的斗争中去，哪儿有两派冲突，那里就会有“五中八．八”成员的身影。

要说一下题外的话：红总曾放风说庞良贵的态度已经软化，与红总的观点趋于一致。到 9 月下旬两派开始大联合的谈判时，他被红总释放。释放后庞良贵立即发表声明，也是为了辟谣，他在“五中八．八”的欢迎大会和“八二七”中学分会都做了讲话，表示自己虽然受到红总的优待，但“八二七”的信念从未动摇过，并表态：“我没有屈服，没有动摇，没有辱没八二七战士的光荣称号。如有人不信，可以看我今后的表现。”江苏省革委会成立后，庞良贵任江苏省革委会委员，南京五中革委会主任。1968 年他作为知识青年插队江浦县，任江浦县革委会常委，公社革委会副主任。

话说回头，此时，南京市内的形势已十分严峻，“八二七”的头头们完全认同了战略撤退的意见。我认为，做出这一决定的一个重要因素是红总方面已从解放军部队手中夺取了相当数量的武器，对只有长矛、大刀的队伍，枪支的作用是巨大的。当时双方已有少量的枪支，是从各区县武装部拿到的。而红总首先从汤山炮校和汤山附近的军事单位中抢到了一批枪支弹药，打破了武器上的均衡，“八二七”头头已看到了自己武器上的劣势，血肉之躯是挡不住子弹的。

特别是在 8 月 4 日南京砖瓦厂武斗中，红总曾数次都没能攻克的迈皋桥地区“八二七”最重要据点南京砖瓦厂，被红总用枪支攻了下来。这次武斗是南京地区第一次真正使用枪支的战斗，“八二七”遭到惨重损失，有八人被打死。此时如果不从南大撤退，南京大学的“八二七”队伍将会受到更大的损失。

在撤退之前“八二七”还放出“与南大共存亡”的豪言壮语。南大物理系“八二七”发表广播声明：南大物理系实验室拥有中子发生器，只要红总人员敢于进攻南京大学，物理系“八二七”就要用中子武器作战，让进攻者在无声无息中死亡。我认为这只是恐吓对方，当时的普通大学不可能拥有可实战使用的世界最先进武器，。

就在 8 月 7 日晚上，守卫南京大学的“八二七”人员还在用电焊机加固铁门，积极进行防御的准备，南京“八二七”中学分会会长、南师附中高三丁班的沈立智还领着几位南师附中同学参观了南京大学的防御工事，并在南大文革楼坚守了一个晚上。

但到了 8 月 8 日上午，“八二七”总部下达了撤退的命令，从上午开始，许多大学生陆续离开南大。早上十时左右，我在南大碰到我班同学朱鸿鸣，他是南京“八二七”广播站的播音员，广播站就设在南大宿舍区的东南角的学生宿舍的四楼上，他找到我们，要求我们帮助转移广播器材。我和另一位同学跟朱鸿鸣一起来到四楼广播站，南大学生希望我们能把部分的广播器材、油印机等设备带走转移到各人家里，从宿舍楼上可以看到，满载红总武斗人员的卡车不时从珠江路上驰过，带着这些设备大白天离校已很不安全，只得与几位南大学生一道，将广播器材搬上学生宿舍四楼的天花板上收藏起来。后来得知，红总人员冲进南京大学之后，有一批人直奔收藏广播器材的地方，将所有器材从天花板上起走。当我们收藏广播器材时，已被红总的探子看到。

午后二时许，“八二七”的大队人马开始撤离南大。红总方面没预料到“八二七”的突然撤退。虽然在通往下关的主干道上做了严密的阻截，但草场门一带却只有南京电力学校的红总学生设立了关卡路障。红总的这一疏漏，让“八二七”的撤退行动得以成功实施。

当“八二七”的大队人马从南大后门（前门已经被包围）撤出，经北京西路行进到草场门时，遭遇南京电力学校红总设下的关卡阻拦。前有阻击，后有追兵，眼看已无路可走。这批大队人马的成员均是“八二七”的骨干，“八二七”的中坚力量，振兴“八二七”的希望所在。在千钧一发之际，队伍中南汽“八二七”的一位头头，挺身而出，手捧土制炸药包冲到路障前高喊：谁胆敢阻挡我们，就用炸药炸开血路！真的要以血火相搏，电力学校的学生退却了，撤出了阻挡的障碍，“八二七”大队伍这才冲出重围到达下关。当时场景非常的悲壮！

曾邦元和几位南京“八二七”的重要头头（包括南师附中的沈立智），当时也从南大撤退。他们有一辆小汽车，直接开到南京军区管辖的AB大楼，南京军区的相关人员已经在门口等候。军区人员简单交代了退守下关后“八二七”与南京军区的联络渠道，南京军区下关长江支队的政委作为南京军区的联络代表。随后几个人做了些化妆，分头步行到达了下关。据说曾邦元是男扮女装通过草场门的，这我相信，曾邦元个头不高，偏瘦，皮肤白净，装扮成女人是很像。沈立智与南大“八二七”中心组成员周文昌、丁曰泗等 3 人留住在AB大楼，作为“八二七”联络和协调人员，每人配备 1 名穿便衣的军人当警卫，可在南京市区巡视，处理突发事件。当红总武装人员于下午三点钟左右开车冲入南大时，“八二七”人员已基本撤完。

这次大撤退，无论从当时及现在的眼光看，都是睿智、理性、果断和意义深远的决定。不争一城一地的得失，即保存了实力，避免了市区内的恶战，更以弱者示人，言称不愿使南京城区在武斗中受到破坏，立时取得了南京市民的赞誉。“八二七”集中力量，防守交通发达的长江两岸的下关、浦口地区，并可调动在江苏全省占优的“八二七”力量压制红总，使南京“八二七”与苏北“八二七”势力协同作战，主动出击。至此，“八二七”取得了战略上的主动。

在“八二七”撤退之后，许世友也交代好工作，收拾了行囊，带着警卫连驱车来到安徽大别山的军事基地深处的一个大山洞里，在洞口架上一挺机关枪，交代他的警卫连战士：只要有造反派敢到这儿来抓他，就立即开枪射击，不得让造反派冲进来。许世友在大别山一直住到 9 月底，直到中央对他的问题作了明确表态和南京形势的明朗后他才出山，他不想学武汉军区的陈再道司令，被造反派逼得走投无路，在大别山里谁也抓不住他，这也是高招。

“八二七”武斗力量的突然撤走，也使准备打大仗、打硬仗的“红总”方面有些泄气，在最炎热的夏日，空守在市中心各大楼的武斗工事内无所事事，也容易产生懈怠的情绪。配合中央二报一刊“揪军内一小撮走资本主义当权派”社论的发表，红总于 8 月中旬发动了揪“八二七”总后台许世友的活动，举行了号称千辆汽车大游行的“揪军内一小撮”誓师大会。在大方巷的省军管会门口成立了“揪许联合指挥部”，红总的所有大单位都派人进驻，日夜守候在搭起的临时棚子里，棚子从大方巷口一直排到靠近鼓楼广场处，红总头头信誓旦旦地表示：“不打倒许大马棒，决不收兵”。但这一切都是风声大雨点小，没有得到南京群众的响应。“揪许”活动后来成了红总“败走麦城”的重要原因之一。红总的这些活动，被“八二七”方面通称为“八月黑风”。

反观“八二七”阵营，撤走下关之后仅经过几天的沉寂，很快就调整过来。“八二七”的宣传活动在市中心又活跃起来，“八二七”中学分会的学生们，以“威武不能屈”的气概，抱着“活着干、死了算”的心态，以更大的激情投入到斗争中去。南京市内几乎一夜之间各大街小巷里贴满了“八二七”的大字报、大标语。“八二七”在南京普通市民中取得良好的口碑，即与“八二七”的宣传有关，也因红总的过度炫耀武力，人心是压而不服，“八二七”以弱者示人更得同情。“八二七”中学生的活动，鼓舞了“八二七”群众的勇气，动摇了红总群众的信心。

南师附中不能去了，去南师附中要经过红总设立的二道关卡，一道在山西路南京电子管厂门口，南电红总用铁丝网封路；一道在三牌楼 3503 厂门口，3503 厂一二. 一除了在厂门口的中山北路上用铁丝网封住大路，更在厂门口修了个大碉堡，仅在人行道上留了个小缺口让人行走，有武装人员昼夜把守，监视和盘查行人。

南师附中红联的近二十位同学，不约而同地聚集到南京工学院机械系的一间活动室内，抄写大字报，进行联络活动。大字报原稿都是“八二七”宣传部提供的材料，以及“南京八二七”报、“中学八二七”报上的文章。抄好的大字报一半交给南工东方红“小老虎”

战斗队，作为借用南工场地及提供纸、笔、墨的报酬，另一半由南师附中高三的杨洪蒼带走转交给“八二七”的地下活动小组去张贴，这些小组的成员，具有一定的自卫能力，夜间活动，碰到对方纠缠时，即可打，也能跑。当获悉有“八二七”的大集会等活动安排，聚集在南京工学院的同学就分别通知其他的同学参加。在南京工学院活动的同学们，工作忙碌，紧张而又充实。

这期间发生了震惊南京的“五湖四海”事件。8月中旬，红总南医大六.一三造反团在校内抓到了一名小偷，（偷窃这类事情在文化大革命中很少发生，当时人们的品行还是不错的），南医大的学生们闲来无事，正想找些刺激的事情干干，就在这名小偷身上练练拳脚，他们用各种酷刑拷打这名小偷。当年的造反派们，抓到对立组织的成员都是严刑拷打，对抓到的小偷当然决不会手软。他们把小偷吊到大树上，用棍棒和皮鞭毒打，要他交代自己的罪行以及同伙的情况。

小偷被打难熬，交代了自己的名字和籍贯。为了少挨打，小偷也顺着南医大六.一三造反团的问话，胡乱编造了一些内容。当天傍晚，南医大六.一三造反团在对小偷审问之后，又把小偷押到学校大门口，绑在十分热闹的汉中路口的梧桐树上，挂上大牌子示众，任路人殴打、羞辱。

小偷从中午被抓到直到晚上，经历了严刑拷打审问，已是遍体鳞伤，当时正值最炎热的盛夏，得不到食物和饮水，已经奄奄一息。小偷提出喝水的要求，此刻已丧失人性的大学生将稀释的硫酸给他喝。小偷喝了就喊肚子痛，接着很快就昏迷了。到了夜里，这位被大学生抓到的小偷，才二十岁左右的年轻人就永远地闭上了眼睛。就这样，一个鲜活的生命就离开了人间，扼杀他人生命的竟是即将从事治病救人、救死扶伤的未来的医生们。而被打死的这个人，可能没人知道他的真实姓名，也只有他的母亲正倚门眺望、祈盼儿子的归来。

可是在那个动乱的年代，人的生命像草芥一样，随时会无声无息地消失。任何人都可以施行暴力，践踏别人的肉体和生命，只要把对方说成阶级敌人就可以不受任何的惩处。把人活活打死，自然会受到遣责，南医大六.一三造反团总得有个交代，它发表了一个声明，认定打死的是个坏人，打人的行为是正当的，是为社会除害。南医大六.一三造反团在声明中特别提到据这个小偷自己交代，他参加了一个叫“五湖四海”造反兵团的组织，该组织总部设在湖北武汉，参加该组织的人都是小偷、强盗、杀人犯，想乘着文化大革命混乱的时候到全国作案，大捞一把，并将各地的社会秩序搞乱。重刑之下，逼迫的招供有多少可信度，令人怀疑，而且已死无对证。不过，在最初的宣传中，并没有把打死“五湖四海”分子事件与南京“八二七”联系到一起，仅作为一种为民除害的革命行动。

可是才过了几天，红总的大字报上，出现了各种各样的“小道消息”，不但将“五湖四海”造反兵团的动向说得煞有介事，有鼻子有眼，而且与南京“八二七”联系到一起，说是南京“八二七”组织、资助和指挥了“五湖四海”造反兵团。

一则消息说：前几天被南医大六.一三造反团打死的人是“五湖四海”造反兵团的探子，“五湖四海”造反兵团的头头们闻讯探子的惨死后极为震怒，决定带领“五湖四海”造反兵团的主力部队，从武汉顺江而下直抵南京，要“血流”南京，为被打死的探子报仇，几天之内“五湖四海”主力部队就要到达南京，请全体市民做好迎敌准备。

一则消息说：自从南京“八二七”退守下关之后，一直准备反攻，夺回市中心。据可靠情报，南京“八二七”头头与“五湖四海”造反兵团的头目经过谈判已经达成协议，制定了联合作战计划，由“五湖四海”造反兵团派队伍潜入南京市区进行破坏、制造混乱，南京“八二七”乘机大举反攻，夺取南京。

这些大字报说得是言之凿凿，信誓旦旦，好像他们有人深入到“五湖四海”造反兵团的内部，参加过他们的高层机密会议一样。看到这些大字报描绘的故事，堪比“天方夜谭”的故事更离奇，更诡异。真不知哪位智囊的头脑里会想出“五湖四海”造反兵团血洗南京的奇思怪想，在当年特别缺乏想象力的中国，理应获得“最佳创意”奖。

在市中心也贴出不少红总的大标语：

“南京‘八二七’勾结‘五湖四海’绝无好下场。”

“全市人民团结起来，迎头痛击‘五湖四海’，保卫家园。”

这时，红总总部也发表声明，要用革命的武力保卫南京，革命造反派与南京人民站在一起。并号召南京市民组织起来，武装起来，参与到保卫自己家庭财产的斗争中来。在8月中旬到9初的二十多天里，南京市区各街道都由附近单位的红总牵头，成立了治安巡逻队，在各自的辖区内巡逻。城区各条道路，从晚上起直到第二天清晨，除了巡逻人员就空无一人，普通市民一到晚上足不出户，即是防止被“五湖四海”造反兵团抢劫，更是害怕被当作“五湖四海”造反兵团的成员，遭到巡逻人员盘查和殴打。

我家往的同仁街有几个一、二百人的小单位，同仁街菜场、南京塑料四厂、汽车运输队和汽车修理厂等，以这些单位的红总战斗队为骨干，组织了治安巡逻队，并在同仁街菜场设立联合指挥部。他们还派出小组，分别到各家各户进行宣传，张贴通告，申明成立治安巡逻队的要旨，要居民们积极配合，每家每户都要派出青、壮年男子参加巡逻。如发现外地口音者或可疑陌生人，立即到设立在同仁街菜场的指挥部报告。我住的居民大院也组建了一个巡逻小队，按排定的时间参与夜晚巡逻。我父亲是知识分子，不便与社会武斗人员混在一起，我是家中唯一的男孩，义不容辞地代表家庭参加过几次巡逻活动。每次巡逻都是晚上八时开始，到二天凌晨二、三点钟结束，武器是自家的木棒。

我的一位初中同学，家住南京大学大钟亭宿舍区，宿舍区也组织了巡逻队，他也参加了巡逻活动。巡逻时每人发一根一米多长的用钢筋制作的长矛，钢筋一头磨出锋利的斜口，每次巡逻完毕，将长矛上交，让下一班巡逻队员使用。

那段时间，是外地人遭灾的日子。当时经常听到外地人被当成“五湖四海”成员殴打致死的消息。只要听到是外地口音，就会被巡逻队盘问，送到附近的文攻武卫指挥部“审问”，那就意味着不死也要扒层皮。在南京山西路广场抓到了一个外地人，丧失理智的人把他往死打，打得还剩一只气时，有群众产生怜悯之心，不想再打了，当地的流氓小痞子王庆生拍着胸脯说：“给我往死里打，打死我负责”。结果这个外地人被当场打死，尸体就丢弃在山西路广场中心的花坛中，尸体上仅盖了张旧芦席，任人观看、污辱和践踏。

当然这个王庆生也没有好下场，在文革中期“一打三反”运动中被抓获，罪名数项，有流氓滋事，打架斗殴等罪名，在山西路当成“五湖四海”打死的外地人是主要罪证，被从严从重判了死刑。王庆生等人被枪毙时还举行了公判大会，当他被绑得像粽子一样扔到卡车上，有群众看见他脸色发紫，疑为怕他在游街示众时呼喊口号，破坏严打的气氛，在临刑前将他喝酒灌醉，让他迷迷糊糊去见了阎王。

我的一位同学在离山西路不远的大方巷省军管会大院（现江苏省人大大院）内东侧，看到又一位被当成“五湖四海”打得奄奄一息的外地人，这个人此时已躺在地上，不能动弹，头上身上流淌着鲜血，还有一丝丝呼吸，不时地发出微弱的呻吟声，我的这位同学近距离地观察这个濒死的人，嗅到了那个人身上发出的一股强烈的血腥味，让人特别震撼。

雨花台北侧的晨光机器制造厂是一个数千人的军工大厂，厂里红总很强势。不几天就听说晨光厂红卫军一次抓到4名“五湖四海”分子，抓到的当晚就被乱棒打死，尸体摆放在中华门的马路旁示众，说是为了恐吓和警告“五湖四海”的其他成员。南京水西门附近也抓获了几名“五湖四海”分子，也是当场就被打死，即没有留下活口，也没留下口供。在南京的各地区如中央门、迈皋桥等地，都传来“五湖四海”成员被打死的消息。红总也在大字报上宣传他们取得的丰硕战果，并以此来正告所有的“五湖四海”分子悬崖勒马，回头是岸，否则将会陷入南京人民的汪洋大海之中。

在我居住的同仁街，也是闹得很不安宁。八月下旬的某一天晚上八点钟，我住的院子里突然涌来几十名手执长矛和棍棒的武斗人员，他们挨家挨户地上门巡查并通告住户，今天有“五湖四海”成员要到我们同仁街寻衅滋事，任何居民家中不得窝藏形迹可疑人员，并对院子的各个角落进行了仔细地搜查。我来到街道上打探情况，发现到处都是手执长矛和棍棒的武斗人员，黑暗中人影窜动、手电筒光闪烁，气氛十分紧张。听到武斗人员对居民说：同仁街菜场的“八二七”头头小李子，已随“八二七”撤到下关，今天中午打电话来，说是晚上要带人回来报复，这让同仁街红总的人员惊吓不小，立即调集了大队人马，重兵把守同仁街，并派人到各家各院巡逻防查，他们这是以防查“五湖四海”为名，行防范“八二七”人员之实。

到了十点钟左右，院子里又是人声鼎沸，人流涌动，手电筒乱晃，说是有人看到小李子在宅院的房顶上行走，于是这一带的居民大院里又涌来搜查的武斗人员。我家隔壁就是明代状元焦宏的宅院，一幢二层古建筑楼，楼层很高，屋顶结构复杂，从周围的平房上看不到宅院的屋顶。武斗人员想上屋顶搜查，没找到长梯子，爬不上二楼屋顶，在院子内外忙了半晌也没看到屋顶有人。

到了十一点钟，大家都有些疲乏了，武斗人员撤出了院子，院子里看热闹的邻居也都回到了自己的家中。四周一下子安静下来，我还余兴未尽，一个人站在明代状元焦宏的大院旁观察周围的动静。突然，从宅院的屋顶上传来“悉悉索索”的声响，还伴有瓦片被踩裂的声音，这绝对不像猫在屋顶走动的声响，像是有人在瓦顶上爬行，我一刹那浑身紧张，热血涌上了头顶，我用手电筒向屋顶上照着，声响就停了下来，安静了一会儿又响了几声，我等了很长时间，一直没有看到有人从屋顶上出现。

折腾了大半个晚上，到了十二点多钟，红总的武斗队员从马路上撤走，我也回家休息，直睡到天光大亮。醒来后到街道上绕了一圈，四周都很安静，因昨天闹得太晚，文革中反正不上工不上学，居民们都还睡着没有起床。虽然没有发生任何事情，可我对昨夜焦状元大院屋顶出现的有人爬行的声响，一直心存疑惑，不过也无从查证了。

“五湖四海”造反兵团事件当时在南京闹得是草木皆兵，人人自扰。随着“八二七”方面加强了市内的宣传活动，“八二七”中学分会的全面出击，仅 8 月 27 日、30 日二次在南京大学就召开了了有数万人参加的集会，会后举行了显示力量的大游行，全面树立了南京“八二七”不折不挠的全新形象。进入 1967 年 9 月，红总方面已因几次行动的失策逐步丧失了南京的大多数民心，面对各方面的压力，已经疲于应付，对自己提出的围剿“五湖四海”造反兵团行动也不再提及，所组织的各个巡逻队、联合指挥部都无声无息地解散了。

由于大规模的武斗没有形成一派通吃的局面，全国各地反而陷入前所未有的混乱之中，中央文革小组只得改弦易张，放弃“文攻武卫”、用武力决胜负的方针，转而提出群众组织的大联合，让大联合化解对立派之间的仇恨和武斗。随着江苏、南京两大造反派的联合，“五湖四海”事件也逐步淡出了人们的视野，也没有人去关心因被诬蔑为“五湖四海”成员而被关被打甚至被打至死的外地人。在回忆南京文化大革命的文章中，也没提到“五湖四海”这一事件。

我们看到，现在有一些人，热心为文化大革命的定论翻案，为文革中的老红卫兵、造反派的头头们鸣冤叫屈。的确，现在看来，文革后期对造反派头头的处理确实过分。群众运动一起来，难免鱼龙混杂、泥沙俱下，有的过激行为是控制不住，特别是工厂里的小年轻，原本就缺少管理、放荡不羁，文化革命使他们恶的性情得到发挥，在“革命造反行动”的掩护下，什么坏事都做得出来，造反派的头头们也无法控制。但是，作为造反派头头，文革中期曾经是各单位各部门的实际掌权者，就必须为发生的伤天害理之事负相应的责任。当年那些被当成“五湖四海”而丢失性命的外地人，又有谁会为他们报屈申冤呀！这些人甚至连姓名都没有留下就死于非命，都是一些鲜活的生命呀，而这些鲜活的生命就在文革的政治斗争中做了无谓的牺牲。而那些打人凶手，那些打人的指挥者，那些捏造出“五湖四海”事件者，却是无人追究其杀人罪行。

可能一些当年的肇事者，现在依然过得心安理得，在吹嘘当年的“英勇事迹”时，把打人致死说的如碾死蚂蚁一样地轻松。在长期的“阶级斗争”理论的熏陶下，国人的性情已变得如此残忍。可对于千千万万死于文革中的冤魂，他们是死不瞑目；对死者的家人，是永远的刻骨铭心的伤痛。

我们每一个中国人，都不应该成为政治运动的试验品、牺牲品。

我们的祖国呀！什么时候可以正视和检讨自己的过去，真正地惊醒过来呀！

134. 琐言碎语

柯德远（五中老三届）

前不久，有研讨“文革史”，且想了解查全华生平者，辗转找到并约谈我，希望我提供一些情况。于是我写了《忆查全华君》短文供他们参考。事后因觉得文中涉及诸人虽以姓加ＸＸ出现，基于尊重其本人之念，把文稿给我能找到的人过目。得到的意见皆因往事不堪回首，谓我人太“迂”，应以“想不起来”推辞或者干脆不去应约为是。我理解他们心有余悸想平安度过余生，担心我又涉“政治”恐再度遭难的真情。但我有不同想法，出于对查全华的友情与责任，我有义务把我知道的说出来——既然还有人想知道，仅此而已。如此真实回忆文字谈不上有“触电”之虞吧。即便真有什么灾祸我也不会在意的。

1979 年 8 月我出狱后即去探望查全华家人，才知查母罗夫人不堪失子之痛含怨九泉多年。查父贵良老先生抓住我的手，流泪不已，探问我们究竟做了些什么，不明白他们引以为豪的优秀儿子为什么被杀。向我索要 1969 年的“判决书”（他们从未收到过），要补充申诉。其实我父亲已在 1978 年就为我们提出申诉了。全华二哥告诉我，当年去要全华骨灰时，还被迫接受支付子弹费等诸多刺心的羞辱后才获准三天后领全华骨灰。而今谈及此事，查二哥还感念火葬场极具正义感和同情心的那位师傅，在他的帮助下，躲开监管的公安人员，查二哥得以潜入停尸房，见到亲人的遗体。子弹从后脑贯穿头部，血污面目骇见弹洞，惨不忍睹。查伯父直到 1979 年底方收到对查全华“予以昭雪”的判决书。那天我也收到同样的东西，赶去查家。老先生欣慰之余，将仅存的全华照片送给我以作留念。家中只留下经放大作遗照的一张。照片我珍藏至今。1987 年 12 月，我亲手篆刻查兄曾用名印二方，盖印照片背面以纪念。

关于陈卓然苏小彬，回忆文中我提到，我们并不相识，毫无牵连，他们的壮举，纯粹出于精神上道义上与查全华相知相惜。我是从五中任安国同学所着《生死悲歌》一书 58 页中获知他们的。对他们的敬仰之情我不想掩饰。

回忆文中之所以说初中“癸卯宁”旧事是有原因，且是很重要的。尽管柏 X X 同学认为这和后来的“马列小组”没有关系，我不这样看。记得当年这位柏同学因羞于其孀母为生计所迫做出所谓“败行”及他本人对前途、人生的绝望，跳秦淮河自杀。获救后，身为班长及团支书的全华为帮他打消厌世的念头，多方劝解、鼓励他，教他唱京剧，引导他写作、向报社投稿、写剧本发挥他的才能，并很早发展他入团，让他感到没有被人歧视，大家都关心他。让他负责编辑“癸卯宁”首期也是鼓励措施之一。某种意义上说，当年查兄挽救了一条生命。诚如柏同学所言，他本人及“癸卯宁”与“马列小组”是没有关系的。但正是因柏同学不慎丢失期刊，造成诸多同学心中蒙上阴影，才有后来朱 X X 同学的信，并导致查全华提前退伍，沦为被“内控”人员。（查二哥说，当年他们全都没有体察全华内心的酸楚，还以为“不服预备役”是件好事。）他的人生轨迹被扭转了。不然，“文革”时，查很有可能已在部队提为干部，最不济也是转为志愿兵留在部队。刚入伍不久即被提拔为文书的查全华，按理就应是这样发展的。那么“文革”开始时，仍在部队的他，所处的环境，决定其思想的走向，“马列小组”的事也不会发生，这一切都是有因果关系的，不得不提。

上面说到的任安国同学即“知青之歌”的作者任毅，我还是习惯叫他原名。1970 年在石佛寺劳改队医院同学偶遇，曾有过五分钟时间的交谈，他告诉我因“知青之歌”获罪十年，原来拟被判死因认罪态度好改判的，并没有“许世友刀下留人”之说。告诉我该歌产生其实牵涉我的同班同学二人，因任自己家庭出身比他们的好所以主动揽下全部罪责云云。我听后很为他义举感动。多年以后，在我班同学聚会中见到任毅，后又获赠其所着的《生死悲歌》，看了他判决书全文，知道他狱中所言属实，只是其保护的同学成了另外的人，并非我班的。他跟我班这二位同学至今走动，密切更甚于他同班的同学。我宁愿相信他狱中的说法。对于许世友救了他小命之说，我也能接受，但不认同他推断是因文革初期五中红卫兵一夜之间贴了二万张“许世友、杜平，老子保定了”标语（《生死悲歌》87 页 14～18 行所述）得到的回报。我曾当面与他交流，对许世友留他命绝非“难得糊涂”的“立场迷失”而是……。他无语。我也知道其实他非“无语”，而是出于其名人身份的矜持。

怎么扯到任毅头上了？开头讲约谈我的人正是通过任毅找到我的。约谈中那位先生对任毅曾在电视中答记者有曾经历“刑场陪绑”表示质疑，并因此对任毅颇有微词。1970 年我也被拉回南京接受多场批斗会，1970 年中南京五台山搞了多场万人公判大会，先后杀了几十个“现行反革命”，没有一次刑场陪绑的事。同场判决后押上卡车游街示众，判死与判刑者是异车分开行路的。死者赴刑场，刑者回看守所择日押往劳改队。我是亲历的人，那位先生更是亲历的过来人，其联案中就先后有多人以“反革命罪”被杀，其中更有一家是母子二人。陪绑之说只在电影、小说中有，目的是杀鸡儆猴，逼陪者招供。那个年代是以所谓“重证据、轻口供”，快速办案结案的。零口供照样定罪何用“陪绑”？查二哥说当年某刑警就对他吼：“你弟太顽固，什么都是没做过、没写过，什么都不承认，太反动太嚣张了。我们没有证据，照样判他死刑！”或可佐证。

因此我建议任毅同学，虽为名人，似也应谨言慎行。今年初任毅策划并获许世友幺子许援朝将军（江苏军区司令）关照的近百名南京老三届知青赴河南新乡扫许世友墓的感恩之旅，听说陈卓然母校南京八中的知青却拒绝参加。凡知青，大都会认同喜爱属于自己的“知青之歌”吧。任毅同学对此是否该反思，这是为什么？

2010 年 12 月 28 日

涉及查二哥所言，文字内容由其本人口述，并看过文稿。经查全荣先生许可，代为表达。

135. 时衡

胡崇海(64 届高中)

“文革”的正确性早被推翻了。而那段牵动亿万家庭的“蹉跎岁月”，虽也早已盖棺，却似乎迄今无定论。不过那是政治家的事，毋庸我等置喙。我们只知道，在那段“蹉跎”中，积极向上者有之，消极对抗者亦有之；这是有诸多因素在起作用的。事实上后者更多些。

回首那段“岁月”，一个名字越来越让我肃然得有点起敬了，他就是我们盱眙马坝交通郑庄“革命之家”的老同学——时衡。

他不积极，也不消极。说不积极，他从不写“入”什么“申请书”，也不介入“派斗”之类；说不消极，他见了不问大人小孩都老远就唱起了肥喏：“早！你俩个（方言，等于您）早！”精神抖擞。尤其是干起农活来，比当地老把式还像模像样，经常博得“贫下中农”也翘大拇哥。

一个大城市的高中毕业生，出身高级知识分子、著名学者家庭，能这样容易吗？不仅能干出色的农活，更有那种“随遇而安”、坦然淡定的心态。

我们“文革”前下乡的知青，多少有些“理想”，的确是满腔热忱投奔广阔天地的。可是超乎想象的落后贫困，与一向所生活的环境的巨大落差，让大多数开始怨天尤人，消极怠惰；而后来的“小插”（我们“文革”前下乡插队的俗称“老插”，而“文革”后下乡的自然就是“小插”）更有偷鸡摸狗，玩世不恭。

时衡从无半句怨言，更不像百无聊赖的我们中一些人频繁地走村串户神侃混日子。他聪明、虚心、求教老农，很快就基本掌握全套粗细农活，有的活干得比“地道”农民还好！他挣的工分比“老农”多。为了钱吗？干一整天才几毛钱。而他“不差钱”，因为有较优裕的家庭后盾。

他的特点是：干一样，就像一样。废话不说，牢骚少发。当然，他也不“亏待”自己。上街赶集，就便到车站饭店改善一下；若被熟人（同学之类）撞上，为免可能的“不耐艰苦”之讥，便嘿嘿一笑：“今天我生日”。他一年有多少生日不知道，反正不止一次。

该干活就干活，该娶妻生子就娶妻生子，一样也不耽误。他娶了个本生产队的“小芳”，生了一堆“讨债鬼”；而且没有“始乱终弃”，大返城时大大方方把“黄脸婆”带回了南京，不在乎旁人的侧目，“执子之手，与子偕老”。他有操守，有定盘星。我们这位老同学：

1. “识时务者为俊杰”；

2. “与时俱进”；

3. 保持“稳定的心理平衡”。不枉了他的大名——时衡。

以下是网友议论：

知情者：当年的“每下愈况”，让我们这些后来的小插“每况愈下”。谁还记得胡崇海学长的“每下愈况”是说什么来着？

136. 路线斗争与阶级斗争

王史维　高安东（66届高三）

（《路线斗争与阶级斗争》由南师附中造反军《正西风落叶下长安飞鸣镝》战斗队王史维高安东一九六七年三月三十日贴出。）

“路线斗争”这个字眼儿，现在特别“时髦”。有那么一些人，最爱讲“路线斗争”，却最忌讳讲“阶级斗争”。例如当权派李夜光吧，他说：要不是毛主席的革命路线，“我早被打成反革命了。”又如×组织中的×些人吧，大概在暗暗嘀咕：“要不是……，像我有这么严重历史问题的人，早不能自由结社了。”再如……这些人自己有“偏爱”，就以为天下的人皆有偏爱，以为那些已经不太“时髦”的党团员，那些已经不太“时髦”的红卫兵，最爱讲“阶级斗争”最怕讲“路线斗争”，这些人挺要脸地把自己放在“阶级斗争”挨斗争的地位，又挺不要脸地把自己放在“路线斗争”斗争人的地位。

这是一种什么心理呢？曾几何时“路线斗争”与“阶级斗争”成了对头呢？毛主席说过：“民族斗争，说到底，是一个阶级斗争。”难道路线斗争说到底不是阶级斗争？1967年元旦社论对两条路线斗争的实质说得清清楚楚，斩钉截铁，那就是一个要革，把社会主义革命进行到底，一个要保，保存资本主义旧秩序！也就是说这是走社会主义道路与走资本主义道路的两条道路的斗争，这是无产阶级与资产阶级的斗争，路线斗争说到底就是阶级斗争。

这不容怀疑不容狡辩。

那种最忌讳“阶级斗争”的人为什么现在最爱讲起“路线斗争”来了，为什么现在“最爱”起毛主席来了？就因为，无产阶级专政下的大民主也给他们沾上了光，十七年来，他们不敢怒，现在可以怒，不敢放的现在可以放，不敢做的，现在可以做！好痛快啊，干他娘的，管什么方向矛头……诸葛亮“草船借箭”不也感谢过曹操吗！他们现在对“路线斗争”就是这号爱，不！是比这狠毒千百倍的爱！

毛主席的“造反有理”最容易被无产阶级革命派接受，他们站在“阶级斗争”的最前线，用毛泽东思想作望远镜和显微镜，从解放了的中国看到未解放的世界，从光明的社会主义看到了资本主义复辟的危机和旧社会遗留下来的阴暗面，因此他们起来造反了，真正是造反有理！他们代表了最广大人民群众的最根本利益，代表着社会前进的方向，他们是真正站在毛主席路线这一边的！他们是路线斗争中的先锋，是阶级斗争中的先锋！

但也有一种人，由于他们被无产阶级所专政，所压抑，他们也最喜欢利用“造反有理”。他们从没有解放的世界想到了失去的天堂。在他们的眼中，社会主义社会已不是什么“有阴暗面”了，而是暗无天日，漆黑一团！他们反得起劲，而且学会了共产党人在资本主义国家进行合法斗争的手段，拉起“路线斗争”的大旗作狗皮。他们一开始也许还要“反”一下资产阶级反动路线，但很快，就露出了本相。党内走资本主义道路的当权派和社会上的牛鬼蛇神结合起来，拧成一股资本主义复辟的恶势力，向无产阶级革命派杀来，向毛主席的革命派杀来，好一派腾腾杀气啊！

看一看附中“大观园”吧！

1. 李夜光与鞠健——风雨同舟

2. 把高干子弟与资本主义复辟——相提并论

3. 蒋介石来了杀“坚持毛主席革命路线的我们”，不杀资本主义复辟的工具高干子弟——典型语言

4. 毛选、社论不符合我们实际情况，具体情况具体分析嘛——活的灵魂

5. 你们造反军要道歉，要赔退——秋后算账凡此种种，拾不胜拾。

这是什么？这是路线斗争！这是什么？这是阶级斗争！

如果说以前，红卫兵把党的“群众路线”和“阶级路线”相对立过，那是由于他们的天真烂漫，初上政治舞台，被人利用。

而今天，有那么一些人把“路线斗争”与“阶级斗争”相对立，那是由于他们的老奸巨猾，不肯退出政治舞台，想利用人！

我们毛主席的红卫兵，最爱讲“阶级斗争”，也最爱讲“路线斗争”！最有“阶级斗争观念”，也最有“路线斗争观念”！不团结起千千万万、浩浩荡荡的群众，去打倒党内走资本主义道路当权派，去打倒社会上的地富反坏右，我们誓不罢休！

这是什么，这是“路线斗争”！这是什么，这也就是“阶级斗争”！

（南师附中红革总红联翻印 3.31.）

以下是网友议论：

1. PP：昔日大字报的作者，目光敏锐，抓住了红联的软肋。当年，66 届高三级有四大才女之说，每班一位。本大字报的两位作者就占去了半壁江山！

2. 戴相陵：事隔四十几年，我同意 pp 的说法。但我还想说：昔日大字报的作者，不仅目光敏锐，还确实抓住了红联的软肋；然而她们的出发点和基本心态，却是“打天下的人就要坐天下，而且要子子孙孙坐下去”。一种与现代社会格格不入的封建农耕思维。

3. PP：67 年 3 月 30 日的大字报。两天之后，军训队就开进南师附中了。熟悉阶级斗争的军训队不能一碗水端平也在情理之中。

4. 老莫：“十七年来，他们不敢怒，现在可以怒，不敢放的现在可以放，不敢做的，现在可以做！”说得太形象了！文革呵，文革，你究竟是怎么回事儿？17 年来不敢怒、不敢做的事情，竟然文革中可以怒，又可以做！真有点普世价值得以再现的意味。难道这就是文革吗？

137. 造反军的一张大字报

王虹（66 届高三丁）

大约是 66 年 9 月初，我听说造反军在市委门口贴出了炮轰市委的大字报。我立即骑上自行车赶到了鸡鸣寺。大字报贴在面对市委大门的左侧，印象中大字报是贴在木支架上，所以摆成了一排。大字报标题是责问市委刘中副书记的，标题用的是醒目的大字。内容大体上还记得，是关于雨花台烈士陵园管理方面的事情。当时造反军不知怎么找到了烈士陵园纪念馆的一位老同志杨瑞江（1929 年的老红军）。大字报的内容主要是对杨伯伯的采访。杨向造反军谈到了雨花台陵园多年失修的情况及后果。由于当年在雨花台牺牲的烈士很多，烈士的忠骨很难收集完全。解放后的十多年间，雨水的冲刷，水土的流失，让许多烈士的忠骨暴露在光天化日之下。尽管陵园方面多次向市里反映这一情况，但南京市委政府却不重视陵园的维护，以至于烈士的忠骨长期暴露在外。杨伯伯曾亲眼看到野狗在糟蹋烈士的忠骨，其情景真是惨不忍睹！更不可容忍的是，市政府竟然不顾陵园方面的反对，将殡仪馆建设在烈士陵园的附近（石子岗殡仪馆）。出殡，送殡的队伍竟然从陵园的土地上穿过。烈士陵园是埋葬烈士忠骨的地方，是人们缅怀革命烈士的地方，是令人肃然起敬神圣的地方，怎么能够想象，让吹吹打打的队伍从这块神圣的土地上通过呢？更何况在出殡的队伍里，还夹杂着一些地主老财的僵尸！真是可忍孰不可忍！说到这些，杨伯伯的眼睛也湿润了……

大字报的结尾是责问市委，责问刘中：“你们的阶级感情到哪里去了”等炮轰的词语口号。

138. 我的祖母

迟进军（67 届高二丙）

注：两个外孙女生长在新西兰，母语是英语，对中国历史文化缺乏了解，因此这篇文章对涉及中国历史文化的一些相关基本知识做了介绍和解释，是便于将来她们理解。

大约因为我是长孙的原因，与祖母接触得多，时间长，祖孙两人是很亲的。虽说祖母离开已经四十四年了，老人家慈祥的音容笑貌还会不时地出现，念想起来，她并没有走远。写一写祖母，寄托对她老人家的思念，给后辈留一点文字，让他们了解自己的祖先，这是我的一个夙愿。但是，这件事情一拖再拖，总想等到有时间随长辈重访故乡收集点资料再来动手。去年，四叔突然去世，父亲这一辈人只留下三叔一个人了，我才惊觉这件事不能再拖了。

138.1.

祖母嫁给祖父时已经 24 岁了，结婚那年祖父三十一岁，这个年龄今天的人看来很正常，但是放在那个时代，这已经是嫁不出去老姑娘和娶不上媳妇老光棍的年龄了。那时的青年人一般十五六岁就结婚。我的外公十四岁就结婚，外婆十六岁，这才是那个时代正常的结婚年龄。这么晚结婚原因只有一个，家里穷。

祖母祖父都是山东省招远县人，山东许多人都是明代洪武和永乐年间（1398 年—1424 年）经过山西洪洞县“大槐树”移民而来的。我的祖母、祖父和外祖母、外祖父，他们的祖先都是这样移民来到山东。明洪武至永乐年间，为填补豫、鲁、苏、皖北部战乱灾荒人口大量流失死亡，官府下令从山西等地向这些省移民。官府在洪洞县广济寺设立中转站。明朝政府派员驻此，移民无论来自何方，移向何处去，皆汇集在洪洞县广济寺边的大槐树下，领取安家费用，办理签证手续。离别之前，还要在树下拜奠故土，倾诉离情，这些贫苦农民离开家乡后由于受当时历史条件的限制，绝大部分人及其后裔再也没有回到家乡。祖母的先人是从四川移出的，天长日久，后人只记得祖先是在四川，已经说不出来原先的详细居住地。倒是洪洞县、大槐树、大树上的老鹳窝成为后人对先人远离家乡清晰的记忆。

1893 年祖母出生在山东招远县城西边不到十公里一个叫王家庄子小山村里。这个小村子当时不足百户，随着人口的增长村落扩大，与邻近的黄土崖村已经融成一体。如今在地图上找不到王家庄子了，只有黄土崖村，但是到了当地，进了黄土崖村，村里的人会告诉你哪一片是王家庄子。

王家庄子的原始居民有王、张两个姓，姓王和姓张的村民各自都有血缘关系。这个村子实际上是由王、张两大家族组成。祖母姓王，名书芝，她父亲叫王龙，她母亲的名字已无法查考了，只知道姓孙，依照那个时代的惯例，就是随丈夫的姓，被称着王孙氏。王姓是当今中国姓氏排行第二位的大姓，拥有人口近一亿，约占全国汉族人口的百分之七点四。据历史记载，王姓最早的发祥地应在今河南北部的卫辉一带，并以山西、山东、河南省境为其繁衍地区。历史上可以列举出许多王姓的显赫家族和杰出人物，但是祖母出生的王氏家庭却是一个极其贫寒的农民之家。

祖母姐弟六人，她是大姐，下面有三个妹妹两个弟弟，因为是长女，就成为这个贫寒之家里辅助父母主要的劳动力，做饭，带弟妹，地里干活，纺纱织布，飞针走线无所不能。两个弟弟，大弟弟叫王书年，小弟弟叫王书欣，稍大之后，因家里不能养活，无法生存，赤手空拳闯关东去了。“闯关东”是中国清代末年和民国初期兴起的又一次大规模的移民，这是一次由贫穷、饥饿、死亡引发山东农民自发的移民潮。为什么说是“闯”关东，因为满族入山海关夺取全国政权建立清朝以后，实行民族等级与隔离制度，颁布了禁关令，严禁汉人进入满族“龙兴之地”满洲垦殖。当时的满洲就是今天的辽宁、吉林、黑龙江东北三省。万里长城的山海关把中原大地和东北三省界定为关内和关外，从清朝到民国数百年间，成千上万破产的山东农民为了生存，不顾禁令，冒着被惩罚危险，拖儿带女，背井离乡“闯”入东北谋生存，兴起了闯关东，这就是“闯关东”来历。民国 38 年（1949 年）统计，山东人闯关东数量平均每年达到 48 万人之多，总数超过 1830 万，在东北留下和存活的山东人达到 792 万之多。这次跨时近百年、人数近两千万破产农民自发大迁移，是人类有史以来最大的人口移动之一，它发生在中国社会最黑暗、最艰辛的时代。中国封建的家庭理念历来重男轻女，“不孝有三，无后为大”，这个“后”是指儿子，只有男孩子被视作家族血脉的传承。祖母的两个弟弟，家族血脉的传人全都不能留在父母身边，选择闯关东，一个到了黑龙江，一个到了大连，祖母娘家家境贫寒可见一斑。

祖母虽说是贫寒农民家的闺女，但是生得十分水灵可爱，祖母生前曾经带着我见过她的侄女，也就是我的表姑。表姑当时是一位 19 岁的姑娘，见面谈了一会，祖母对我说：“这个孩子和我年轻的时候很像，我比她要高点。”有了这个参照，我大体可以想象和描绘出祖母年轻时的模样：青年时代的祖母身高在 1 米 60 到 65 之间，这个身高在那个时代算是高个子了；她长得丰满匀称，在土布中式大襟衣服的包裹下，三围凹凸有致，长年的体力劳动使她体魄结实充满活力，缺乏营养的饮食结构使她身上没有一两赘肉聚集；一头乌发梳成了一根长长的独辫子，一走动起来，大辫子就在身后跳跃；红扑扑的鹅蛋脸上两只眼睛炯炯有神，开放的性格，待人真诚热情，快人快语，悟性高，反应快。

还要说的一点，祖母是小脚。缠足是中国封建社会特有的一种装饰陋习。具体做法是用一条狭长的布条，将妇女的足踝紧紧缚住，从而使肌骨变态，脚形纤小屈曲，以符合当时的审美观。在缠足时代，绝大多数妇女大约从四、五岁起便开始裹脚，一直到成年之后，骨骼定型，方能将布带解开；也有终身缠裹，直到老死之日。

这种陋习的起始众说纷纭，从本质上来说是封建社会歧视妇女，把妇女当作一种玩物。女人以脚小为美，不裹脚的女孩子是嫁不出去的。裹足的妇女，前脚掌不能着力，仅仅依靠脚后跟承受体重，行走起来十分不便，不用说从事体力劳动了。这种陋习加大了劳动妇女的负担和痛苦，祖母承受了一辈子。

祖母是经媒人说合嫁到招远县城南边西坞党村祖父家的。祖父姓迟，名仁成。西坞党村有一脉三支迟姓，本族排行为长。祖父的祖先也是随着明代洪武、永乐年间移民潮来到山东的，而在更远古的时候则是居住在新疆和田。单姓“迟”，单姓“尉”，在百家姓中都没有，这两个单姓是从复姓“尉迟”演变而来的。探求尉迟复姓的来历，要追溯到汉代以后的伊斯兰教东扩，信奉佛教的古月氏国地处新疆南部和田，在抵御伊斯兰教东扩战争中失败，举国由新疆和田一带东迁，归顺中原，融入中华，由皇上赐姓尉迟。他们早先分布在青海、甘肃、四川、陕西一带。明代大规模移民，有相当一部分继续东迁到河北、山东和东北，农村中密集的迟姓居民大部分集中在上述地区。另外从人类遗传学的角度看，祖父家族在相貌上都有中亚人种的特点，轮廓分明，身材魁梧，明显不同于蒙古人种面孔扁平圆润。

曾祖父单名，迟松。曾祖母姓曹，闺名曹王氏，估计是取了父母双亲的姓。曾祖父曾祖母一共存活了七个子女，两个儿子五个女儿。九口之家挤在西坞党村东南一个小破房子里。曾祖父家境贫寒，只有一亩六分山岗上的薄地，九口人何以为生？曾祖父赖以谋生的手段用今天的话来说是驴贩子的经纪人，因为自己没有本钱无法贩驴，只能帮着别人推销或买驴，从中提成。做这一行，一是要识驴，看牙口便知驴的年龄大小，还要能看出是否有病，有什么长处和短处，这是推销和讨价还价的依据；二是要会袖里的手语，过去牲畜市场不是明码标价，也不能直说这个驴是多少钱，讨论优劣可以说，但是说到价钱，就要在袖筒里用手语讨价还价，不能说话，买卖双方把手握住藏在袖子里，用五个手指头的不同组合表明自己认可的价格。曾祖父是既要帮卖方说话也要帮买方说话，这样把价钱摆到一个双方能接受的价位上。他要把握对得住买卖双方，才能树立经纪人的信誉。有了这个信誉，买驴的人来找他帮着买驴，卖驴的人靠他推销，他是两边拿劳务费或是提成，从这一点上说，他还要懂得市场和营销。这种卖驴的方式我 90 年代到新疆喀什在巴扎上还曾看到，都是这样买卖。驴，山东老家这个物种和驴市买卖的方式大约都是祖先从西域东迁带过来的。可是随着几十年的计划经济，取消市场，山东老家这种祖先传承的商业文化已经断代消亡了。

在山东，家境好一点的农民，儿子结婚是不分家的，特别是长子。一般是等到家中的长者都已过世，这才找来族中长者主持兄弟分家。只有像曾祖父这种赤贫，实在是负担不起，儿子一结婚就分出来了。还有一个原因，全家就一间屋子，新媳妇过门不能说在众目睽睽之下圆房。

祖父祖母从曾祖父那里分家出来独立门户，分得财产是一床被子、一个碗和两双筷子。说得好听是分家单过，其实是什么财产也没有，就是分出来让祖父祖母自己闯荡了。曾祖父不是不爱自己的长子，实在是出于无奈，家中太穷了，能拿出来的也就这些了。

在山东老家有这样的习俗：每家一旦生了闺女，会为闺女种一棵树，等到闺女出嫁时，树也长大了，把树伐了，用这棵树的木材为女儿打造一套纺纱和织布的机器作为陪嫁。依照习俗，祖母嫁过来的时候也应该有这么一套纺纱织布土机器陪嫁。

祖父祖母结婚面临的困难是巨大的，但是两个走到一起、把命运相系的年轻人还是对未来充满了向往，这两个在苦水里泡大的青年身上有着巨大的承受力和在艰难中苦熬的智慧，他们在西坞党村的北头，见两户人家的东西山墙相隔不远，于是借助着两家的山墙，支上一根木梁，用茅草作顶，玉米、高粱的秸秆抹上泥土为墙，搭了一间很小的屋，算是立起了门户。之后又慢慢地支上灶，盘起炕。山东因为冬季寒冷，民居都是用泥土打出砖胚，晒干以后砌成火炕。一头是灶，可以烧饭，烟火经过炕里的烟道从烟筒排出去，同时把炕加热达到取暖的目的。

山东冬季夜间的气温会在零下十度以下，白天的温度也会低于零度。即使有炕，这样四处透风的草窝棚也是很难抵挡严寒。祖母祖父以沫相濡，在这个自己搭起的草窝棚里住了四年多。在这里先后生下了三个孩子，老大是个男孩，刚出生不久还没有起名字就夭折了。老二是个女孩子，乳名取名“宽”。可见那时日子紧，房子挤，压力大，缺少生活的空间，希望能有宽裕一点的日子。宽，活了不到两岁也夭折了，第三孩子就是我的父亲。在我父亲出生以后，家中的经济状况有些好转，才离开这里，改为租房居住。租的这些房子都是村里有房人家闲置的房屋，一旦房主要用了，就得搬家。在村里先后搬过五次家，租过四次房子。父亲取名“明堂”似乎与这时住房的改善有些联系。祖母共养活了五个孩子，四男一女，他们的名字分别是：明堂、贵堂、文堂（女）、斋堂、春堂。名字是请一个老先生帮着起的，但是看得出来在这些名字中还是体现出祖母祖父对自己生活的向往。

138.2.

刚刚成家时的祖母祖父，上无片瓦，下无寸土，家中有土地是在1943年之后的事，我的大姐荣华出生寄养在祖母家，荣华大姐有一份抗日民主政府的养育口粮加上祖父祖母多少年的积累买下了八分薄地，1945年曾祖父曾祖母去世之后拿回了八分养老地。所谓养老地，就是祖父祖母结婚之时，家中按兄弟两人计算每人有八分地，结婚时这八分地还归曾祖父祖母耕种，祖父祖母就不要交钱粮供养老人了，曾祖父祖母去世，这八分地给了祖父祖母。有了这一亩六分土地，家里才有了一点农作物收获。在此之前家里没有一点土地，生活是很苦。

祖父赖以谋生的手段不及曾祖父有个专业，他是无专业。因为家中无田，不务农，几乎什么都干，在村子里帮人家“看青、看山”，就是替有田地人家看护庄稼不被人偷。“看山、看青”是有季节的，庄稼一收割祖父就在外打短工，当过店员。比较多的是婚丧嫁娶帮着张罗，偶尔也在红白喜事中掌个勺做个菜什么的。一句话，打杂，有点像电影、电视剧组里的剧务。为了揽活整天不着家，四乡云游养家糊口。祖父喜欢穿跟脚的鞋子，祖母给他做新鞋一定要费劲穿进去才满意，如果一脚就顺当进去了，便一肚子不满意，这与他整天要快步行走有关。祖父有较高的智商，老家过年正月里成年男子有赌钱的习俗，这一个月里他赢的钱能供一家人大半年油盐酱醋所需的开销。他年年如此，正月一过就把赢来的钱如数交给祖母，由祖母掌握度日。除去正月，从来不赌。不仅自己不赌，而且严禁子女涉赌，后来只要发现自己孩子和街坊邻居的孩子玩纸牌，都是厉声呵斥，责打。子女在他的教育下没有一个涉赌的。可见他深知赌的害处，自己参赌完全是为生活所迫，不得已而为之。

祖父在外，所能带给家里钱物，远不能满足家里的基本需求，剩下来的事情就全压在祖母的身上了。祖母从小就学会织土布。旧式的土布织机是很简陋的，找上几块木头，请木匠用不了多一会就打成，因为是姑娘陪嫁之物，老家几乎家家都有。织成的土布是宽两尺（66.66 公分）长一匹（33.33 米）。

祖母是到集上买来别人纺好的纱线，回来上浆，织成土布。集市、集市，各方买主、卖主聚集起来就有市场，老家的集市是每隔五天聚集一次。据三叔回忆，在两个集市之间的五天时间里，祖母可以织一匹布。她把织好的布拿到集市上卖掉，再买回织布用的纱。卖布买纱之间的差价就是祖母的劳动所得，祖母拿它维持家用。织土布是手工抛梭，以一秒钟抛一次不停地织，我粗略地计算了一下，5 天织一匹布，每天要花费近 13 个小时，一天下来每只手要抛梭 2 万次以上。加上织布的辅助工作，祖母每天花在织布上的时间至少在 14 到 15 个小时。祖母一个人带着孩子，还有其他家务，祖母每天要闻鸡即起，干到披星戴月，其辛劳可想而知。

全家的主食，就是地瓜干，所谓的菜，就是咸菜疙瘩，有大葱和酱那是很好了。很多年份，到了春季连地瓜干也吃不上了只能是吃野菜，槐树花，榆树叶，柳树叶。这些树叶只能在出牙不久，还是嫩叶的时候吃，长老了就不能吃了。树叶在能吃的时候，祖母就领着一群孩子去收集树叶，这些树叶先要用热水烫，一个冬天过来，到了春季柴火也是金贵的稀罕之物了，祖母就把这些采集来的树叶背到离家有五里路的汤上。所谓汤上，就是招远城南的一个地下温泉，水温很高，可以烫熟鸡蛋。祖母在温泉把这些树叶烫熟，背回来再用井水浸泡。因为温泉中的硫黄含量很高，必须用井水浸泡把硫黄去掉。吃的时候再从水里捞出来放到锅里蒸热。祖母是一个过敏性体质，吃了这些野菜和树叶时常会有过敏性反应，身上起红斑，脸会肿起来。但是，不吃不行，别无选择，不吃，只有饿死。祖母的这种手艺我有幸亲口尝过。那是1960年到1963年的所谓三年自然灾害的困难时期，我们家全是男孩子，兄弟四人，小的8、9岁，我是15、6岁，都在长身体，正是能吃的时候，靠国家配给粮食根本吃不饱，于是各种野菜和树叶就上了餐桌，祖母就是先用水烫去苦涩，洗净之后放在锅上蒸。这时条件已经好多了，蒸的时候还可以撒上一点面粉，滴上几滴香油。那几年没有少吃，所以对祖母的手艺还是有一点感性认识。但是，六十年代初吃的各种野菜和树叶，从质量和口味上都会远远超过父辈小时候吃的，毕竟这时的物质条件有了很大的改善，而且并不是天天吃，顿顿吃。

祖母一家那时候，成年累月餐桌上不见荤腥，过年过节偶尔的改善，是买一点虾酱，虾酱是山东渤海湾地区一种特有的食品，是用海里小虾、小蟹发酵后加盐，很鲜很腥很咸。如今的虾酱磨碎精加工了，过去是看得见小虾小蟹的。直接吃虾酱是吃不起的，祖母是用虾酱作调料，用豆腐、面再加大葱和盐拌和在一起加热，吃在嘴里柔嫩有海鱼的味道，这就是很大的改善了。

尽管祖母五天就能织出一匹小土布来，家里的孩子基本上是破衣烂衫，但是，祖母是一个很要强的人，出门的时候带着孩子不愿意让外人看到孩子衣衫褴褛，家里有一件对襟的半长衫，是用自己织的土布自己染色后做成。这是一件比较新的衣服，一带孩子出门，就让孩子穿上，回来就脱下收好了。这件衣服从我父亲小时候穿起，我二叔、三叔、四叔都先后穿过。他们四兄弟依次相差五岁，父亲与四叔相差十五岁，算下来，这件出门的“礼服”前前后后穿了近二十年。

家里人穿的鞋全是出于祖母一个人之手。鞋底，是用从外面捡回来的破布，洗净，在木板上用糨糊一块一块拼起来，一层一层叠起来，晒干了之后差不多有一、两毫米厚，硬硬的。剪成鞋底的样子，有五六片合在一起就够了。然后用麻绳一针一针纳成鞋底。麻绳是自己种的麻，砍下来放在水里腐烂取出其中的麻，自己搓成麻绳。鞋面是自己织的小土布。这些东西都备齐了，祖母，用一个锥子先在鞋底上戳上眼，再用麻绳一针一针纳成鞋底。最后把鞋帮上上去。在我四五岁的时候，祖母来到我们身边，也曾替我们做鞋，这个全过程我都曾经陪着，印象十分清晰。做一双鞋大约要七八天。

祖母做鞋还有一绝，就是大鞋改小鞋。在捡破烂的时候，时常能捡到别人穿破不要的鞋，这种鞋，往往是底穿通了，脚拇指处穿破了。祖母捡到了这样大人穿的鞋，就回家把鞋底和鞋帮拆开，去掉破烂的地方，改成小鞋底小鞋帮再重新上上去。家里的孩子差不多都是穿这种用破旧鞋翻造的小鞋。当时一家七个人，所有的鞋都是祖母做的。现在想想，一家人的鞋，衣服，一天三顿饭，种着一亩六分地，还要织布挣钱养家，祖母年轻的生命都耗在飞针走线、持家育儿的辛劳里了。

到了过年，有钱人家的孩子能放鞭炮，祖母根本买不起，她就用自己烧制的木炭，碾成末，拌和上一点硫黄土，用纸卷糊成小棒，让孩子们点燃后“放花”。年三十晚上，点燃的硫黄和木炭能发出灼眼的火花，给孩子带来欢喜和希望，给这个赤贫之家染上一点过年的气氛。

家里很穷，但是，祖母对子女的教育很严，不准偷不准拿别人家东西，不许孩子玩牌。山东老家有一个习俗，就是大户人家秋收完了，可以允许穷人小秋收，到地里去捡拾主人收获以后留下的地瓜、花生，麦穗、豆粒。到这个时候，祖母会带着一群孩子去小秋收。平时别人家地里长的、树上结的都不许碰，她常说，瓜地里不弯腰，果树下不正冠。

祖母自己不识字，但是她十分懂得读书的重要，家里再穷，也要让孩子读书。1927 年在国民党还都南京成立国民政府之后，曾经颁布政令普及小学教育。祖居山东招远西坞党村，因毗邻县城较早有了小学，当地人叫“完小”。大约是六年制完全小学的简称。还有一种是四年制的，叫“初小”。

抗战爆发之前，父亲有幸读完了“完小”，三个叔叔也都先后入学读书，虽说到抗日战争时期受到严重的干扰，他们也都算在祖母的决策和坚持下念完了小学，这对他们后来的人生之路有重要的影响。这不能不说是得益于祖母的大识！

就在祖母拖着一群孩子熬日子的时候，另外有一个女人走进她的生活。这就是同村的一个寡妇，她比祖母小几岁，村里人都叫她“嫩嫩媳妇”。“嫩嫩”不是修饰这个女人，而是她死去丈夫的诨名。“嫩嫩”在家乡土话里是对小猪的一种俗称。“嫩嫩”是一个性格敦厚的农民，大名迟好利，是祖父本家的兄弟，只是已经出了五代。因为有土地，家境要比祖母祖父富裕，日子好过得多。不幸的是，“嫩嫩”中年得病早逝，无子无女，撇下了“嫩嫩媳妇”一个人孤苦伶仃独守空房和几亩地。

最先的走动是从孩子开始的。“嫩嫩媳妇”对祖母的一群孩子表现出很大的喜爱，赞扬这些孩子长得好，赞扬祖母很有福气，时常送点吃的、穿的给孩子，这一些都是属于正常的街坊邻里的交往，嫩嫩媳妇说的这些话做的这些事祖母也很受用，因此两个妇女之间建立起了很好的友谊。

其实，这个嫩嫩媳妇是有备而来的，她有自己的打算。嫩嫩媳妇丧夫之后一直独居，是个很正派的人，年纪三十多岁并不是很大，她对自己的未来也做了一番打算。那个时代，不是一夫一妻，是一夫多妻。另外，寡妇也是可以再嫁的。她看上了祖父。一是祖父虽穷，但是人很精神，走南闯北，见识广，能力强，人好；二，虽说出了五代，但毕竟还是一门，过门做小，房地产还在家族之中，没有外流，再婚容易通过，汉族和中国的许多民族古风就有兄弟可以接纳丧夫的嫂子和弟媳的习俗；三，祖父家中儿子多将来养老有靠；四是看祖母为人宽厚善良，将来真的过了门做了二房，相处起来不会太为难。

女人的心是敏感的，祖母很快就察觉了其中的细微和奥妙，祖母采取认可的态度。一，这个嫩嫩媳妇为人不坏，之前两个人已经建立了比较深的友谊，有了这么一个二房，不觉得会难处，倒是家里多了一个帮手，一个劳力；二，嫩嫩媳妇有房子有地，一旦嫁过来，能大大缓解这个家的经济压力；三虽然嫩嫩媳妇比自己年轻，祖母判断，她取代不了自己大房的地位，因为她没有孩子，自己有五个孩子，其中四个儿子。

父母结婚后，母亲第一次上门探亲，祖母还给母亲远远指认了一下，说：这就是你公公那个没有过门的小老婆。这件事最终因祖父的牺牲没有能沿着她们的思路走下去。但是，祖父牺牲之后，这两个女人依然相处得很好，孩子们都称嫩嫩媳妇婶子。嫩嫩媳妇见不可能再嫁祖父结亲了，就向祖母提出，过继一个男孩子给她做儿子，这样也算结上了一门亲。祖母也愿意，主要是同情这个女人的命运。但是因为战乱，祖母的儿子相继离家参加革命，这个事情最终也没有办成。嫩嫩媳妇与祖父祖母结亲终究未能遂愿，后来郁郁改嫁到了五里庄。

138.3.

到了抗日战争时期家里的日子就过得更艰难了。抗战开始不久，祖父和父亲分别参加了共产党，这件事对祖母后来的生活和命运影响甚大。

家乡山东招远是中国著名的黄金产地，是日寇入侵后重点控制和掠夺的地区。日寇霸占了招远玲珑金矿，在招远驻以重兵维护黄金生产，保证这种重要的战略物资源源不断，以战养战。日寇为了保证部队给养，不断地搜刮老百姓，抢粮，抓人。招远百姓民不聊生。那时招远老百姓中流传着这样一首民谣，其中有这样的歌词“……日本鬼子黑心肠，组织了大扫荡；抢光、杀光都烧光，想叫我们都灭亡……”

正是由于招远是黄金战略物资的重地，入侵的日寇多，共产党领导的抗日活动也就在这里开展得有声有色。在日伪势力弱的地方有了抗日根据地，建立抗日联合政府，共产党组织群众减租减息，日寇来了就组织群众坚壁清野，把粮食藏起来，带领群众转移到安全的地方去。共产党为群众做的这些事，就像春风很快吹遍胶东大地。

祖父为养家糊口时常云游四乡，是村子里最早接触共产党的人。因为穷，对旧社会不满，祖父一接触到共产党人就参加了革命，在抗日民主政府里做饭，担任地下交通员，利用过去自由职业的特点作掩护，送信、送文件、送人，传递消息。

父亲小学毕业以后12岁就被祖父送到城里独自谋生，开始，在城里一家叫作“华兴东”的商铺学徒，后来做过餐馆的小伙计，生意人的帮工，还在花庄做过伙计。花庄是胶东特有的一种生产花边的组织，把棉线和花样发给农村妇女，让她们用钩花工艺织成窗帘，桌布等。花庄萧条，父亲被辞回家，这时候遇到了共产党人。在父亲的自传里有一段话，清楚地记载这个过程：

“花庄倒闭，老板又叫（我）回家，这时春荒，家中无吃的，在家游闲，这时有石星河村迟星南到我村工作，找我谈话，大意说：你在外边做店员好不好？我答：很好。他说：你好什么，你是给人家当牛做马。我说：你为什么骂人？他说：我不骂人，你想，你给老板干活，每年商店赚钱很多，每年利润两万元，而你每年只得八十元，现在生意不好，又叫你回家吃，你看不是给他当牛马吗？我听了以后觉得有道理。他又说：穷人要解放，只有到社会主义和共产主义。这种社会没有人剥削人，人压迫人，大家有饭吃，有衣穿。这种社会你说好不好？我答：好啊，可是那里有呢？他说：这就要穷人来斗争，你愿意的话就去找共产党。我问：到那里去找？他说：当地就有，你现在只要做抗日工作，共产党就会来找你。谈话后，他叫我组织青救会（青年抗日救国会）我即组织，过了几天他就叫我到楼里头村，由他和郑德民介绍我入党，举行了入党宣誓。”

父亲因为一直是单身在外打工，不常回家，参加了共产党村里人不知道，但是祖父时常回家，没有不透风的墙，渐渐的有人就知道了。村子里也有日伪势力，为首的一个叫孙芝灵，是一个工商地主，除了拥有大量土地收租，还生产经营粉丝。山东名产龙口粉丝实际出产地就是在招远，龙口因为是商品出口地，所以被叫作龙口粉丝。还有一个叫陈永寿，是个乡医，陈永寿住在张家庄子，当时是西坞党村南不到五百米的一个小村，现在已经和西坞党村连在一起了。这些地主乡绅周围还拢着一批人，同日伪政权有着紧密的联系。在得知祖父是共产党之后就报告城里的日伪军，到家里来抓人。

来的那一天正巧祖父不在家，日寇和伪军就对着祖母施威，把一个家砸得不成样子，毒打了祖母。到日伪军离开时，祖母遍体鳞伤，一脸鲜血，一口牙齿，活生生地被打掉、打断了。那个时候根本没有钱医治，那些断了牙根神经还是活的，一碰就剧痛，不能进食，连喝水都不行。没有了牙齿，祖母的脸就变了形，因为妨碍进食，人很快就消瘦下来。这种痛苦一直伴随着祖母十多年。到解放以后，1950 年祖母带着四叔到镇江，来到我们身边第一件事情就是治牙。那时我四岁，已经记事。我整天是和祖母在一起，夜晚就睡在她的身边。我亲眼见过祖母发牙病的痛苦，她彻夜不能入睡，辗转反复痛苦地呻吟着。去治牙也是带着我一起去的，那时只有私人的牙医诊所，用了几个月的时间，逐一清理了断牙根，装了一幅全口假牙。花了 20 多元，那时的 20 多元差不多是买 3 头牛的钱。

父亲从参加抗日队伍以后一直没有回过家，因为工作突出，组织上培养他，就送他到胶东区党委党校学习。从党校学习回来，他回了一次家。那是 1940 年的冬季，已经是深夜一两点钟，父亲回到家门口，担心外人知道，不敢敲大门，轻手轻脚翻墙入院，隔着窗纸低声叫“娘！娘！你开开门！开开门！是我，明堂。”

当祖母把父亲引进屋，一看惊呆了，一头零乱长发，满脸污垢，如同一个无家流浪的乞丐。在党校学习是一件很艰苦的事情，根本没有条件顾及理发洗澡这些事情。黑灯瞎火，母子俩在黑暗中交流了近一个小时，父亲就要离开了。祖母一听父亲要走泪水就下来了，经历被日寇殴打之后，祖母深知抗日斗争的严酷和危险，作为母亲，担心与不舍这是情理之中的事情。父亲劝说祖母，打败日本鬼子，穷人当家作主，日子就会好起来，叫祖母不要担心。父亲不劝还好，话语一出。祖母哭得透不过气来，还不敢发出声音。父亲说什么也劝不好，他又不忍心就这样离去，继续待下去时间一长就会有危险，情急之下，父亲说了一句：“你再这样哭我以后不回来了。”祖母止住了哭泣，送儿子出门，隔着门缝看着儿子消失在寒夜里。

当时在场的三叔后来说，自从这次之后，再也没有见过祖母为儿女参加革命的事落泪。为打日本鬼子送二叔当兵，打蒋介石三叔当兵，祖母都表现得坚毅非常，没有流一滴泪。可见她对日寇痛恨之深，对旧社会痛恨之深，对穷人当家作主何等向往！

父亲党校学习回来不久，就担任招远县城区的区长兼任武工队区中队队长，后来任区委书记，在招远县城和周边附近地区开展抗日武装斗争。武装袭击骚扰日伪军，锄奸。日伪扫荡时，帮助群众坚壁清野，保护群众转移。父亲那时才十八九岁，抗日救国，血气方刚，有勇有谋，他曾经带着一名战士，化妆成拾草的农民，大白天到了城西日军的史家炮楼下面，今天招远烈士陵园就是建立在这个炮楼的旧址上。以酒瓶和包猪头肉的荷叶包为道具，像是拎着一瓶酒，和一包猪头肉，以进贡引诱伪军头目走出来。接近后，用红布包着的一个小笤帚顶着伪军头目的腰，低声警告："我们是八路军武工队，把枪交出来，不交枪就打死你！"他们拿到匣子枪后飞奔而去，炮楼的鬼子用机关枪射杀，在弹雨飞啸中，父亲和那个战士一口气跑出去五里路，脱离了机关枪的射程之后，停下来就吐了一口鲜血。父亲摸清一个伪军小队长的行动规律，在龙王庙下村北，带了一个战士化装设下埋伏，活捉了小队长和卫兵，缴械教育后，把他放回去做抗日工作了。父亲曾经在招远城里好几个地方学过徒做过事，地形熟悉，有人脉，时常潜入城内，打了就走，来无影去无踪，被战友们称作孤胆英雄。他的战斗故事被编成小戏，在抗日民主政府控制的根据地丁家庄子等地演给群众看，鼓励士气，宣传抗日。日军独混第五旅第十二独立营警备队卫生曹长桑岛节郎战后写过一本书，叫《华北战记》，其中写到一九四二年，这支部队在招远遭受游击队袭击苦不堪言的情况，虽然书中没有详细记载游击队是哪一支，但是从这个侵华老兵的自述中可以看出招远武工队的勇猛，看出招远人民爱国武装斗争对日军的震撼。

没有多少时间父亲就名声渐起。在日伪汉奸中听到武工队和父亲的名字就提心吊胆，特别是像孙芝灵那些在乡中作恶，有血债的汉奸，就怕有一天父亲带着武工队出现在他们面前。日寇四处张贴布告通缉捉拿父亲，无论死活都有赏。抗日武装斗争到了非常尖锐的程度。

1942 年抗日斗争到了相持阶段最艰苦的时候。这一年，因迟星南的侄女嫁到西坞党村里，同杨永香结婚，祖父回到西坞党村，刚进村不久，村里的汉奸恶霸孙芝灵就派了一个叫王庭永的雇工进城报信，领来日伪军，祖父被从城里赶来的日伪军包围在民宅里，寡不敌众，被俘。汉奸恶霸害怕我父亲率领的抗日武装营救，唆弄日伪军出村走了两三百米，在村东沙河滩上枪杀了祖父。祖父壮烈牺牲，那些赶来参加娶亲的亲戚又帮着祖母安葬了祖父。祖母这年 49 岁。祖父被追认为革命烈士是 1948 年家乡解放之后的事。祖父牺牲给祖母和一家人造成了极大的困境。这些难处当时就是靠祖母一个人顶着。

到了祖父牺牲的第二年，1943 年的春季适逢春荒，加之村里土豪劣绅的欺压，家里实在揭不开锅了，只有一碗地瓜干存粮了。她不能眼见得四个孩子饿死，无奈之下，祖母迈着两只小脚，只身走到了六十里外的夏甸镇，去贩了五十斤粮食。扛五十斤粮食走六十里路，不要说是一个五十岁的小脚女人，就是一个壮汉，也不是一件轻松的事。况且，这六十里路穿越了解放区和日伪占领区，双方都有路卡查封粮食这一战略物资。一旦被查没收，一家人就等着饿死了。祖母不能走大路，只能抄山间小路从一个村到另一个村。走到了半路一个村子实在走不动了，央求了一个推独轮车农民汉子帮助带了一程，最后总算完成此行，挣了一点钱，以救断炊之急。

但是更艰难的事情还在后面，日伪军为了诱捕父亲，歼灭区中队，加大了对祖母一家人的迫害，孙芝灵竟然勾结日寇要灭门。巧的是他们到祖母家里时，祖母正带着孩子在山上干活，有乡亲赶紧上山报信，祖母家也没有回，什么也没有拿，空着手带着孩子匆匆逃离。不敢投亲，四处躲藏，一面讨乞，一面流浪，后来在游击队的帮助下才找到抗日联合政府，得到政府的安置，在一个叫西罗家村子借住在老乡家里。即使这样，也还是要不断地逃难，躲避战火。后来又搬到了秦家沟村住了一段时间。在秦家沟期间，二叔在杨家小学毕业，又到城子村读初级师范学校。这里是抗日民主政府控制的根据地，属于父亲的辖区。1944 年冬季抗日民主政府动员青年参军，祖母积极支持，二叔迟贵堂报名，投笔从戎。与二叔一起参军同窗学友中后来有两位成为中国人民解放军的高级将领：一位是邓小平办公室主任、总政治部副主任，上将王瑞林；还有一位中国人民解放军总参谋长上将迟浩田。文化革命之前，迟浩田在驻江苏无锡 27 军某师担任政治部主任，逢到南京开会，还会到家里来看望父亲，这是题外之话了。直到 1945 年抗日战争胜利，祖母一家才结束逃难回到家乡。回到家里时，家园荒芜，院子里的草有一人多高，家里灶上的铁锅已经有了一层厚厚的铁锈，只得先借住在亲戚家里，几天后打扫干净才住回去。

西坞党村抗战一胜利就开始了土改，祖母一家分得土地、房屋和一头老毛驴。好日子也就一年多，接着就爆发了解放战争，山东革命根据地遭到国民党重兵围剿，根据地人民又陷入水深火热之中。不要看祖母是一个不识字的农村妇女，对大事看得很清楚。她十分明白这场战争的输赢对自己命运的影响，毅然送只有 14 岁的三儿子，我的三叔参加了中国人民解放军。赢得解放战争胜利的三百多万解放军，可以说每一个战士的家里都有着同祖母一样的命运，一样的爱和恨。从最根本上说是亿万农民人心背向决定了战争的胜负。2010 年济南市建立了一个济南解放广场，列出了山东籍解放军战士一百万人，把名字镌刻在四周的纪念墙上。三叔的名字刻在 35 军第十排第九列。

从 1947 年国民党重点进攻山东解放区起，祖母又开始新一轮逃难，孙芝灵一伙地主恶霸组成还乡团又回来了。在抗日战争和解放战争的逃难中，祖母一行差不多总是五个人，先后走了当兵的二叔和三叔，陆续多了我的两个姐姐，加上姑姑和四叔。在逃难的途中，我的两个姐姐年幼，受不了颠簸和疾病折磨，先后去世，大姐名叫荣华是 1943 年 10 月出生，活了不到一岁。二姐叫进步 1945 年 8 月 15 日出生，去世之时已经两岁多了，什么话都能说，什么事都懂了。荣华大姐和进步二姐离世，后来一直是祖母心中的一个结，也是母亲心中的一个结。

与抗日战争逃难时不同的，在躲避国民党重点进攻的逃难中祖母一直带着土改分得的那一头老驴。这头驴能驮人驮物，对一双小脚不能走路的祖母来说，其作用可想而知。到 1948 年山东境内的战事结束，山东解放了，祖母回到了西坞党村。不久，老驴老死了。驴是老死不是病死，死了肉应该还是可以吃的。那时，战乱刚过，食品极其贫乏，亲戚乡邻提议把驴肉分分吃了。祖母死活不肯，执意把老驴全尸安葬在自家的地里。担心有人偷偷把死驴从地里刨出来，她守望了几天。别看祖母是个农村妇女，其精神世界还是十分丰满，善良，重情重义。多少年以后，五十年代初期，她到了我们身边，还时常和我提起这头老驴，说这条驴特别好，懂事，温顺。祖母怎么指挥，驴就怎么做，叫快就快，叫慢就慢，叫停就停，那些年逃难多亏有这条驴。这条驴的故事，幼年的我不知道听她念叨了多少遍。祖母有一颗知恩图报的善心，对一头驴竟能够如此，何况对人？

138.4.

祖母第一次见到我已经是全国解放以后的 1950 年。之前，一直是母亲亲自带着我。我也是兄弟四个人，只有我是母亲自己带着哺乳养育的，二弟有保姆带着，曾经吃了一段时间母亲的奶，三个弟弟都是由奶妈、保姆和祖母负责养育的。

1947 年我生下来解放战争正在严酷的时候，母亲在潍坊生下我，之后就带着我离开潍县机关和父亲，回自己的老家前路家村坐月子。国民党进攻山东革命根据地，母亲就一直带着我随山东招远县机关留下的伤员队躲避战火和国民党的追剿。从招远县向北撤到了黄县，还在一只小船上划到渤海海面上躲了七天。白天，国民党的飞机飞得很低，看见路上的人群就用机关枪扫射，不少老百姓就这样被打死了。深夜转移，过封锁线，有的随队婴儿不适时啼哭了，为了不暴露队伍目标就被活活闷死了。父亲觉得这样不行，在解放区这样东躲西藏太危险，后来干脆把母亲和我安排在敌占区的石星河村，这里过去是父亲的根据地，后来被敌人占领。这里群众基础很好，匿藏在这里免去颠沛流离。父亲有丰富的对敌斗争经验，很精明，他知道在战争中，最危险的地方往往也就是最安全的地方。在老乡家里我也曾腹泻得不到救治差一点丧命。幸好解放军打下了潍县的坊子，那里有一个德国人的教会医院，在昏迷中送去救治，医生看到我时说，这个孩子不行了，母亲一再央求，加上有战士陪同而去，城市周边的战事还在继续，医生也不想惹事，就说："那就试试吧！"在输液两个小时以后，我的眼睛慢慢睁开来了，这才免了一死。两个姐姐年幼夭折无疑给了母亲很深的心灵创伤。就是这么凶险，母亲也没有把我交给祖母，母亲可能是觉得即使是在恶劣的战争环境里，孩子还是在自己身边安全些，每天能看着，放心。母亲说过一件事，足以看出那时逃难的艰辛，就在招远到黄县的路上，遇到了一个担架队掉队的姑娘，一个十七八岁的姑娘身强力壮为什么会掉队？在国民党飞机扫射钻进草垛里躲避，人太疲倦了，一爬下来竟然睡着了，等她醒来，飞机走了，大部队也走了。一个年轻的姑娘尚且如此，我母亲抱着我一个十斤重的孩子，担惊受怕，辛苦劳累真是难以言表。我在母亲身边，一直到 1949 年 6 月随大军南下，建立了国家政权，实行干部供给制，家中有了保姆。

刚过江，父亲是在句容县当县委副书记，组织部长，一年以后调到苏南行政公署镇江地委工作，祖母就是这个时候来的。第一次见面的情景我至今仍然记得很清楚。那时我们住在镇江尚友新村 3 号，中堂是开放式的。那天，我仰面躺在一张四方茶几上，旁边，奶妈正看护着才一岁的二弟。我百无聊赖地

看着天上乌云，突然有两个人影进入眼帘。同时听见来人问：

"请问，迟明堂家是住在这里吗？"

"奶奶，是奶奶来了！"还没有等到奶妈回答，我就闻声脱口而出，即刻翻身跳起，站在茶几上看看奶奶，祖母身边站着四叔，身背一个布包袱，十分拘谨。

"你是进军吧！"祖母喜出望外，没有想到，从未见面的孙子竟然一见面就认出了她，还如此亲切、兴奋。其实，早在得知祖母要来的消息后，父母就告诉了我，我整天想着祖母要来这件事。我很快就拥到了祖母的怀里，祖孙俩人无比亲热。此后的两年的时间我和祖母

几乎形影不离，祖母把我领进了一个缤纷的世界，让我看到了她的勤劳、智慧、能干、简朴、坚韧和她博大的爱心。

我看她做饭，之前我从来没有见过做饭，特别是做面食，客观上那时是供给制，大家都吃食堂，家里不开火。祖母来了能偶尔为父母做些家乡饭，才让我大开眼界大开胃口。我看着她不一会就把面粉做成香喷喷的馒头，还替我做出小鸟、小鱼、小猪、小羊等各种造型的小馒头。看她做手工切面，用长长的擀面杖把面擀制成一张硕大的薄饼，折叠起来，用刀熟练均匀的切成细细面条。看她包饺子，蒸包子，烙饼，看她做所有的山东饭菜。祖母对我有着特别的耐心，她总是一面做着，一面和我说话，给我讲解做这些事的要领和诀窍，仿佛是办烹饪学习班，更像师傅带徒弟。每次祖母做饭我也喜欢动手参与，祖母会给我一块小面团，让我在旁边自由摆弄，其实我什么也做不了，只是好奇好玩，直到快结束的时候会把我手中面团收去由她做成食品。我很小的时候就学会了擀饺子皮，包饺子。祖母做的一些面食，有的，我从来没有自己实践过，五十年过去，凭着祖母那时的教授竟能做得很好。2001 年我在英国伦敦陪女儿读书，学着祖母的样子做手擀面，吃过的人无不称赞，其实他们应该赞美的是祖母，而不是我。四岁听祖母教授的手艺，五十年后实践放彩，这是何等成功的教育啊！

祖母给我和弟弟们讲过许多故事。在哄我们睡觉时，奶奶会一面在做针线活，一面讲故事。“惯子犹如杀子”的故事讲过不知多少遍。这个故事是说，一个小孩小时偷东西母亲不仅不批评教育，还夸孩子聪明，这个孩子做坏事胆子越来越大，后来犯了死罪，在赴刑砍头时提出要再吃一口母亲的奶，在吃奶时一口咬下了母亲的乳头，抱怨母亲从小不管教自己。祖母用这个故事警示我们从小要学好，要听从大人的教诲。在我们快要入睡时她会反复念儿歌：“猫打仗，爬墙头；狗打仗，翻跟头；小孩们打仗扔石头；老婆们打仗挖指头；老汉们打仗动拳头。”在奶奶那里我们还听到她小时候见到的红枪会、无极盗和长毛等农民起义的故事。

那时我和祖母交流之多，以至于后来到了幼儿园和学校很多话只会用山东话说，用当地的语言不会说，那些单词不知道如何表达，大约有一年时间，这种语言障碍才消失。我还看着祖母剪裁缝衣，做布鞋。祖母不光是勤于做自己过去会做的东西，她还是个善于学习，善于创造的人。说两件事：

祖母刚进城以后就是秋天，看到城里人都穿毛衣，她很想有一件，但是舍不得买，也不对父母提，到了春天就在家里养起了蚕。桑蚕结茧以后她又自己烧热水缫丝，接下来把丝捻成丝线，自己学习编织毛衣的方法，织成一件对襟的全真丝线衣，最后，用染土布的方法把衣服染成蓝色。不久她有了真的毛衣，但是这一件真丝线衣一直伴随着她。

再有一件事，到了城里以后，她看到废纸就这么当柴火烧了，很可惜，那时有收旧货破烂的，但是不回收废纸。她就想出了一个回收利用的办法。她把收集的废纸先用水泡，还原成纸浆，沥去一些水分成糊状，在其中添加一定量的黄土，揉成面团一般的硬度，再用小水缸等圆形器皿做模子，用布隔着，把拌黄土的纸浆均匀的敷在器皿的外面，晒干后脱胚就成型了。根据大小，再做上一个盖子，外面贴上装饰纸，就成了一个非常漂亮的盒子。既轻又硬，可以装米装面装点心，装针线装衣物，在那个没有塑料的时代可以不夸张地说人见人爱。许多邻居朋友上门索求，祖母基本上是有求必应。

现在回想起来，祖母真的是一个富于智慧和创造力的人。你想，用真丝编织成衣到80年代市场上才出现，祖母的发明创造早出了30年。设想，如果有这样的机遇把祖母放到创办企业的位子上去，她的聪明才智真会不可估量。

和祖母朝夕相处的日子里，祖母的脚一直是我打理。祖母的脚，指甲变形，角质化很严重，压在脚底的指甲修剪起来很费事。每次洗好脚，都是我拿着一把锋利的小刀和小剪子替她剪指甲和修除角质化的老皮。出门和到公园玩耍，也都是要搀扶着祖母。祖孙甚是情深。

我大了以后，这些事情就是弟弟来接班了。三个弟弟都和祖母感情很深。这与五十年代父母工作太忙有关，父母经常下乡，一走就是十几天，有时候一两个月也见不到，与我们能日夜相伴的亲人也就是祖母。是祖母打理我们的衣食住行，给我们讲故事。除了我们兄弟四个，二叔家的三个妹妹，三叔家的一个弟弟也都得到过祖母的照看。祖母倒也是不嫌烦，不怕累，似乎是多多益善。这大概是中国人子孙满堂多子多福的理念在祖母的心里根深蒂固。

有一年冬季很冷，大约是 1962 前后的事。家门前小河河面上结了有一两寸厚的冰，我突然发现冰下有鱼不太灵活了，可能是冻坏了。我就破冰取鱼，一条有 3、4 斤重。我花了一个多小时抓了 3、4 条，突然觉得双手剧痛，原来双手冻坏了。我赶回家里，打了一盆热水，想要把手放进水里泡热。被祖母看见了，她大喝一声："不能放进热水里！"她边说边抓住了我冰冷的双手放进自己的怀里。当我冰冷的双手贴在她温暖的肌肤上时，我被震撼了。我说："奶奶，这么冷的手放在你身上你怎么吃得消啊！"我一边说一边想把手抽出来，是祖母把我的双手握得紧紧的。

"傻孩子，你不懂，你的手冻成这样要是往热水一放就冻伤了，皮肉非烂不可，只能这样慢慢地让它恢复正常温度才有可能不被冻坏。"听祖母不紧不慢地和我讲着这个里面的道理，我的双手慢慢地复苏过来。我强烈地感觉到祖母是这样的心疼我爱护我。

祖母教育我们从来都是和颜悦色谆谆诱导，没有厉声呵斥我们，更没有动过我们一个指头。但是祖母的话，我们基本上都是言听计从，记不得有意见相左的时候。祖母还从来不向我们的父母告我们的现状。

祖母心胸博大，和蔼慈祥给我们的印象极深。

解放以后，家里经济条件有了很大的改善，但是，在祖母的主持下，生活是简朴的，基本上还是以素食为主，肉和鸡蛋是隔上一段时间才能吃到，客观上那时是计划经济，肉和鸡蛋都是按人头配给的，一个月一个人半斤肉半斤鸡蛋。鸡鸭只有到过年过节才能吃到，我们在南京生活了很多年，在家里从来没有吃过南京特产盐水鸭，还是后来参加工作以后才尝到。

听到弟兄们夸奖奶奶做的饭好吃，是她最开心的时刻。1958 年，我们从南京搬家到南通时，奶奶做了好多大饼以备到了新家不能开火和途中在船上吃。饼里有肉丁，很好吃。二弟一直记得。二弟住校有一次回家吃晚饭，说起上课时很饿，绘声绘色地说想吃在船上吃过的大饼，奶奶听了很开心，竟然眼泪都笑出来了。以后每每提起此事，奶奶都会开心得笑好长时间，她是觉得自己的爱得到了回报。

祖母绝不浪费，即使是蔬菜，吃剩了也不倒掉。记得有一次剩了一些茼蒿，她不舍得倒掉，劝我吃完，结果肠胃出了问题，全吐出来了，还送到了医院。这件事被母亲说了很长时间。但是，这样造成伤害的情况也就这一次，可能与我那天的身体情况有些关系。在祖母的教育倡导下，家风勤俭朴素，我们兄弟的衣服总是补了又补，实在不能穿了，她会用来做鞋。我到后来参加工作了，身上的衣服和裤子还都是带着补丁的，那时父亲已经是副省职的干部了，但是家中勤俭朴素的作风丝毫未改。父亲有一条日本军用毛毯，是 1941 年伏击日军军需物资后组织上分发的战利品，父亲母亲一直用了五十多年，这条军毯已是补了又补，直到父亲去世。母亲睹物思人不能再用，想烧毁，让它随父亲而去。我不忍，就留下了，又用了二十年了。如今这条破旧的毛毯还在我的床上垫着。

六十年代，有一次家里买了好多废旧木板柴火，上面有钉子，当烧完了后灶膛里就留下有许多钉子混和在草木灰里，奶奶用一块吸铁石把钉子都吸了出来，一根一根敲直了放在家里备用。上小学的二弟为此专门写过一篇作文，得过一个最高分，作文还在全年级各个班朗读，这件事让二弟弟得到了很大的鼓舞。节俭是祖母留给我们的一笔可贵的精神财富。

老人家喜欢看戏、看电影，在镇江我们和地委书记陈西光两家合住尚友新村九号一栋房子。陈西光的岳母，人称大毛外婆，也喜欢看戏，两个老人时常去看戏。但是，两个人的表现有很大的差异。大毛外婆喜欢看悲剧，“梁山伯与祝英台”逢演必看。而祖母喜欢看喜剧，看热闹、祥和的剧目。大毛外婆看悲剧，每次都是准备好手绢，哭得透不过气来。我当时都在场，人小不懂事，很惊讶，不知道发生了什么事。回来就问：“奶奶，是不是有人打了大毛外婆了？”祖母告诉我，大毛外婆是扬州一个大户人家闺女，一辈子不愁吃穿，因为父母作主，没有能嫁给自己喜欢的人，感情上受过伤。大毛外婆是一个感情细腻，记住伤痛，能让伤痛在心里痛一辈子的人。而祖母则是那种能很快忘记伤痛，不让心中的伤痛作祟的人。这大概是祖母经历的苦难太多的原因。记得她最喜欢看的电影是喜剧《乔老爷上轿》，看过好长时间以后，只要你一提起乔老爷在轿子内吃饼等搞笑情节，奶奶都会乐。祖母年轻的时候生活那么苦，她还参加正月里的扭秧歌，正月里扭秧歌是农村老家的习俗，这实际上是一种民间集体舞，用高亢的唢呐伴奏，欢快而热烈，她说自己很喜欢扭秧歌，也扭得很好，苦中取乐吧。祖母是善于释放和调剂自己的人，是一个能埋藏心灵痛苦，记住幸福快乐，很乐观的人，看上去总是高高兴兴，和和气气。

138.5.

1964 年夏天，祖母执意要回山东老家。回家的原因，她说："人总是要死的，73，84 阎王不请自己去。"这一年她 72 岁，回山东老家，就是要死在家中，埋在祖父的身边，她不愿死在南京，死在南京要火化，她害怕火化。这一切她说得很明白，很坦然，不像是在说自己的死，倒是像安排一件平平常常的家务事。全家人对祖母说自己的死都不以为然，她的身体很硬朗，但是，也理解她落叶归根的思想，再说，她很多年没有回家了，家中还有一个女儿，就是我姑姑，多年祖母一直在外，几乎没有和自己的女儿在一起，趁着身子骨硬朗回去看看也好。于是父母安排由我护着祖母回山东老家。

一放暑假我就和祖母启程，这一个暑假是和祖母在老家度过的。大部分的时间是陪着祖母走亲访友，凡是该见的都见了。那时候乡间还没有公共交通，姑姑家里有一辆自行车，是姑父上班用的，祖孙两个人就是靠走。那一年我 18 岁，正当年的小伙子，但是我心里清楚，祖母是走不快的，于是很有耐心陪着祖母迈着小脚，缓慢移步在家乡的山水之间。祖母的出生地，她和祖父结婚自己搭建房子的旧地，祖父牺牲的地方，烫树叶染布的地热温泉，童年听祖母说的那些事一一回放，都落到了实处，都是眼前真实的景象了。

夏季，在山路上行走是很累的，不一会身上的衣服就有了汗水浸湿的印记。一路上祖孙不停地说话，言语中可以感觉得出来，虽然走得累，但是她老人家的心情是很好的。一个山村的姑娘，历尽饥饿贫寒、国难家仇，生死离别，一生走来，如今四个儿子都在外工作，三个国家干部，一个军医，女儿留在了家乡务农，女婿是县供销社的干部。孙子、孙女已经有十个，（后来是十二个，六个孙子，六个孙女）还有三个外孙女。（之后又有两个外孙）孙子孙女不愁吃穿，都有学上，老人觉得此生足矣！当年骑在她头上作威作福草菅人命的日本鬼子、汉奸、国民党、土豪劣绅也都有了报应。日本鬼子打垮了，国民党下台了，有血债的汉奸劣绅孙芝灵、陈永寿被人民政府提起公诉镇压了。祖母虽然依旧是一个普通的农村妇女，但是在内心实实在在充满了翻身解放、当家做主的豪情。

记得一天在村里，看到村民王庭永，当时正推着一辆独轮车，迎面而来也没有打招呼，低头而过。祖母告诉我，就是他当年进城报信，领着日伪军进村抓祖父的。我得知杀害祖父给日伪报信的人竟然还在之后，曾想动手责打，被祖母阻拦。祖母说："那时，他是孙芝灵家里的一个雇工，是孙芝灵差遣他去报信的，他也是个穷人，为孙芝灵干活也是为了养家糊口。他是做了一件错事，但是这个事情有国法，孙芝灵已经伏法了。你不能在村子里动手打人。"我当时真的没有想到，祖母，一个农村妇女，已经70多岁了，能有这样胸襟和大器，三言两语把政策和道理说得这样清清楚楚明明白白。

大约用了一个月，差不多的亲戚都走了一遍，祖母很舒心。有一天，她对我说："大进军啊，"祖母在称呼我们兄弟四人时都在名字前面加上"大"字，大建临、大三、大四，她说这样称呼，孩子能长得大长得好。"大进军啊，你这一次送我回来有功啊，回报了我对你的养育之恩了，你不欠我的了，我们两个两清了！哈哈！"祖母很满意一路我对她的照看，幽默地说了这番话嘉奖我。我心里清楚，祖母的恩情是回报不完的。

回想起来，祖母这些活动其实也是她自己安排的人生最后一幕。她觉得做完这些事，自己可以悠然在故乡的老屋里无疾而终了。但是，仅仅时隔两年，祖母的打算被搅乱了。

1966 年 5 月 16 日，史无前例的无产阶级文化大革命开始了。造反有理的浪潮席卷中国大地，由于父亲也是领导干部因而无法幸免。当时父亲担任江苏省贫下中农协会副主席，省委书记陈光兼任主席。这个单位实际上是我父亲负责。这个单位一个叫张某的处长和一个叫刘某某的青年干部领头造了反，责令父亲检查自己反对毛主席、反对共产党、反对社会主义的罪行。单位里贴满了批判父亲的大字报，在父亲的名字前面冠以走资本主义的当权派和三反分子，名字上面用红笔画上红叉。名字上面画红叉，是古代被判极刑处死布告上的做法。不仅仅是思想上的批判，张某和刘某某领着人到家里来抄家，父亲的藏书、笔记连同我们的兄弟的藏书笔记，我从幼儿园到高中的成绩报告单、多年的集邮册被他们席卷而空。文化大革命之后只退回了列宁全集、斯大林全集和鲁迅全集，其余的都石沉大海了。他们还拿走了我们家的煤气罐和我用的自行车等一些物品。叫我们一家人挤到两间房子里。其余的房间由他们安排人进来住，因为家中住不下，我就搬到了学校。那时我们住在西康路 54 号，这幢国民党时代使馆区的洋房，1958 年我们和省委组织部长韩培信家同住，韩培信后来任江苏省委书记，文化大革命期间是和江苏省物资局长杨巩家同住。

到了 1967 年，文化大革命最乱的时候，家已经不像一个家了，当时母亲曾经多次说过，幸好，你奶奶不在这里，要不然老人家看到自己的儿子被造反派批斗，家里被造反派搞成这个样子，心里会多难过！因此，这里的一切对祖母都是封锁的，只报喜不报忧，就是怕她老人家难受。

哪知，在 1967 年 5 月的一个深夜，祖母竟然一个人出现了！

凌晨两点多钟，祖母在敲门："明堂啊，开开门，是我啊！"祖母已经 75 岁了，一双小脚，就是坐车也是要一天一夜的路程，中途还要转几次车。而且，老人家这时已经身患重病不久于人世。祖母这次出行不亚于 1943 年春荒为了救全家性命只身徒步 60 里到夏甸镇贩粮。她已经把自己的生死置之度外了，在自家老屋养老送终已经不重要了，在南京死去会被火化也顾不上害怕了，她有一口气她也要亲自来看一看儿子、媳妇和孙子。

她是担心才来南京的，是想来看看，然而是什么原因导致祖母下这样大的决心，她得知了什么消息导致她做了这样的决策？她没有明说过，现在我们只能从一些方面做一些推测：文化大革命不是只在城市搞，全国城乡都在搞，基本形式是一样的，把领导干部说成三反分子、走资本主义的当权派，打倒在地，踏上一只脚，叫他永世不能翻身。1967 年一月上海市造反派夺权之后，全国范围造反派都开展了夺权，招远县也不例外，招远的造反祖母一定是有所耳闻，她会有所联想，她会想到自己的儿子。

1967 年，江苏省贫协的造反派张某、刘某某一伙夺权不久，就派了一个调查组去查父亲的历史，企图找出一点历史问题来打倒父亲。这个调查组在招远走了很多地方，找了很多曾经接触父亲的干部和群众。记得江苏省贫协有一个叫魏道明的干部，为人比较正直，曾经冒着风险来向父母透露这个调查组去调查的情况。总的来说没有查出任何问题，在当地群众的心目里父亲依然是一个抗日英雄，是一个保护老百姓，为老百姓翻身解放谋福利的好干部。调查组为了“挖出”能够打倒父亲的材料，找人谈话时就先给父亲定性，说父亲是三反分子，走资派，要谈话人“揭发”。结果有一个老年妇女对调查组这样说：

“你们说迟明堂是三反分子、走资派，我看你们才是三反分子、走资派。你们说别人我们不知道，迟明堂我们谁不了解？迟明堂是我见过最好的干部了，是老百姓的好干部！谁要打倒迟明堂他就不是好人！”家庭出身是必定要调查的问题，因此，可以肯定这个调查组曾经到过西坞党村。这些消息就一定会陆陆续续传到祖母耳朵里，引起老人家的焦虑。

在 1967 年 2、3 月份，我曾经借了一台 135 型号的相机，给家里每个人都拍了一些照片，其中有一张是父亲一个人的。父亲在一棵紫荆花小树的前面，强烈的顶光把脸上的皱纹夸张了，父亲的头发已经花白了，这年他才 44 岁。这一批照片洗出来曾经给北京二叔家，浙江三叔家，四川的四叔和山东老家姑姑那里都寄了一些。本意是报个平安，但是，他们各自从中读出了不同的信息。据我姑姑后来对我说，收到信的那天，她迫不及待打开了信封，一看到照片，泪水止不住就下来了，她没有料到父亲一下子会老成了这个样子，马上就联想到一定是在文化大革命中吃了不少苦，遭了不少罪。祖母也看到了这张照片，姑姑没有说过祖母看到照片后的情景，但是，祖母看到照片后心情是不难解读的。

这些就是祖母不顾自己的安危，执意只身南下两千多里的原因吧！祖母到南京的时候家中只有父母和四弟，我住在学校里，二弟和三弟都在八卦洲农村劳动。我是最先被叫回来，说祖母来南京了。我回来见祖母的情景，后来一直让我非常懊悔，觉得自己很对不住祖母。已经记不得那天我在学校里忙什么了，可见，那天忙的事情一点也不重要。当时，是觉得在“闹革命”，好像是不能离开，但是家里传来的话是一刻也不要等，即刻回来，因此心里有点不愉快，觉得今天、明天都可以见，哪有这么要紧？回家见到祖母的时候，她躺在床上，在我们兄弟住的那一间房里。老人还是那个样子，没有太大的变化。

祖母一眼就看出了我心中的不悦。

“大进军啊，把你叫回来是想最后见你们一面！奶奶我快不行了！”这个话说得再明白，再准确不过了。可是，我却没有听懂，从心里说，我不觉得祖母马上就会离开我们，我觉得祖母也就是身体不好，过些天会好起来的。

“奶奶，你不要这样说，你会好起来的，会没有事的。学校里面现在忙得很。”言外之意有点责怪祖母小题大做。我的话音刚落，祖母的泪水涌出来了。

“唉，我一手把你们弟兄四个拉扯大了……”祖母说不下去了。我一看这个情景惊呆了，祖母之前从来没有过这样的伤感。我知道，可能是自己有点抱怨的情绪刺激了祖母，自己有些后悔，然而不知道说什么好，不知道应该说点什么才能挽回，于是就呆呆地站在那里。

到这时，仍然没有想到真的是祖母在和我诀别！

“今天就是我们最后见一面了，以后的路你们自己走了，要走好……”祖母很伤心，说不出什么来。我们见了十几分钟，我就回学校了。按照母亲的吩咐去把二弟叫回来。见到二弟的时候，三弟也在场，三弟听说奶奶来了也要回来看看。我却说，没有叫你回去，你就在这吧，回去一趟也很不方便。好在三弟没有听我的劝，回去看望了祖母，这样祖母算是看全了我们一家人。后来我才知道，祖母一来说身体不好，母亲立即带她到医院检查，母亲那时是江苏省卫生厅机关党委书记，虽说被打倒了，但是医院医生还是认识一些的。医生一查就说是肝硬化晚期，时间不多了。祖母的肝病与文化革命动乱以来的担忧和郁闷有直接关系，她的病是愁出来的。父母都被造反派监督着，不能离开，这样又把做军医的三叔从浙江舟山海军基地叫来，二弟和三叔一起，把祖母护送回家。

坐了一夜火车，到了潍坊转乘汽车，祖母说她的病好多了，人觉得不那么难受了。估计一方面是精神作用，到南京看过了实际情况思想负担小了许多，另一方面是回光返照了。三叔只批准了一周的假期，把祖母送到家他就返回部队了。二弟在老家陪着祖母。那时正在收麦子，祖母还能坐在院子里敲打清理麦根上的土。收完麦子，二弟要到 50 里外，母亲的老家前路家村去看望外公。二弟辞别祖母后到城里坐汽车，这个汽车是要返回路过西坞党村的。祖母执意从炕上爬起来，自己走到村口等着二弟乘坐的汽车通过。

祖母颤巍巍地走到了村口，站在了公路边，守望着城里的方向。一会，汽车来了，在祖母的面前扬起了一阵风尘呼啸而过。当尘埃落定，汽车已经上了远处的高坡，一瞬间消失在坡底。回到家里，祖母就不行了，昏睡在炕上，不能进食了，送到医院抢救无效，永远地离我们而去了。

扛着肝病晚期的痛苦，于国家动乱之际探望儿孙，小脚单行两千里，这就是祖母人生最后的行程！扛着肝病晚期的痛苦，挺立在天地之间，深情地凝望着孙子上路，这就是祖母人生最后的目光！

138.6.

一个降落在苦水中的女婴，靠着顽强的生命力活了下来；一个身受封建教义摧残的女童，却有着健全坚强的精神；

一个活力四射的山村少女，燃烧自己的青春温暖了父母弟妹；

一个晚嫁的新娘，挽着自己的丈夫，勇敢地直面身无分文的贫寒，创造了属于自己的未来；一个含辛茹苦的母亲，用勤劳、智慧、坚韧的乳汁养育了四个儿子一个女儿；一个站立着的中国妇女，面对日寇、汉奸的毒打、屠杀毫不畏惧；

一个识大体的中国人，为国家、为民族，献出了自己的丈夫，为人民解放，毅然送自己的儿子们拿起枪，走上了上硝烟纷飞的战场；一个慈祥奶奶，默默地用心血汗水养育着孙子、孙女成长；

这就是我的祖母！

一个普普通通的农村妇女，生命在普通之中时时迸发出伟大的光芒！一个睿智的哲人，总是警觉地审视着生活和人生！

一个坚强乐观的人，无论面对什么困难，都是心怀希望展望着未来，并为之努力！一条别样风采的生命基因之河，奔流不息，在我们子孙后代的热血之中，永不枯竭！

后记：从 2011 年 5 月 20 日起笔，到 8 月 1 日写出第一稿，在写的过程中，想到祖母，回想起那些往事，有时不禁哽咽泪下写不下去，断断续续 74 天，这个材料只是一个初稿，给家人看后还要修改。

迟进军 2011 年 8 月 1 日第一稿发出以后，陪母亲看了全稿，收到母亲、二弟、京联、阿秋的一些反馈。提供了一些新的材料。根据这些材料做了第一次修改。

迟进军 2011 年 8 月 11 日

2011 年 8 月 12 日专程到镇江，请三叔看了全稿，并根据三叔提出的意见进行第二次修改。

2011 年 8 月 15 日

139. 再次面对灵魂的拷问

戴相陵（66 届初三丙）

最近读完了宋彬彬在 2012 年《记忆》第 80 期里发表的文章“四十多年来我一直想说的话”后，我第一感觉是同情，并且最终认定，宋彬彬也是文革的受害者。宋彬彬本人，我不认识。只在 1996 年 8 月 18 日毛主席第一次接见检阅红卫兵的纪录片中看过。在天安门城楼上，她给毛戴上了红卫兵袖章。还有就是后来报纸上的照片和报道。

宋彬彬是这样回忆的。毛主席问我：“你叫什么名字啊?”我说叫宋彬彬。“是文质彬彬的彬吗?”我说：“是。”毛又说：“要武嘛。”8 月 20 日《光明日报》发表了一篇文章，题目是“我给毛主席戴上红袖章”，署名宋要武，括号宋彬彬。在当时狂热政治背景下，宋彬彬顿时成为一颗闪亮的政治明星。后来我听说，她的父亲宋任穷，时任中共中央东北局第一书记。

从电影和照片上看，宋彬彬当年确实长得文质彬彬，与凶神恶煞的红卫兵打手杀人犯差距甚远。再说了，她在 1966 年 8、9 月北京师大女附中的学代会和文革筹委会等组织中，只是担任了副职。所以我愿意相信宋彬彬对两宗罪行为自己做的辩解。一是她在学校文革中没有打人杀人和暴力行为，二是她不应该是“八五事件”的责任人。

“八五事件”是指 1966 年 8 月 5 日下午北京师大女附中部分学生游斗校领导发生了暴力行为。党总支书记、副校长卞仲耘不幸遇难。宋被认为是施行暴力的“红卫兵”组织的负责人。以下是我个人对宋彬彬和她文章的看法，与宋彬彬本人、大家，特别是老三届，商榷。

首先，恐怕从来就没有人想过要在政治上、经济上和法律上，来追究、清算当年红卫兵打人杀人抄家等暴力行为。问题是更高的境界里，施害者在人性、良心、道德、思想上，要不要自我追究、清算。也就是所谓的反思，宋彬彬本人的话，“再次面对灵魂的拷问”。人们一般认为，红卫兵的施暴，主要是初一初二的小同学所为，他们“不懂事”。而高二高三的同学是相对理智的。这里我想探讨一下，宋彬彬是否应该对这些暴行负责。

宋彬彬当年是高三的学生，大约 19 岁左右，高干子弟。她高一就入了团，尽管她自己觉得“自己政治上比较幼稚”，但到高三时，1966 年 4 月她入了党。文革前中学里的学生党员是凤毛麟角、金枝玉叶。他们是些什么人，这点老三届都心中有数。如果说当年初中生确实是不懂事的小孩的话，宋彬彬则已经是成人了。按“党文化”的术语，她的红色世界观在文革前已经形成了。

八五事件前后，女附中的重大事件的时刻表如下。

6 月 2 日，女附中的第一张大字报，宋彬彬参与。

6 月 4 日，由团中央干部组成的工作组正式进校。

6 月 6 日，在工作组的主持下成立了“女附中革命师生代表会”，其中学生代表会（简称“学代会”），主席是刘进，副主席 4 名，宋彬彬是其中之一。

6 月 17 日，学校贴出了第一张反工作组的大字报。

6 月 21 日、22 日，工作组在大操场主持召开了两个半天的揭发批判会，批判以卞仲耘为首的校领导所谓的修正主义教育路线。

6 月底，工作组在全校公布了“卞仲耘反党反社会主义的罪行”。

7 月 30 日，下午女附中工作组撤出学校。

8 月 1 日，出现血统论的对联。

8 月 5 日，“八五事件”女附中部分学生游斗校领导发生了暴力行为。党总支书记、副校长卞仲耘不幸遇难。

8 月 8 日，女附中成立“文化革命筹备委员会”（简称“筹委会”），按工作组在校时学生代表会的思路，由刘进担任筹委会主任，宋彬彬和其他几个同学担任了副主任。

8 月 18 日，毛主席第一次接见检阅红卫兵，宋彬彬给毛戴上了红卫兵袖章。

8 月 19 日，刘进和宋彬彬声明退出筹委会。

8 月 20 日，《光明日报》发表了一篇文章，题目是“我给毛主席戴上红袖章”，署名宋要武，括号宋彬彬。

按照事件发生的先后顺序，八五（卞遇难）在前，八一八（献袖章/要武嘛）在后。所以逻辑上说，八一八不可能是导致八五的直接原因。那么既然八一八在后，让我们假设毛当时已经知道了八五事件，从而用“要武嘛”来肯定、鼓励女附中的八五暴力。我认为这种假设不存在，因为根据宋彬彬的回忆，她给毛献袖章，完全是个偶然的机遇，而不是当局预先策划要她登台的。

那么宋彬彬到底要对八五事件付多大的责任？八五事件前后，由于校领导已经瘫痪、工作组已经撤离，学校处于半无政府主义状态。之所以称为半无政府主义，是因为还有个学代会在试图掌控学校的文革。我认为宋彬彬此时的政治地位和身份应该是全校文革的学生领袖之一。原因很简单：她是中共党员、高干子弟、高三学长、学代会副主席。学代会副主席，虽然有工作组的影子，但是它的政治权威还在。就连反工作组的学生，都要尊重三分。八五暴力事件并非她策划，宋彬彬说她两次亲临现场劝阻，最后还在医院要求抢救受难者。照她的说法，自己也劝阻了，所以与卞仲耘之死没有多大的干系了。

问题是文章中没有现场劝阻的细节，更没有宋彬彬的心理活动。当时你对受难者是痛恨、同情，还是真正地想保护？对施暴行为，有真劝阻、有假劝阻真怂恿的。不过应当清楚：凭你当时的政治身份，如果是发自内心的、人性化的真劝阻，八五事件的后果可能不会那么悲惨。没有详细的描述和旁证，第三者很难判断你劝阻的作用。如果没有详细的心理描述，你无法再次面对灵魂的拷问。

我本人当年在南师附中也参与围观过对师长的施暴。如果今天苍天问我为什么不挺身而出去劝阻，回答是凭我黑色家庭这个政治身份，劝阻是没有用的。这个回答并没有真正地“触及灵魂”。尽管我也认为受害者不是黑帮，也知道施暴是犯法的，可是我的心灵深处是这样的。我的劝阻会涉及立场问题。更重要的是，受害者又不是我的父母。如果是我的父母，我肯定是会挺身而出的。这才是触及灵魂的回答。这些内心的真实写照，在后来对我家的抄家、对我母亲的动粗事件中，发挥得淋漓尽致。

八一八后的红卫兵运动中，宋彬彬成了全国学生心目中的偶像、榜样和学生领袖。原因也很简单：因为她除了是中共党员、高干子弟、高三学长、红卫兵负责人外，又在天安门上给毛带了红卫兵袖章。还改名宋要武。尽管她可以说她本人其实并不想，是阴错阳差被人推上去的，而且对宋要武的名字也反感。可是，没有详细的描述和旁证，第三者很难判断你被人推上去后真正的内心写照。如果没有详细的心理描述，你无法再次面对灵魂的拷问。面对毫不费劲就获得的政治荣誉和特殊地位，难道就没有一点点沾沾自喜、洋洋得意？

最后我还是想拿血统论的对联来先触及一下我自己的灵魂。如果有人问我为什么对血统论如此反感、甚至恨之入骨？且不谈血统论的荒谬性，那是因为如果其成立，我就是“狗崽子”，我在政治上将永世不得翻身，我的基本人权将被剥夺，我将永远失去与“好汉”们公平地竞争那些极其有限的今后入党、升学、参军、招工的机会了。

而宋彬彬呢，她只是觉得血统论不符合“重在表现”的政策，不利于团结大多数。她对这种霸道和咄咄逼人很反感，她是有困惑和有保留的，但没有公开质疑。这个说法怕也经不住再次面对灵魂的拷问：难道就一点没涉及舍不得自己的既得利益，而且是不需要努力就获得的既得利益？是凡常人，就不可能脱俗。她是，我是，你也是。宋彬彬如果能像凡人一样，直言道出自己对以上事件的真实心态，而不是论证自己被误解、冤枉、妖魔化，恐怕更容易得到人们的谅解。

毛泽东直接参与过文革施暴吗？但这能证明他没有干系吗？谈

到对文革中的施暴负责，应该学学本校同学纵晨光。他没有直接参与哪一次抄家，可是他勇于承担责任，因为他说他是男人、高三学生、红卫兵头头。对血统论，则应该学学本校同学何纪宁。她是干部子弟，可是她对“既得利益”不屑一顾，领头写大字报反对血统论。

140. 南师附中校长陈履伟不守“承诺”

王虹（66 届高三丁）

南师附中老三届网站有一段关于“南师附中教改档案流失！”的文章内容：

2010 年 11 月 13 日，我不经意在网络搜索中敲入“南师附中教改”一行字。附中教改档案在网上拍卖的信息令人震惊。遂联络了南师附中校友会的许祖云老师，并拜托许老师同附中相关部门联系。此后，附中相关部门及我，通过拍卖网站同档案持有人取得了联系。经过一番斡旋，持有人同意附中校方及我各获取档案副本一份。

2011 年 3 月 2 日，南师附中的耿国珍老师、刘少青老师及我，与持有人见面。当场取得共识，达成承诺：档案原件委托附中进行复制，交付校方及我副本各一份。档案原件 4 月 2 日前归还持有人，我作为见证人。至此，教改档案一事的处理，尘埃落定。

以下是追踪报道：

原本非常简单的事情，后来却发生了变故，致使复制工作没能按照上面的共识及承诺来进行。4 月 2 日前的一天，作为见证人的我，联系了刘少青老师。他改称完整副本不能交付给我，南师附中校方已经同资料持有人商妥，只交付我涉及教改内容的部分，而对于涉及“个人隐私及国家利益”的内容不能复制给我。

我随即联络了资料持有人，证实了这一情况。4 月初，我直接电话联络了南师附中校长陈履伟。通话中双方都表明了各自基本的看法，鉴于校长室的电话联络不能占用过长的时间，我提议陈校长在方便的时间再同我联系，继续商讨这个事情的处理。陈校长认真记下了我的电话，并表示近日一定联络。

然而，校方包括陈校长，此后再也没有同我联系。从 2011 年 4 月初算起，至今已经过去了整整一年的时间。为此，我只好公开地阐述我对这件事情的看法。为方便起见，档案持有人称谓甲方，我为乙方，南师附中校方为丙方。

一、事情的详细过程

乙方于 2010 年 11 月 13 日在互联网上看到“南师附中教改档案拍卖”的信息。随即联络了南师附中校友会副会长许祖云老师，并拜托许老师同校方相关部门联系。同时，乙方通过拍卖网站了解到了拍卖的一些信息，并同拍得物件的甲方进行了联络。当时甲方正在外地办事。甲方返宁后，乙方通知了丙方。三方沟通的结果是：甲方不能满足由丙方拍回原件的请求，只能满足复制副本的请求。乙方希望早日圆满处置这个事情，但丙方声称工作忙，将此事拖延到 2011 年寒假过后。其间，甲乙双方经过沟通了解，甲方许诺将同样交付乙方教改资料的副本一份。

2011 年 3 月 2 日下午，乙方及丙方耿国珍老师、刘少青老师在甲方办公室见面。三方达成共识及承诺：教改资料原件委托丙方进行复制，乙方、丙方各获取副本一份。教改资料原件 4 月 2 日前归还甲方，乙方担负见证人责任。

直到 4 月 2 日的前几天，乙方才从丙方处得知情况有变。随后才有乙方询问甲方以及同丙方陈履伟校长的电话联络。

二、我的看法

首先要强调的是，教改档案一说并不恰当。这份资料属于纪录教学活动的资料。学校在几十年的教学活动中，这类的资料很多，不可能完全保留。定期的处置也是正常和必需的。然而，64-66 年的南师附中教改总汇的资料却是一份非常重要的历史记录，不该视为一般的教学资料而作为垃圾处置。1964 年，根据毛泽东当年的“春节讲话”，由江苏省教育厅主持，南师附中开始了“教育改革”的试点。1965 年 1 月，南师附中正式选为国家教育部的试点学校。直到 1966 年文革开始，教改工作才停止下来。可以说，南师附中的教改资料是体现毛泽东教育思想的不可多得的珍贵资料。

1. 从甲乙丙三方来看，对待这份资料的视角并不相同。甲方是历史资料、文物收藏的爱好者，尤其青睐教育方面的历史资料，这同其个人的收藏兴趣有关。甲方获得这个资料完全出于偶然的机遇。在乙方同甲方联系之前，甲方并没有详尽地阅读过这份资料，仅将之作为南师附中的教育资料收藏而已。只是在同乙方沟通的过程，甲方才粗略地翻阅了这份资料，进而意识到它的价值。一般来说，一个文物如果压在箱子底部不为世人所知，它的价值和品位都将大打折扣。所以这份教改资料作为“文物”被激活，甲方是由衷地感激乙方的努力的（从网上发现到联系甲方丙方等等）。

乙方是南师附中教改的亲历者，教改试点班成员，算得上当事人之一。乙方出于历史的责任，一向对这类资料十分重视。所以才不会对网上拍卖教改档案的信息视而不见，并在第一时间联系了甲方和丙方。2011 年 3 月 2 日，乙方触摸到了这份资料，那种感受是甲方，甚至丙方所没有的——自己亲身经历的历史。对乙方来说，那是一些“老照片”，也是更好地认识自己，认识那一段历史的一面镜子。

丙方作为南师附中校方，尽管对于文革前的教改知之甚少，但出于校方的责任，也还算重视这份资料。当然，如果没有乙方的联络，丙方根本不知道世界上还有这份资料的存在，也不可能最终获取资料的副本。所以丙方绝对应该感激乙方。可以说没有乙方，也就没丙方什么事儿了。

2. 甲乙丙三方在 2011 年 3 月 2 日的时间点上，达成共识和承诺，事情的进展是顺利的、和谐的，三方的关系是平等、正常而单纯的。但是在 4 月 2 日这个时间点上，情况却发生了变化，原因是丙方破坏了“3.2 共识和承诺”。这个半路杀出来的程咬金，正是丙方的陈履伟校长。什么原因促使陈校长要破坏 3.2 承诺呢？本人只能依据猜测和推理判断，尽管准确地猜测十分困难，正如不同价值取向的人们难以完全理解一样。

笔者认为，甲乙丙三方中，乙方应该受到两头的感激（这个理由前面已经提到），当然乙方也要感激甲方，教改资料能够以“垃圾”的身份，完整无损地保留下来，甲方功不可没。丙方不但应该感激乙方，也要感激甲方。因为没有甲乙的努力，丙方什么也得不到。

可是，这个坐享其成，需要感激他方的丙方却扮演了搅局的角色。丙方在 3 月 2 日至 4 月 2 日期间，背着乙方，多次在甲方面前挤兑乙方，阻止乙方获得教改资料副本。理由是，资料涉及“个人隐私及国家利益”，所以不能落入乙方之手。

3. 丙方的行为明显是错误的。首先，丙方没有摆正自己的位置。甲乙丙三方的地位本应是平等的，即便丙方作为一个机构，也不比作为个人的甲、乙方有更多“可信度”上的优势。这样的例子实在不少：小则一个学校，大则一个政府。丙方之所以犯错误，显然是盲目背上了“机构”的包袱。

不错，教改资料涉及丙方四十多年前发生的教学活动，但从资料的归属权上看，丙方也只是同乙方相当，并没有持有这份资料的权利。即便这份资料可能早些时候是从丙方那里，作为“垃圾”流入到社会，但目前仍然没有确凿的证据。丙方绝对不应该有“这原来是我的东西”的幻觉。这次由丙方负责复制，主要也是考虑到丙方的硬件优势。除此之外，丙方不该有其他的非分之想。丙方如果能有这点自知之明，或许也能避免搅局了。

由于丙方是缘于乙方的介绍，才得知有这份资料，所以地位上也理应排在三方之末。即便按照传统文化的习惯，丙方也不应该是个“说三道四，指手画脚”的角色。

以上所述，丙方在“地位”上毫无优势可言。更何况丙方还疑似有前科——教改资料被作为“垃圾”的不负责任的处置行为。加上这次教改资料复制过程中，违背承诺的行为方式，都明显说明丙方的“可信度”，在甲乙丙三方中应该是最差劲的。当甲乙方以平常之心看待这份教改资料的时候，丙方却处于“夜长梦多，处心积虑”的不正常状态。如此状态下的丙方，其“可信度”还能让人放心吗？

4. 所谓的资料内容涉及“个人的隐私及国家利益”，因而不能落入乙方之说，完全是丙方陈校长的个人之见。丙方即便有这样的认识，也理应先从自己做起，主动放弃获取教改资料的副本，以避免自己犯下暴露“个人隐私”及损害“国家利益”的错误。丙方怎么能够己所不为，却欲施于人，阻挠乙方获取同样的副本呢？

从前面的分析看，丙方的“可信度”在三方中最为差劲。所以，即便从泄漏“个人隐私及国家利益”的因素考量，丙方也未必不是最值得怀疑的那一方。丙方背着乙方，在甲方面前挤兑乙方，不仅是对乙方的不尊重，也同样是对甲方的不尊重，因为甲、乙方除了对于教改资料的所有权不一样外，并没有什么其他的不同，都属于单个的个人。陈校长的行为表现出对于单个人的不尊重或者轻视，尔后的行为也不断显露这个软肋。

如果陈校长能够直接向乙方表述自己的想法，有话当面说说清楚，仍不失为君子的风度，或许还能赢得人们某种程度上的谅解。可是陈校长不是这样，只是一味地背后使劲。从传统道德的角度来评判丙方的行为：忘恩负义、恩将仇报、过河拆桥、无事生非、节外生枝、背信弃义、出尔反尔、小人之心、言而无信等词语都可以让丙方对号入座。乙方对于甲方最终被丙方说服的事实不做任何的公开评判，因为这多半取决于丙方的说服伎俩。当然，陈校长也可能根本就不属于严守道德规则的那一类君子，所以出于“利益”的考虑，其他的都顾不上了。

5. 陈校长亲自过问教改资料复制的事项，原本是值得称道的作风。可是，作风并不能决定一切。倒是“一看吓一跳！”的心态，更能影响到陈校长的行为。陈校长不仅从教改资料中嗅出了“国家利益”，还品出了“个人隐私”。这可能与陈校长做过党务工作的职业习惯有关，但更多的还是取决于个人的知识结构和基本素养。建议陈校长认真读读南师附中老三届网站上，校友张人则、于含英“关于“朱之闻、沙尧言论”的说明”的文章。甲方是资料持有方。事情如果发生在四十多年前，丙方完全可以无视资料的所属权，为了“国家利益”直接将其没收。但时过境迁，今非昔比，丙方对甲方已无从下手，又不肯对自己下手，却忘不了对乙方下手。丙方的行为既不地道，也令人费解。古人云：三人行，必有吾师。可丙方的行为却显示：三方行，疑有吾敌。不是么？

如果说教改资料当初是由于丙方责任心不够而被“下意识”地当作了“垃圾”处理，那么这次出于对“个人隐私及国家利益”的考虑，丙方是否打算来一次“有意识”地灭顶之灾呢？人们难以排除“夜长梦多，处心积虑”中的陈校长，不曾触及这个层面的可能。

这么看来，乙方真不该在第一时间将丙方拉扯进来，以至于让陈校长如此伤透脑筋，还违背传统的道德规范。此外，从资料保护的角度来看，添加了如此的一个丙方，无疑是增添了一份危及资料的风险。幸好，甲方拒绝了丙方拍回资料的要求，否则情况真的很难说。总之，乙方在通知丙方这件事情上有欠思考。

6. 前面已经提到，南师附中是国家教育部选定的中学教改的试点学校。当时作为教育部试点的学校还有其他三所中学：北京景山中学、上海育才中学、辽宁黑山中学。其他三所学校是否还完整保存着当年的记录不得而知，或许南师附中的教改资料已是全国仅存的教改记录了。四所学校的教改模式不尽相同，南师附中的教改模式最能体现毛泽东教育思想。所以，南师附中的这份教改记录，是了解和研究毛泽东教育思想，探索中学文革特点的不可多得的珍贵资料，因而具有全社会共享的属性。她的理想归属地应该是诸如南京图书馆、国家图书馆这样的社会共享机构。这份资料显示：当年的南师附中是正面地宣扬了“教改”。包括许多学生自己写的思想变化、心得体会等活生生的内容，真可与雷锋日记相媲美。

熟悉这段历史的人们，不会认为这是一份涉及“个人隐私及国家利益”的烫手山芋。因为历史是需要正视的，不能正视历史的民族，是没有未来的。

2011 年 4 月初，笔者在同陈校长的电话中，明确表达了教改是“毛泽东教育思想结晶”的这个认识。同时也了解到陈校长对于文革前夕的那场教改的无知，以及基于这种无知带来的错误判断。

7. 作为校方的丙方并不能完全按照自己的逻辑来彻底推翻“3.2 共识及承诺”，因为毕竟还有甲方的道德底线的牵扯。所以丙方只能许诺（丙方有这个许诺的权限吗？）：交付给乙方的，是只涉及教改内容，经丙方核查修正的副本。当人们的价值取向出现偏差的时候，或多或少也会影响到对客观事物的感知能力。如果当年主持南师附中教改工作的朱之闻副厅长的在天之灵，得知陈校长居然从他当年主持编目，并引为自豪的教改资料中，嗅出了“个人隐私及国家利益”，他该何等的感慨呵！

这份教改资料的每一页，甚至每一个字，都同教改这个主题有着密切的关联。教改资料中的所有内容毫无疑问都是关于教改的内容。凭着对教改历史的无知，错误的思维方式，以及对于“个人隐私及国家利益”判别力的欠缺，对于丙方来说要想将这份教改资料“一分为二”，实在是一件力不从心，甚至不可能做到的事情。

2011 年的“3.2 共识及承诺”，本应该于当年的 4 月 2 日前兑现及完成。由于丙方的搅局，事情至今没有完全地解决。

陈履伟校长能否在“夜长梦多”之后，走出误区清醒过来，目前仍不得而知。

王虹（原教改试点班高二丁班）

以下是网友议论：

1. PP：96 年 66 届高三的聚会，主题是“双庆”。但我们的真切感触是“双害”：文革之害，教改之害。当初，回到文革不妥，回到同学的口号也含混不清。一时“回不去了”。怎么办？——回到反思！

2. 吴小白：我觉得，材料中可能涉及班主任老师对同学的政治评价，学校才较为敏感。但只有这样的材料，才反映教改的真实面貌。但作为校长，应履行诺言，这是起码的素质，可与陈校长，耿国珍老师、刘少青两位老师，包括许祖云老师联系一下，有无峰回路转的可能。

141. 从广义和狭义说起

戴相陵（66 届初三丙）

我认同 PP 的主张。“红卫兵”还是狭义的概念比较准确，指1966 年 8 月的红卫兵。1967 年起，红卫兵已经不是一个时髦的名词了。取而代之的是“造反派”或者“革命派”等等。值得一提的是“资产阶级反动路线”也可分为广义和狭义的，也是为了便于问题的讨论。广义的资产阶级反动路线是指党史上一切违背“毛主席无产阶级革命路线”的东西。

从解放前刘的白区路线，三年困难时的包产到户，文革初期的刘邓工作组、血统论，1967 年的经济主义、二月逆流、反许乱军，到后来的庐山会议的天才论和设国家主席，1975 年的右倾翻案，直到最后四人帮的按既定方针办等等——无不被指控为资产阶级反动路线。

我建议，狭义的是指 1966 年 10 月前后开始批判的资产阶级反动路线，主要是针对毛泽东不在北京期间，刘邓执行的“镇压”文革的路线，前后也就是两三个月的时间。我还建议，这期间的红卫兵/血统论也应该包括在内。

如果这样定义，就不能说“红卫兵的血腥被阴错阳差地包括了进来”了。这是因为，对毛泽东和中央文革来说，红卫兵/血统论/谭氏路线与刘邓文革工作组的要害是同出一辙。都是典型的群众斗群众、学生整学生，干扰了运动斗争的大方向。早在运动初期，毛泽东、中央文革和十六条就明确规定：这次运动的重点，是整党内走资本主义道路的当权派。

在文革档案解密之前，我同意 PP 的观察，即毛泽东发动批判“谭氏路线”，至今还没有看到相关的佐证。可是官方材料作为旁证还是有的。以下是摘自本人拙作的一部。

“1967 年元旦，红旗杂志和人民日报联合发表社论《把无产阶级文化大革命进行到底》。这好像是首次两家联手来传达党中央的指示。解放军报后来的加入，史称“两报一刊”，还是以后的事。这篇社论我印象最深、而且当时最受鼓舞的，是其中一小段对血统论的批判。社论说，“老子英雄儿好汉，老子反动儿混蛋”这个口号，成了对抗无产阶级革命路线的东西。别有用心的人，利用这个口号，实质上是宣扬剥削阶级的反动的血统论。封建帝王阶级宣扬什么“龙生龙，凤生凤，老鼠生儿打地洞”，就是这样的血统论。它是彻头彻尾反动的历史唯心主义。”

这就是说，在当时在毛泽东、中央文革的心目中，红卫兵/血统论/谭氏路线与刘邓文革工作组一样，都是用来对抗无产阶级革命路线的东西，都是属于狭义的资产阶级反动路线的范围内的。以我愚见，以上两类在历史上、社会上、政治上、感情上的渊源是一致的。

那么文革中的所谓“红卫兵内斗”是指什么呢？我认为，不存在红卫兵内斗。因为在短短的两三个月时间内，即使有内部分歧，也没发展到你死我活的内斗阶段。我也不赞同“中共党内的民主派”一说。不管什么派，只要它们还在维护一党专制，没有明确提出废除一党专制，那么对平头百姓来说，只是唱红脸唱白脸的区别。它们之间的斗争只不过是狗咬狗的利益争夺。这类事件，党史上还少吗？平头百姓当然乐意观看狗咬狗的闹剧，但不能轻易地把自己的命运寄托在狗咬狗的结果上。

以下是网友议论：

1. PP：说得有道理。当年红联也是将“血统论迫害”作为刘邓资反路线的组成，因而理直气壮地批判“谭氏路线”的。67 年元旦社论应该是“支持”了造反派学生对“血统论”的批判。但是那毕竟已经是 67 年的元旦了。66 年 12 月初，中央有什么表示吗？确实，血统论迫害的出现，干扰了毛泽东的文革进程。仅仅在这个层面，毛和他的团队才持反对的态度（当然还有难以认同的所谓唯心主义的色彩）。毛同他的团队从来没有认为那是血统论“政治迫害”。当年的红卫兵们，至今也很少有人能够从政治迫害的角度来反思过去的行为。即便是造反派学生，当初也很少有人能够上升到“政治迫害”的高度来认识问题。

毛泽东的文革思路确实是将矛头始终对准“走资派”的。从这个意义来说，66年8.18，林彪关于横扫一切牛鬼蛇神的讲话，也有干扰毛泽东文革思路之嫌。毛泽东当然不反对打击牛鬼蛇神，但他是有策略的，他是要抓主要矛盾的。毛善于控制自己，尤其是自己的表态性话语。相信毛对红八月的红卫兵所为，没有表过态。正像处决遇罗克，毛泽东不可能事先不知道一样。即便没有确凿着的“证据”，也可以根据常识来判断：毛泽东负有不可推卸的责任。

142. 惨烈的八四南京砖瓦厂武斗事件

吴小白（68 届高一甲）

142.1.序言

1967 年 7 月 22 日中央文革小组及江青提出“文攻武卫”的口号之后，从 7 月下旬开始，全国的形势进入了天下大乱的的武斗高潮，一时腥风血雨，战火连绵。

在江苏南京，武斗的惨烈程度虽比四川、湖北、湖南等省份要相对缓和一些，武斗造成的损失相对小一些，武斗人员的伤亡要少一些，但数千人参加的武斗，也是惊心动魄，生死对决。武斗中，人的生命如草芥般的消亡。

这里，讲述 1967 年 8 月 4 日南京砖瓦厂八四武斗事件，是南京最惨烈的武斗事件。南京砖瓦厂地处迈皋桥广场北侧，当年中央门通向燕子矶的大路经过该厂大门口，是城东北工业区的咽喉要道。文化大革命中，南京砖瓦厂厂医李援作为厂内有头脑的知识分子，响应开展文化大革命的号召，率先起来造反，成立了厂内最大的造反派组织。在“南京八二七”成立之时，成为南京八二七最早的成员之一。

1967 年初，南京的八二七、红总两大革命造反组织因 1.26 夺权产生分歧，从并肩造反的战友逐渐分裂为势不两立的敌对组织，到 5、6 月份，两派之间爆发了越来越激烈的武斗事件。中央门－迈皋桥－燕子矶一带是南京市红总势力十分强大，八二七力量薄弱的地区，南京砖瓦厂东面的南京化纤厂、南京化工厂、钟山化工厂、南京电瓷厂、石棉塑料厂、南京新联机械厂，南面的华东电子管厂，西面的南京有线电厂、汽轮电机厂、战斗机械厂等大多是数千人的大厂，厂内红总势力占优。

南京砖瓦厂虽然只是一个 400 人的小厂，八二七的实力在厂内占据绝对优势，且砖瓦厂的工人长期从事重体力劳动，身强力壮，敢打能拼，周边的红总也得避让三分。南京砖瓦厂又收容了周边工厂被逐出的八二七成员，使他们有栖身之地，继续参加活动，所在单位的红总奈何不了他们。特别是在市区发生武斗之时，南京砖瓦厂八二七干脆在厂门口设置路障，切断红总增援队伍的通道。所以，红总对南京砖瓦厂的争夺，对双方的态势和心理上都会产生极大影响。正因为如此，南京砖瓦厂八二七成了红总的眼中钉，肉中刺，必欲拔之。迈皋桥地区的红总凭借着实力上的优势，多次集中力量围攻南京砖瓦厂，酿成了一次次的武斗事件。

142.2.七六武斗事件

1967 年 7 月 6 日早晨，南京砖瓦厂东面的华东电子管厂的红总，以南京砖瓦厂的八二七挑衅和收容华东电子管厂的八二七为由，出动大批武斗人员包围了南京砖瓦厂，并与其他单位的红总武斗队一起，向南京砖瓦厂八二七发起进攻。红总武斗人员冲入了南京砖瓦厂，南京砖瓦厂八二七立即据守到烧制砖瓦的轮窑上，用轮窑上的砖头石块进行自卫。轮窑是一种烧制砖瓦的大型窑炉，为长百余米，宽四、五十米，高约十余米的椭圆形建筑，整座轮窑用砖块砌成，能不停炉火地烧制砖瓦。轮窑周边墙体与地面近乎垂直，仅凭着大刀、长矛要冒着砖雨爬上轮窑几乎无法办到，何况守卫者是一群勇猛的斗士。

战斗就一直在僵持着。考虑到南京砖瓦厂战略位置的重要，南京八二七总部立即抽调机动武斗队伍，增援南京砖瓦厂八二七。由于在中央门 - 迈皋桥地区抽不出增援队伍，南京八二七总部指示南京电子管厂八二七烈火大队派出队伍增援。南京电子管厂八二七是八二七中很能战斗的一支队伍，主要由厂里的工人组成，占据了南京电子管厂的后厂区（生产区）。南京电子管厂的红总中技术人员和管理人员更多一些，占据了南京电子管厂的前厂区（科研和管理区）。两个厂区之间有一条小巷隔开。南京电子管厂八二七的人数虽稍少一些，但其中许多工人都是复员军人，战斗力很强。

不久前，乘着一个夜晚，南京电子管厂八二七烈火大队的成员就从围墙爬进前厂区，打开前厂区后门，偷走了停放在前厂区的 4 辆跃进新卡车，开到后厂区，红总人员发现后也不敢追击。这 4 辆卡车是红总南京汽车制造厂红联借给南京电子管厂红总使用的，以便迅速地运送武斗人员，可车子才到厂里没几天，就被八二七弄走了。

接到增援南京砖瓦厂的指令，南京电子管厂八二七立即派出了 160 名武斗队员，登上才抢来的 4 辆卡车，每辆卡车满员 40 人，向中央门急驶而去。当队伍经过南京汽车制造厂大门口时，这 4 辆卡车被守卫在厂门口的红总南京汽车制造厂红联成员认出，并立即向红联头头做了汇报，酿成了稍后发生的“七六车祸”。

当南京电子管厂八二七武斗队到达迈皋桥广场时，已是中午十二点，前面就是红总在迈皋桥广场前设立的封锁线，华东电子管厂的数百名红总成员手执长矛，封住了道路。南京电子管厂八二七的 160 名队员立即下了卡车，排列成战斗队形，让 4 辆空车驶回南京电子管厂再运队伍增援。

南京电子管厂 160 名八二七的队员并没有立即向红总的队伍发起冲击，而是留在原地，蹲到地上，把柏油马路的路面当磨刀石，磨砺长矛的矛头，让矛头更加锋利。大敌当前，大战在即，南京电子管厂八二七的队员旁若无人，沉稳笃定，只有长矛磨砺路面发出刺耳的声音震慑着人心。

封锁道路的华东电子管厂红总队员，一直紧张地注视着南京电子管厂八二七的动静，看对方没有立即进攻也就放松了警惕，就在红总队员稍有松懈之时，南京电子管厂八二七的指挥员一声令下，八二七立即起身站队，端起明亮的长矛呐喊着“杀！杀！”冲向红总队伍。当年的武斗，许多武斗队员只是用来壮声势喊吆喝的，真要刺刀见血，一对一的搏杀，绝对没有那个胆量和勇气。南京电子管厂八二七成员中大多数的复员军人，都训练有素，那种临危不乱、泰然自若的风格和勇猛冲杀的拼命精神，让华东电子管厂的红总队员不禁胆寒，有人扭头就跑，余下的人也无心恋战，赶紧撤离了战场。

正在南京砖瓦厂内进攻的大队红总，知道八二七的增援队伍已经击败了封锁道路的红总队伍，正向南京砖瓦厂杀来，此时陷入了腹背受敌的境地，也不知八二七来了多少队伍，只得撤退。这样，红总7月6日对南京砖瓦厂发动的一次围攻，被南京电子管厂八二七160名队员以少胜多，一次勇敢的冲击就解围了。

142.3.七六车祸

当载着160名南京电子管厂八二七武斗队员的4辆卡车经过南京汽车制造厂大门时，被守卫在南京汽车制造厂门口红联成员认出这些是厂里的卡车，南汽红联的头头估计到这些卡车返回时也一定会经过南汽门口，决定调集人马，守候在厂门口，等这些卡车经过时予以拦截。

当卡车空车返回时，每辆卡车上只有一名驾驶员。此刻，南京汽车制造厂门口也聚集了一百多名红联成员和厂里的群众，准备拦截的南汽红联成员还没有将路障设置好，就看到返回的卡车急驶而来，有红联成员大喊：“来了！来了！”南汽红联此时已从南京汽车制造厂门口推出了两辆铸造车间运输用的板车，横放到中央路快车道上，企图逼停卡车。

第一辆卡车的驾驶员看到放在路中的板车，就驾车从两辆板车之间驰来，冲开了板车扬长而去。看到拦截第一辆卡车失败，红联的头头着急了，立即指挥厂内的卡车驶入道路中间进行拦截。南京汽车制造厂红联的一个小头目此时正跳上一辆空卡车开出厂门，听到同伴们说第一辆卡车已冲过路障，红联小头目要把卡车开到路中充当路障，他驾驶卡车向快车道急驶而来。这个小头目，会开汽车，但很少开车，驾驶技术较差，这次要抢在八二七卡车前面堵住道路，一时手忙脚乱，看到前面站了一群人在道路旁喊叫着，方向打偏了一点，撞倒了侧面的一个人，加上红联的队员和群众正站在快车道两侧只顾向中央门方向眺望，根本就没有想到后面有卡车驰来。听到人群中有人喊：“压到人了！”“压到人了！”人群立即大乱，大家四处乱窜。此时开车的小头目看到有人被撞倒了，也慌了手脚，把油门当成刹车踩了下去，卡车立即向前猛窜，一下子撞到了四、五个人。等红联的小头目反应过来，踩住刹车，车子已压过人群，冲上快车道，越过了快车道的中线，最后停在快车道左侧。

此时，第二辆八二七卡车已驶近路口，开车的驾驶员小孙，是南京化纤厂八二七的成员，因南京电子管厂八二七驾驶员少，借给南京电子管厂八二七使用，看前方突然窜出一辆卡车，挡住了道路，只能从拦截卡车的后侧方通过。此刻，马路边上已躺了不少死伤人员，现场已是一片混乱。驾驶员小孙驰近后看到已无路可走，如果在人群中强行驶过，可能压倒更多的群众，情急之下将卡车冲上右侧的安全岛，撞到安全岛上的大树后才停了下来，在行驶过程中，重伤了一个被前辆卡车压伤倒地的南汽红联成员。

经事后调查，这次车祸共造成两人死亡，多人受重伤。八二七的驾驶员小孙仅压伤一人，还是已受伤的，是红联小头目开的卡车造成了最大的人员伤亡。

跟在这辆卡车后面的其他两辆卡车的驾驶员，看到前面的车子已被拦截，立刻掉转车头，返回中央门，绕小道驰去。而此刻八二七的驾驶员小孙惊魂未定，还愣在驾驶室里，红联的成员立即将驾驶员揪下车来，一顿暴打后，将他罚跪到两具尸体的面前，跪在一片血泊之中，从下午一直跪到傍晚。此刻，南京汽车制造厂红联的头头看到出大事了，自己人开车压自家人无法交代，只有将车祸栽到八二七的头上。立即安排将拦截的卡车开回厂内藏了起来，并通知省军管会，说八二七的卡车驾驶员肆意冲压南汽红联的群众，造成群众的重大伤亡。同时，从厂区的生产线上抓到两名南京汽车制造厂八二七工联的头头，让他们也跪到尸体的前面，作为对八二七组织的惩罚。

在当时，南京的各大工厂都已停工停产，唯有南汽厂承担着无偿援助北越的跃进牌卡车的任务，还在开工生产。这种车型的卡车原是苏联援建的项目，是嘎斯系列汽车，体积小，马力较足，可前后轮双驱动，能适应热带气候，便于在丛林中的崎岖小路上行驶，很受北越人的欢迎。那时北越军队穿越“胡志明小道”运送物资，就用这种卡车，出了故障就掀翻到山谷里，根本就不加修理，所以跃进牌卡车援助数量很大。周总理在文革初期一次就答应援助一万辆，要求南汽厂加班生产，很快又追加了一万辆。事后，南京汽车制造厂红联把八二七的驾驶员秘密关押起来，省军管会多次向南京汽车制造厂红联索要八二七驾驶员，均被拒绝。第二天，红总在全市的广播喇叭和大字报中，将“七六车祸”的责任推到八二七驾驶员身上，说他冲压了要夺回本厂卡车的群众，根本就没提到南汽红联曾使用卡车拦截一事。

军管会的人员到现场进行了初步的勘查，觉得有不少的疑点，军管多次向南京汽车制造厂红联索要八二七驾驶员进行调查询问，被红总头头坚决拒绝。在当时军管会作为唯一的权力机构，这是非法的行为。直到几个月后的大联合时期，军管会和交管局的调查人员才见到八二七驾驶员小孙，更证实了红总开车拦截肇事的事实。

当时现场的群众很多，由八二七南京汽车制造厂工联在厂内做工作，一些旁观者也说出了事情的真相，使八二七方面对事情有了初步的了解。为此，八二七方面成立了“七六车祸”调查小组，开始进行秘密调查。他们找到了被压伤的红总群众，被压伤的人承认是身后的卡车压到了他们。八二七方面从现场的群众的口中知道了红总拦截卡车的车牌号码，并通过知情人找到了隐藏卡车的地点，八二七方面画出了非常详细的车祸现场图纸，将事故现场当时两辆车的位置，死者和伤者的位置，拦截板车的位置和群众的站位都标注在图上，非常清晰让人信服。最后，八二七方面拿出所有证据向省军管会提出要求，对那辆红总的卡车进行勘验。

在省军管会的要求下，南汽红联同意各方人员包括南京市公安局交通事故专家对两部肇事车辆都进行了检查。检查的结果十分明显，红总拦截的卡车虽然经过清洗，但被损坏的部位及车辆底盘和车轮上的残留血迹，证明了这辆厂是无可争议的主要肇事车辆，而八二七驾驶的车辆只有很少的撞人痕迹，证明它是次要肇事车辆。

142.4.惨烈的八四南京砖瓦厂武斗

虽然红总方面攻打砖瓦厂的行动一直没有成功，但一直在酝酿着更大的武斗行动。到七月底、八月初，随着“文攻武卫”的口号的提出，全国大规模武斗的高潮如井喷般地出现，如果说过去发动武斗还要找一个理由，一个借口，而现在发动武斗已不需要任何借口。任何一派只认为自己是革命造反派，执行毛主席的战略部署，反对自己的就是保守派组织、“反动”组织，可以用武力消灭之。

就在 8 月 4 日的上海，王洪文的上海“工总司”，调集了所有工厂的十万武斗人员，号称二十四万人，在公安部队、消防部队和空军直升飞机的掩护和支援下，经过一整天的搏斗，终于攻克了上海反对派的最大据点 - 上海柴油机厂“联司”总部，抓获了“联司”的总头目杨仲池，那场武斗，死 18 人，伤 983 人，致残 121 人。这场武斗对全国的武斗起了推波助澜的样板作用。

此时的红总头头，认为凭着自己在大、中企业的武斗实力，击垮八二七的时机已经到来，发起了对八二七各据点的进攻。每次进攻时集中红总各单位的优势兵力，封锁周边的各条道路，派遣最有武斗经验单位发动攻击，这种作战方法使周边的八二七组织无法及时调兵增援，八二七的许多重要据点相继失守之后，也更难以组织有效的反击。

在八月以前的武斗中，双方的武器仅限于长矛大刀，而在八月初大规模武斗前，双方都开始到部队兵营夺取枪支武装自己，这方面，红总率先行动，抢夺汤山炮校和南京军事学院警卫连以及汤山附近解放军部队的武器，八二七方面也曾到东郊的兵营连抢带送夺得一些枪支，单从数量上看，红总抢夺的枪支已远远超过了八二七，在武器方面的优势已使红总能够毫无忌惮地发动进攻。在那时，枪支还是稀缺的武器，必须交给本组织内最忠诚、最勇敢、最有战斗经验的人员使用，并由这批人组成最核心的战斗队伍。

在做好充分准备并以枪支为后盾，8 日 4 日，红总出动了附近工厂的所有武斗队伍，包围南京砖瓦厂，并在统一指挥下向南京砖瓦厂发动进攻。守卫在南京砖瓦厂的八二七和外单位撤来的八二七人员共几百人，立即进入轮窑上各自的防御区域，准备像以往一样进行战斗。可是他们并不知道，一场噩运正在向他们逼近。

红总的武斗指挥者，开始不想过早暴露自己拥有枪支的事实，不给八二七方面控诉红总用枪杀人的口实。可是，在最初的攻击中，红总的武斗队伍在进攻时失利，遭到轮窑上守卫者居高临下扔出的砖头的打击，一直没能得手。当红总使出撒手锏，用枪支投入战斗时，战场局面立时完全改变，八二七防守者成了试枪的靶具。随着枪声的不断响起，看到身边被子弹打死打伤的战友，大部分八二七防守者心理已经崩溃，面对射来的子弹，知道大势已去，他们丢下大刀长矛，转身向后逃命。仅有部分八二七成员还想拼死一战，都先后被打死打伤。

溃散的八二七成员从后面跑出轮窑，翻过厂区后侧的围墙，没命地向幕府山，向长江边跑去。就在他们拼命地逃跑时，仍听到枪声在身后鸣响，子弹在他们的头顶上呼啸飞过，他们是慌不择路，只顾没命地逃跑，直到发现身后没有追兵，没有枪声之后，才敢稍微停下来喘一口气。以上就是当时逃出来的人描述的可怕场景，能跑出来的大多数人撤到了下关。

少数还在厂内坚守的八二七成员不是被打死打伤，就是被红总武斗队员俘虏。被俘虏的人有好几十名，包括南京砖瓦厂八二七的头头李援和其他厂跑到南京砖瓦厂避难的八二七成员，除了其他工厂的八二七成员交给原单位的红总处置之外，南京砖瓦厂、华东电子管厂的八二七都被关到了华东电子管厂。

这场武斗，共有 9 人被打死，130 余人被打伤。死者中只有一名是红总成员，其余八名都是八二七人员。有的死者也许只是受重伤，但在那个炎热的夏天，受了重伤，没有包扎医治，没有食物，没有水喝，生命是不能维持很长时间。

142.5.欺骗世人的尸展

八四南京砖瓦厂武斗结束后的四天，即 8 月 8 日下午，南京大学八二七和协助防守的八二七武斗队员全部撤退到下关地区，同时，南京工学院东方红，华东水利学院革联，跃钢八一八，南京电子管厂八二七等大大小小的八二七组织的头头和骨干成员，均撤离南京市区。

八二七头头做出这一决定，一个原因是五中八八的失守，在市中心失去了一个八二七的坚强据点。还有一个更大的原因是，红总方面已有恃无恐，使用枪支进攻南京砖瓦厂，不惜造成当时最大的人员伤亡的事件，也可以用枪炮来进攻八二七的任何据点。而此刻八二七方面还未做好充分准备，特别没有足够的枪支抵御红总的进攻，也没有组织训练好队伍，特别是防守孤立的据点分散了力量，此时与红总进行决战，只会遭受更大的损失。

从 8 月 4 日直到 8 月 9 日，红总宣传机器没有提到在南京砖瓦厂发生的武斗事件，从 8 月 10 日起，在红总的广播喇叭，大字报和红总的报纸上，同时都出现长篇文章，把八二七控制下的南京砖瓦厂，说成为人间地狱，法西斯的牢房。说南京砖瓦厂八二七被一小撮坏人把持，他们绑架、拷打和杀害红总成员，手段残酷，令人发指。红总的报纸上刊登了不少照片，有曾经被俘的红总人员指认关押过自己的牢房，有南京砖瓦厂八二七头头李援被红总审讯时的照片。红总是要向南京人民证明，他们武力攻打南京砖瓦厂八二七是正义的行动，是以革命的暴力制止反革命的暴力，制止南京砖瓦厂八二七的犯罪行径。

仅过了几天，所有的红总宣传机器再次启动，集中报道：红总在砖瓦厂的发掘工作有重大进展，说是在南京砖瓦厂的地下发现许多被埋藏的尸体，都是红总人员的尸体，这些人是被南京砖瓦厂八二七绑架和严刑拷打后致死，死后被埋到轮窑的地下，他们是死不瞑目，现在是老天有眼，让南京砖瓦厂八二七的暴行昭示于天下了。几天之后，红总在南京砖瓦厂召开了控诉八二七暴行现场大会，红总的许多重要头头如朱开第等出席了大会，发誓要为死者复仇。大会认为，南京砖瓦厂的发掘现场集中体现了八二七一小撮人残暴的本性，要把南京砖瓦厂办成一个阶级斗争教育的现场会，让南京市所有的红总成员，都要到南京砖瓦厂来参观，让他们认清八二七一小撮人的真面目，增强意识，提高斗志，振奋精神，将江苏南京的文化大革命进行到底。

从 8 月中旬开始，每天都有各单位的红总成员，乘坐单位安排的公交车或卡车来到南京砖瓦厂，现场观看关押红总成员的牢房和红总成员的尸体，现场有红总培训的解说人员，绘声绘色地进行讲解。红总指挥部要求南京的 40 万红总成员都必须到场观看，以接受一次深刻的教育，红总成员以区为单位，一个区参观三天，轮下一个区参观。

应该说，红总这次的活动组织安排十分周密，各单位人员按指定时间前往，并组织了多个车队，专门运送没有汽车的单位人员。同时，南京市的任何群众都可以搭乘红总的汽车免费运送到现场参观。

我的一个邻居姓夏，比我大七、八岁，是南京砂轮厂的工人。文革初参加赤卫队，赤卫队在一三事件后垮台，他转而参加了厂内人数较多的红总，但平日的派别观点基本偏向八二七。大约在 8 日 20 日，他也被厂里的红总安排去参观南京砖瓦厂。回来后对我说，到了轮窑里，看到窑内有几个黑乎乎的东西，说那就是尸体，他根本就不敢看，只闻到一股恶臭味，恶心得要吐，急忙跑了出来。

此时离八四南京砖瓦厂武斗已有十三、四天，当年尸体保存条件极其简陋，只能靠冰块来冷却尸体，67 年那个极其炎热的盛夏，气温都在三十七度以上，尸体怎能不腐烂发臭，反正尸体又不是红总成员的，腐烂发臭也没有家属会来干涉。到了 8 月 23 日以后，连续几天下着大暴雨，被动员参观的人无法乘卡车前往，直到此时，虽然还有一两个区的红总成员没有前往参观，观看尸体的活动也只能结束了。

142.6.“活着的死人”

当时还发生了一个“活着的死人”事件。华东电子管厂工人虞绍佳，是厂里的八二七骨干分子，党员，被厂里的红总给打了出来，只能临时栖身到了南京砖瓦厂里。在八.四南京砖瓦厂武斗中，被红总抓获，送回到华东电子管厂关押起来，他经常遭受到非人的虐待和殴打，更有原车间的红总成员肆意报复。

当年被抓的对方俘虏所受到的待遇，要比国共两党战争中所抓的俘虏的待遇恶劣得多。虞绍佳在审问中，被华东电子管厂红总用橡胶棍子对头部和手、腿的关节活动部位进行殴打，表面上看不出外伤和破溃，但关节韧带和骨头都被敲坏，失去活动功能。又被长期关押，得不到治疗。等双方停止武斗释放俘虏时，虞绍佳已全身瘫痪，关节僵死，无法动弹。在以后的一年中体重从一百三十多斤下降到六、七十斤，完全脱了人形，成了骨头的架子，在当年南京八二七的报纸上就有虞绍佳“活着的死人”的照片。二年后虞绍佳因各肌肉坏死，器官衰竭而死亡。当然，两名打人凶手也被判了几年徒刑。

南京砖瓦厂八二七的头头李援，也在这次武斗中被红总抓获，受尽了污辱和殴打。红总的小报上，还展出李援在红总两名武斗队员的看守下被审讯的照片，从照片上看出，他骨瘦如柴，脸上和身上都带有伤痕。

142.7.八四南京砖瓦厂武斗的影响

南京砖瓦厂的失守，以及第二天南京市区第五中学的失守，使八二七采纳了南京军区司令员许世友提出的撤离城区，退守下关的正确决定，避免了城区中心更大的武斗事件发生，避免了双方人员的更大伤亡，财产的更多损坏。

红总在七、八月份取得的武斗的局部胜利，也使红总领导人胜利冲昏头脑，很快犯下了一系列的错误：如成立“揪许火线指挥部”，炮打南京军区司令员许世友，围剿根本不存在的“五湖四海”造反兵团，南汽 76 车祸事件，参观南京砖瓦厂“现场尸体展览会”，八三O汽车冲压解放军，发动多起全市大规模的武斗事件等。

到了 67 年 9 月，经过了缜密的调查，南京八二七公布了在八四南京砖瓦厂武斗事件中八二七方面 8 名死亡人员名单，他们分别来自多个企业，红总把被打死八二七成员当作自己人员的尸体展出的行为，最令人非议。

事态的发展，向不利于红总的方向演变。南京八二七度过了七、八、九月份最困难的时期，进入 10 月份，由于在“保许”问题上正确“站队”，特别是南京八二七中学分会的中学生们进行的艰苦的斗争，取得了南京市民的同情和支持，也使红总士气低落，队伍分裂。

虽然“七六车祸”的结论已经出来了，但南汽红联方面仍然不愿将南京化纤厂的八二七驾驶员小孙交给省军管会。直到 1967 年 12 月，南京市的大联合已经实现，红总在舆论上四面楚歌，在各方的压力下，特别是南汽八二七工联已形成鼎足之势，南汽红联无法再坚持，最终同意释放南京化纤厂的八二七驾驶员。

南汽红联释放八二七驾驶员和南京化纤厂八二七迎接驾驶员是同一天进行的，记得是 12 日 20 日。那天中午，南汽红联将八二七驾驶员送到大方巷的省军管会大楼，由省管会正式接收。晚几个小时后，南京化纤厂的八二七开着一辆中巴车和一辆卡车，赶到省军管会，车上坐着几十名南京化纤厂八二七的成员，汽车两侧都贴了“欢迎回家”的大标语，卡车上装有一面大鼓，他们是用锣鼓来迎接已被关押了五个月的战友，感谢他为八二七做出的牺牲。由于在长期囚禁中受到的虐待和惊吓，十八、九岁的小伙子不堪磨难，释放时已经表情木然，大脑迟钝，精神恍惚，见到自己厂里的同事，特别是他最信任的师傅后，立即失声痛哭，让在场的同事陪着流下了眼泪。回厂后，南京化纤厂给他放了长假，让他回到自己苏北老家，休养一段时间，抚慰他的创伤。

同时，南汽红联被迫交出了在 76 车祸事件中，驾车拦截时不慎压死压伤本厂职工的驾驶员。

八四南京砖瓦厂武斗事件是一次惨烈的武斗。在当时，有武力击垮对立派别的事例，更有当时中央文革小组“文攻武卫”的表述，宣传广播在舆论对武力的过分宣染，使得造反派们相信武力是政治斗争的最高和最有效的手段。事实证明，武斗解决不了造反派之间的分歧，只能加大敌对情绪，激起双方的仇恨并引发更大的武斗事件，武斗一旦升级，也就更加无法控制。

在文化革命中法制破坏的非常时期，人们心灵深处性恶的阴暗面一旦被释放出来，任何可怕的非人性的事件都可能发生。我们反对文化大革命，就是要用理性代替盲目地崇拜，用社会公德代替欺骗和愚昧，用民主法制代替权力的私欲。

以下是网友议论：

1. 知情者：这个武斗事件很有代表性。能将之详细记录下来很有意义。平心而论，毛泽东以及中央文革小组搞文革，提倡的是“文斗”而不是“武斗”。66 年 8 月 18 日，毛泽东在天安门城楼对宋彬彬说“要武幺”，也不是说要搞“武斗”。毛泽东向来主张革命以及武装斗争，但那是指夺取政权的斗争。“革命不是请客吃饭，不是做文章，不是绘画绣花，不能那样雅致，那样从容不迫，文质彬彬，那样温良恭俭让。革命是暴动，是一个阶级推翻一个阶级的暴烈的行动。”，这段话是毛泽东 1927 年说的。毛泽东认为宋彬彬的名字过于文质彬彬，温文尔雅了。文革却不一样，文化革命幺，搞什么武斗，岂不乱自家阵脚？江青在 1967 年 7 月，过分宣扬了“文攻武卫”，这在策略上是个败着，显示出江青等人缺乏掌控局势的能力。“文攻武卫”这句话本身，其实并没有什么问题，当对方向你打来的时候，在无可退让的情况下，正当防卫不能算有错，而是有效保护自己的手段。但在阐述“文攻武卫”的时候，一定要强调，严禁以任何理由挑起武斗，军管会要严禁各单位制作武斗工具，对武斗器械要详细定义，违规必须严惩。只有这样，才能真正制止严重武斗的发生。

南京虽然也有像砖瓦厂这样的武斗，但总体来说，更大规模的武斗没有发生。这同军管会的控制，造反派组织的克制有关。说江青宣扬“文攻武卫”，就是“挑动群众斗群众”，也太牵强附会了。砖瓦厂的武斗，明明是南京汽车制造厂“好派”组织所为，如果说同江青讲话有什么关系的话，那也只能是利用了江青讲话的片面性而已。

话又说回来了，“好派”“屁派”之所以要打起来，也是自己没有搞好。本来都是造反派，如果126夺权造成分歧，完全可以心平气和地坐下来协商。但是，当时的所谓“头头们”不是这样做的，而是在拉兵买马，壮大势力。当时听到最多的传言，就是很多保守派组织，比如赤卫队组织摇身一变，成了827或者红总。很多保守派组织加入了827、红总后，继续同本单位造反派对峙。南师附中红色造反军幸亏有自知之明，否则不慎加入了红总，那就真有好戏看了——没准儿，也被搞出几个“516”出来呢！

造反派自己打起来，几乎全国各地都是这样。文斗变成了武斗，这就是国人当年的素质。毛泽东看到了这个情景，也是有苦难言。不过他最终将坏事变成了对他自己来说的好事——他更容易掌控局势，并按照他的意志来收官。文革初期的派别斗争，多少反映了民众与当局的矛盾，是非常值得去解析的。

而“夺权之后”，造反派之争则带有明显的“既得利益”的性质。犹如鱼蚌在争，黄雀在后，最终获利的还是黄雀。

143. 南京文革中的八三O惨案

吴小白（68届高一甲）

1967年8月30日下午二时许，鼓楼到新街口之间市内最宽阔的中山路上，已经站满了二、三十万的市民，大家都在观看和议论在南京四女中发生的红总、八二七两派人员冲突的事件，传播事态的最新发展。四女中在珠江路和中山路交会处，此时成了南京市民关注的焦点。

忽然，四辆满载手执长矛的武斗人员的卡车，从中央门沿中央路急驰到鼓楼，立即看到鼓楼南侧的中山路上，站满了密密麻麻的南京市民，第一辆车上的驾驶员迟疑了一下，仍然冲下了鼓楼坡，向珠江路方向驰去。

中山路上的成千上万群众看到急驰而来的卡车，急忙向大道两侧避让，卡车迅速地驰到珠江路口，继续向前冲去，此时，当群众散开后，卡车驾驶员看到，约一个连的解放军战士，排成二列纵队，肩并肩站在一起，封锁了整条中山路，阻止武斗人员通过，战士们手举红宝书"毛主席语录"，口中高喊着"要文斗、不要武斗"的口号，面对急驰而来的卡车，面对危险，他们没有胆怯，没有退缩，高呼口号的声音更大了。

此刻的卡车驾驶员，或许认为卡车冲到解放军战士面前，他们也会像群众一样向两边躲闪；或许卡车驾驶员此时已失去理智，驾驶卡车径直向解放军冲去。随着一片惊呼声，当场有五、六位战士倒在血泊之中，甚至被压在车轮之下。当时就压死1人，重伤2人，伤者被救护车紧急送到军区总医院抢救。第二天听说又有一位重伤员在医院抢救时不治身亡。

当其他的解放军战士和群众高喊“抢救伤员！”时，卡车驾驶员和坐在副驾驶位置的武斗队头目乘乱跳下卡车，在群众的一片责骂声中，由车上的几十名武斗队员保护，逃离了现场。跟在后面的三辆卡车看见前面一辆卡车出事了，到珠江路口时立即向右转弯，搭载了肇事车上的武斗人员后，沿广州路向清凉山方向逃离了现场。这四辆卡车上的武斗队员是南京化纤厂红总的成员，他们是奉命前来增援和解救被困围在四女中的红总队伍的，由于轻率和莽撞，引发了压死解放军的惨剧。

事件的起因要从头说起。自从67年8月8日南京八二七主力撤到下关地区之后，南京市区成了红总的天下。但是，广大的八二七成员特别是南京八二七中学分会的成员，都是响当当的造反派，他们咽不下这口气。经过几天的沉寂，八二七的中学生们，从挫折中迸发出更顽强的斗志，在“敌后”孤军奋战。几天之内，市中心所有的中学校附近墙面上、新街口到鼓楼的大字报栏上，都贴满了八二七的大字报。刚开始，红总的一些人，还用自己的大字报覆盖八二七的大字报，或在晚上出来撕掉八二七的大字报，但几天之后，连这样的动作也懒得去做，任凭市中心成了八二七的宣传阵地。而四女中靠街的围墙，是临近新街口的最大的一块大字报宣传栏，四女中八三O将这面围墙上贴满了八二七的大字报和标语，因此成了红总的一个眼中钉。

1967年8月30日，是南京八二七中学分会南京四女中八三O造反兵团成立一周年的纪念日。南京四女中一千多名女生，绝大多数参加了南京八二七中学分会，仅有约一百人因派别观点不同而从四女中八三O造反兵团中分裂出来，加入了红总中学司令部，但仍将8月30日作为自己组织的成立日。

8月27日，是南京大学八二七串联会成立一周年的日子，此时，南大八二七已退守下关，无法在南大庆祝。而南京八二七中学分会的数万中学生，闯入南京大学的大操场，召开了庆祝南大八二七成立一周年大会。这是撤出市区后南京八二七第一次在市中心召开的大会，此刻的南京大学的各个大楼还被红总控制着，南京市区的各座大楼，都有红总武装人员把守，在这种环境下举行集会游行，很容易遭到红总的阻拦和冲击，风险确实很大，要有极大的勇敢精神。但走进南京大学，发现校园内熙熙攘攘地挤满了数万名中学八二七的成员，看到这么多的战友和同学聚在一起，认识的同学相互热情地打招呼，大家都特别地兴奋，感觉到自己就是伟大力量的一分子。在大操场上，大家都向自己学校组织的大旗下靠拢，久别重逢的同学们又聚到一起。

会上，南大八二七、南京八二七的代表都做了发言，对南大八二七的生日表示热烈祝贺，并对八二七中学分会最近的行动给予极高的赞扬。八二七中学分会南京五中八八的副司令也做了发言，对被红总抓俘的五中八八头头庞良贵在八.五武斗中的英勇行为，致以最崇高的敬意，表示要继承他的精神，将八二七的火炬更高地举起。

在大会的进程中，站在当时南大最高的文革楼（南大教学楼）上的红总成员，向靠近大操场旁边的一块空草坪上扔了一颗土制炸弹。随着一声闷响，一股黄、黑色的烟幕升腾起来。这时主持大会的中学八二七头头说：这是红总的一小撮人要破坏我们的大会，想用炸弹吓倒我们，这是黔驴技穷，这种恐吓手段是吓不倒我们勇敢的八二七战士，我们开好自己的大会，就是对他们挑衅的最好回答。

在庆祝南京大学八二七成立周年大会上，中央江苏调查组、江苏省军管会派人出席会议，中央江苏调查组代表作了简短发言，他在讲话中特别强调："南京八二七是毛主席革命路线胜利的产物"。这是中央派出的以刘锦平为首的江苏调查组，第一次公开表态，对南京八二七做出的充分肯定的结论，引起全场中学生长时间的热烈掌声。

会后，参加大会的八二七中学生，排成整齐的队伍，在南京市中心的主要干道上举行了游行。在那个炎热盛夏的中午，数万中学生举着各自学校的队旗，从南大经汉口路、新街口，到三山街后，队伍分成二路，城南的中学生沿升州路向西走，城北的中学生沿建康路向东走，南师附中随城北的队伍，走到太平南路向北转，抵北京东路后向西行，到鼓楼广场后游行结束，整个游行历时近 2 小时。

南京市民已很长时间没有看到八二七的游行队伍，现在看到整齐行进中的八二七中学生的队伍，即惊讶又好奇，在大行宫路口围观的市民中还发出了欢迎的掌声。当中学八二七每经过一处红总武斗人员据守的大楼时，或遇到红总运载武斗人员的卡车擦肩而过时，都发出示威般的口号声："要文斗，不要武斗"，"八二七打不垮！"，"武力吓不到英雄汉！"

8 月 27 日的集会游行，显示了中学八二七不畏武力、誓言战斗的决心和力量。成功地举行了这次游行，极大地振奋了八二七的士气，广大的八二七群众从这次游行中得到鼓舞，看到了希望，增强了勇气。这次游行也让红总群众感到了压力，感到了迷茫。这次游行，也让南京市人民看到，八二七没有被打垮，没有被战胜，八二七已焕发出新的战斗精神和面貌。

南京八二七中学分会的绝地反击，在红总重兵控制下的市中心，搞出这样大的动静，让红总方面无可奈何，无计可施。南京市民对红总炫耀武力，不断发动武斗、制造事端的行为已存不满，对南京八二七中学生的顽强斗志十分佩服，南京群众在舆情上和感情上，已经逐步倒向南京八二七一边。到了八、九月份，持中立观点，反对武斗、促进联合的势力较强号称"南京第三派"的南京促联也基本上站到南京八二七一边。

这次成功的游行使八二七中学分会中心组成员受到鼓舞，决定在三天之后的30日再次举行集会游行，庆祝南京四女中八三O成立一周年，大会地址就定在南京四女中。8 月 30 日早上八时半，八二七中学分会的同学来到南京四女中，发现门口站了许多八二七中学分会的成员，门口贴了一个八二七中学分会的紧急通告。紧急通告的内容如下：

八二七中学分会的战友们，红总为了阻止在南京四女中召开八二七八三 O 成立周年大会，派出红总的武斗人员抢先占据了四女中大礼堂，名义上是庆祝红总四女中八三 O 成立一周年大会，实际上就是想破坏八二七中学分会集会。八二七中学分会中心组研究决定，为了避免与红总人员发生冲突，四女中八三 O 周年庆祝大会改在南京大学大操场举行。请同学们看到通知后立即前往南京大学大操场。

八二七中学分会不想在市中心与红总发生正面冲突。可是，四女中八二七同学咽不下这口气，为什么我们是学校的主人，不能在四女中开会。于是，在八二七中学分会中心组的通告旁，又贴出了四女中八三O中心组的通告：

四女中八三O的同学们：

四女中是我们的，我们有权在自己的学校召开庆祝大会。所有的四女中八二七成员，请留在自己的学校。我们要据理力争，夺回自己的学校，将占据校园的红总一小撮人赶出去。

于是，其他学校的八二七学生都赶往南京大学大操场开会，而四女中八二七的八三O成员则进入学校，与占领大礼堂的红总成员展开辩论。这些四女中的女同学真的很有勇气，敢于向红总的成员挑战，对她们视为“叛徒”的红总四女中八三O成员更是形如仇敌，如不是红总队员的保护，真能扭打起来。

到了九时整，南京大学大操场的集会正式开始。第一个讲话的是四女中八三O中心组成员。她讲述了今天早上红总人员占据四女中大礼堂的经过。并说道：现在四女中八三O的战友们正在校园内与红总成员展开激烈的辩论。我们要让红总人员看到我们四女中八三O同学的勇气，意志和战斗力，红总的武力吓不倒我们，要让他们知道我们厉害。

她最后说：感谢八二七的战友们为我们召开这样隆重的庆祝大会。但四女中的同学正在战斗，我没有心情参加今天的大会，我要赶回四女中，与我的同学们一起战斗。说完后，这位女同学昂头挺胸走下了主席台，向南大校门口走去。

她的勇敢精神博得了全场的一片掌声。大会主持人立即发出指令，让五中八八派出人员陪同前往，以保护这位女同学的安全。主席台上的五中八八的头头站了起来走到话筒前，指令五中的一个战斗队前去护送，人群中挤出了近百人的队伍，跟随那位四女中的同学离去。

大会在更加热烈的气氛中进行下去。南京八二七、南大八二七、南京八二七中学分会的代表都相继发言，对四女中八三O成立一周年表示祝贺，对四女中八三O同学的战斗精神十分钦佩，表示要学习四女中八三O的战斗精神，将文化大革命进行到底。

大会结束后，参加大会的八二七中学生按大会制定的路线举行了游行。南师附中红联作为城北的游行队伍的先导，排在最前面，因为南师附中的队伍前高举着几十面彩旗，蔚为壮观，这些彩旗是红联向南工东方红小老虎战斗队借来的。南京四中反修战校，二中红旗，九中八二七等紧随其后，其他各校的队伍依次列队，整支游行队伍斗志昂扬，行进途中口号声、欢笑声不绝于耳。当游行队伍向新街口进发时经过四女中时，四女中门口已聚集了数千余人群，人们向游行队伍鼓掌欢迎，相信此时四女中内外已被八二七人员和群众包围。

这次游行与三天前的8月27日游行时市民的气氛完全不同，上次游行时市民观看的人不多，气氛紧张和沉闷，只有二处听到群众的鼓掌声。才隔几天时间，游行队伍所经过的道路上，站满了观看的人群，随时听到群众的鼓掌声，这时队伍中发出响亮的“向南京人民学习，向南京人民致敬”的口号声，围观群众报以更响亮掌声。

城南、城北的二支队伍在新街口分手，城南的队伍向南，城北的队伍向东。我们城北的队伍从大行宫，经四牌楼回到珠江路口，此时四女中的冲突还未结束，从新街口到鼓楼的中山路上已站满了群众。四中反修战校、九中等部分学校的队伍在珠江路口和大队伍分手，南师附中、二中、南粮、十一中、十三中、十六中等队伍继续向鼓楼进发。

当年的鼓楼广场，为了游行集会的方便，平整了花坛、水池，形成了宽敞的广场。队伍到了鼓楼广场，突然从鼓楼广场的西北角的中山北路口传来了一片喊杀声，向喊“杀”声响处望去，只见中山北路口的鼓楼食品大楼旁停着两辆卡车，卡车上下来百十名武斗人员，他们看到八二七的游行队伍，就向队伍冲了过来。冲在前面的人像藏族人一样斜穿上衣，光着举刀的手臂。后面的武斗队员干脆上身赤裸、举着大刀、手执长矛，显出一股凶狠的杀气，在队伍的中间举着一面

3503 厂一二. 一的大旗，那是一支以好凶斗狠出名的红总武斗队伍。八二七虽然还剩有几千中学生，但都赤手空拳，“好汉不吃眼前亏”，游行队伍立即散开，向丹凤街、高楼门等小街巷奔去。南师附中的十几位同学，拿着集中起来的几十面彩旗，每人扛几面，沿北京东路跑到南工西侧围墙，由于南工西门紧锁，同学们爬墙进入南工校内，将借来的彩旗还给了南工东方红小老虎战斗队。

这次在鼓楼广场遭遇 3503 厂一二. 一的冲杀，应该是不期而遇，他们不是冲着八二七中学分会的游行队伍而来，因为谁也无法预测八二七游行队伍何时到达鼓楼广场。他们出动的目的是增援被八二七成员围困在四女中的千余名红总成员。可是看到通向四女中的道路上已聚集起无数的群众，百余人的队伍要突破数万人群，一旦被围住也无法脱身，3503 厂一二. 一的这次冲击行动只得知难而退。在八二七中学分会游行结束之后，更多的八二七中学生来到四女中，让围在四女中大礼堂的红总成员处境更加困难。

我回到家已是下午一时许，沿途看到大街小巷人声鼎沸，所有的市民都在议论四女中发生的冲突，大家都抨击红总人员冲击四女中，与女学生动武，为四女中八三 O 鸣不平。下午二时，我草草地吃完中饭，好奇心让我来到珠江路口，看看事态的最新进展。还没走到珠江路口，就听到人们在议论：出大事了，红总的司机的胆子太大，竟然将解放军压死了。我听着也不禁不住吓了一跳，在当年解放军的地位十分崇高，胆敢压死解放军，这简直就是玩火。我赶到珠江路口，出事的地点人山人海，根本挤不进去，救护车从人群中驰出，有群众喊着：快让开道，救伤员要紧。人群让开一条道路让救护车开走。

此刻人们的情绪到了激愤的程度，我从珠江路走到鼓楼广场，沿途挤满了高谈阔论、情绪激昂的群众，南京市民甚至包括红总的群众，都异口同声地对红总的行为做出了强烈的谴责。后来听说，在傍晚时分，在省军管会人员的协调下，在解放军的监督下，被围的红总人员才得以撤出四女中。

八三 O 惨案的发生，从红总冲击四女中学到压死解放军，对红总的声誉造成巨大的无法挽回的损失。我认为，这次事件的发生，是红总决策者错误估计形势、麻痹轻敌的结果。他们认为只要派了少量红总成员占据了四女中礼堂，四女中八三O周年纪念大会就开不成了。不曾料想八二七中学分会竟出动数万学生，不但召开了大会，而且举行了大游行。

由于当时以刘锦平为组长的中央江苏问题调查组正在南京，江苏省军管会虽然受到冲击但还有很大的威信，红总还不敢大规模地使用武力驱赶手无寸铁的八二七中学生和广大的市民，以避免造成更大的负面影响。围观的群众人数不断增加，从早晨的数千人，中午前已达到数万人，下午已有十数万人，压死解放军时群众已达数十万人，红总此时是回天无力了。

南京市中心的红总武斗队伍很多，许多市内大工厂红总都没敢出动，离市中心较近的红总人员，了解事态的发展，知道此刻出动，会引起市民的义愤，无疑火中取栗；有红总单位出动部分人员，一看情况不妙，立即撤兵走人。而离城最远的南京化纤厂红总，他们对市中心情况最不熟悉，当了马前卒，捅了大屁漏，冒冒失失开车冲撞，焉有不出事之理。更坏的是，这一次鲁莽的救援行动，不但没将困在四女中的红总队员救出去，反将红总陷于被动、陷于不义之中。

开车冲压解放军的南京化纤厂的卡车驾驶员，虽然当时被化纤厂的武斗队员救了回去，并在红总组织的保护下躲了三、四个月，到了十二月时，两派组织的大联合已成趋势，红总受到了前所未有的压力。在省军管会的一再强烈要求下，压死解放军的驾驶员还是由南京化纤厂红总自己交给省军管会处理。不久，被压死的解放军的班长被追认为革命烈士。（在那个年代，成为革命烈士只是一种政治荣誉，基本没有经济上的补偿。）

四十多年过去了，文革的硝烟早已散去，但文革带来的对传统文化的破坏，对人性的泯灭，文革中群众之间的殊死争斗，对经济建设和人民财产的破坏，是让我们这一代人历历在目，没齿难忘的。目前，文革的阴魂还在一些人的头脑中飘荡，说不定那个年头，阶级斗争的鼓噪之声又唤醒了文革的阴魂。

中国人，要警惕呀！

144.《致“丛中笑”》的由来

王虹（66 届高三丁）

1966 年 12 月，南师附中的校园又开始热闹起来，经过了大串联洗礼的同学们陆续回到了学校。学校的形势同几个月前相比，开始发生逆转。红卫兵组织之外的学生也相继成立了自己的战斗队，批判血统论的大字报开始主导南师附中文革的走向。红色造反军强调自己在 8、9 月份的大方向是对的，虽然也受到了血统论的影响；毛泽东思想红卫兵则一反常态，在校园内保持着沉默。红联这时还没有成立，造反军依然有一种“老造反”的优越感，也略显活跃。

12 月 7 日，一张署名“丛中笑”的大字报出现在五四草坪前的大字报栏，引起了人们的注意。我所在班级（高三丁）的不少同学对这个署名很熟悉，“丛中笑”就是班上的成守定同学。那些年，无论是社会上还是学校里，都很讲究人的出身。成守定同学是工人子弟，属于红五类，也是班上少数几个造反军的成员之一。

平心而论，成守定的这张大字报并没有什么血统论的宣泄，倒是“乐见”群众起来造反。由于有着老造反的优越感，见到后来者起来造反，有种功成名就，事业有成的味道，因而躲入丛中去笑了。可是，

1966 年 8、9 月份在南师附中所发生的一切，并不值得红卫兵们去“丛中笑”呵！

班上的另一位同学王亮，出身黑五类，1966 年 8 月被成守定同学指控为“阶级报复”。结果，王亮被红卫兵们多次抄家。那年头，王亮们怎么笑得出来。这个“阶级报复”的典故，班上的同学多少都有所了解，不就是发生在文革前夕的一个玩笑嘛！

我算是较早认识王亮的，我们小学四年级就有过同学的经历。当年的南京萨家湾小学并不讲究出身、血统，只要学习好又听话，老师就喜欢。我四年级插班到王亮的班上，他已经是全校的大队学委（三道杠）。比我们高一届，后来也上了南师附中的董一龙，当时是学校的大队长。南师附中高三甲的任维新当时也在王亮班上，他写得一手漂亮的阿拉伯数字，是班上的学委。王亮给我的印象是温文尔雅，在班上威信很高，脸上总是挂着笑容——一种成熟却若有所思的微笑。按照校友戴相陵的回忆：王亮从 1958 年起，就定期去劳改农场探视被打成历史反革命和右派分子的父亲。而我到萨家湾小学的时间，恰好就是 1958 年。

60 年上南师附中的时候，没有看到王亮，却见到了萨家湾小学的女同学沈美英。当时的英文老师张守己为了鼓励沈同学，说是为了“审判美英”也要学好英语。

直到 63 年，我才又见到王亮。这时的王亮已经没有当年的微笑，我能觉察出这个细小的变化。尽管生活中的王亮并不缺少嬉笑或者玩笑。可是，文革前夕的一个玩笑却开得大了，最终惹出了“阶级报复”的指控。高三的那一年，王亮作为“重在表现”的典型，也被共青团接纳了。或许是卸下了多年的思想负担，或许是偶然的兴奋过度，王亮在一个错误的时间，选择了一个错误的对象，开了一个错误的玩笑。

成守定同学原比我们高一届，后因病休学，高二时来到我班。那一天课余，在高三丁教室的黑板前，王亮将成守定三个汉字，在黑板上组成了一个“坟墓”的图形。一边脸上带着嬉笑，一边说着“成死定”（言下有守不住的意思），并对自己的妙手偶得，呈沾沾自喜状。当时教室内，除了王、成之外，还有其他的同学。

大家多少都有一种“玩笑开得过分”的感觉，而王亮却没意识到这一点，还很来劲儿，重复说了不止一遍。成守定当时也只好苦笑着，一副尴尬的表情。可以肯定，对于身体虚弱的成守定同学来说，这是一个不小的刺激。王亮的确不该开这样的玩笑。

说到这儿，让我想起了另外一件事情。那是在高二的时候，可能是为了新年联欢，同学们在准备一些小节目，包括灯谜之类的。当时我准备了两个猜谜，谜底都是班上同学的名字。其中一个的谜面是“岳飞”，另外一个是“蒋介石下野”。后面的那一个可不是我的杰作，作为一个普通的中学生很难有那样的底蕴，完全是家长的代笔。

这个谜面的历史背景是：当年蒋介石下野，李宗仁成为代总统，入主南京总统府——李得宁！在谜语发布之前，我得意地将谜语告诉了李得宁，让他先有个心理准备。没想到他连连摆手，示意不要涉及他。我也只好作罢，只是觉得他过于在意了。多年后我才有所领悟：当年一些同学的谨慎，不是没有道理的。

话说王亮的那个玩笑，毕竟只是一个玩笑，它算不上故意伤人。如果没有文革的发生，或许就被人们忘却了。几个月后，文化大革命开始。红卫兵的出现，将文革推向了高潮，“血统论迫害”也随之而来，南师附中的学生关系变成了“此反必造，同学必斗”。作为红卫兵的成守定，终于没能守定住自己，错误地将那个“玩笑”上升到了“阶级报复”的指控。

了解情况的同学或许会认为成守定的行为不地道。岂止是不地道，简直如鬼子当年进村，有人举报某某同游击队有关系一样，那是要人命的！历次政治运动，类似这样的情况，最终酿成命案的还少么？包括王亮在内，班上的几位出身不好的同学都成了血统论迫害的直接受害者。排在前四位的有钱南秀、王亮、李得宁、吴超明同学（简称钱、王、李、吴）。另外还有几位黑五类子弟，因为比较“低调”而未成为重点。其实，王亮也一向很“低调”，估计是那个“玩笑”将他的名次提前了。他们被红卫兵们多次抄家，有的人还被批斗。这段经历让他们多年来难以释怀——真不该上南师附中！

回望 1963 年考高中的时候，由于刚刚从“三年自然灾害”中缓过来，当局阶级路线的弦还没有来得及绷紧，一些黑五类子弟也进入南师附中。但人算终究不如天算。64 年开始的教改，又重新将阶级路线的弦绷紧，甚至比过去有过之而无不及。根据当时的教改纪录《南师附中高二丁班教改试点的情况汇报》透露的信息表明，丁班被选为教改试点班也是有原因的。同年级的四个班中，丁班当时是革命干部子弟、工农子弟最少，团员最少，剥削阶级家庭出身的子弟最多（其中四类分子子弟 6 人），学习基础较差的一个班。教改如果出成绩，会更具说服力，反之也有充足的理由。班主任胡百良的工作札记里，记录着每一位同学的家庭出身情况。记录之详细远远超过学生自己填写的一些调查表格。显然，学校是通过其他途径，比如函调等方式获取了更为详细的信息。这个工作札记在文革的“索取黑材料”行动中，被学生们获取。

“钱、王、李、吴”们进入南师附中后，好景不长。64 年开始就被教改“绑架”，直到 66 年文革挨整，一直都没有喘息的机会。“老子英雄儿好汉，老子反动儿混蛋”的对联，在文革中可谓风靡一时，后来被中央文革修饰为“父母革命儿接班，父母反动儿背叛”。其实，南师附中 64 年开始的教改，已经是“父母革命儿接班，父母反动儿背叛”的示范样板了。南师附中的教改资料（副本存于南师附中），记录了学校八十多位学生的思想汇报，对于不了解教改背景的人们来说，那绝对是令人匪夷所思的场景：干部子弟们忙着“儿接班”，剥削家庭子弟则迫于“儿背叛”……

到了文革，红卫兵同中央文革又演起了“双簧”。在这样的情形下，作为红卫兵的成守定同学，不受其影响也难。话说“丛中笑”一出笼，便引起我班“红色野战军”成员的反感，8、9 月份憋的一肚子气，现在可以出了。

我当天晚上就起草了短文《致“丛中笑”》：

一颗小小的，还没有成熟的酸溜溜的梅子，你躲在丛中笑什么呢？你是在笑广大的革命群众吗？还是在回忆当初“自来红”时代一瞬间的光荣“历史”，而阿 Q 式的觉得好笑起来了呢？！请你不要躲在丛中了，老老实实地站起来向真理投降吧！和广大的同学一道在伟大的领袖毛主席领导下，一起在游泳中学会游泳，将无产阶级文化大革命进行到底。要知道历史从来是无情的，正如毛主席所教导的：“人民，只有人民才是创造世界历史的动力”。否则，你脱离了群众，继续跟广大群众对立，孤立的只是你自己。

到头来，当你这颗酸梅落在地上的时候，革命的群众将大踏步地前进，连回头望你一眼的时间也没有了。

同志，你不要以为这是对你的挖苦，这是真诚的同志式的劝告，请你深思！！！

（注：“丛中笑”是一名 XXXXX 组织中执行了“谭氏路线”的小卒，他歪曲了毛主席的伟大思想。）

红色野战军《侦察兵》

1966.12.8

文中关于注释的内容，还是家人强行要求添加的，并不是本人的原意。大字报第二天贴到了五四草坪前的大字报栏。果然，引起造反军成员的围观。有人认为“影射了毛主席，问题严重”。当时有加批的，还有拍照的，十分忙乎。最为活跃的还数纵二（纵晨光），他操着男中音的声调，像推敲台词似地，反复琢磨着文章的开头一句，面部还呈露出咀嚼酸梅子的表情。最后，有人找来了文革筹委会主任张阳宁，据说她也表示“有点问题……”。

造反军的强烈反应，多少也形成了一些压力，那年头与影射毛主席联系到一块可不是闹着玩儿的。

但红野还是顶住压力，将《致“丛中笑”》编入“红野战报一期”。后来，沈立志同学还特地写了《评优秀杂文致丛中笑》一文。自那以后，“丛中笑”便从南师附中消失了。

68 年插队后，听说成守定同学最终去了苏北东辛农场。依他的身体状况，本不应该干重体力活的，可是工农子弟当时也没有什么更多的路子。后来又听说他因身体衰竭，过早地去世了。王亮 86 年去了美国，也是英年早逝。阶级报复的情结，只能指望彼岸去化解了。

时光过去近半个世纪，被撕裂的同学关系仍然难以完全修复，中国的事情似乎都是被文革搞糟了。可是如果没有文革前十七年的折腾，怎么可能结出像文革这样的果子？还有人以为，只要一个简单的道歉就应该足够了。可是，事情也不是那么简单。文革毕竟是一场史无前例、举国上下，并有着前因后果的政治迫害，而不是什么街头巷尾的斗殴。当文革的所有罪孽没有充分地揭露出来，当人们对于文革的本质还没有达成基本的共识，当文革反思仍被当局视为禁区的时候，个人间的道歉，虽然是必要的，但其作用却十分地有限。很显然，对于文革罪孽的揭露与批判，是不能以个人间的道歉来取代的。

145. 高干子弟与资本主义复辟

柯惟中　钱迈期（66届高三丙）

按：这是南师附中红联井冈山高三丙柯惟中、钱迈期的一篇文章的手稿。该文曾于一九六七年一月，在南师附中校园贴出。一九六七年三月二十五日经过修改后再次贴出并翻印。该文于1967年12月在北京八一学校东方红公社的刊物《春雷》上刊出，标题被修改为"高干子女的特权思想与资本主义复辟"，增添了67年4月12日江青讲话的内容，结尾部分有所改动，其余文字完全照搬，文章署名"向东辉"（该文附在本文之后作为对照）。据悉，"向东辉"是北京四中一个学生组织的名称。

前言

高干子弟有很多是好的，比较好的，在群众的大风大浪里锻炼，可能成为无产阶级的革命接班人。也有一些不太好的；或者很不好，甚至要走修正主义的道路。不做阶级分析，不把食物一分为二，只醉心高干子弟要掌权，这是完全脱离了无产阶级轨道，完全同毛泽东思想背道而驰。我们要按照毛主席提出的五条标准培养无产阶级革命事业的接班人。为什么因为是高干子女，就一定要掌权？难道因为他们的血统高贵吗？

（摘自陈伯达《无产阶级文化大革命中的两条路线》）

"对联""自来红""谭氏路线"，这股反动思潮曾在中学大肆泛滥，流毒全国，把许多中学里轰轰烈烈的群众运动打入冷冷清清的境地，几乎扼杀了许多中学的文化大革命。但是，同志们是否发现，各个学校受反动“血统论”“谭氏路线”影响却不一样。请看，在南京，谭氏路线贯彻最深的学校是，南师附中、宁海中学、九中、十三中……，在北京，是一中、四中、六中、北大附中、清华附中……，这些学校有个共同的特点，是高干子弟多！看北京，血腥镇压革命群众的刽子手——“西、东城纠察队”也是以高干子弟为骨干的。现在，臭名昭著的反动组织“联动”也是以高干子弟为主力的。与此同时，在高干子弟少的一些学校里，“谭氏路线”却不能如此放肆地泛滥，而抵制这股反动逆流的“左派”中坚就是工农子弟。

这说明了一个什么问题呢？老实说，就是一部分高干子弟最热衷、最积极、最富有创造性地贯彻、推行了“谭氏路线”，这是一个客观存在的事实，也是阶级斗争的一个规律。为什么一些高干子弟特别热衷于“谭氏路线”？可以一言以蔽之，因为“谭氏路线”正迎合了一些高干子弟灵魂深处的“私”字。

前言里，陈伯达的话，就是我们对高干子弟的基本分析，基本估价。我们不可忽视其的主流方面，也不可将其非主流的方面看成主流方面。高干子弟中“甚至要走修正主义道路”，这是非主流方面。但文化大革命中的情况，已把这方面迫切地提到了议事议程上来。

145.1.高干子弟与特权

毛主席教导我们：“在阶级社会中，每一个人都在一定的阶级地位中生活，各种思想无不打上阶级的烙印。”毛主席又说：“人们的社会存在决定人们的思想。”

高干子弟生长在革命家庭，从小受着革命老前辈无产阶级思想的熏陶，在社会上又受到光焰无际的毛泽东细想的教育，他们是具有一定的无产阶级感情的，是要革命的。这种社会存在及其所决定的思想，在大部分高干子弟中是主流，是起决定作用的。但是，我们是生活在阶级社会中的，资产阶级正和无产阶级激烈地争夺着下一代，我们切不可书生气十足，把尖锐复杂的阶级斗争看得太简单了。

高干子弟的经济地位如何呢？他们的经济地位是很高的，生活条件远远地高于工农劳动大众。生活上从小就由保姆照顾着，脱离劳动。由于他们过着这样优裕，无忧无虑的生活，长期脱离劳动，脱离劳动人民，他们就变得不能吃苦耐劳，不能适应艰苦的生活。毛主席在《中国各阶级的分析》中说："我们要分辨真正的敌友，不可不将中国各阶级的经济地位及其对于中国革命的态度，作一个大概的分析。"确实如此，其经济地位使他们在思想上有一段距离。

高干子弟在政治上尤为特殊化。由于他们的出身关系，他们能进到"干部子弟小学"或其他有特权的学校。他们进出场有"小轿车"或专车接送，既与世隔绝，又凌驾于世，样样与众不同。幼小的心灵里已埋下"非凡的、高贵的"种子。在那样的幼儿园或小学里，不少人就以出身炫耀自己，互相比父母的官职。从那样的小学出来，不用多花力气，保险可以上个"高质量"的中学，然后稳笃笃地上个大学。在这样的学校，很容易入团入党。由于出身高贵，教师、校长乐得巴结，许多人就以本班本校高干子弟多而觉得光彩，这越发滋长了他们自视高贵的心理。他们还有着其他许多特权，别人没有的东西，他们能有，别人不能去的地方，他们能去，他们能看内部文件，常有小道消息……这一切都与众不同。由于旧的习惯势力，人们往往把他们看成很了不起，他们非常容易产生"血统高贵"的思想。

必须指出，他们所处的这种地位并不一定是他们自己所要求的，也不一定是他们父母硬要给他们的，但他们客观上处于这种地位，而这种地位必然要对他们的思想起较大的作用。毛主席告诉我们："我国社会主义和资本主义之间在意识形态方面的谁胜谁负的斗争，还需要一个相当长的时间才能解决。这是因为资产阶级和从旧社会来的知识分子的影响还要在我国长期存在。无产阶级要按照自己的世界观来改造世界，资产阶级也要按照自己的世界观改造世界。"

毛主席又告诉我们，人的认识过程是这样的：人生活在那个事物的环境中，无数客观外界的现象通过人的眼、耳、鼻、舌、身这五个官能反映到自己的头脑中来，开始是感性认识。这种感性认识的材料积累多了，就会产生一个飞跃，变成了理性认识，这就是思想。"在阶级斗争尖锐、曲折、复杂的社会中，被打倒的资产阶级、地、富、反、坏、右正在时时刻刻，千方百计地用“私”字腐蚀群众，征服人心。按着这个规律，一些高干子弟由于生活上，政治上长期的特殊化，就会形成“血统高贵，贵族自居，特权有理”的思想，长期政治上的一帆风顺，青云直上，生活上的优裕，无忧无虑，就会形成政治思想上的满足和怕苦，害怕艰苦的思想改造。这些就是高干子弟身上非无产阶级烙印的集中表现和特征，归结到一点，就是由其特殊地位决定的“私”字。

145.2.高干子弟与谭氏路线

高干子弟的由于其特殊地位所决定的非无产阶级的烙印，势必会在阶级斗争的大风浪中表现出来。在这场触及人们灵魂的大革命中，在社会主义的新阶段，这一烙印便尖锐集中地爆发出来了。毛主席亲自发动的无产阶级文化大革命敲响了党内一小撮走资本主义道路当权派的丧钟。那些走资本主义道路的当权派本能地感到自己末日的到来，他们抛出资产阶级反动路线，千方百计要扑灭群众斗争的烈火，达到保他们自己，保反动势力的目的。这些反动家伙，以其特有的反革命敏感，看中了高干子弟的这些弱点，他们伸出了黑手，要把天真的青少年引上反革命的邪途，要利用高干子弟来替他们镇压文化大革命。他们炮制了“谭氏路线”，利用高干子弟抛了出来，并推广出去……

“谭氏路线”是什么货色呢？它就是利用“自来红”思想，利用反动对联来压制群众，打击革命群众，来保党内一小撮走资本主义道路的当权派，保资产阶级的旧制度，抵制对反动路线的批判。这是彻头彻尾的压制群众的修正主义路线。是保守的，形而上学的，是反马列主义、反毛泽东思想的臭货。马列主义毛泽东思想的本质就是批判的、革命的、造反的，它是生气勃勃的、最先进的。“谭氏路线”的核心就是一个“保”字。因此是落后的、保守的、垂死的东西。

“谭氏路线”的最大市场是什么人？就是一些高干子弟，他们最热心地鼓吹与推广这条路线。为什么大部分高干子弟这么愿意接受反动血统论呢？这就是因为“谭氏路线”的核心理论——“自来红”思想正迎合了这些高干子弟灵魂深处的“私”字。我们已经了解，高干子弟由于其特殊地位而具有的“特权有理”和“害怕艰苦的思想改造”等非无产阶级的烙印，自来红思想正是宣扬了“特权有理”，宣扬了“不要思想改造”，宣扬他们天生革命，天生具有毛泽东思想，来保住他们的特权，因此不少高干子弟认为很合胃口，便捧住不放，爱若至宝了。从文化革命中有些高干子弟损公为私、炒家归己、挥霍人民财产、破坏公共财产，不把毛泽东思想放在眼里，不重视思想改造，专横跋扈，压制群众等等表现中，即得到明证。这就是自来红思想大肆泛滥的思想根源。而过去在彭真的反动路线统治下，工农子弟和部分干部子弟受压制的情况，和文化革命初期工农革干子弟起而大造其反的情况，便是这种思潮泛滥的时代背景。在一些别有用心顽固坚持资产阶级反动路线的人的挑动下，这股反动思潮便泛滥成灾了。

现在，该是一些高干子弟破私立公，触及灵魂的时候了！

145.3.高干子弟与资本主义复辟

稍微注意一下，便可以看出，那些高干子弟多的学校，都是过去的重点学校，质量高的学校。如我校、宁海、九中，一中、十中。为什么重点学校云集高干子弟呢？什么重点学校，什么质量高，说穿了就是升学率高。比起别的学校来，它的修正主义毒素要更多些，给学生灌输的资本主义货色多一些。但为什么大家都拼命投靠这种学校呢？就是因为我们社会主义社会里“资产阶级虽然被推翻，但是，他们企图用剥削阶级的旧思想、旧文化、旧风俗、旧习惯来腐蚀群众，征服人心，以达到他们复辟的目的。”剥削阶级的“万般皆下品，唯有读书高的思想还在泛滥，腐蚀我们的群众，也腐蚀着我们的干部。大家都想进重点学校，可重点学校里可多的就是高干、高知子弟。高知子弟，从小在家受到“唯有读书高”思想的影响，他们会啃书。他们凭借自己的“优良成绩”和彭？氏阶级路线被修正主义学校选中，而高干子弟，在学校的当权派看来，他们的父母有权有势，怕得罪上级，而高干子弟多也能保证升学率高，为自己的私利，对他们是不排挤的。有的甚至可以营私舞弊，通过开后门等不正当方法吸收他们。

在这些学校里，那些走资本主义道路的当权派，他们究竟选择谁来做修正主义的苗子呢？他们所注重的，就是出身不好的人和某些高干子弟。有人说，在修正主义统治下的学校都排斥打击工农革干子弟。这话不完全确切。那样的学校主要打击排斥的还是工农子弟。从招生，考试，升留级这一系列制度都是排斥工农子弟的。多少工农子弟无法迈进重点学校的大门！这只要看看我校，到底有几个工农子弟，而高干子弟又是多少？

修正主义的当权派，过去大肆鼓吹彭真的重在表现的政策，那些出身不好的人不是真正进行思想改造，只是一心想往上爬，走白专道路。他们就想通过这条途径，培养大量的资产阶级的知识分子，逐步实现资本主义复辟。这个手段是比较露骨的。近年来，特别是文化大革命以来，广大革命师生、红卫兵小将把这一套打得稀巴烂。走资本主义道路的当权派见通过这条路进行资本主义复辟指望不大了，他们就换了一手，把更多的希望寄托在利用高干子弟形成新的特权阶层，使社会主义向资本主义蜕化变质。

尤其在文化大革命中，有些高干子弟，如前所述，从小就有些与众不同。加上那些顽固坚持资产阶级反动路线的人居心险恶地抓住他们的弱点，利用“自来红”，利用“老子英雄儿好汉，老子反动儿混蛋”这幅反动对联进行蛊惑，更使他们产生“以贵族自居，血统高贵”的思想。在这种思想的支配下，他们不学毛选，不改造思想，向资本主义分子蜕化，给革命事业带来了很大损失。在目前，反革命修正主义分子和资产阶级代表人物都把更多的复辟希望寄托在他们身上。他们已成为资本主义的复辟工具。因为这些人出身好，老子职位又高，更易迷惑人，更容易在红旗的掩护下进行资本主义复辟。比起培养那些出身不好的人做修正主义苗子来，这种做法具有更大的欺骗性和危险性。

“自来红”和对联在文化大革命中大肆泛滥，正是作为镇压革命，保资产阶级反动路线之用的。表面上它大长“红五类”子女的志气，为无产阶级夺权，实质上是搞资本主义复辟，为修正主义夺权。你不相信吗？请看文化大革命中的表现吧。在学校里，凡是高干子弟凭借反动对联，凭借“自来红”专权的，都实行了白色恐怖，压制了一大批革命群众，把中学里轰轰烈烈的文化大革命打得冷冷清清。这就是在小范围内实行资产阶级专政，帮那些反革命修正主义分子镇压了革命。如果掌了大权，在大单位里，那不就是更大规模的资产阶级专政了吗？资本主义复辟不就有指望了吗？毛主席教导我们，为保证我们党和国家永不变色，需要培养和造就千百万无产阶级革命事业的接班人。并且提出了做革命接班人的五条标准。不按这五条标准去培养革命接班人，而是高干子弟靠“自来红”“对联”专权，那我们的党和国家就会改变颜色。因为“自来红”，“对联”是根本反毛泽东思想的，是彻头彻尾反动的历史唯心主义。

靠这个起家只可能是篡党、篡军、篡政，党和国家改变颜色。

元旦社论说得很清楚：“以毛主席为代表的无产阶级革命路线，要放手发动群众，斗垮党内一小撮走资本主义的当权派和资产阶级反动学术”权威“，革除一切剥削阶级的旧东西。一个要把社会主义革命进行到底，一个要保存资本主义的旧秩序，一个要革，一个要保，这就是两条路线斗争的实质。”

与“自来红”“谭氏路线”这类反动东西的斗争，也就是这样两条路线的斗争，它关系到“要不要无产阶级专政，关系到革命事业的方向和前途的大问题。”如果我们不能把这些特权统统捣毁，不把两条路线的斗争进行到底，那么中国就可能变颜色，资本主义就会在中国复辟，千百万人头就要落地。

毛主席早就英明地指出：“绝不要实行对少数人的高薪制度。应该合理地逐步缩小而不应当扩大党、国家、企业、人民公社的工作人员同人民群众之间的个人收入的‘差距’。防止一切工作人员利用职权享受任何特权。”苏联的资本主义复辟也正是由于形成了一个高居于劳动人民头上的精神贵族、特权阶层。史无前例的无产阶级文化大革命这是要彻底扫荡一切剥削阶级的就旧思想、旧文化、旧风俗、旧习惯，我们难道能不把一切资本主义复辟的渠道堵住吗？难道能不把不符合毛泽东的特权砸个稀巴烂吗？难道能不把两条路线的斗争进行到底吗？

对于高干子弟来说，如果毛选学得不好，那就会站在资产阶级反动路线那边，保护自己的特殊化，保反动路线给自己的利益，保爹保妈，免得自己变“混蛋”。一句话，就是“私”字当头，变成老保，不敢造反，至多在学校里造反，待到造反要触及自己时，就又变得保守起来。还用反动对联、“谭氏路线”阻挠别人革命，把同学打成“反革命”“混蛋”，甚至顽固执行资产阶级反动路线，保护走资本主义的当权派过关。

然而，革命潮流毕竟是不可阻挡的，在毛主席的伟大号召下，对资产阶级反动路线的群众性的批判轰轰烈烈地开展起来了。个别没有教育好的高干子弟也就自然会抵触批判，坚持资产阶级反动路线，他们骂“右派翻天”“崽子翻案”，等等。如不好好学习老三篇，丢掉私心杂念，丢弃反动的封建血统论，放下架子，坚决站在毛主席这边，则有可能发展到对革命不满，发展到炮打无产阶级司令部，那就是滑到与党对立的地步上去了。北京极个别的高干子弟变为反革命分子便是先例。这也说明了任何人都必须时刻按照毛主席指示办事，好好改造思想，绝没有什么“自来红”。

跋

毛主席告诉我们：“革命的或不革命的或反革命的知识分子的最后分界，看其是否愿意并且实行同工农民众相结合。”只有同工农群众相结合，才能真正树立无产阶级世界观，才能真正会成为一个名副其实的无产阶级革命事业的接班人。

在这里，我们必须指出，高干子弟中有很多是好的，比较好的。在当初，“自来红”“谭氏路线”泛滥全国的时候，就有一些高干子弟勇敢地站出来，用毛泽东思想武装自己，停住了这股反动思潮。今天，更有大批大批的高干子弟与反动血统论决裂，站到了毛主席的革命路线上来。他们在毛泽东思想的指引下，和革命造反派一起为捍卫毛主席的革命路线而战斗，他们中，有的甚至是革命造反派的先锋与领导。同时，我们也相信，绝大多数高干子弟，迟早会回到毛主席的革命路线上来，在群众斗争的大风大浪里锻炼自己，争取成为无产阶级革命事业的可靠接班人。

毛主席亲自发动的无产阶级文化大革命，就是要解决一个巩固无产阶级专政，防止资本主义复辟的这个伟大历史意义问题。这中间就存在一个资本主义复辟途径的问题，文化大革命的事实告诉我们，高干子弟可能被利用来进行阴险的复辟活动，这是由他们的特点决定的，这是资本主义复辟的一条更隐蔽的道路，因此这是一个极其重要的问题。我们批判“自来红”和反动对联的时候，不要忘记这个根本性的问题，不要忘记文化大革命的根本任务是大立毛泽东思想，解决防止修正主义，防止资本主义复辟的伟大历史问题。我们发表对这一问题的看法，做一些分析，就是为了表明我们的一个小学生的态度，希望大家提出意见，在毛泽东思想指导下探讨这些问题，批透“自来红”、对联、“谭氏路线”，彻底批倒资产阶级反动路线。

一九六七年一月十一日

后记

这篇文章一月份贴出后，反应比较大。也有人说它是大毒草，因此，我们特意略加修改，再次转抄，翻印，供大家研究。毛主席教导我们：“你们要关心国家大事，要把无产阶级文化大革命进行到底！”让我们最坚决地响应毛主席的号召，破私立公，把两条路线的斗争进行到底，把无产阶级文化大革命进行到底！

杀气腾腾造反兵团《踏遍青山》和高三丙部分同学（原井冈山革命造反队）

一九六七年三月二十五日

145.4.附《春雷》的文章：

高干子女的特权思想与资本主义复辟

向东辉

（原载《春雷》砸烂干部子女集中制、批判“联动”思潮专刊续编，1967 年 12 月；首都八一学校东方红公社主办）

代 序

高于子女有很多是好的，比较好的，在群众的大风大浪里锻炼，可能成为无产阶级革命事业的接班人，也有一些是不大好的，或者很不好，甚至要走修正主义的道路。不做阶级分析，不把事物一分为二，只醉心“高干子弟要掌权”，这是完全脱离了无产阶级轨道，完全同毛泽东思想背道而驰。我们要按照毛主席提出的五条标准培养无产阶级革命事业的接班人。为什么因为是高干子女，就一定要掌权？难道因为他们的血统高贵吗？

（摘自陈伯达一九六六年十月十六日在中央工作会议上的讲话）

前 言

“对联”“自来红”、反动血统论这股反动思潮曾在中学大肆泛滥，流毒全国，把许多中学轰轰烈烈的群众运动打入冷冷清清的境地，几乎扼杀了许多中学的文化大革命运动。

但是，同志们是否发现，各个学校受反动血统论的影响程度很不一样。请看，在南京，反动血统论贯彻最甚的学校是：南师附中、宁海中学、九中、十三中……在北京是八一学校，清华附中、北大附中、一零一中……这些学校有个共同的特点，就是高干子女多！看北京，血腥镇压革命群众的帮凶西、东、海纠是以高干子女为骨干的，臭名昭著的反动组织“联动”也是以高干子女为主力的。与此同时，在一些高干子女少的学校里，反动血统论却不能如此放肆地泛滥，而抵制这股逆流的左派中坚就是工农子女。

这说明了一个什么问题呢？老实说，就是很大的一部分高干子女最“热衷”，最“积极”，最富有创造性地贯彻推行了反动血统论，这是一个客观存在的现实，也是阶级斗争的一个规律，为什么这一部分高干子女特别热衷于反动血统论呢？可以一言以蔽之，文化大革命从根本上触动了刘邓及刘邓路线带给这部分高干子女的既得利益——特权，而反动血统论恰好又迎合了这些高干子女灵魂深处的“私”字——为保卫这种特权而战！代序里陈伯达同志的话，就是我们对高干子女的基本分析、基本估价。我们不可忽视其主流方面的东西，也不可将其非主流方面的东西看成主流方面的东西。高干子女中有的人“甚至要走修正主义的道路”，这是非主流方面的东西，但是文化大革命中的情况已把这方面迫切地提到了议事日程上来了。

145.5.高干子女与特权

毛主席教导我们：“在阶级社会中，每一个人都在一定的阶级地位中生活，各种思想无不打上阶级的烙印。”毛主席又说：“人们的社会存在，决定人们的思想。”

高干子女生长在革命家庭，从小受到革命前辈无产阶级思想的熏陶，在社会上又受到了光焰无际的毛译东思想的教育，他们当中的绝大多数人是具有一定的无产阶级感情的（即朴素的阶级感情），是要革命的。

但是，我们是生活在阶级社会中的，资产阶级和无产阶级正在激烈地争夺下一代，我们决不能被某些表面现象迷住眼睛，把复杂的阶级斗争看得太简单了。

高干子女所处的经济地位如何呢？他们的经济地位是很高的，生活条件远远超过了工农劳动群众及其子弟。他们从小脱离劳动，脱离劳动人民，过着优裕的世外桃源的生活。他们不能吃苦耐劳，不适应艰苦的生活。毛主席在《中国社会各阶级的分析》中说：“我们要分辨真正的敌友，不可不将中国社会各阶级的经济地位及其对于革命的态度，作一个大概的分析。”确实如此，高干子女的经济地位使他们在思想上与工农群众有了很大距离。

如此高的经济地位，对于只有一定的朴素的阶级感情的人来说是一颗威力很强的糖衣炮弹，在一定的情况下，它甚至完全可以决定极小部分高干子女对待革命的来自无产阶级反面的态度。

高干子女在政治上尤为特殊。由于他们出身的关系，他们可以进入所谓“干部子女小学”（典型的修正主义学校），或其他具有种种特权的学校。他们进出都有小轿车或专车接送，听到的是一片颂扬声，得到的教育就是“将来当总理、元帅、部长”而决“不能去种地、做工、卖酱油醋。”既与世隔绝，又凌驾于世，样样与众不同，幼小的心灵里早已埋下了“非凡的，自视高贵”的种子。在那样的学校里，不少人以自己的出身炫耀，互相比父母的“官”职。从那样的小学出来，然后稳笃笃地上中学和大学。在这样的学校里，很容易入团入党。由于出身高贵，教师，校长也乐得巴结，许多人就以本校本班高干子女多而觉得光彩，这愈发使他们自视高贵的心理得到滋长。他们还有着其他许多特权，别人没有的东西，他们能有；别人不能去的地方，他们能去，他们可以看内部文件，可以看内部电影（多半都是一些色情的，颓废的），常有小道消息……甚至可以强迫别人接受自己的意志……，这一切都与众不同。由于旧的习惯势力的影响，人们往往把他们看得很了不起，他们往往也因此而产生“血统高贵”的思想。

必须指出，他们所处的这种地位并不一定是他们自己要求的，也不一定是他们的父母硬要给他们的，这是党内一小撮走资本主义道路的当权派为了复辟资本主义，培养资产阶级的接班人强加于他们的。但是他们客观上处于这种地位，而这种地位必然要对他们的思想起很大的作用。

毛主席告诉我们：“我国社会主义和资本主义之间在意识形态

方面的谁胜谁负的斗争，还需要一个相当长的时间才能解决，这是因为资产阶级和从旧社会来的知识分子的影响还要在我国长期存在”。“无产阶级要按照自己的世界观改造世界，资产阶级也要按照自己的世界观改造世界。”毛主席又告诉我们，人的认识过程是这样的，人生活在那个事物的环境中：“无数客观外界的现象通过人的眼、耳、鼻、舌、身这五个官能反映到自己的头脑中来，开始是感性认识，这种感性认识的材料积累多了，就会产生一个飞跃，变成了理性认识，这就是思想。”在阶级斗争尖锐，曲折，复杂的社会中，被打倒的资产阶级，地富反坏右正在时时刻刻，千方百计地用“私”字腐蚀群众，征服人心。按照这个规律，一些高干子女由于生活上，政治上长期的特殊化，就会形成“血统高贵，贵族自居，特权有理”的思想。长期政治上的一帆风顺，青云直上，生活上的优裕，就会形成政治思想上的满足和怕苦，害怕艰苦的思想改造，追求更加特殊化的政治地位和经济地位，这些就是高干子女身上非无产阶级烙印的集中表现和特征，归结到一点，就是由其特殊地位所决定的“私”字。

无产阶级在夺取政权以后，由于资产阶级分配制度，法权残余，资产阶级意识形态以及帝国主义存在的这个外部条件，在社会主义国家内部存在着新形式的尖锐的阶级斗争。以那些走资本主义道路的当权派为主要力量所形成的新资产阶级对广大人民实行新式的剥削与压迫，引起了压迫与反压迫，剥削与反剥削的阶级斗争。在一定的条件下，这些人会形成一个与人民利益尖锐冲突的特权阶层。

由于政治经济上的特殊地位，更重要的是走资本主义道路当权派长期打着“红旗”反红旗地推行修正主义，使很大一部分高干子女不能接受群众斗争风雨的洗礼以树立无产阶级的世界观，接受毛泽东思想，而往往会接受特权思想等等修正主义思想以至成为修正主义接班人，形成新的特权阶层。

这个特权阶层就是新兴的资产阶级或新兴资产阶级的幼芽。这种新兴资产阶级，被推翻的资产阶级，地富反坏右分子就是复辟资本主义的优良的社会基础。

145.6.高干子女与反动血统论

高干子女由其特殊地位而决定的非无产阶级烙印，势必会在阶级斗争的大风浪中表现出来。在这场触及人们灵魂的大革命中，在社会主义革命的新阶段，这一烙印便尖锐集中地爆发出来了。

毛主席亲自发动的无产阶级文化大革命，敲响了党内一小撮走资本主义道路当权派的丧钟。那些走资本主义道路的当权派本能地感到自己末日的到来，他们抛出了资产阶级反动路线，千方百计地要扑灭群众斗争的烈火，达到保护自己，保反动势力的目的。这些反动家伙，以其特有的敏感，看中了高干子女的弱点，他们伸出了黑手，要利用高干子女来替他们镇压文化大革命，他们炮制了反动血统论，利用高干子女抛出去。

反动血统论是什么货色呢？其实质是利用特权思想来压制群众，打击革命群众，来保党内一小撮走资本主义道路的当权派，保资产阶级反动路线，保资产阶级的旧制度。这是一条彻头彻尾的修正主义路线，它的本质就是唯心的，形而上学的，一个字“保”，或者说就是复辟资本主义。从资本主义过渡到共产主义是一整个历史时代。只要这个时代没有结束，剥削者就必然存在着复辟希望，而这种希望就会变为复辟的尝试。被推翻的剥削者不会料到自己会被推翻，他们不相信这一点，不愿想到这一点，所以他们在遭到第一次严重失败以后，就以十培的努力，疯狂的热情，百倍的仇恨投入战斗，为恢复他们被夺去的“天堂”，为他们的家庭而斗争，他们的家庭从前过着那么甜蜜的生活，现在却被“平凡的贱民”弄得破产和贫困，（或者弄得只好从事“平凡”的劳动）。（列宁：《无产阶级革命和叛徒考茨基》第二十五页）

马列主义、毛泽东思想的本质就是批判的、革命的、造反的，它是生气勃勃的，最先进的。反动血统论的本质就是一个“保”字，因此是落后的、垂死的东西。“反动血统论”最大的市场在哪里？就在一些高干子女那里，正是他们最热心地鼓吹与推广这种路线。为什么很大一部分高干子女这么愿意接受反动血统论呢。从客观上讲，这是走资本主义道路当权派有计划、有目的地对他们长期进行修正主义教育的结果。从主观上讲，所谓“自来红”正迎合这一部分高干子女灵魂深处的私字。

共产主义社会虽然消灭了阶级，但是在发展的过程中也会有某种“既得利益集团”的问题。他们安于已有的制度，不愿意改变这种制度。在共产主义社会里尚且如此，社会主义社会里又何尝不如此呢？无产阶级文化大革命，就是要推翻一切不适应社会主义经济基础的上层建筑——剥削阶级意识形态，它在开始的时候，就已从根本上动摇了一小撮走资本主义道路当权派为代表的特权阶层，剥削阶级统治。而“自来红”思想，反动血统论正是在宣扬“特权有理”，宣扬“资产阶级专政有理”，宣扬“不要思想改造”，来保住他们的特权，保住带给他们这种特权的走资本主义道路当权派。头脑中的资产阶级世界观，和政治经济上的特权地位，使他们本能地不理解，敌视以至反对毛泽东思想和毛主席的革命路线。

在文化革命中有些高干子女贪污腐化，损公肥私，抄家归己，挥霍人民财产，破坏公共财产，不把毛泽东思想放在眼里，不重视思想改造，专横跋扈，压制群众等等表现，即得到证明。不少高干子女认为“反动血统论”很合胃口，便捧住不放，爱若至宝了。马克思教导我们：政治经济学所研究的材料的特殊性质，会把人心中最激烈最卑鄙最恶劣的感情，代表私人利益的仇恨，召唤到战场上来反对它。毛泽东思想的反对派的卑鄙的自私自利，抑制不住他们对文化大革命的仇恨心，极少数高干子女就成了资产阶级可怜的铁杆卫道士。

高干子女头脑中的非无产阶级烙印就是反动血统论大肆泛滥的思想根源。而过去在彭真反动路线的统治下，工农子弟和部分干部子女受压抑的情况和文化革命初期工农革干子弟起而大造其反的情况便是这条反动路线大肆泛滥的时代背景。在一些别有用心的人的挑动下，这条反动路线便泛滥成灾了。

“保”，这就是反动血统论的实质，就是反动血统论的全部内容。而那些未能改造好的高干子女在运动中大保特保的表现也就成了历史的必然。现在是这些高干子女破私立公触及灵魂的时刻了！

145.7.高干子女的特权思想与资本主义复辟

稍微注意一下上便可以看出，那些高干子女多的学校，都是过去的“重点”学校，质量“高”的学校，如南师附中、宁海中学、九中等等。为什么重点学校里云集高干子女呢？什么“重点”学校，什么质量“高”，说穿了，就是升学率高。比起别的学校来，它的修正主义毒素要更多些，给学生灌输的资产阶级货色也更多些。但为什么大家都拼命投考这种学校呢？就是因为在我们的社会主义社会里“资产阶级虽然已经被推翻，但是他们企图用剥削阶级的旧思想、旧文化、旧风俗、旧习惯来腐蚀群众，征服人心，力求达到他们复辟的目的。”剥削阶级的“万般皆下品，唯有读书高”的旧思想还在泛滥，腐蚀我们的群众，也腐蚀着我们的干部。

大家都想进“重点”学校，可“重点”学校里所多的就是高干、高知子女。高知子女从小在家受到“唯有读书高”思想的影响，会啃书。他们凭借自己的所谓“优良”成绩和彭真的阶级路线被修正主义学校选中了。学校的走资本主义道路的当权派为了自己的私利，为了从党、政、军上层中寻求他们的代理人和保护人，往往对高干子女百般庇护和怂恿，企图通过他们来谋求与其父母的某种特殊联系，因此对他们一般是不排挤的，有的甚至可以营私舞弊，通过开后门等不正当的方法吸收他们。在这些学校里，那些走资本主义道路的当权派，他们究竟选择谁来做培养修正主义的苗子呢？他们所注重的，就是某些出身不好的人和某些高干子女。

有人说，在修正主义统治下的学校都排斥打击工农革干子女，这话是不完全确切的。那样的学校主要打击排斥的还是工农子女。从招生、考试、升留级这一系列制度都是大力排斥工农子女的。有多少工农子女无法迈进“重点”学校的大门！这只要看这些“重点”学校，到底有几个工农子女，而高干子女的百分比又是多少。修正主义学校党内走资本主义道路的当权派，过去大肆鼓吹彭真的“重在表现政策”，使某些出身不好的人不是真正进行思想改造，只是一心想往上爬，走白专道路。他们就想通过这条途径，培养大量的资产阶级知识分子，逐步实现资本主义复辟。这种手段比较露骨的。近年来，特别是文化大革命以来，广大革命师生，红卫兵小将把这一套打得稀巴烂。走资本主义道路的当权派见通过这条路进行资本主义复辟指望不大了，他们就把更大的赌注和希望寄托在利用一些高干子女形成新的特权阶层，使社会主义向资本主义蜕化变质上面。

尤其在无产阶级文化大革命中，有些高干子女，如前所述，从小就产生了特权思想，加上那些别有用心的人居心险恶地抓住他们的弱点，利用“自来红”，利用反动血统论进行蛊惑，更使他们产生“贵族自居，血统高贵、特权有理”的思想。在这种思想支配下，他们不学毛选，不改造思想，蜕化为修正主义分子，成为一小撮骑在广大革命群众头上的“精神贵族”，忠实地充当了刘、邓反动路线的打手，给革命事业带来了很大损失。在目前，反革命修正主义分子和资产阶级代表人物都把更多的复辟希望寄托在他们身上。这些高干子女的特权思想便成为刘邓复辟资本主义的社会基础了。因为这些人出身好，父母的职位又高，更易迷惑人，更容易在红旗的掩护下进行资本主义复辟。

比起培养那些出身不好的人做修正主义苗子来，这种做法就具有更大的欺骗性、危险性和可能性。必须明确指出：反动血统论以及由此而产生发展的一系列反动理论的要害问题就是背叛无产阶级专政，背叛无产阶级革命事业，搞资产阶级专政、搞资本主义复辟。

反动血统论在文化大革命中大肆泛滥，正是作为镇压革命、保资产阶级反动路线、保刘、邓用的。

表面上它大长“红五类”子女的志气，为无产阶级夺权，实质上是搞资本主义复辟，为修正主义夺权。你不相信吗？请看文化大革命中的现实吧。在学校里，凡是高干子女凭借“反动血统论”专权的，都实行了白色恐怖，压制了一大批革命群众，把中学里轰轰烈烈的无产阶级文化大革命运动搞得冷冷清清。这就是在小范围内实行资产阶级专政，帮助党内一小撮走资本主义道路的当权派镇压了革命的群众运动。

如果一旦他们掌了权，在大范围里，岂不就是实行更大规模的资产阶级专政了吗？长此以往，资本主义复辟的实现将不用很长时间了。毛主席教导我们：为了保证我们的党和国家永不变色，需要培养和造就千百万无产阶级革命事业的接班人。并且提出了做无产阶级革命接班人的五条标准。不按这五条标准去培养接班人，而是高干子女靠“反动血统论”专权，那我们的党和国家就会变颜色。其根本原因在于“反动血统论”是反毛泽东思想的，是彻头彻尾的反动的历史唯心主义的。靠这个起家只可能是亡党、亡军、亡国。

元旦社论说得很清楚：“以毛主席为代表的无产阶级革命路线，要放手发动群众，斗垮党内一小撮走资本主义进路的当权派和资产阶级反动学术权威，革除一切剥削阶级的旧东西。而资产阶级反动路线则要压制群众，保护党内一小撮走资本主义道路的当权派和资产阶级反动学术权威，保护一切剥削阶级的旧东西。一个要把社会主义革命进行到底，一个要保存资本主义的旧秩序。一个要革、一个要保，这就是两条路线斗争的实质。”和“自来红”“反动血统论”之类东西的斗争，也就是这样两条路线的斗争，它是关系到“要不要无产阶级专政，关系到革命事业的方向和前途的大问题。”如果我们不把两条路线的斗争进行到底，那么中国就要变颜色，资本主义就会在中国复辟，千百万人头就要落地。

毛主席早就英明地指出：“绝不要实行对少数人的高薪制度。应该合理地逐步缩小而不应当扩大党、国家、企业、人民公社的工作人员同人民群众之间的个人收入的差距。防止一切工作人员利用职权享受任何特权。”苏联的资本主义复辟也正是因为形成了一个高踞于劳动人民头上的精神贵族，特权阶层。史无前例的文化大革命正是要扫除一切剥削阶级的旧思想、旧文化、旧风俗、旧习惯，我们难道还不把反毛泽东思想的特权阶层砸个稀巴烂吗？

同共产主义革命进程中必然会出现修正主义一样，特权阶层的出现也绝不是偶然的。对高干子女说来，如果不认真学习毛主席著作，不和工农群众相结合，那就会站在资产阶级反动路线一边，保自己的既得利益——特权，保爹保妈，保走资本主义道路的当权派，免得自己变“混蛋”而永远以“血统高贵”者自诩。一句话，就是私字当头，变成老保，不敢造反或至多在学校里造反，待到造反触及到自己和他们的家庭及其特权阶层的时候，就又变得保守起来，自己不敢革命，还用反动对联，反动血统论阻挠别人革命，把同学打成“反革命”“混蛋”，甚至顽固执行资产阶级反动路线，保护走资本主义道路的当权派过关。

然而革命潮流毕竟不可阻挡的。在毛主席的伟大号召下，对资产阶级反动路线的群众性的批判运动轰轰烈烈地开展起来了。一些没有教育好的高干子女也就自然会抵制批判，坚持资产阶级反动路线。

他们大骂“右派翻天”“崽子翻案”等等。如不好好学习老三篇，丢掉私心杂念，丢掉反动血统论，放下臭架子，坚决站到毛主席这边，则必然滑到同党对立的地步上去，北京极个别的高干子女变为反革命分子便是先例。这也说明了任何人都必须时刻按毛主席指示办事，好好改造思想，决没有什么“自来红”。

某些高干子女的家长，“太过分了。这也就是那个长安君的问题。这个重器是什么？位尊而无功，俸厚而无劳，而挟重器多也。他们的重器是什么？自行车、照相机、收音机、有的还坐小汽车，最重要的还是他们父母的级别。有的人认为这是爱儿女，实际上是害了他们。要把我们的子女，教育成一个真正的革命接班人，是不太容易的。因为，一方面是我们自己的教育，另一方面有社会的影响。……我们不是代表剥削阶级，而是代表无产阶级和劳动人民，但如果我们不注意严格要求我们的子女，他们也会变质，可能搞资本主义复辟，无产阶级的财产和权力就会被资产阶级夺回去。”（摘自江青同志 4 月 12 日在军委会议上的讲话）

写到达里，我们想起十四年前，总理对一些干部子女语重心长的谈话。总理特别提出了满清八旗子弟的教训，来教育这些干部子女。八旗军是大清帝国统治政权的基本力量。可是待全中国统一于清室之后，八旗子弟堕落下去了，荒淫无度，迷财腐化，靠种族血统的高贵；攀官坐府、横道蛮世为所欲为，使得八旗军完全丧失了战斗力。正如史册上所记载的：“胤祯时代八旗兵丁已成赌博、进戏园、酒馆、斗鸡、斗鹌鹑蟋蟀，雇人当差，放印子银两，典卖钱粮田地房产的游荡子和破落户，既不能自谋生计，又不能骑射当兵。”“终究兵虚马弱，器械如弓箭、刀抢、盔甲、火器等件，钝敝朽坏，春秋两操，视同儿戏。将不知阵势分合奇正，兵不知战斗坐立进退。”终于被轰轰烈烈的辛亥革命所淹没。

历史上这类的教训实在太多了！今天，社会大变了，阶级关系大变了，封建统治阶级的政权组织形式彻底灭亡了，颠倒的历史被人民革命的洪流反转了过来。但是，这种反动的封建地主的血统论，却一直被那些反动的封建遗老以及资产阶级抱住不放，一旦风吹草动，他们就抛出这具僵尸来麻醉青年，将他们拉入反革命的泥坑。“联动”就是他们的典型殉葬品，而“联动”的骨干分子恰恰就是高干子女。

历史的辩证法是无情的。看看今天那些正在堕落的高干子女，联想到昨天的“八旗军”及其子弟，每一个有革命志气的高干子女和革命同志，难道不应追忆十四年前总理的亲切教导，以满清八旗军子弟的衰落中汲取一些有益的教训吗？

跋

早在几年前，毛主席就尖锐地指出了：我们的干部子弟很令人担心，他们没有生活经验和社会经验，可是架子很大，有很大的优越感。要教育他们不要靠父母，不要靠先烈，要完全靠自己。这就是对高干子女特权思想的最权威的批判。

说社会主义社会中，人的地位决定于劳动和个人的能力，未必如此。聪明人往往出在地位低，被人看不起，受过侮辱，而且年青的人中。社会主义社会也不例外。旧社会的规律，被压迫者文化低，但聪明些，压迫者文化高，但总愚蠢些。在社会主义的社会的高薪阶层也有些危险，他们的文化知识多些，但是同那些低薪阶层比较起来，更感愚蠢些。我们的干部子弟就不如非干部子弟。

毛主席告诉我们：“革命的或不革命的或反革命的知识分子的最后分界，看其是否愿意并且实行和工农民众相结合。”只有在群众斗争的大风浪中锻炼，和工农群众相结合，才能真正树立无产阶级世界观，才能真正成为一个名副其实的无产阶级革命事业的接班人。

我们必须指出，高干子女中有许多是好的和比较好的。想当初，“自由红”反动对联，谭立夫“讲话”泛滥全国的时候，就有一些高干子女勇敢地站出来，高举毛泽东思想伟大红旗，坚决抵制了这股反动思潮。今天，更有大批的高干子女与刘邓资产阶级反动路线决裂，站到毛主席革命路线上来。在毛泽东思想的指引下，他们和革命派一起为捍卫毛主席的革命路线而战斗。他们中有的甚至是革命造反派的先锋与领导。同时我们深信，绝大多数的高干子女迟早会回到毛主席的革命路线上来的，在群众斗争的大风大浪里锻炼自己，争取成为无产阶级革命事业的可靠接班人。

史无前例的无产阶级文化大革命，就是要解决一个巩固无产阶级专政防止资本主义复辟的伟大历史问题。伟大的群众运动迅速涤荡着一切旧时代的污泥浊秽，它也必将最终消灭特权思想——复辟资本主义的是“理想”的温床。

摘自(https：//www.backchina.com/blog/259217/article-297783.html)

以下是网友议论：

王虹：南师附中（当时称鲁迅中学）在“一打三反”“深挖五一六”运动中，革委会将文革中的两篇大字报定性为了反动文章。其中之一的就是高惠敏、佟元诲合作的文章“高干子弟与资本主义复辟”，曾登载于红联小报《中学红卫兵》。而在此之前，红联井冈山兵团于 67 年 1 月已经贴出过标题相同，观点相似的大字报。井冈山的那份大字报由当时高三丙的柯惟中、钱迈期所写。

这次重新发表井冈山的这篇文章，并对照了 1967 年 12 月发表于北京八一学校东方红公社主办的刊物《春雷》上，署名“向东辉”的那篇“高干子弟的特权思想与资本主义复辟”的文章发现：“向东辉”的那篇文章抄袭了南师附中井冈山的这篇文章，只是个别段落的文字有所改动。至此，尘埃落定：文革中的三篇标题为“高干子弟（的特权思想）与资本主义复辟”的文章，皆出自于南师附中红联。

146. 文革中曾邦元与南师附中红联部分同学的一次会见

吴小白（68 届高一甲）

1967 年春夏之交，因对一.二六夺权的不同看法，南京红总和八二七从并肩战斗的造反派，分化成为势不两立的两大派，红总在工矿企业占有优势，八二七在大中学校、商贸、公安等系统实力占优，经过几个月的反复较量，双方形成势均力敌的局面。到 7 月底之前，南京两派的争斗以文斗为主，武斗的规模和烈度尚未失控。

1967 年 7 月 22 日，中央文革在接见河南郑州造反派时，一反过去主张文斗，反对武斗的态度，提出“天下大乱，达到天下大治”，“乱是乱了敌人，教育了人民。”江青在会上提出了著名的“文攻武卫”的口号，表示革命造反派不能被动挨打，可以主动出击打垮保守派。

中央文革预言革命造反派将会在武斗中取胜，这有些像动物界的优胜劣汰，在武斗中生存下来的群众组织就是革命造反派。在武斗中失败，就意味着这一派组织的消亡，组织的头头将作为坏头头，被批斗、被关押，该组织的群众，将作为受蒙蔽的群众而打入另册，接受取胜一方的羞辱。严峻的现实摆在每一个群众组织面前，只能通过殊死的战斗，来证明自己生存的价值。

在“文攻武卫”口号的激励下，全国各造反派之间的大规模武斗立刻全面爆发，并很快达到登峰造极的地步，各地的造反派组织都成立了“文攻武卫”指挥部和武斗队，全国各地都是战场。全国大规模的武斗升级的同时，各群众组织手中的武器从长矛大刀等冷兵器换成枪支炸弹等热兵器，而四川等地的造反派甚至出动了坦克、大炮、使用火箭等现代武器投入战斗，中国进入全面“内战”时期。

此时在江苏南京，红总和八二七的武斗到了生死决战的时刻，红总依靠在大中型工矿企业的人力和生产资源的优势，组建武斗队伍，配备精良的武器，抢夺部队的枪支，统一指挥全市红总的武斗队伍攻打八二七的据点，使基础力量为大中学生的八二七被动防守，捉襟见肘，频频失利。

到了1967年8月初，南京市中心除了南京大学、南工、华水和跃进钢铁厂等还在八二七派掌握之中，市中心的许多八二七据点已被红总占领，八二七到了生死存亡的关键时刻。红总对南京大学的包围一步步地加强，其攻击的矛头，越来越指向南京八二七的大本营、指挥部的所在地 - 南京大学。如果红总攻下南京大学，南京八二七指挥系统就被打垮，南京八二七将会是一盘散沙，并终将被击败。此刻，每一个南京八二七成员，既感到沮丧，又十分无奈，难道红总真能凭借武力独霸南京甚至江苏吗？

8月初的一天，应该是8月5号，我突然接到班上同学的通知，当天晚上，南京八二七的总头目一原南京大学数学系的政治辅导员曾邦元要会见我们南师附中红联的同学，并专门为我们做形势报告。我不是红联中的活跃分子，因家住南大附近，通知起来较为方便，也参加了这次会议。

这次会面活动的策划，是时任八二七中学分会会长的南师附中沈立智同学，向曾邦元提出安排一次面对面的会见来鼓舞士气，曾邦元也十分愿意在百忙之中抽空会见同学们。我更确信，作为南京八二七中最顽强、最活跃的队伍——南京八二七中学分会，是曾邦元特别看重的一支力量，在南京八二七生死存亡的紧急关头，更需要南京八二七中学分会的鼎力奋斗。

晚上九时整，我按时来到南大天文系天文望远镜所在的小楼，天文系楼在南大校园西门的外面。经过炎热、躁动、喧嚣的白天，小楼周围显得特别的宁静。黑暗中，看见包括沈立智约有近三十位红联同学已聚集在院子里，由于南京八二七在武斗上的失利，大家的心情都有些沉重，在那特别炎热的八月，我竟感到了一丝的寒意。

过了一会儿，一辆吉普车无声无息地开进了小院，并立即熄灭了车灯，从车上走下来三、四个人影，走进了小楼，这时，小楼一层会议室的大门打开了，我们南师附中同学一起进入会议室坐下，小小的会议室基本上坐满了人，我是自觉地坐到后排。

过了十几分钟，曾邦元走进了会议室，坐到主持人的位置，同坐的有一位八二七中心组成员，沈立智也坐到了曾邦元的身边。在十米开外处，我仔细地端详了南京八二七40万成员的头目曾邦元的面容。曾邦元个子不高，接近1.7米，身材偏瘦，方形小脸，颧骨稍高，肤色细腻，光洁白皙。总说男生女相有福，曾邦元在虽在文革后期被判入狱，但文化革命中也是大红大紫地风光了一把，与周恩来及文革小组的主要成员经常见面，也是许世友家的常客，也算印证男生女相有福的寓言。

曾邦元讲话字句清楚，中气很足，语调平缓，慢条斯理，有条不紊，这与红总头目的表现决然不同，文风来讲话是冲动和煽情，张建山的性格中更多激愤和执着，弦拉得太紧易断，树大招风易折，后来文风来自杀而死，张建山在江苏金湖劳改农场发疯，性格因素也影响到他们命运的最后归宿，曾邦元能熬过后来十六年的牢狱生活，忍受长时间的孤独和寂寞，与他较平和的心态有关。

那天，曾邦元精神稍显疲乏，讲话中有时还打着哈欠，应与近期武斗繁发、时局吃紧而没有时间休息有关。沈立智先说了开场白：感谢曾邦元同志在百忙之中参加今晚的见面会，在座的都是红联的骨干分子，出于对八二七前途的关心，对时局的关心，请曾邦元同志就当前的形势给我们做演讲。

曾邦元随后发表了四、五十分钟的讲话，作为文化革命中江苏一派造反派的一把手，口才和胆识是第一要素。40多年后的今天，我凭着记忆对曾邦元的讲话进行复述。

下面是曾邦元讲话全文：

同学们，我一直想与南京八二七中学分会的同学作一次会面，这次沈立智同学在与我见面时讲到这个要求，我很乐意，于是就有了今天的这个会面，谈不上报告，只是相互交流。我知道南师附中红联是一个响当当的造反派组织，为南师附中和南京中学的文化大革命作出了很大的贡献，我借此机会向你们表示感谢。

大家知道，现在时局十分紧张，就在我们安静地坐在这儿开会的时候，许多八二七的战士们正在浴血奋战，南京五中八.八被红总的武斗队伍包围，正在做顽强的抵抗。许多英勇八二七战士，他们为了毛主席的无产阶级革命路线的胜利作出了巨大的努力，甚至付出了自己的生命，这些同志值得我们学习和尊敬。

大家知道，我们南京八二七和江苏东方红，江苏老工总的同志们一起，反对由红总文风来等策划的、背离毛主席革命路线的、脱离广大革命群众的 1.26 夺权。我们正义行动，得到了周恩来总理和中央文革小组的赞扬和支持，也得到了南京市革命群众的拥护。虽然南京八二七受到被蒙蔽的红总群众的漫骂、攻击和武力围攻，但我们南京八二七在斗争中不断地成长壮大，成为拥有 40 万会员的革命造反派组织，在南京的文化大革命中发挥着越来越大的作用。

现在斗争形势十分复杂，阶级敌人在挑动群众斗群众，并发动了大规模的武斗，妄想一举打垮和消灭我们南京八二七，他们甚至冲击解放军部队，抢夺枪支武器，企图发动更大的武斗事件。现在中央文革号召革命造反派“文攻武卫”，就是给我们指明了方向，要用武力才能保卫自己。

事实证明，执行毛主席的革命路线，按中央文革的“文攻武卫”的方针去做，就能立于不败之地。大家都知道，南京水泥厂八二七是响当当造反派组织，对立派别是保守的赤卫队组成，在年初的一次冲突中他们吃了亏。后来他们总结经验教训，认真执行了中央“文攻武卫”的方针，这次面对红总组织的进攻，他们准备充分，守住了阵地，取得了胜利。

而空十四厂八二七在厂内占有优势，却麻痹大意，放松警惕，没有按照“文攻武卫”的方针办事，也没有听从我们的劝告，不加强防守，结果吃了大亏，被厂里的红总联合外面的红总给赶出工厂，这就是教训呀！所以，我们八二七队伍，一定总结经验，本着“人不犯我，我不犯人，人若犯我，我必犯人”的原则，丢掉幻想，拿起武器，准备战斗。

红总现在正大搞反“许”乱军，他们是想动摇人民解放军，他们的这种行动，严重地违背了毛主席的革命路线，他们反许世友，就是要反对解放军，我们就是要支持解放军，支持军管会。

目前局势，同学们都十分关心，面对红总的武力挑衅和进攻，南京八二七没有给予坚决的回击，难道我们真的没有力量了吗？情况当然不是这样，我们南京八二七一贯响应中央的号召“要文斗，不要武斗”。虽然在目前的武斗中我们遭受到一些损失，但我们的实力还在，主力部队还在，我们有能力有信心，在“文攻武卫”指导下取得路线斗争的胜利。

南京八二七中，还有许多战斗力强大的队伍，如南京大桥二处、四处东方红八二七，跃钢八.一八，梅山铁矿八二七，凤凰山铁矿八二七，铁路局铁联司，我们有勇敢战斗的南京八二七的 6 万名中学生。省市公安系统造反组织公安联总站在我们一边。南京郊区江宁县、浦口地区、六合县的农民造反派站在我们一边。

另外，南京市的广大革命群众，都是同情和支持我们的。江苏全省的形势对我们十分有利，苏南的无锡、苏州、常州等大多数城市，都由与我们观点相同的革命造反组织控制，如无锡九二现在就在找我们协商加强合作，而广大的苏北地区，除了几座城市之外都在我们的手里。我们正与全省观点相同的造反派加强联系，相互支持。目前，在南京地区，我们是碰到了一些困难，我们的同志，在困难的时候要看到光明，要提高勇气。只要我们敢于战斗，不怕牺牲，胜利就一定是我们的。应该看到，经过几个月的斗争，我们打开了局面，在红总控制的许多单位，我们组织和壮大了八二七的力量。如红总控制的“新华日报”，杀出了一支“6.13”战斗队，迫使“新华日报”成为省军管会掌管的报纸。

以前，南京邮电局（注：当年邮电、电信合在一起）是由红总控制，6 个接线员都是红总的成员，八二七的电活被监听，使我们的联络受到极大的威胁，重要的信息只能靠人员传送。现在，我们终于找到了一个接线员，她的父亲是一个干部，观点倾向八二七，我们说通他的父亲做女儿的工作，我也与这个接线员进行了交谈，现在这个接线员愿意为我们服务，只要拨这个接线员的号码，重要的信息就可以用电话交流了。当然，我们也派人对这个接线员进行了秘密的保护。

南京的 40 万八二七战士，把自己的政治生命交到我手上，这使我感到很大的压力，我要对他们负责，我做的每一个决策，都经过深思熟虑，决不会鲁莽行事，请同学们放心。

今天，我要告诉大家一个好消息，南京军区司令员许世友同志，是站在我们这一边的，是支持我们的。许世友不是像红总所说的，是军内走资本主义道路的当权派，而是毛主席司令部的人。最近我与许世友进行了多次接触，发现许世友是一个有头脑，有见解，性格豪爽，说话也很幽默的领导同志。南京军区的大多数领导都站在我们一边，都支持我们的行动。

现在，我们有 40 万英勇战斗的八二七战士，有南京广大市民的支持，有公检法造反派的支持，有南京军区广大指战员的支持，我们一定能取得最后的胜利。

在会见进行了四十多分钟时，有一位八二七成员走进小会议室，来到曾邦元身边，凑到曾邦元的耳边说了几分钟话。曾邦元接着对同学说：刚接到南京军区首长来电话，要我马上与南京军区首长见面，讨论一项重大的决策，不能再与同学们交流了，很对不起大家！此时已过了十点半钟，曾邦元告别了南师附中同学，并不让同学们出来送别，最后，听到吉普车在院子里按了几下喇叭，就驰离了院子。

曾邦元留下了一位南京八二七中心组的成员继续与同学交流，在与同学交谈了几个问题之后，沈立智就提出说现在时间已很晚了，大家还要参加明天的战斗，就此散会吧。

我一直认为，这次曾邦元深夜离开同学们与南京军区的首长会面，应该就是进行八二七战略转移前的策划。几天后的 8 月 8 日，南京八二七的下属组织突然接到八二七中心组的紧急通知，八二七所有单位全部转移到了下关。这次大撤退行动，让八二七获得宝贵的时间养精蓄锐，八二七哀兵必胜取得主动，红总单纯依靠武力招致南京市民的反感。

应该说，曾邦元联络到许世友，是双方共同利益的需要。许世友所代表的南京军区中的温和派别，与曾邦元代表的造反派中的温和派别，目标和情感一致，文革中走到了一起。双方与红总代表的造反派中的激进派，和南京军区内特别是南京空军中观点激进的、誓死揪“军内一小撮走资派”的军队造反派当然走不到一起。这也与当时中央文革小组意图开展揪“军内一小撮走资派”活动，同时受到各种力量的制约，表现出忽左忽右的举措，向红总和军内的造反派组织传递了错误的信息，使其做出“反许乱军”的举动。当然，这种揪“军内一小撮走资派”的活动，随着 8 月 26 日中央文革小组中王力、关锋、戚本禹的揪出而逐渐停止。

曾邦元终究也只是昙花一现的人物，作为文革中江苏南京的一个重要的造反派头目，南京八二七的头头，曾邦元比红总的头头的命运要好得多。不过，到了运动中期大联合之后，各级革委员成立之时，运动中被“打倒”的干部靠“三结合”之机重新掌权，随着新的各级权力机构的成立，无论是“激进的”或“温和的”造反派均失去使用的价值，并为之前的过激言论和行动受到批判，终将被迫退出历史舞台，此时的曾邦元还梦想成为抗衡“当权派”的造反派领袖，为文革唱赞歌，还要为造反派鸣冤叫屈的，最终遭到牢狱之灾。

147. 和学娅一起在美国过 41 岁生日

章亚红(68 届初一乙)

每当我看到这张照片，就会想起近二十年前，在我去美国求学的初期，学娅、王亮所给予我的种种帮助。那时，每过一两周见面时，学娅往往会很周到地给我备上一大盒杂烩酱丁，她高超的中国菜烹调手艺，让我每次总能为之享受上个几天。在我来美初期，忙得没空好好烧吃的日子里，每次还真在靠这盒杂烩酱丁来满足自己的中国胃呢！

一九九三年是我到美国新泽西州理工学院读研究生的第一年，当初选择这个学校多半是为了离学娅家近一些。那时学娅带女儿来美国和已毕业工作的王亮团聚已有几年，一家人买了房子，相对稳定。我自费出国留学，按政策从上海汽车研究所辞职，离开大锅饭；按政策注销掉户口，离开丈夫和才五岁的女儿，一个人走进一个完全陌生的国度，心中还真有点没有底。

自从我在纽约肯尼迪机场下飞机起，就让这一家人给忙上了。王亮接机，学娅陪我在学校附近看房找房，并为我备好了锅碗瓢盆和被褥，他们的帮助使我一到美国就能够迅速走上生活学习的正轨。

这一年，一个秋高气爽的周末，和往常一样，我来到学娅家，一进门，学娅就给了我一个惊喜：一桌美国中餐馆也开不出的佳肴，和“让咱们一起过 41 岁生日”的祝贺！这人生路上原本普通的一个生日就在那时那刻被留在了这张照片上，而现在，却成了咱心里不普通的回忆。

我和原初一丁班的刘学娅于文革后期初识，在泗洪界集公社插队间熟悉。当时我在杨岗二队，她在杨岗十队。记得有一次我好像是因身体不太好，到她十队的家中小住。那几天因地太湿等原因大家无法下大田，都在家。我天天是睡到太阳几尺高，醒来后总是看到学娅已早早忙开了，不是在自留地采豆角，就是在庭院里捡菜，天天都吃她烧的自个儿种的新鲜菜。那时都是些十几、二十岁的丫头片，她能干者精心接待，我不能干者则放松享受，现在回想起来，我是不是太松弛了？

学娅的善良，宽容，和真诚助人是无处不留痕。无论是在家里，还是在朋友间。她曾经是泗洪插队时“干重活在前”的妇女队长，她也曾经是美国新泽西州的博根中文学校的“义工”副校长。可惜人生短暂——这也是我们每个人迟早将面临的现实！我们所能做到的就是让美好的记忆流传下去，直到永远。

2013 年 4 月 29 日

148. 记得小饭店

——七六年以来的人和事

洪小宁（68届初一丙）

对小饭店的回忆虽不如当年亲历时的感受那样更加活生生、真切切，有许多细节甚至被遗忘掉，但每一次的回忆都让我记忆中的主线条更清晰，更深刻。那些受政治影响的有局限性的人和事，在个人记忆中的分量逐渐变轻，而那些最本质的人和事物在记忆中的分量则逐渐变重，成为永恒不变的记忆。但是无论是什么样的环境背景，我们总是能够通过回忆在生命的底层看到那些至善至美的东西。

七六年，我从农村上调，被分在玄武门的一家小饭店工作，刚开始的工作是打杂，也就是洗碗、洗菜、拖煤灰。同时分进来的还有三位知青，一位是从内蒙调回来的老高中生，姓俞，被分配在前台做收银员。她身材瘦小，又戴一副眼镜，所以尽管年纪比我们大很多，大家还是称呼她小俞。另一位是男生，给他的任务是采购工作，因为劲大，领导则又安排他闲下来时，或在白案帮忙和面，或去红案帮忙铲肥膘。还有一位陈姓女青年一分来便自认为是主任的接班人，暗通关节，走上层路线，自然少吃了许多苦（用现在的话来说叫潜规则）。分来的第一天，小俞、小宋和我便被差遣去筛了整整一天煤。这也是我记忆至深的一件事，就如我的每一次回忆一般，从那黑乎乎的、已被拣尽的煤灰小山中，再筛出很少的发亮的煤块。只有这种煤，才能在炉膛里燃出熊熊的火焰。不过我们对这来之不易的每月22元工资的工作，当时还是很珍惜的。

清明前的一段时间里，社会上已经有无数悼念周总理的小圈子、沙龙产生了。鼓楼广场上，不时有大、小字报贴出来，吸引无数群众驻足围观，大、小字报上往往有许多跟帖，写得格外大胆。如果没有上级命令到达，绝对没有人去撕。就连我们那小小的饭店，也被这种气氛波及到了。当时这家小饭店除了我们四个插队知青，另外还有七个初、高中毕业分配来的学生，每天下午二点钟大家聚在一起吃饭，就会将这些信息相互传递。不久，一份总理遗言传来，很快就变成了大家人手一份。我的印象是，当时生活在底层的老百姓虽然对文革浩劫理解得并不深刻，但大部分人绝对是善良的。随着七六年如王虹所说的许多事件发生，小饭店也发生了几件有趣的事。

随办事处到雨花台去悼念周总理是在三月份，当时还没有被官方阻止，我们路遇许多单位、学校前去悼念。无数自扎的花圈，大大小小将烈士墓前放得满满的。人们的面容是那么凄婉，感情是那么真切。到清明节就不允许去悼念了。有个朋友是团支部书记，硬是不听劝阻将班上同学带到雨花台烈士墓，被小人告发了，结果回来后被迫做检讨，预备党员也被取消了。

回店后大家情绪依然没有减退，又商量在店堂搞一个悼念周总理的专栏。说干就干，大家立即分工写诗抄文章画画排版。小俞是天生的文学家，动笔就能写出好文章。我则动用了我妈妈的关系，一是请当时小有名气的书法家贝伯伯给我们写了一副大对联，二是请她学校字写得最好的教师为我们抄诗。几天后的一个晚上，八点钟小店打烊后，我们大多数人留了下来，一直抄写、布置到深夜，一个高质量的专栏完成了。当时南来北往的游客比较多，这个专栏也为小饭店带来了效益，因此保留了很长时间.

"四五"以后，官方有指示到达，有小人也见势跳了出来。陈姓女自告奋勇地组织大家开会。先是追查谣言，一个一个过问。卖早点的大伯大妈回答说不认识字，结果所有人都回答说不认识字，大家因此轻松过关。没有一个人会去出卖别人。接下来是反击右倾翻案风座谈会，大伙围在早点案板召开。那天陈姓女代表主任，一开会就放下了政治脸，说了一通空洞的政治流行语。但就在这时，一件意想不到的事发生了：一位炸油条的大妈当面对她用粗口大声骂了一句，意思是说她老相，于是全体店员爆发出一片哄笑声。我当时的举动也是令自己后来匪夷所思的，竟然当会就高声即兴哼出小提琴曲：红太阳的光辉把炉台照亮。

每当三、四月份春风徐来，便将思绪卷入那个年代。我的脑海中立刻出现一些镜像。案板上堆满了永远洗不完的碗，小俞锁起手上的零钱票据，赶来帮忙洗碗。雾气将她的眼镜模糊了，她就不时拿下来擦；小宋干活干累了，就躲在一个装菜的大筐子里睡觉，老被主任揪起来；有一次一位当官模样的人，为了一件小事骂我心比天高、命如纸薄，小宋听到后拿了一把长菜勺冲了出来，吓得那人拿了东西就逃；我喜欢用香皂洗手，结果引得大家都来用，一块香皂几天就用完了，但我不好意思收起来，小俞悄悄对我说：我们俩人共同承担；小高中生们在上菜前和大街上卖茶水、卖小蛇的下放户混在一起，一有人来抓，便把他们藏到店里；我当年被评为先进，年底将奖励的十元钱拿了出来，到玄武门和小高中生们放烟花，现在已经记不清是不是因为粉碎四人帮的原因了。

饭店后场有条小路一直通到玄武门一个六角亭式样的厕所，路旁有茂密的大树，有菜地。我和小俞早晨上班后总是借这样的机会进行散步，相互倾诉和倾听心事。我是真的为她惋惜，她是那么爱好文学，一有时间就捧着书看，看书快，看了就能说出所以然来。她举止是那么儒雅，谈吐既不俗，又风趣。是已经快要毕业考大学的好学生，就是一句话，让她到了那么远的地方，回来已是三十岁的人了，两个口袋空空如也，22 元钱对她当年来说又多么重要。77、78 年当高考机会来时，对于一个早上八点干到晚上八点的她，重新选择又谈何容易。何况那二年高考各校还是有政审要求的。她读书多多，见多识广，二十年来知识分子命运多舛也让她丧失信心。终于她放弃了高考机会，选择了结婚，在小饭店一直干到退休。

而小宋呢，听说近乎一辈子都在考试，成了考试狂。终于有一天老大不小地提着一大包文凭和证书，进了一家大型企业。

小高中生们也都先后离开，有的重新读书，有的到了好一些的单位。至于陈姓女，在大家逢年过节相互问候时从来没有人提到过她，只是在我写这篇文章时，才想起曾经还有过这样一个人。

149. 南师附中的文革派别

王虹（66 届高三丁）

149.1.关于文革

1. 文革究竟多少年，众说不一。观察中共历次的政治运动，一般也就一年左右的时间。毛泽东文革的直接目标是打击政敌刘少奇等“走资派”，组建新的领导机构。文革最初的设计也只是一年左右的时间。可是，文革中产生了许多过去政治运动不曾出现的现象及事物，诸如大串联、群众组织、文攻武卫、革命委员会等等，在这个过程中，还一度出现难以控制的局面，毛泽东用三年时间，达成了他的直接目标，已经很不容易。

1966 年 8 月中共八届十一中全会至 1968 年 10 月八届十二中全会的两年时间，将刘少奇等“走资派”打垮；各地先后建立了新的政府组织机构革命委员会。并于 1969 年迎来全国山河一片红，文革达到最高潮——高潮即结束。九大的召开标志着三年文革的落幕。当时人们都认为文革已经结束了。

文革十年说是后来当局的说法。按照这一说法，毛泽东仅一场政治运动，就粉碎了刘少奇，林彪，四人帮，三个反党集团。这样的效率与成果岂不成就了文革，哪里还是什么灾难呢？

2. 文革在形式上有别于过去的政治运动。这与毛泽东异想天开的做派有关。认真回顾一下文革的过程很有必要。文革初始阶段，各级共产党的组织基本完好，运动的展开多少还处于各级党组织的掌控之中，这时的文革与以往的政治运动在操作层面上并没有什么特殊的不同。中共八届十一中全会《关于无产阶级文化大革命的决定》即《十六条》发布以后，各级共产党组织受到了前所未有的冲击，加之红卫兵的兴起，更似雪上加霜。几乎一夜之间，这个“用特殊材料制成”的组织便瘫痪了。从基层到省市机关乃至国家政府机构都无一幸免。能够掌控局势的只剩下周恩来残缺的国务院班子，中央文革小组，军队，以及凌驾于这些之上的毛泽东。

文革之所以步入到这样一个局面，同《十六条》这个貌似潘多拉盒子的开启有着直接的关系。毛泽东当年有条著名的语录：“我们应当相信群众，我们应当相信党”。应该说《十六条》在形式上是遵循了这两条所谓原理的。文革的发动者们试图通过一种新的形式来整顿共产党的组织，防止所谓的资本主义和平演变。可是，他们万万没有想到共产党的组织会是如此弱不禁风，《十六条》公布伊始，基层党组织便应声倒下；而民众的行为更是出乎意料：一旦松绑，便不可收拾。民众的行为同瘫痪的共产党组织形成了强烈的反差——这“两条基本的原理”都受到了挑战。

《十六条》发表之后的两年时间，文革几乎是在失控的状态下演绎的。只是利用了毛泽东的个人迷信，当局才最终控制住了局面。显然，对于当权者来说，这是个始料不及的闪失。

3.《十六条》发表后，全国基本上都陷入一种“半无政府状态”。我们说半无政府，而不是说全无政府，是因为还有毛泽东本人，中央文革小组，名义上的党中央，以及他们支配下的军队。然而天高皇帝远，从全国范围来看，称之为半无政府状态实不为过。我们也可以将这个半无政府状态的期间称为“半无政府时段”，前面提到的那些最具文革特征的事物都是这个时段的产物。

群众组织的政治派别的存在是文革区别于其他政治运动最显著的特征。反之，不具有这个特征的政治运动，就难以称其为文革。分析群众组织的政治派别，对认识文革的本质有直接的意义。

149.2. 血统论与红卫兵

南师附中的这个“半无政府时段”是 1966 年 8 月《十六条》发布至 1968 年 8 月工人宣传队入校的两年期间。这个期间是南师附中派别组织由产生到消亡的过程。这里只尝试对学校的学生派别进行分析，因为学生是最为活跃并有着主导作用的群体。

149. 2. 1. 红卫兵横空出世

伴随着《十六条》的发布，红卫兵组织的出现，南师附中校园发生了非常大的变化。校党支部、校领导完全靠边，党团组织彻底瘫痪，学校成立了文革筹委会。“横扫一切牛鬼蛇神”“老子英雄儿好汉，老子反动儿混蛋”成了学校的主旋律。

8 月 9 日、10 日，校广播站播放了“毛泽东思想红卫兵”宣言，公开宣扬血统论。10 日，“毛泽东思想红卫兵”（思想兵）正式在校北操场宣布成立。这是《十六条》公布之后，学校成立的第一个以血统论为特征的红卫兵组织。思想兵成员多是省市委的地方干部子弟，主要骨干中有三人是刚刚入党的教改典型。据说该组织的成立是校长沙尧认可的。

8 月 12 日，《红卫兵第三次世界大战备战军校红色造反军》（造反军）正式登场。此前，高三甲的干部子弟得到北京红卫兵《造反三论》、毛泽东给红卫兵的信、以及哈军工“红色造反团”等信息，在高三年级酝酿效仿北京成立红卫兵。造反军的代表参加了八一八毛泽东的检阅。他们中的李天燕还在天安门城楼代表南京地区红卫兵发过言。

《八一战斗队》（八一队）也紧接着宣告成立。这是高二丙的军干子弟为首的一批军队干部子弟组成的第三支红卫兵。此后，还有《红色尖刀队》（尖刀队）等人数较少的红卫兵组织。尖刀队是高二甲工农子弟为主的红卫兵。

在《十六条》发布后，南师附中涌现出四个主要的红卫兵组织。

北京出现红卫兵现象是文革的一个新动向。经验老到的毛泽东顺势一推，将文革推入到新的阶段。但红卫兵并非正常环境的产物，她与血统论有着天生的因缘关系，它排斥了正常的派别生态环境，因而在文革进入新阶段的初期，红卫兵能够一统天下。可是这样的状态能长久吗？

149.2.2. 黑字兵和黄字兵

红卫兵包括后来其他文革群众组织都带有准政党的属性，党外有党，党内有派。红卫兵先天具有血统论基因缺陷，在政治上也脱离不了当时的社会环境。南师附中思想兵属于保校领导、保省市委的保字号黑字兵（黑字袖章）。造反军和八一队则属于造校领导、造省市委反的黄字兵（袖章黄字）。尖刀队基本上是跟随上述三支红卫兵，自身的属性并不明显。

在与省市委“走资派”的博弈中，造反军冲在最前面，与南大红色造反队并驾齐驱成为南京最显眼的两支造反队伍。造反军曾单挑南京市委，在市委建筑上刷写“造反”大标语，与市委干部进行过“九五辩论”。

思想兵是南京红卫兵中学总部（黑子兵）的重要成员。每当省市委遭受外地和本地造反学生的抗议围攻的时候，省市委首先想到的就是调用思想兵来保驾护航。轰动南京城的“九九事件”（雨花台、人民大会堂事件引发）中，造反派与保守派对峙三天，造反军与思想兵严重对立。

造反军、八一队在学校几次举办沙尧的批判会；思想兵在消极抵制的同时，在整教师斗同学方面更下功夫。几个红卫兵都对教师、学生下手，但程度上有所差别，八一队没有组织性的批斗学生的行为。

思想兵之所以在批斗学生方面走得更远，与这个组织的“保守”属性有关，也与个别头头的个人素质有关。

149.2.3. 批斗教师批斗同学

八月下旬，红卫兵在社会上抄牛鬼蛇神的家，在学校抄教师的家，也抄同学的家。红卫兵在学校殴打教职员工，给女教师剃阴阳头等等，还成立了“劳改队”。其中有两次殴打老师的暴行几乎酿出命案。思想兵曾对高二丁班学生实施过连续两天通宵达旦的“挖烙印”批斗会。对一些同学罚戴高帽子、罚跪、批斗殴打。因此，高二乙丁两班被称为血统论的“重灾区”。当时红卫兵的口号是：“此反必造，同学必斗。”思想兵还将“挖烙印”推行到全校。思想兵在9月下旬用了一周的时间组织全校学生步行到南京近郊的六郎公社，借秋季支农进行更深层次的“挖烙印”。同学白天参加劳动，晚上在农民家挖自己的剥削阶级烙印。在全国的红卫兵当中，“挖烙印”可谓是前所未闻，绝无仅有。思想兵还创建过“外围”“红卫公社”。这些无疑会被历史记录下来。

149.2.4.“八三O”抄家

红卫兵的社会抄家行动愈演愈烈。8月30日，造反军乘坐公安部门的卡车，参与了对江苏省副省长刘国钧（企业家）的抄家。为了扩大战果，造反军还曾向公安部门索取南京市所有“牛鬼蛇神”名单。8月30日的抄家，是全市红卫兵集体参与的，有领导有组织的抄家行动，甚至是全国性的行动。因为“这样的”抄家在许多大城市几乎都有发生。这是文革的一个标志性抄家场景：

（1）由省市当权派组织策划；

（2）由公安部门提供抄家名单、住址，并派卡车配合红卫兵行动，每辆车都有公安人员带队；

（3）动手打头阵的是红卫兵；

149.2.5.

反对血统论的不同声音早在南师附中思想兵成立的当时，8月12日上午，包括何纪宁在内的高一丙六位同学贴出了反对思想兵鼓吹血统论的大字报《我们对红卫兵创立宣言的看法》。这是南师附中第一张反对血统论的大字报，立即轰动校园。第二天这六位同学就在班上受到了血统派学生的围攻。

8月13日高三丁李得宁也贴出了反对血统论的大字报，提到赫鲁晓夫和周恩来的例子。指出：“我们的许多中央首长都来自剥削阶级家庭，而现代修正主义的鼻祖赫鲁晓夫，却出自三代血统工人家庭”。这张贴在五四大楼东墙的大字报被人刷上“反面教材，永久保留”的字样。这两张大字报的出现说明许多同学内心并不认可红卫兵的血统论。由于红卫兵得到了毛泽东的支持，反对血统论的声音受到了抑制。

可是，正当红卫兵的血统论迫害愈演愈烈的时候，制止红卫兵错误行为的声音响起。高二的一些同学成立了《红旗战斗队》，贴出反对将矛头指向学生的大字报。《红旗战斗队》立刻受到全校红卫兵集体打压，被勒令解散。在接下来高二丁那次的“挖烙印”中，该组织的主要成员遭受到批斗、殴打、抄家。靠血统论起家的红卫兵绝不允许反对它的组织和声音的存在。虽然红卫兵的矛头是指向“黑五类”子弟的，可事实上遭受最残酷打压的多是对红卫兵暴行不满的同学。

9 月 30 日，高三丁的部分男同学成立了《红色挺进队》（后更名红色野战军）。这是继《红旗战斗队》之后，又一个非红卫兵的学生组织。10 月初的一个夜晚，遇罗克的《出身论》油印本，出现在红色挺进队的活动室——南师附中建国院的一间小屋。笔者还清楚地记得黎明同学“说的是对的！”这句话。红色挺进队决定集体去北京串联。从 10 月份开始，大规模的串联浪潮席卷全国。南师附中的学生加入了这个行列。

149.3. 红色造反联合会

经过 10 月、11 月的大串联，12 月初同学们陆续返回到学校。这时候的全国形势已经有了很大的变化，血统论受到了批判，当时被称作“谭氏路线”（谭力夫路线）。校园内学生造反组织像雨后春笋迅速涌现出来。8、9 月间红卫兵独大的局面被彻底打破。批判血统论的大字报布满校园，红卫兵的势头受到了遏制，只有造反军还稍显活跃。

149. 3. 1. 校内派与校外派

这时的红卫兵们或许意识到自己在 8、9 月份的表现是有问题的，但问题出在什么地方，许多人并不清楚。因此接下来批判血统论的过程中，许多红卫兵成员始终处于被动的状态，甚至抱有对立情绪。造反军当时认为运动的重心在校外，继续炮轰省市委。其他组织认为展开校园内批判血统论，解放思想才是当务之急。于是 12 月初形成了所谓“校内派”与“校外派”之争，并有过小礼堂的辩论会。

校内，校外之争不在于用语上的不同，而是对 8、9 月的血统论迫害有着不同的认识和态度。校内派并非不重视社会上对省市委的批判，而是认为造反军有逃避批判血统论之嫌。当时思想兵在校内已不见踪影，只剩少数留守人员。其主力再次外出步行串联去了，逃避之心，昭然若揭。

149. 3. 2. 红联成立

经过 12 月初的酝酿与准备，主张批判血统论的这部分学生组织，于 12 月 16 日成立了“南师附中红色造反联合会”（红联）。红联的出现，标志着南师附中的文革进入到一个新的格局。红联迅速发展到六百多人（当时学生总数 1320 人），成为南师附中举足轻重的学生组织。红联参与了南京八二七中学分会的组建工作，派出沈立智、翁越飞分别到中学分会及南京八二七秘书组工作。在批判省市委，以及后来震惊全国的 1.3 事件中，红联都积极参与并有过不俗的表现。此间，人们已经完全看不到“校外派”造反军在校外的踪迹，这说明校内派先前的担忧不是没有道理的。红联的崛起，是对抗血统论红卫兵的结果。这些饱受迫害的同学，把红联当作自己的家。

149. 3. 3. 红联夺权之后

1 月 26 日，南京发生了部分造反派组织夺取省市委权力的事件，造成“好派”“屁派”对立的新格局。效仿社会上的夺权，红联也夺得南师附中的权力。夺权后做的第一件事：解散劳改队。红联中持

“好派”观点的“井冈山兵团”（大约 50 人左右），脱离红联并发起组建了南京市中学革命造反司令部。红联和井冈山在 126 夺权事件的观点上不同，而在南师附中校内的问题上立场依然一致，并不存在“两派”的矛盾。这也是南师附中学生派别组织的一个不可忽视的特征。

1.26 夺权事件之后，南京地区的保守派组织树倒猢狲散，南师附中的思想兵从此销声匿迹了。1 月 28 日，高三丁“红色野战军”（红联）发起了索取整同学“黑材料”的行动，索取的对象是该班级的思想兵骨干成员。红联派出了校车（南师附中仅有的一辆旧式加拿大战车）和一部分人员配合了这次行动。此前，教改试点班高三丁班主任胡百良也是索取的目标。前后的两次索取行动，与红卫兵的抄家完全不同，不仅在形式上不同，而且在内容上也不同。整个索取的过程不是抄家，只是索取“整同学”的材料。

如果不是将“整同学”视为一个孤立的现象，那么当局实行的阶级路线、阶级政策，就与这一现象有着因果的关系了。因而也就不难理解，为什么积极执行了这些政策的班主任也会成为被索取的对象。

从 8 月、9 月血统论盛行期间的抄家、批斗会、挖烙印，到几个月后“理直气壮”地索取黑材料，让人们感受到了迫害与反迫害的激烈较量。1.26 之后，红联仍然积极地为批判血统论而努力，同时也积极声援其他中学与“血统论迫害”的抗争。其间有过参与捣毁九中 8.18 红卫兵广播站的行动。

2 月，南京发生军队子弟内部当兵事件，引起不小的社会反响，甚至国务院周恩来的关注。这一事件的背景是红卫兵组织在 66 年夏天的一些行为受到了社会的抵制和批判。南京军区副司令肖永银在谈到内部当兵时曾感慨地说：这是我们的子弟呵！由江青披露的毛泽东关于《触龙说赵太后》的说辞，也同样反映出那个年代掌权者们的心态以及思想意识。军干子弟的参军，给南师附中红联的血统论批判泼上了一盆冷水。

149.4. 红卫兵重组

3月15日，造反军发起南师附中老红卫兵重组大会，外校的“老红卫兵”纷纷前来助阵。大会亮出“拥军保许（世友）”的牌号。造反军的“拥军保许”，使之成为“好派”“屁派”之外的另一类——“保派”。通过重组，思想兵、八一队、尖刀队的部分人员并入到造反军。重组大会表明造反军依然存在，继续作为一个政治派别发挥作用。同时，这个政治派别的属性也越发清晰。

在此之前，八一队吴芸生、张阳宁、胡东光等骨干及尖刀队部分人员也先后加入了红联。经过大串联之后，老红卫兵的许多成员最终选择了红联，这是一个值得思考的红卫兵现象。3月14日，红联成立了自己的红卫兵（八一队、尖刀队及红联的一部分学生）。红联成立红卫兵有两个考虑：其一，红卫兵当时仍然受到社会的追捧；其二，红联希望同造反军的抗争中有个对等的地位。由于加入红卫兵仍然受到家庭出身的影响，当时红联内也有不同的看法。

149.4.1. 三结合之争

造反军借着“三结合”议题的出现，重现江湖。围绕着“三结合”，学校两派（造反军与红联井冈山）再次博弈。3月2日，在造反军的安排下，举行了校长沙尧“亮相会”。这一运作遭到红联的强烈反击。

红联以沙尧的“自首书问题”作为回应，让造反军扶持沙尧的意图彻底破灭。

红联顺势推出支持副校长李夜光的主张。沙李之争的背后，反映了对文革前基本状况的不同认识。

在红联看来，沙尧基本上扮演了“阶级路线”“阶级政策”忠实执行者的角色。他1955年担任南师附中书记兼校长的职务，在“肃反”“反右”等政治运动中，都是积极的执行者。文革中为保全自己，通过抛档案，将目标转移到其他干部和教师身上。他长期排挤压制“地下党”干部李夜光，将执政党的潜规则运用得相当娴熟。

红联反对沙尧，反映出对文革前的一些相关政策的不满，尽管这种认识当时还不可能达到清晰的程度。而造反军推崇沙尧，反映出对于过去（当然不仅是过去）的一些相关政策有着本能上的认同。这种“不满”与“认同”，才是沙李之争背后的差别所在。

149.4.2. 缺少“派性”的屁派

1.26 夺权之后，社会上主要是“好派”“屁派”的对立。红联虽然将主要的精力放在了学校，但仍然关心着社会上的动态。值得一提的是，红联曾与南京东郊的炮兵工程学院（现在的南京理工大学）“好派”，在该院进行过一场关于 1.26 夺权的擂台辩论会。红联动用了卡车，还有很多同学骑自行车前往炮工。擂台辩论会的意义在于它是纯粹而又经典的“文斗”。在那个黩武的年代，这样的辩论会形式并不多见。

尽管红联属于“屁派”，也派出了部分人员参与了八二七的社会活动，但促进两派联合、反对武斗的宗旨始终未变。红联是一个缺少“派性”的屁派。南京八二七中学分会也曾抵制过南大八二七的接纳中技校保守派组织的要求，只是后来没能坚持住。而红联则始终支持各单位的造反派。红联的红色野战军就曾经贴出声明，支持过邻近的南京建筑工程学校（现属南京工业大学）的“建校红总红委会”。结果该校的屁派直接找到了附中，想讨个说法。红色野战军向他们表达了“只能支持一个单位的造反派，而不论它是否是好派屁派”的立场。

149.4.3. 军训队和复课闹革命

67 年 4 月 1 日，南京市军管会遵循上级的部署派来了军训队，目的是让学校能够尽快复课闹革命。全国各地夺权之后，中央希望通过复课闹革命等项措施，将文革收官。这也说明当局绝对没有十年文革的打算。

复课闹革命是当时宣传的重点。全国的样板是上海女六中，毛泽东本人对该校的复课革命还有过批示。南京则有军管会推崇的三女中。笔者当年特地走访过三女中。这个学校的大字报栏非常整洁，内容都是宣传复课闹革命的。笔者曾问过该校的学生，文革中是否到过南京大学（南京地区最具文革影响力的学校）。她们的回答令人吃惊："到南大去干什么？"

南师附中红联甚至有人专程到上海女六中去取经，结果与笔者在南京三女中的感受相同。红联的一些成员对于这两所学校的"复课闹革命"不屑一顾，认为这样的学校不具代表性，因而对毛泽东的批示也有看法。军训队在学校没能处理好学生派别的关系，明显倾向于造反军，因而被红联认定不是"一碗水端平"。

5月初，红联组织队伍步行到市军管会，反映了军训队的情况。军训队随即撤离了南师附中。南师附中后来的"深挖516运动"中，红联被指责"矛头指向解放军"。这显然不符合事实。

149.4.4. 文革讨论会

5月后来的日子，学校较为平静。高三丁红色野战军（红联），用了近两周的时间，进行过一次文革讨论学习。主要是总结文革以来的思想认识。明确中学文革的主要任务就是批判血统论，并且提出了对待教师队伍的看法。特别提出对所谓有历史问题的教师要以发展的眼光来看待，而不能总是拿历史问题来说事，文革整教师是绝对错误的。红联的思潮与后来毛泽东倡导的"清理阶级队伍"南辕北辙。

红色野战军的认识实际上也是多数红联成员的认识。当时高一甲的东方红革命造反团（红联）就有一个教师支队。而这个教师支队的前身，正是67年3月被造反军勒令解散的《铁臂摇战斗队》。造反军的行为显然与南京市军管会3月份的取缔所谓反动组织有关。红联在南师附中夺权之后立即解散劳改队，以及对待教师的态度，都与崇尚血统论的红卫兵截然不同。

149.4.5. 低调的红联：高调的造反军

1967年6月之后，红联的许多人认为社会上的两大派组织间的对抗没有实际的意义，因而持逍遥的态度。只有少部分人员还置身其中。此时造反军放弃了早先的“拥军保许”，转身投向“倒许”阵营，贴出了许多有“份量”的大字报，并带头冲击了一些军事机构，仿佛冲击省市委机关的那个造反军又回来了。其实，66 年造反军冲击省市委反映的是南京军区与江苏地方政府的矛盾；而 67 年造反军从“拥军保许”转为“拥军倒许”，反映的是军队内部的矛盾。造反军利用军队关系，67 年 7 月印制了南师附中第一份铅印小报《共产党宣言》。其中《看明日之域中，竟为谁家之天下？》《小太阳永不落》《学校的门朝哪儿开》是该报代表性文章。

67 年 9 月，红联返回校园。在高二丙 115 师（红联）的倡导下，红联印刷了自己的小报《中学红卫兵》。好派的井冈山兵团，也出了小报《中学红卫兵报》。红联小报最具代表性的文章有高惠敏、佟元诲的《高干子弟与资本主义复辟》。该文尝试论证了“未来中国如果发生资本主义复辟，权贵阶级非高干子弟莫属”这个命题。南师附中后来的深挖 5.16 运动中，《高干子弟与资本主义复辟》《看明日之域中，竟为谁家之天下？》被工宣队认定为南师附中文革中的两篇反动文章。

此时，南京两大派（好派、屁派）的联合是社会上主要的话题。解放军报驻宁记者邢文举（中央在南京地区的联络人）带话给红联：如果红联、造反军能够联合，给南师附中上报纸！当时南师附中屁派的红联，好派的井冈山在校内从来就是联合的，不存在所谓联合问题；而“崇尚血统论”的造反军，与反对血统论的红联、井冈山又该如何联合呢？

149.5. 省市革委会成立

149. 5. 1. 无政府状态的终结

1968 年 3 月下旬，江苏省、南京市革委会同时成立。4 月中旬以后，“清理阶级队伍”之风开始在全国蔓延，势头凶猛。造反军此时也跃跃欲试，红联感受到压力。红联高一甲东方红革命造反团的

“教师支队”迫于形式而解散。以高二甲为主的部分红联学生还作出了对“有问题教职员工”的抄家，以表明所谓立场。从66年12月红联成立，到68年4月之前的这段时间，红联主要的行为是批判血统论，抗争血统论政治迫害。可是68年4月以后，红联个别组织的一些行为，已经有所偏离初衷。

笔者认为，文革的派别组织只是“半无政府时段”的产物。一旦地方革委会开始有效地运作——半无政府状态终结的过程，派别组织赖以生存的条件和空间也就随之丧失，此时派别组织难免会发生一些变异。

149.5.2. 工人阶级领导一切

68年8月9日，工宣队、军宣队同时进驻南师附中后，立即着手清理阶级队伍。工宣队将教职员工集中住校并编组，由红联、井冈山、造反军共同组成“红卫兵突击队”，进入教职员工组协助工宣队。

如果说68年4月开始，南师附中的派别组织已经逐渐失去了赖以生存的条件和空间，至工宣队8月9日进驻南师附中管理学校，学生派别组织实际上已经名存实亡，只是派别的思潮还在延续。根据以上的所有事实，可以认为南师附中的“半无政府时段”，自《十六条》发表到工宣队进驻学校，整整两年。

149.5.3. 消极的红联；积极的造反军

工宣队清理阶级队伍的过程中，红联成员的总体表现是消极的，同学们都希望尽快离开学校。相反，造反军的成员则显得很有后劲，似乎又找到了展示阶级觉悟的机会。当时，高二丙高惠敏对学生分配去向有所看法，贴出了《分配办公室吴茨人部长访谈录》的虚拟大字报，指出了在分配政策上的不平等。这张大字报立刻引发造反军学生的批判，造反军拿出了“招兵条例”“公安六条”等依据，绝对处于强势。

事实表明：半无政府时段的大部分时间，造反军的思潮在校园内处于劣势，每当无政府状态有所改变，比如军训队入校，造反军就试图借机翻身。而一旦无政府状态终结，造反军的思潮就处于强势。红联的状况恰恰相反。

造反军和红联都已经意识到，双方对立的实质并不在于血统论，而是血统论的“背后”。可是造反军血统论的辫子被红联揪住不放，以至于造反军始终找不到真正翻盘的机会。红联同样感到困惑，这血统论的“背后”可不是轻易可以触摸的领域，文革的环境并不是一个自由的环境。记得当时有同学谈到过马克思、鲁迅，假设他们生活在我们这个年代，他们会在什么地方？结论及结论的一致让大家更为迷茫：他们一定会在狱中！

李得宁后来回忆：“六七年春，我班造反军的卢寿春在五四教室楼与东一楼之间拦住我，他手里拿着红野翻印的《出身论》，一手指着我说：你们大量翻印大毒草《出身论》，反动透顶，《出身论》说出了你们的心里话。我不敢反驳，只是向他指出‘供分析批判用’那一行字。他并不买账：这只不过是你们的一个幌子。我无言以对。他看得很准。”

这段对白生动地反映出当时造反军与红联、井冈山之间派别性的对立。

在插队上也同样反映出派别的特征：好派、屁派总是在一起插队，造反军则另起炉灶。68 年 9 月 21 日，红联、井冈山的第一批同学去了苏北泗洪界集。一个月后，黄小娅（68 届初一丁）从农村来信写道：“知青插队农村不可能大有作为”。

11 月 24 日，校革委会成立。造反军与红联在四个学生代表的名额中平分秋色。南师附中文革告一段落。

149.6.谁是“造反派”？

“造反派”是个不清晰的概念；文革中常常听到的“造谁的反？”这一句话，倒是抓到了实质。

149.6.1.造反军是体制贵族

南师附中四个红卫兵中，思想兵作为“保守派”显而易见。造反军、八一队在领悟毛泽东发动文革动机方面胜过思想兵，尽管他们常以血统论。阶级感情作为造反的支撑，却多少也表现出了对于压制民众的一些手段的不满；而红联起来批判血统论迫害之后，造反军的“造反”成色荡然无存。维护所谓的“阶级路线”“阶级政策”是造反军行为的主轴。造反军、思想兵67年春天能够走到一起，是血统论这个共同的属性所致。

文革之初，其他学生的造反特质其实也很明显，这与文革前的教育改革有着重要的关系。中国教育部试点之一的南师附中，64～66年的教改完全贯彻了毛泽东的教育思想，从思想体系来看，它同文革一脉相承。66年8、9月间，其他学生受到了“血统论”的压抑，自然不可能像红卫兵那样冲在前面。从某种角度来看，这也让“非红五类”的学生减少了犯错误的机会。

文革提出“横扫一切牛鬼蛇神”，这无疑是一场全面的政治迫害。红卫兵利用血统论批斗同学是这场迫害的一部分。南师附中的红卫兵参与了对教师、同学的政治迫害，这是一个基本的事实，是红卫兵派别性考量的最重要的依据。南师附中的红卫兵组织，就派别而言，说他们扮演的是维护当局的阶级路线、阶级政策的角色并不为过。他们是维护专制的体制派。

149.6.2.红联是反对迫害的平民

红联（包括井冈山）在“半无政府时段”主要做了一件事——反对“血统论政治迫害”。红联自66年12月成立，就一直坚持着这个宗旨。即便在好派、屁派对立最为严重的时候，红联仍然视反对血统论政治迫害为中学的主要任务。可是红联也有一个很大的困惑：这个批判了两年之久，表现为血统论的所谓资产阶级反动路线究竟出自何方？它同刘少奇这个所谓的资产阶级司令部扯得上关系吗？当各级革委会成立，组成所谓的三结合班子，从而声称文革取得了伟大胜利的时候，一种“走过场”的忧虑笼罩在红联不少人的心头，大家丝毫没有“胜利”的情绪。

笔者记得，当年真正能激起文革热诚的，除了紧跟毛泽东“闹革命”之外，就是《十六条》中关于“巴黎公社那样的选举”的论述。对照巴黎公社的自由投票选举领导人，以及对领导人的监督机制，领导人的年薪不超过熟练工人的规定等等，都让青年学生对文革后的景象充满想象。虽然《十六条》中关于“巴黎公社那样的选举”的论述，仅仅限于“文革委员会等选举”，可是学生们的思想早已冲破了这个限制。毛泽东的“三结合”，显然与人们憧憬的画图相去甚远。这就造成了“走过场”的忧虑。

红联批判血统论的初衷是希望所有的公民都有一个平等的社会权利。可是毕业分配上的不平等，加深了这个“走过场”的忧虑。虽然红联也是扛着文革的旗号，但其思想与行为往往与当局并不一致，甚至还相悖。深层的原因多半还是那个特定的社会群体的利益所致。所以归根结底，文革派别的诉求应该是当时的社会矛盾，群体利益的反映。造反军如此，红联、井冈山也不例外。当局后来的“工农兵学员招生制度”，同造反军鼓吹的“学校的门朝哪儿开”简直是同出一辙。1968 年 1 月，中央文革小组认为《出身论》的作者对专制体制构成威胁，因而逮捕遇罗克并将其杀害。这说明红联并没有坐在中共的船上；而造反军的身影在船上清晰可见。

149.7.结论

我们说文革是独裁当局导演的一场闹剧，是毛泽东思想走向极端的一场大规模政治迫害，迫害贯穿于整个文革期间。可是，在文革的“半无政府时段”，当局的政治迫害却在一定程度上受到民众本能的抗争，这是其他时段没有或者少有的现象。

《十六条》发表后，地方政府包括基层共产党组织的全面瘫痪，使得专制体制的掌控受到一定程度的削弱，从而给民众的抗争让出了一定的空间。文革中，民众对政治迫害的“抗争”，同毛泽东的所谓相信群众，在内涵上没有任何的关联。观察文革，如果忽视了文革中反迫害、反文革现象，就难以认清文革的本质。

文革的派别组织被区分为保守派与造反派，这是文革当时并且延续至今的社会一般认识。但这样的划分，往往忽视了派别组织的本质属性，以至于文革的派别之争，显得没有什么意义。或许正是基于这样的认识，文革才被一些人说成仅仅是一场混乱，并且一乱就是十年。

可是从南师附中的情况来看，造反军很难用“保守派”还是“造反派”来定位。从造反军成立伊始就参与“血统论政治迫害”，维护当局的阶级路线、阶级政策，横扫一切牛鬼蛇神的行为来看，将其定位为“文革派”应该较为确切。文革派说到底就是维护“专制体制”的那一派。

而红联成立的直接诉求，就是抵抗“血统论政治迫害”。尽管在省市革委会掌权的文革后期，红联内部也出现过动摇的倾向，但这不意味着红联作为整个组织的初衷有所改变。红联（包括井冈山）抵抗“血统论政治迫害”，其目标是指向当局的阶级政策、阶级路线的，实质上就是在抵制文革。红联（包括井冈山）的派别性中，有着明显“反文革”的特质。

文革中的“血统论政治迫害”，不仅仅发生在南师附中这样的学校，而是一个相当普遍的社会现象。由于对当局的阶级路线，阶级政策难以明抗，当时对血统论迫害的批判与抗争，被认为是收效甚微。可是十年之后，这个血统论的根基就开始塌陷了。

“批判的武器不能代替武器的批判，物质力量只能由物质力量来摧毁。”——文革中对“血统论政治迫害”的抗争，才是导致这个“根基”塌陷的根本原因。南师附中红联（包括井冈山）这样的派别组织，在文革中的抗争不仅有意义，而且有成效。

王虹写于 2012 年 10 月

以下是网友议论：

1. 王虹：文革究竟几年？其实，中共九大文献中已经说得很清楚。1966 年 516 通知算起，到 1969 年 4 月中共九大召开为止，文化大革命结束。文革大约三年的时间。后来当局提出十年说，被许多人接受。眼下关于文革的说辞很多，有些已经成为准成语了。比如：文革十年，文革语言，文革模式，文革思潮等等。这个十年文革说混淆了文革的起因，主导思潮，运作以及特点，进而以四人帮及毛泽东退出政治舞台来计算文革时间，显然是错误的。如果从 1949 年中共执政算起，文革前就曾有过多次政治运动，每一次的政治运动都是一场政治的迫害。都是毛泽东思想的成果和发展。文革是一次集大成的，毛泽东思想发展到顶峰的，史上最大规模的政治迫害。从形式上讲，文革有别于其他的政治运动，即文革中出现了大约两年的半无政府状态，党组织全面瘫痪，群体组织的出现。伴随着两年的半无政府状态，发生了反文革，反抗政治迫害的现象——这是文革与其他政治运动的显著区别。至九大的召开，当局又恢复了以往的统治秩序——与文革前的 17 年以及文革后的情况没有两样。如果毛泽东的寿命再延续十年（完全有这种可能），你能说文革二十年或更长吗？

我们可以样定义：1966 年 5 月至 1969 年 4 月为三年“文革时期”；1969 年 4 月九大之后至 1976 年 10 月初，大约七年时间为“后文革时期”。如果将“文革时期”与“后文革时期”混为一谈，文革这锅粥必定会搅得更混。

150. 那年我终于参加了革命

杨威森（65 届初三甲）

不觉到了奔七的年龄，我们这帮老知青也进入了退休状态，回首往事有了更多的时间。看着那张 50 年前离家时的全家合照，我的心仍在隐隐作痛（照片里稚气未脱刚满 16 岁的我额头上早早嵌上了与年龄不相称的沟纹）。半个世纪前那一幕幕情景仿佛就发生在昨天。

1965 年 7 月的一天，素有长江流域三大火炉之称的南京闷热难耐，骄阳肆无忌惮的烘烤着大地和万物。

我与参加过中考的十六七岁的同班同学们怀着不同的心情聚集在南京南师附中初三甲班的教室里，等待着班主任宣读那份决定我们命运的中考录取名单，其实不光校方、老师和团员骨干早就知道谁将被淘汰，大家心里也都是有点数的。

录取名单不过十多分钟就宣读完了。之后，落空的我和刘伯和、吴晓月、周世平、陈绍敦、郭永铭、张平、袁凌瑜在同学们或嘲弄、或鄙夷、或惊诧、或同情、甚至有惋惜的各个不同的目光中被班主任谭全保老师喊进了隔壁的物理实验室。大家彼此心照不宣：我们是一帮黑五类的后代。

谭老师隔了一会儿才进来，他用精心准备好的不冷不热又不乏师道尊严的淡淡一笑朝我们打了个招呼，而后将目光扫过我们每个人，措辞谨慎地开始了老生常谈般的说教，大意是：在座的几位同学与在隔壁教室里的同学都是无产阶级革命事业的接班人，党和人民对你们是一视同仁的。你们是党和人民选出来先行一步投身到战天斗地的革命洪流前线的知识青年。大家在中考前就向党和人民表过态，要一颗红心两种准备。现在是你们向党和人民交一份合格的答卷的时候了。你们也听说了，这次党和人民要把你们派往新疆干革命，那里是反帝的大后方但同时是反修的第一线！你们肩上的革命重担不轻啊，任重而道远！我预祝大家过好自我革命的第一关！

回到家里，我故作平静地向爷爷奶奶和妈妈谈了自己的打算：去新疆支边。爷爷奶奶无可奈何地接受了我的选择。妈妈再三问我想好了没有，我说想好了，只有这条路可走了。几天后我们被组织起来听了支援边疆建设的动员报告，并且领到自愿参加新疆农业建设的志愿表格。填写好后交给了校方，里面有一栏是家长同意的签名，妈妈为我郑重地签了字。

在等待最终被光荣批准的那几天里，我去了班上同座好友莫东明（现在已经定居美国）的家，他的爸爸是江苏省机械厅厅长，爸妈都是老革命。我们课后经常到他家玩。那天他妈妈亲切如往地与我聊天，关心地问这问那。说到支边，莫妈妈像自家长辈那样叮嘱我生活上的注意事项，也许是被这一番亲情所击倒，就在那一瞬间我故作老成的假面具融化了，强压在心底的屈辱和无助感、对命运不公的愤懑和无奈顷刻间火山般地爆发出来，我号啕大哭，撕心裂肺地大哭！（脑子里乱得像一锅粥，仿佛自己就如同印度的贱民和二战德国的犹太人一样）。

这意外的情况让莫妈妈措手不及，赶紧帮我擦拭眼泪，并且用浓重的苏北口音谆谆善诱地开导我说：威森啊，我也是出身剥削阶级，但是我接受了革命思想，跟着东明他爸爸跑出来参加了革命，你看我们不是也一样成为革命干部了嘛，所以你也不要悲观，要相信党相信人民啊……如此云云，我的耳边似乎听到她喃喃地说：周总理刚去过新疆，对出身不好的青年鼓励说：出身不由己，道路可选择！我一下回过神来，对呀，这话不就是我的救命稻草吗！很快在莫妈妈慈母般的安抚下，我止住了哭泣，擦干了眼泪，整理好衣服，礼貌地告辞出来。走在大街上时，我自信还没有人能看出我刚才失过态（那不是动摇）。

事后还有一段小插曲，那就是：这慈母般的长辈也在铁一般的党性左右下立刻向南师附中校方如实反映了我的失态表现。第二天班主任、团支部的人员就及时地关怀起我了，询问我革命意志是否受到剥削阶级家庭影响而动摇等等。天地良心啊，我那反动家庭的成员对我的选择没有一句哪怕是消极的话，更谈不上拖后腿和反对了。至今我还是满怀感激之情常常回忆起这段经历，可能莫东明家的成员并没把这当回事，可对于深陷当年那种走投无路窘境里的我，他们家却是我唯一可以表露真情的温馨的“家”……。

正当我和所有立志投身到大革命洪流中去的少年们紧锣密鼓准备上路的关头，突然接到南师附中校方通知：初中甲班的杨威森和吴晓月不被市委批准赴新疆支边。班主任在与我们谈话时要求我们服从组织安排，不要有其他想法，要接受祖国人民对我们的又一次考验！（初中丙班的马振国同学也在这又一次考验之列。据说他后来被送往苏北务农），同时向我们转达了校领导的指示：南师附中党组织很关心这部分同学，不会把你们留在城里当社会青年吃闲饭，力争一个不剩地送往农村干革命！

当时就犹如五雷轰顶！这算哪门子事嘛？？！！绝望啊，无比的绝望！万念俱灰，死的心都有了。中考时为了有继续读书的机会，我填报的学校都是什么仪器制造厂、造纸厂、木器厂、毛巾厂等等当年新办的半工半读学校，一个高中或中专都不敢填写（实事求是地讲这些学校是差生的收留点）。不给我读书也罢，怎么我要求到艰苦边疆去革命也被拒绝了呢？！这也不是招飞行员、招兵去原子弹基地罗？！这是到荒漠沼泽滚污泥开荒啊？！后来知道不被批准去新疆的学生家庭在黑五类中是属于最最坏的那种，这是半个世纪后看到解密的市委文件后才顿悟的。

吴晓月是我在南师附小和南师附中的 9 年的同班同学。我和吴晓月一直都是班上名列前茅的优秀生，我记得，小学 3 年级时搞教改，因我俩俄语学得特别好，还被选送到汉府街的省政协礼堂，向政协委员们展示南师附小的小学生学习外语的成功案例，还引起过广泛的重视呢。我们的妈妈都在南师附小当老师（这个直属南师大的小学被公认为南京教学质量最顶尖的学校），偏偏在这个名校里，绝大部分老师或者配偶都有严重的属于敌我矛盾的政治问题，我和吴晓月的父亲都因反动的历史问题而在押。

我们回家后拼命要各自妈妈带着我们到市委向党组织表达改造自己投身革命的决心。两个历史反革命家属，带着两个努力争取当可以教育好的子女，冒着酷热多次往返鼓楼区委和大方巷议事园（省委招待所），找党的领导和新疆招工团的谭科长，掏心扒肝地反复表达投身革命的诉求！这样的死磨硬缠终于感动了领导，几天后我们领到了一个南京支援新疆农业建设知识青年的胸牌、一顶棉帽、一双棉胶鞋、一套棉衣裤和一床棉被。

终于能在南师附中的校园里与大家同唱那首当时脍炙人口、用小调谱写的、旋律优美且略带丝丝忧伤的《送你一束沙枣花》了。9月 2 日晚我们在高中同学带领下引吭高歌苏联的《共青团员之歌》悲壮地奔赴新疆。当西进的（临时借调用作抗美援越战备的）绿皮列车徐徐启动时，我的自我救赎的人生道路拉开了序幕！那年我终于参加了革命！附件：解密的 1965 年南京市委[1].0000013 宁发（65）124 号机密文件中的附件。

（手写的文件附件，清楚地记录了当年我们那批孩子们的状况。其中注明了主管部门是：南京中共市委精简安置办公室；支边总数 3701 人（高中生 545 人、男女人数各半、黑五类子女 1328 人，占总数 35.883%、备注里还特别对有政治问题人员的称谓作了详细的注释和界定）

摘选自 65 届支边回忆录这里曾是胡杨林

以下是网友议论：

知情者：写得好！原本应该是老三届的学生——66～68 届的学生，结果成了 65 届的主儿，这都是共和国变的戏法，外国人是看不懂的，现在的年轻人也看不懂。“哭”得好！这一哭，彻底发泄，有益于健康。不哭会憋出病来的。明明应该是老三届的（66、67、68），硬是被弄成了 65 届，怎么能让人受得了。

151. 知青农场“动物园”里发生的打鸡血狂热

杨威森（65 届初三甲）

1967 年的秋冬季节，无产阶级文化大革命进行的如火如荼，革命群众的创造力和传播力得到空前的释放。我们这帮奔赴新疆支边青年虽然地处神州西段边陲荒漠里，也能非常及时地得到最新最高指示和革命造反精神的哺乳！

那时传来了一本小册子《鸡血疗法》，伟大领袖的最高指示赫然在目：救死扶伤，实行革命的人道主义。我们如获至宝地反复研读，贯彻伟大领袖毛主席革命卫生路线的豪情壮志让我们热血沸腾！

当时的连队建制虽然还在，但是地窝子里住的人员已经是因为派性或者彼此相处的性格投缘和喜好自然而然地重新组合了。我（绰号山羊）和陈绍敦、顾志芳（绰号带鱼）、项延文（绰号象二）、刘伯和（绰号小圆头）、刘建生（绰号牛头）合作自己动手建起一个有 2 层结构的半地下土坯屋子。屋内床底还有类似于当年河北平原地区抗日打鬼子的地道通到屋子外面一棵（中间半空心的）老胡杨树根下。由于我们的绰号都有动物的相似音，大家就诙谐的戏称我们屋子是动物园。陈绍敦是园长，其余有羊、鱼、象和两头牛。

我们从《鸡血疗法》册子里得知：人打了鸡的血，不用几针就能治好癌症！又听说打鸡血可以提高身体免疫力！特别有滋阴壮阳的作用，是治疗阳痿的良方！对半身不随、脑中风、妇科病、阴道瘙痒、不孕症、牛皮癣、脚气、脱肛、痔疮、咳嗽、感冒等都有治疗和预防的作用！

这种疗法的来源是：某国民党中将军医被公安机关抓获判了死刑，行刑前献出这个“秘方”，以求自保。称其疗效可以强身健体，延年益寿，治愈百病；在台湾的蒋介石就靠鸡血活着。不但当地行政首长深信不疑，还有一帮效仿的下属。文革中该首长被批斗，在催逼追问下坦白了打鸡血的事情。于是被当作“延年益寿，想抢班夺权，复辟资本主义”的罪行，深揭狠批。

鸡血疗法的方法是：抽取小公鸡（也有说 4 斤以上重的叫声好听的纯种白色“来杭鸡”最好）的鸡血几十到一百毫升，注射进人体，每周一次。

小册子还披露：在北京和上海地段医院的注射室门口，排起长蛇般的队伍。人人提着装鸡的篮子或网兜，一边等待护士打针，一边交流打鸡血的经验与传闻。鸡血不仅是养生的圣药，还让革命的热血奔涌在身上，而革命的烈火则会熊熊燃烧在祖国的大地！！！我们立刻兴奋地加入了这股革命洪流！我到医务室借来了注射器和大号的针头。顾志芳在我们饲养的鸡群里敏捷地抓住了一只美丽的大公鸡，虽然不是纯白的来航鸡，也是一只雄赳赳的血气方刚的公鸡！因为顾志芳生性聪敏，当时自己有病还会自己打针。他熟练地掰开鸡翅膀，找到鸡皮下最粗的血管，拔去血管表皮的鸡毛，用酒精消毒后果断地一针见血。抽了十毫升鸡血，接着又迅速更换针头对着做好臀部皮肤消毒的我们依次肌肉注射 5 毫升鲜鸡血。如此循环操作不误！很快，这只可怜的公鸡那不长的血管被我们钻的千疮百孔，翅膀都耷拉着收不回去。怎么办？咱家的公鸡要休养了，但革命步伐不能停！我们灵机一动老脸皮厚地向连队其他养鸡户借鸡。这下热闹了，小小连队给我们捣鼓得鸡飞狗跳，人畜不宁。经常能看见顾志芳那披着蓝色棉大衣的瘦削身躯抱着一只公鸡在连队里游来走去。煞是一道令人忍俊不禁的风景线！

而打了鸡血的我们呢，“动物园长”陈绍敦连发了几天低烧；山羊浑身燥热难耐；象二也是浑身发冷打寒战；带鱼和两头牛没啥感觉。但是每人的屁股硬是打出了一个红红的硬块，疼痛、红肿，久久不消。

现在回想起来很后怕，如果50年前禽流感病毒提前发育变异完善的话，我们就注定是早早为革命捐躯了。但也有一种反向思维：那就是我们几个人至今未传染上禽流感和SARS，恐怕也是50年前打鸡血提高了免疫系统抗病的能力吧！一笑！

152. 陈兆稼文章阅后感

杨威森(65 届初三甲)

读完陈兆稼 UFO. 沙尘暴文章后思绪大开，五十年前在新疆垦荒的经历不觉一幕幕浮现眼前。政治动乱的文化大革命不说，在与大自然的搏斗中亦是苦中有乐，乐中有险，险中有奇！时有刺激，时有困惑，时有无奈。

我从小就喜欢天文学，晚上没事就跑到家里三楼顶上看天象。苏联第一颗人造地球卫星上天让我兴奋得睡不着，爷爷每晚根据报上提供的时间、方位带着我们仰头追着观察移动的人造卫星。后来加加林首次进入太空地球轨道更是令我激动万分，甚至于写信到少儿读物我们爱科学编辑部询问哪里有星际航行学院可以去求学。

在新疆开荒也没有忘通过邮购方式购买法国天文学家佛拉马利翁写的大众天文学丛书。晚上躲在地窝子里借着昏暗的柴油灯贪婪的阅读，让思想遨游在深邃无垠的宇宙空间。那真是享受啊。忘却了所有的困苦和疲劳！以至于排长于蕴生见了我就喊：杨·佛拉马利翁。

陈兆稼的文中所记述的 UFO 事件确有其事。那个晚上我也几乎目睹了整个过程。那天晚上我在睡梦中被尿憋醒了，懵懵懂懂钻出地窝子到地面撒尿，被冷风一吹打了个激灵，头脑清醒不少。那是个晴朗的夜晚，西北荒漠的天空在无风沙无云时是特别的清澈！白天是湛蓝湛蓝的天空；而夜晚的天穹又被晶亮的星星和泛着白光的银河所布满！仿佛是在黑天鹅绒上缀满了钻石，令人神往！我习惯的抬头去看天象，突然发现在天穹偏西的方向，大约在 50 度仰角处有个逐步扩大的亮圆环，中心部分是个扁圆的亮点。圆环等速地向四周扩散，下半个圆很快蔓延到地平线下。随之亮度逐步减弱，慢慢消失在夜空中。当时我倒没有想到UFO，当时的思维定式令我毫不含糊的认为：在那个西北方向发生的天象绝对是苏联修正主义搞得秘密武器试验，是国际阶级斗争的新动向！本想给工宣队和革命领导小组汇报，后来一想：没有人佐证此事，万一领导怀疑我造谣惑众，那不是找死吗？！唉！多一事不如少一事，冻得猴猴的我（新疆戈壁滩夏季夜里的温度绝对让你打寒战）赶紧猫着腰钻回地窝子捂紧被子睡觉了。

陈兆稼还在文章里回顾了新疆荒漠中的沙尘暴。对于我们这些涉事浅薄的孩子们来说绝对是恐怖的经历。第一次经历沙尘暴就像末日来临，天昏地暗、飞沙走石，在旷野里最安全的姿势是趴在地上任凭大自然的蹂躏！而地窝子里的被褥、衣物全被砂砾覆盖。我们的衣服领子袖口以至于嘴里、耳朵孔、眼角充满沙子。只有眼白和张开的红嘴巴令我们互相取笑而忍俊不禁，过后的清理过程是很烦人的！

对于新疆的风沙，我们还有过不同于一般的体验呢。记得有天上午我们在条田里劳作，突然听见东方偏北的地平线传来连续的低频率的不算大的轰鸣声，低沉而顽强。当时倒也没当回事，没曾想傍晚时分，突然狂风大作、乌云翻滚、天昏地暗，风沙夹杂着豆大的雨点倾盆而至（南疆在历史上绝对是个极少下雨且无大雨的地区）。最怪的是这个风向变幻莫测，瞬间就刮出个东南西北风！很是怪异和恐怖。我们狂跑回到地窝子躲避，又发现地窝子顶上到处漏雨。要知道在几乎无雨的南疆地区所有的屋顶都是在树枝和蒲草上面抹上一层搅拌了碎麦草的黏土，挡阳光和保暖没问题，可一丁点雨水也防不了。结果是：人和物品全都淋透，无一幸免！（自此以后我们在屋顶上大大加厚了黏土层，以减少雨水穿透的几率。因为没有瓦，所以也不能彻底解决问题）。

时隔两天阿克苏地区兵团毛纺厂仓库和地区、县里百货公司仓库廉价处理了大量因漏雨而混染的各色毛线和纺织品。反正质量也不差！让当地的百姓美美地实惠了一回！

第二天我们欣喜若狂地从中央人民广播电台播出的特大喜讯得

知：我国在西部地区成功地进行了一次大当量的核试验。试验取得圆满成功！是否那场夹雨的沙尘暴与之有关呢？因为通常塔里木的沙尘暴风向是不变的；而且只有风沙，不夹雨水的。如此诡异的风暴在连续十多年间不时重现，让我们逐渐总结出一个心照不宣的规律：这是我国西部地区核试验（密而不宣）的征兆。小伙伴们的革命原则性也蛮强的，在与家人和朋友同学通信时也对此守口如瓶。回南京探亲时也不提此事。

今天全世界都知道了当年我国核试验的地点——新疆东部的罗布泊地区。罗布泊离库尔勒市大约 300 公里（若驱车路过南北疆要道库尔勒公路段且时间上赶巧的话可以看见蘑菇云），离我们阿瓦提县直线距离大约 800 多公里。两地中间是一马平川的恒古荒漠。这样的地理位置才会产生那样的奇特的气候征兆。

回首往事，感慨万千！我们不觉得害怕，而是自豪！不是吗，我们虽然战斗生活在农业战线上，却居然在国防军事工业上与国家同呼吸共命运！当年的青少年们真的是一不怕苦二不怕死地战斗在无产阶级革命和生产的第一线啊！！！

摘选自 65 届支边回忆录《这里曾是胡杨林》

153. “南京事件”中的新街口广场集会

王虹（66 届高三丁）

2007 年我从南京大学历史系董国强教授编辑的“十四位南京大学师生口述历史”一书中，读到李良玉、李西宁关于 1976 年针对文汇报及四人帮的“南京事件”的记述。记述中将南京事件描述为“三. 二九南京事件”及“三. 二九运动”，这样的描述不符合真实的历史。此书于 2009 年由日本筑地书馆出版。最近又读到南京档案馆编辑的《南京文化大革命大事记》（1985 年），吴雪晴的《1976 年南京事件始末》（2002 年）的文章。其中南京事件的记述部分，虽然没有“三. 二九运动”的提法，却同样疏漏了最重要的事件要素——“三. 三 O 新街口广场集会”。

维基百科、百度百科记载的南京事件也被称作“三. 二九运动”，也没有提及“三. 三 O 新街口广场集会”。

看来“三. 二九南京事件”及“三. 二九运动”说法的始作俑者，可能就是李良玉、李西宁二位教授了。他们的相关文章可以提供一些印证：

《难忘的“三. 二九”》李良玉等，《南京大学学报》1979 年第 1 期）。

《回忆 1976 年南京“三. 二九”运动》李良玉，《变动时代的记录》（2003 年）。

《对“1976 年南京事件始末”一文几个重要史实的订正》，李良玉《百年潮》2003 年第 9 期〔1〕。

《记忆中的南京三. 二九运动》李良玉，2008 年 7 月第 4 期南京晓庄学院学报〔2〕。

李良玉教授访谈，电子刊物《记忆》2009年7月25日第18期〔3〕。

李西宁教授访谈，电子刊物《记忆》2009年7月8日第17期〔4〕。

上述两篇访谈文章收录在“十四位南京大学师生口述历史”一书中（日本筑地书馆，2009年）。现将上述部分文章中相关的记述摘录如下：

……所以3月29日上午参加游行的主要还是我们数学系的400多个学生（实为二～三百人）。我带着他们到新街口、大行宫绕了一大圈，最后才到了梅园新村…第二天，也就是3月30日，我们系的几个学生又把3月25日《文汇报》上那篇影射周恩来的文章贴出来了。应该说，我们南大师生在开展这场运动的时候还是比较机警、比较理智的，当时大家的策略就是紧紧咬住《文汇报》不放，指责《文汇报》反周总理。这个无论走到哪里都不会输理的。起初中央文件对“三·二九事件”的定性是“政治事件”，前面还没有加上“反革命”这三个字。到了4月7日，突然一下子整个气氛就变了，我当时一听就吓傻了。因为这个事情追根求源，最后必然追到我们南大来，整个“四五运动”是我们南大挑起来的啊（我与“南京事件”

——李西宁教授访谈《记忆》2009年7月8日第17期）

在南大校史上，这次事件被称为“南京事件”“三. 二九事件”“三. 二九运动”（李良玉《对“1976年南京事件始末”一文几个重要史实的订正》，《百年潮》2003年第9期。）1976年3月29日，南京大学学生掀起的反对“四人帮”的“三. 二九”事件，是当年北京“四. 五”运动的前奏，是文革后期的重大政治事件。“三. 二九”事件的全过程从3月25日历史系73年纪50多个同学冲破禁令去梅园新村纪念馆悼念周总理开始，到4月2日结束，前后历时9天（《回忆1976年南京“三. 二九”运动》李良玉《变动时代的记录》431页2003年）。

李良玉、李西宁二人当时都是南京事件的积极参与者。这些文章在记述相关南京大学师生活动的部分，还算是客观的。可是在南大师生活动之外的记述中，疏漏的内容就比较多。尤其是三月三十日的记述中，二位都疏漏了一个重大的历史事件：三月三十日的晚间，南京新街口发生了十万市民的政治集会。这个疏漏不是一般的疏漏！二位教授或许没有直接参与那次集会的策划，也没有亲临集会的现场。否则根据二位的习惯，一定会大书特书的。

三月三十日晚间的新街口广场集会是一个全市性的行动，参与人员有十万之众。作为“挑起四.五运动的南大”（李西宁语）难道会置身事外？十万人的新街口广场集会是当时南京最火爆的话题，信息不胫而走，几乎家喻户晓。作为积极参与者的二位教授，怎么事前事后会没有耳闻？此外，李良玉等最早的论文是在79年写成的，距离南京事件的发生仅三年之隔，应该不存在记忆上的障碍吧？

李良玉作为南京大学的历史系教授，确实不该将目光局限在自己所在的南京大学，而对于南大之外的事件视而不见或者不闻不问。对于“三.三O新街口广场集会”的疏漏，不仅在学术上是一个致命的失误，在其他层面也让人难以理解。

也许有人会问：“三.三O新街口广场集会”确有其事吗？回答是肯定的，因为我就是这一事件的目击者。下面是我参与“三三O新街口广场集会”的记述：

南京事件发生的当时，我正在南京军区前线歌舞团服役，营区就在南京卫岗。三月三十日白天，我与同事们乘坐军车执行任务时，路过了南京鼓楼一带，看到的情景也是布满了针对文汇报及四人帮（当时还没有这个提法）的大标语，政治气氛已经到了一触即发的程度。当天傍晚在营区听下班回来的军属说，晚间在新街口将举行抗议文汇报的集会。

晚饭后，我请了假，乘坐五路公交车前往新街口。公交车在新街口的前一站大行宫被迫停住，已经不能继续前进。我听说新街口广场四个方向的中山路口都已水泄不通，而路上见到的都是赶往新街口的市民，大家有着一种节日的兴奋。当我挤入新街口广场，看到的情景令人震撼：广场四周的建筑都布满标语，内容都是悼念周恩来以及反对四人帮的。广场的人流量应该在十万人左右的规模。市民们群情激愤，有演说的，有呼口号的，有散发传单的，犹如十年前文革情景的再现。

感受到了这种震撼，我并没有在广场久留，毕竟我身着军服。但新街口的这一幕哪能忘却！单位的一些同事尽管没有参与新街口广场集会，事后也能凭借听来的一些信息，绘声绘色地模仿一通：士兵们！市民们，中国到了最危险的时刻。

新街口广场集会应该是一次事先有所策划的行动，否则我不会在事前就得知这个信息。虽然我亲临了现场，看到了壮观的一幕，却对那次政治集会的整个过程并不完全清楚：集会是如何策划的，人群是如何集聚于新街口的，最后是如何收场的等等，还需要更多的当事人作出补充。

三月三十日的新街口广场集会让当局十分紧张，南京市委第二天（三月三十一日）就发出〔1976〕二十号文件进行灭火。紧接着四月一日，中共中央来电：称南京事件为政治事件，继续加大灭火的力度。

四月二日，南京邮电学院的学生在鼓楼至三牌楼沿途，刷出了针对中共中央来电的十多条大标语——奏出了南京事件的最强音，也让“政治事件”名副其实。

当时我没能亲眼目睹那些标语，却从传闻中记住了表达最为透彻的那句口号——“从来就没有救世主”。

全面地“追查”是在四.五天安门事件“定性”之后展开的。南京军区驻宁各单位也进行了严格的排查：所有的人都要书面交代三月三十日那一天参与了哪些活动，到过哪些地点，还要对中央的定性明确表态。实际上，地方工厂的排查也同样是重点交代三月三十日的活动，比如要回答“你去过新街口吗？”这类的问题。当时，人们也将南京事件称为“三.三O事件”。

为了证实“三三O事件”并非子虚乌有，我最近查阅了1976年4月份的新华日报，找到了4月22日标题为《把批邓、反击右倾翻案风斗争推向新高潮，彻查南京反革命政治事件坚决镇压反革命》的社论。下面是摘抄的相关文字：

“三月二十九日这天，突然在南京大街要道上，在通往全国各地的火车车厢上、在通往各地的公共汽车车身上，刷了许多条反革命标语，把矛头指向中央领导同志，分裂以毛主席为首的党中央，转移批邓大方向。有些坏家伙还疯狂地扬言，要把这些反革命标语在三天之内传到全国各地。

三月三十日晚，一小撮阶级敌人在新街口、鼓楼、山西路等广场，同时进行反革命罪恶活动，张贴反革命传单，发表反革命演说，散布反革命谣言，呼喊反革命口号，公然为邓小平的反革命修正主义路线翻案，公然对坚持革命原则的群众，进行辱骂和殴打，反动气焰十分嚣张。

四月一日，中央对南京反革命政治事件做了重要指示，正当各级党组织、广大干部群众认真学习、坚决贯彻执行中央指示的时候，个别地区、个别单位的一小撮反革命分子竟然疯狂反扑，赤膊上阵，煽动一些人刷反动标语，恶毒攻击毛主席，恶毒攻击中央领导同志，恶毒攻击以毛主席为首的党中央。” 参阅新华日报的4.22社论，南京事件的脉络一目了然。当局最在意的就是“三.二九”和“三.三O”这两天的行动(社论只提及了这两个具体的日子)。“三.二九”主要指二～三百人的南大师生，去新街口游行及刷写政治标语的事件。“三.三O”是指十万市民在新街口广场集会及其他广场的抗议活动。这两个事件理所当然地成了政治追查的重点。对于前一个事件的追查，主要在南大校园展开；对于南京的其他单位，包括驻宁部队，主要追查的是“三.三O事件”。当时，南大，南京邮电学院、南京医学院、南京汽车制造厂等单位也是追查的重点。

“4.22社论”提到三月三十日，新街口、鼓楼、山西路等广场“同时行动”，当时的新街口是南京的中心，去新街口游行，集会，自然会成为民众的首选，正如北京人总是选择天安门广场一样。如果新街口集会就有 10 万人左右，加上鼓楼、山西路的集会，总人数会在 10 万以上。按照通常的做法，当局对于民众的抗议游行、集会，包括规模的大小，是不会提及的，其目的就是要造成一种假象——即所有的政治行动都只是一小撮人的行为。

但从“社论”的字里行间，仍然透露出三月三十日晚，南京确实发生过“广场政治集会”，否则怎么会有“演说”和“呼喊口号”的事情呢？从“4.22 社论”中也能感受到：当局对于四月一日之后出现的政治大标语的极度敌视心态。“三.二九”的南大二～三百人的游行，再到“三.三O”的十万市民的集会抗议，当局终于坐不住了，这是让任何独裁政权都感到恐惧的数字！

三月三十一日南京市委的“二十号文件”以及四月一日的“中共中央来电”，与其说是针对“三.二九”的，不如说是直接冲着“三.三O”的。

一位相识的朋友董连生，特地拿来了珍藏多年的 1976 年 5 月 12 日的新华日报。其中署名苏欣（江苏新华日报的谐音），标题为“彻底粉碎南京反革命政治事件”的文章中有如下记述：

“三月二十九日这天，在南京的大街要道上，在通往全国各地的火车车厢上，在通往各地的汽车车身上，刷了很多反革命标语；有些坏家伙还疯狂地扬言，要把这些反革命标语很快传到全国各地去。

三月三十日，这种反革命活动更加猖獗。凌晨，一个坏家伙先后在三西路、鼓楼、新街口三个广场鬼鬼祟祟地张贴反革命传单，恶毒攻击以毛主席为首的党中央，歇斯底里地叫嚣要抓权，要抓舆论工具，要为所谓的“马列主义”而战等等。早上七点钟以后，在三个广场的周围聚拢了上万人，最多时，鼓楼广场的交通也被阻塞。这些人当中除极少数是制造事端的坏人外，绝大多数是过路围观的群众。中午前后，街头上出现了更为露骨的反动大标语。有的同志出于革命义愤，指责这种反革命活动，就立即遭到围攻、殴打。当天晚上，一小撮阶级敌人窜到新街口、鼓楼、三西路等广场，同时进行反革命活动。在新街口广场，有两个坏家伙一会儿躲在阴暗的墙根秘密交谈，一会儿混进人群中发表反革命演说，真是利令智昏。在鼓楼广场几个坏家伙也表演得淋漓尽致，有的站在自行车上，有的爬在电线杆上，宣读反革命传单，领呼反革命口号，一时闹得乌烟瘴气。三十一日，这股反革命逆流继续扩大。”

文章提及的南京事件的描述中，三月三十日无疑是最高潮的一天，作者花费的笔墨也最多。从字里行间我得知了过去并不知晓的一些事情：比如三月三十日早上，南京的主要广场就有过上万人的集聚，当晚在鼓楼等广场也有过市民的政治集会.文章应该有官方的背景，作者的署名或许就是官方使用的假名。为了强调事态的严重程度，文章不得已透露了“上万人”参与的数字，却仍然不肯明确提及晚间有十万之众的南京广场集会的事实。这种大事化小，小事化了的做法是当局一贯的伎俩。

李良玉身为南大历史系教授，作为南京事件的参与者，这段历史的记述者，三十多年的时间里，不至于一次也没有去查阅当年的报刊吧？可是李良玉的所有文章，都没有提及三月三十日晚间“新街口广场集会”的文字，甚至对于三月三十日活动的记述，还不如官方文章来得详细。这真是让人难以理解了。

李良玉在 1979 年，即南京事件刚刚结束不久的记述中，还仅仅是“难忘的三.二九”。而到了 2003 年就提升到“三.二九南京事件”，继而“三.二九运动”了。在以后的文章中，也不断重复这样的定位。客观地说，时间过去了几十年，“三.三O新街口广场集会”从未被主流媒体披露过，或许已经淡出了人们的记忆。估计李良玉也可能以为“三.二九”已是南京事件的最高潮，所以南京事件也就以南京大学的“三.二九行动”为标记了。2006 年，我曾在《华夏文摘》网站发布过文章《难忘 76 年》〔5〕，记述了我所了解的南京事件。当时还不知道李良玉教授对南京事件也有那么大的兴趣。

南京事件与四.五天安门事件，主要表现出来的是民众对于周恩来逝世的哀悼以及对于四人帮的不满。但在整个过程中，在“哀悼”

之外，出现了另外一种声音：南京的“从来就没有救世主”，北京的“秦皇的封建社会已一去不复返”。说四.五天安门事件与南京事件一脉相承，确实如此。四.五运动正是以这种新的声音，彰显了自己的品位，告别了以往的运动。

可是，李良玉、李西宁二人在南京事件的记述中，不仅没有提及“三.三 O 新街口广场集会”，也没有在南京邮电学院的政治标语“从来就没有救世主”上着墨，却提出了一个“三.二九运动”的概念。一般来说，一个特定的时间点，比如“四.五”，围绕着这个时间点可能有多起的事件，事件的范围甚至覆盖全国。这些事件相互之间有着密切的关联，有着相似的属性，从而构成了四.五运动这一整体。在 1976 年春天的诸多事件中，规模最大，影响最广，让这个运动达到最高潮的，当属北京四.五天安门事件——这也是以“四.五”命名这一运动的原因。

根据二李的记述，“三.二九”不过是南京大学二～三百人的活动而已，与“三.三 O”新街口十万市民的政治集会相对照，无论是参与者的规模上，还是参与者的广度上，都是无法相比拟的。对于新街口广场集会，人们习惯上也只是称谓“三.三 O 事件”。作为史学工作者，将一个学校二～三百人的活动定义为“三.二九南京事件”，继而提升到“三.二九运动”，不觉得很牵强吗？

不错，在南京事件的整个过程中，大学生，尤其是南大的学生起到了自己的作用，即便不将“三.二九行动”提升到“三.二九运动”，人们也是不会忘却的。另外，南京事件中最早进行抗争的是南京汽车制造厂的职工、南京医学院的学生，还有最后收官的南京邮电学院的学生〔6〕，这些也是不能被忘却的。

南京事件的过程表明：这场抗争，不只是学生们的抗争，而是全体市民参与的集体抗争。还需要强调一下：只有当抗争从工厂、校园走向社会，民众广泛地参与，才能真正形成力量。与李良玉教授自称的“三.二九运动”相比较，当局更为惧怕的恰恰是“三.三 O 新街口广场集会”！在这一点上，当局要比李良玉清醒得多。

三月三十一日南京市委的二十号文件的发布，并不能让最高当局放心。由于时间紧迫，来不及发正式文件，只能于四月一日追加“中共中央来电”，来恐吓民众。可是此消彼长，四.五天安门事件还是发生了。

提到四五天安门事件，人们或许会想起当年的话剧《于无声处》。这个以四.五天安门事件为主题的话剧，受到了社会舆论的普遍赞誉。可是，西单民主墙上却贴出了批评的文章（作者吕朴是吕骥之子），指出剧中的“四.五英雄”，并没有跳出以往的局限，与现实中的英雄相比，境界相去甚远。赞美这样的剧中英雄，实际上是对四.五精神的扼杀！（该文收于《大陆地下刊物汇编》，中共研究杂志社编印）如果将南京事件的整个过程，比作一部雄伟的交响曲，那么，“新街口广场集会”无疑是最高潮的乐章，而南京邮电学院的政治标语“从来就没有救世主”，就是交响曲中画龙点睛的最强音。当李良玉们将这部交响曲最高潮的乐章、最强之音，通通疏漏之后，留给历史的“南京事件”还有什么值得欣赏的价值？一个让南京事件最终成为“事件”的新街口广场集会就这样被李良玉等疏漏了，人们又一次看到历史成为任人打扮的小姑娘的活生生的例子。

〔1〕《对“1976 年南京事件始末”一文几个重要史实的订正》，李良玉《百年潮》2003 年第 9 期 http：//www.xiexingcun.com/Bainianchao/banc2003/banc20030916.html

〔2〕《记忆中的南京三二九运动》李良玉，2008 年 7 月第 4 期南京晓庄学院学报 http：//www.cqvip.com/QK/85356X/200804/28159754.html

〔3〕李良玉教授访谈 http：//www.difangwenge.org/simple/?t3309.html

〔4〕李西宁教授访谈 http：//www.guancha.cn/comment/2012_02_14_65911.shtml

〔5〕《难忘 76 年》2006 年发布在《华夏文摘》网站 http：//my.cnd.org/modules/wfsection/article.php?articleid15730

〔6〕南京档案馆编辑的《南京文化大革命大事记》，参阅《南师附中老三届》网站 https：//nsfz2.wordpress.com/2013/12/19/339-

154. 你是那蓝天上的一朵白云

——献给父亲 100 周年诞辰

戴嵘（66 届高三甲）

我总能记忆起你那瘦削的双肩和谦和微笑，
我总能回想起你早年的侃侃而谈和之后的沉默，
可是 43 年前的那个黑夜，
你无声地离我而去将这一切定格为历史。
从那一天起，你就化作了蓝天上的一朵白云，
化作了天地间的永恒。
我想你一定会飘过镇江，
看一看你的胞衣之地和儿时的蹒跚脚印。
我想你一定会飘过北京，
看一看你的少年时代和你求学的清华学堂。
我想你一定会飘过兰州，在那烽火连天的岁月里，
你用青春与热血保卫后方、服务民众、并且有了我们这个家。
我想你一定会飘过南京，这是你最后生活的地方，
至今还有你的儿女在怀念你。
我想你一定会飘过上海，那里有你的父母在安息，
更有你的重孙辈在成长。
我想你一定会飘过美丽的密西西比，
那里有同样惦念你的国际友人。
我想你一定会飘过斯堪的纳维亚，

那里曾留下你孙儿求学的灯影和美妙的极光。
我想你一定会飘过澳大利来，
那里有你孙女快乐的身影和灿烂的阳光。
你就是那蓝天上的一朵白云，
在苏北的黄土地上我无数次仰望过你，
在内蒙古大草原上我用悲凉的歌声呼唤你，
在跨越欧亚的航班上，我巡视茫茫云海找寻你，
在大洋洲酷热的阳光下，我翘首蓝天盼望你。
青藏高原上一阵阵劲风卷动经幡，那就是我的祈祷，
天南地北的一声声洪钟响彻云霄，那就是我的怀念。
我想你一定听得到我时常哽咽的歌声，
我想你一定看得到我时常贮满泪水的双眼。
因为我深爱着脚下的这片土地，
因为我火热的心中，永远飘荡着一朵洁白的云。
你是那蓝天上的一朵白云，
如果有一支深情的歌儿向你飘来，那一定是我，
如果有一只白鸽向你扇动找寻的翅膀，
那一定是我——你永远的儿女。
如果你听见一声声深情的呼唤，那一定是我们，
如果你看见一片片鲜艳的花朵，
那一定是我们——永远怀念你的后来人。

155. 南师附中《造反有理》大字报

曾小渤　王史维　李天燕

1966 年 8 月 10 日晚，曾小渤根据北京的情况和与李天燕商量的想法，满怀“革命豪情”地写了《造反有理》的大字报，连夜跑到王史维家让她“润色润色”。她也很高兴，愿意联名。他俩立即铺纸蘸墨挥笔：

《造反有理》

马克思主义的道理，千头万绪，归根到底，就是一句话：造反有理！

文化大革命以来，我校为什么一直冷冷清清，一潭死水？斗争的盖子为什么到今天一直揭不开？教改的关键在于教员，为什么我校的老师，尤其是一些知名人士一言不发？多次质问，仍如死水一潭？死气沉沉？

南师附中素以资产阶级教学质量高而闻名全国，为什么在这场无产阶级文化大革命中却突然无名全国？教改出名的学校，在阶级斗争中更应当是旗手、先锋，但却并非如此。为什么教改几年来的校领导老是由于认识问题而落后于群众？教改啊教改啊，到底改了多少老师？到底是表面改了，还是里面改了？有人说，正因为教改好，所以问题少。这种理由是站不住脚的，仅从同学们提出的一些材料来看，里面就大有文章可做，何况还有一些未发动起来的老师！

在当前的斗争中，是不是真正充满了浓厚的火药味？斗争就是生活，生活就是斗争。我们的生活是否真正达到了这种水平，是否还有人感到无所作为？一天到晚说什么外校搞糟了，附中好——好吗？教改了，同学们认识提高了，可校领导的却认识低了，这也好吗？关门教改哟，关门文化大革命哟，都是什么呢？把我们关在隔离于世的小天地中，在世外桃源里斗争。有了点成绩，就不知道天高地后，穷吹嘘，穷卖夸，不是要登报，就是要投稿。外面的斗争如火如荼，犹如火山爆发，洪水冲堤，势不可挡，力不可阻。比我校不知要迅猛多少倍！什么基本健康，统统是骗人，统统是吹牛！好、坏、健康、不健康、先进、落后，是比较而言的，请问：我校历来强调关门主义政策，那么，这好、健康从何而来？我们落在北京时间的后面了！

万马齐喑究可哀，这才是我校的面目，这才是我校比之外校的特点。一片安稳，稍有风吹草动就惊恐万分，大事不好。不信吗？请看事实：

第一张贴校领导的大字报（初二小将贴的）刚出，好家伙，个个新奇，人人骚动，立即来了几张大字报围攻，扼杀了新生力量；提出怀疑党支部，又人心大乱，纷纷围剿；

徐小进贴校领导，马上骂声一片：受人利用、反革命；

第一号《为毛泽东思想而战》一出，人心如箭扣弦，紧张得要死，就怕搞乱，什么骄傲等等马上出笼；

张阳宁等贴出了《南师附中对谁专政》，又引起反感，什么这句话太……，太、太、太怎么样呢？太左了吗？

在这之前，千年书奴造反（注：我的另一张大字报标题）、一切权力归革委会（注：王史维一张大字报提出的观点）也引起人心大乱，咬文嚼字地反攻。

总之，有些人听了造反就不舒服，就认为要乱了、不行了、胆子也太大了、太左了、头脑发狂了、要打电话请示请示。

请问：革命的造反精神哪一点不对口味？哪一点又不对胃口呢？什么叫造反？造反就是革命！革命就是造反！造谁的反？革谁的命？就是要造资产阶级的反！革资产阶级的命！马克思主义的道理，千条万绪，归根结底，就是一句话：造反有理！太左了吗？太胆大了吗?不对味吗？看不惯吗？不舒服吗？对左好敏感啊！多少年来，牛鬼蛇神统治着文化阵地、学校阵地，请问：资产阶级统治学校，抗拒党中央和毛主席，是左是右？把学生当敌人，是左是右？

对工农干部子弟实行专政，是左是右？

借口三自，不领导学生学习毛主席著作，是左是右？把学生培养成一个个资产阶级接班人，是左是右？

事实证明：这些不是太左了，而是太右了，右得要滑到裴多菲俱乐部上去了。对这些，有没有感到太右了呢？有没有像对待左那样敏感呢？革命当成了口号，还没动起来，就吓了个半死。中央号召我们在运动中争当革命左派，事实说明，我们离左派还差得远，还不够。不信吗？那就请打破关门主义的破围墙，看看北京的时钟走到哪儿了！

外面的斗争惊天动地，杀声震天，我们还在关着门睡大觉！这种沉闷的空气不破怎么行？破就是革命，破就是造反。革命就是要乱，造反就是要乱，这个反不造怎么行？此时不反，更待何时！

千秋功罪，谁人曾与评说？今天，毛主席把这个大权交给了我们，对资产阶级那一套，不评说、不批判，让它们泛滥下去，怎么行？不革命、不造反，怎么行？

问苍茫大地，谁主沉浮？你们是主人了！有毛主席给我们做主，今天我们才成了主人，一切资产阶级都要统统踩在脚下。有缺点、有错误，我们改，我们就叫红色造反军！

金猴奋起千钧棒，玉宇澄清万里埃。要造反，要大闹天宫，没有武器怎么行？我们的武器就是战无不胜的毛泽东思想！毛着为武器，文笔为刀枪，红胆高悬，杀翻阎王殿，杀他个天翻地覆慨而慷，就要夺权，这就叫无产阶级专政！

有人对我们提出的革命的造反精神万岁大为不满，恨之入骨。我们在决心书上写了，他们不高兴，被人涂掉了，他们就拍手叫好。好！你们敢叫就好，我们偏要提革命的造反精神万岁！偏要写革命的造反精神万岁！这个反，造定了！不造反到底，誓不瞑目！敢教日月换新天，这，就是革命造反精神，造他个玉宇澄清万里埃！不在沉默中消亡，就在沉默中爆发。今天就要爆发，今天就要造反！反了！反了！！此反必造！！！革命的造反精神万岁！毛主席万岁！万万岁！！

曾小渤、王史维、李天燕

1966 年 8 月 11 日

曾小渤带着写好的大字报连夜赶回学校，仿佛大战在即，兴奋一夜无眠。11 日清晨校园还是一片静谧，曾小渤爬起来，在五四草坪靠开水房一侧的路边大字报栏选择了最佳位置开始张贴。一边贴，一边有人开始聚拢。王史维也很早就赶来了，一见面就说，忘了该让李天燕也签名。果然，李天燕来了大声叫好，补上签名。

人越来越多，开始人头涌动，水泄不通。这是附中第一张公开鼓吹“造反”的大字报，叫好声、嘀咕声、斥责声混杂一起，还有些人三五成堆聚集在一起戳戳点点。很快，嘈杂议论越来越大，越来越多，各种批判指责和赞同声援此起彼伏，雾推云涌，雨骤风狂，江潮腾起，硝烟弥漫，汤滚锅翻，沸沸扬扬，乱成一片。更多的响应签名者蜂拥而至，大字报密密麻麻填满了支持的签名，声援的大字报也纷沓而至。

156. 走近魏特琳

——记 2014 年 6 月 15 日为魏特琳扫墓

章亚红(68 届初一乙)

二战期间,日本侵略者给中国人民带来的灾难真是罄竹难书。当年生活在浙江的我爷爷和我奶奶,作为普通百姓,前者被日本侵略者活活打死,后者被日本侵略者投放的细菌弹致病而亡。国恨家仇让我和许多人一样,对二战的话题是敏感的。来美国后,我一直不能不关注着这方面的信息。当听说魏特琳的墓地就在本州后,就和朋友酝酿着一个计划,通过扫墓的方式,去看看魏特琳女士,这位我们南京人心中的美国恩人。

很多人听说过拉贝,却未必听说过魏特琳。拉贝是一个有德国纳粹身份的商人,在 1937 年 12 月 13 日至 1938 年 1 月日本侵略者对南京百姓南京大屠杀间,他和其他本着人道主义精神留在南京的二十多位西方侨民成立了南京安全区国际委员会,使至少达二十万南京百姓可以有处逃生。而魏特琳正是为了这个安全区的实行,最终付出了生命的代价。

终于,在 2014 年 6 月 15 日一个阳光明媚的日子里。我们三个目前不同国籍,不同居住地,但都生于南京,长于南京的人,冯逸平(南师附中校友陈廉方和南大冯端教授的女儿),高苓(南师附中老三届高一丁),和我,聚在一起,驾车来回 400 英里,到密西根中部雪柏镇的盐河公墓为魏特琳女士扫墓,带去的是逸平家的园子里自己种的牡丹花和三颗真诚的心。

威廉敏娜（米妮）魏特琳（1886 年 9 月 27 日 - 1941 年 5 月 14 日）出生于美国伊利诺伊州，毕业于美国伊利诺伊大学，1912 年作为一位普通传教士到了中国，，先到中国安徽，见女子多不识字，便矢志推动中国女子教育，创办了合肥三青女子中学。1919 应聘金陵女子大学，掌管校务，筹建新校园。直至 1940 年因病回美国，她将自己生命中最宝贵的二十八年慷慨地交给了中国人民。魏特琳在中国期间，根据自己的姓为自己取了个中国名：华群。

据有关文字记载，在她担任金陵女子文理学院教务主任期间，1937 年，日本军队攻占南京。大部分教职员撤往四川成都，借华西协和大学的校园继续开办，魏特琳则留在南京照管校园。在南京大屠杀期间，她积极营救中国难民，利用金陵女子文理学院保护了上万名中国妇孺难民。那是个在日本人烧杀淫掠暴行下，惨不忍睹的年代。魏特琳除了日理万机外，还在从 1937 年 8 月 12 日到 1940 年 4 月的日记中，详细记载了在日本占领下南京的情形，并邮寄给该学院在美国纽约校董会的校友。

由于这三年的过度劳累，及来自多方面的过度压力，她病了。在日记的最后一页，即 1940 年 4 月 14 日（星期日），她写道："我快要筋疲力尽了。以前，虽然工作进展缓慢，但还能有步骤地制定工作计划，而现在连这些也做不到了，双手也不听使唤。我希望能马上去休假"。魏特琳病得很重，不得不于两周后返回美国。在返回美国后被诊断为严重抑郁症。回美约一年后，1941 年 5 月 14 日，她在美国印第安纳州的寓所中，以抑郁症病人的典型方式结束了自己的痛苦，也结束了自己宝贵的生命。我想，她的病得不到有效的治疗大概与当时治抑郁症的有效药物还没有开发出来有关吧。

魏特琳在传教其间对需要帮助的中国人民所作出的舍命相助，就是在今天，在一些美国名校学生热衷于去非洲等国做义工的今天，也是很难让大家望其项背的！

我本人不信教，却很敬重真正有信仰的人。在我眼中，美国的普世价值观也有着信仰的痕迹，人们会去追求内心深处的幸福感，而不是表面的名和利。魏特琳的人生取向与这种普世价值观交相辉映。

任何名声地位之类的东西在其面前已黯然失色。

当汽车快驶入魏特琳的墓地时，我们三人都不约而同地问道：生于伊利诺伊州，死于印第安纳州的她，又为何被葬到了密歇根州呢？后来，我们所能找到的答案是：魏特琳在世时为中国人民“鞠躬尽瘁”，离世后终于死而后已了。魏特琳是雪柏镇的一个家族的姓。魏特琳的墓碑旁边还紧靠着两个同姓的墓碑。根据这一外景，她像是被接回了娘家。这种观点后来得到了某方面的证实。

在听说附近的 Berry 殡仪馆可能有较多的信息后，我拨通了 Berry 先生的电话。从电话的那一端，Berry 向我介绍了一位雪柏镇的居民富兰克，并明确地告诉我，魏特琳是富兰克的父亲的姑妈。他还告诉我，几乎在每年魏特琳的祭日，都会有一位绅士，到魏特琳的墓碑前放上许多玫瑰花。富兰克会知道这位绅士是谁！可惜，在手机迅速普及的今天，我得到的座机号码已经联系不上这位应该已年迈 67 岁的老人了。还有种说法是这块让人凝重的墓碑是教会为她立的。但无论如何，所看到的，所听到的，所感到的，还算让人欣慰。最重要的是，正如她的墓碑顶上那让人刻骨铭心的四个汉字“永生金陵”所表达的，魏特琳已经在金陵得到了永生。

我们还了解到，魏特琳的墓地享有买下后一劳永逸的待遇。即费用一次性交清，以后的管理费用由当地纳税人负责。墓地的清理工作是一年一次性的。由于所有的来人都很自觉，墓地看上去整齐干净。我们还亲眼看到有来访人在为花儿浇水。千人小镇雪柏镇和盐河公墓远离大城市，环境优雅安静，魏特琳的墓坐东朝西，背靠大树，可以安然地远眺着万哩之外南京的方向。当阳光穿过随风摇曳的树叶，柔和地洒落在墓地上时，好像有人在娓娓地说：安息吧，魏特琳。

有人说：历史可以是个任人打扮的小姑娘。我想说：历史也可以是一幅众人笔下随着时间在无限伸长的画卷，每个人都可以为之加上自己的一笔。在众人的笔下，魏特琳的历史形象将会越来越清晰。

有人会问：当年，魏特琳，一个普通美国青年，为何会做出这样一个为帮助中国百姓付出生命也心甘的选择？我也在问同样的问题。直到今年 10 月 16 日，看到通过美国举办的中国论坛的电视直播。我亲耳听到吉米.卡特总统提及他与邓小平 1979 在美会谈的内容。其中有这样一段对话：……邓小平问卡特总统："中国能帮美国做些什么吗?"卡特总统答道："能否开放宗教?因我小时候心目中的英雄，就是去中国的传教士！"听到这里，我有一种恍然大悟之感。这去中国当传教士的使命是不是形式上为了宗教，实质里为了少时的一种理想或一种追求?!而这种追求又岂能不是当年促进卡特总统开通中美外交关系的动力之一呢?!

一年一度的12月13日又来到了，让我们记住这七十七年前让中国人饱受耻辱的日子。也让我们记住那些为减轻中国人的苦难做了许许多多，献出了健康，甚至生命的外国人。

157. 关于“风云录”部分内容的质疑

王虹（66 届高三丁）

《南师附中文革风云录》今年四月在香港出版了。副标题为“全国第一中，全国恶斗纪实”，出版商是香港边缘出版社，忆库丛书三。

我的第一反应是：出版有些仓促。一些事情还没有弄清楚，或许等上几年再出书会稳妥些。这个香港出版社是否操之过急了？另外，即便送上了“全国第一中”的高帽子，也不要指望南师附中人会忘乎所以，默认自己是在“恶斗”。

风云录最初发表于南师附中老三届网站，后来有过多次修改，本书应该是最终的版本。这个最终的版本仍然存在着一些值得推敲的内容，这些内容本应通过公开的平台进行讨论，以期达到求真和完善的目的。现在，即便“米已经煮成了饭”，仍然有必要针对这些内容提出质疑，期盼此书再版时，能够有所改正。

第 74-77 页

【】内的文字，为书内相关内容；分段 1～8 是便于说明。其他文字是我的说明及质疑

1.【早在 1966 年 9 月 29 日，高三丁的部分男同学成立了“红色挺进队”，当时对外没有正式公开，12 月 2 日“红色挺进队”改名为“红色野战军”。高三丙班同学在 11 月成立了井冈山革命造反总队（井冈山）。这两支队伍在 11 月和 12 月初是反“血统论”的

主力。】

红色挺进队是12月1日回到校园的，不能够说在11月份是“主力”。这儿的几个时间点可以为下面提供参照。

2.【李丹轲、翁毓菲和石笑海三位女同学，原先是红色造反军的红卫兵，并一道外出串联。9月底，她们从北京大串联回来，来到学校东三楼的红色造反军总部。】

三位女同学9月下旬回到南京，同实际情况应该没有什么出入，她们参加了9月15日那次毛主席的检阅。她们曾于8月份先后参加过造反军也是事实。通过与翁、石二人的电话联络得知，她们在串联之前，就已经先后脱离了造反军。按照常识，9月下旬回到学校后，她们二人应该不会有立即去造反军军部的冲动。于是，三人一同去造反军军部就值得怀疑了。这是质疑之一。

3.【看到在楼梯拐弯处的墙面上贴着“老子英雄儿好汉，老子反动儿混蛋”、横批“基本如此”的大幅对联，她们觉得不正确，就找到红色造反军头头刘迎胜理论。】

本来从外面串联归来，心情还不错，首先想到的是到造反军军部报个到，于是看见了这幅“对联”。这段记述，让人觉得她们（暂且用“她们”）似乎是初次见到这副对联，陌生得很。其实8月份，她们就已经是造反军的成员，那时候这副对联在南师附中满天飞，无人不知，无人不晓。造反军军部的墙面贴有对联也很正常，不正常的倒是她们当初怎么会视而不见？当时，何纪宁等六位高一同学以及高三丁的李得宁，都曾勇敢地贴出过批判“对联”的大字报，并且受到过围攻。对此，她们不会也不知晓吧？那么，经历了血腥八月的洗礼，9月底又从外面串联归来，风尘仆仆的她们，怎么会给人一种初来乍到、时空倒错的感觉呢？这是质疑之二。

再说，66年8、9月间“不正确”的事情多了去了，这副“对联”还真是算不上什么，基本上还是属于思想观念的范畴（这个可以商榷）。君不见那时候的“抄家”，“斗黑七类”，“斗教师”，“斗同学”？那个才是暴行，才是迫害！当时造反军要抄高三丁钱南秀家的事情，作为造反军的一员，李丹柯事前是知道的。她避开了抄家的行动回到浦口去了，说明她是有想法的。可是她也没有公开地表示反对，这可能与当时的氛围有关。

4. 【李丹轲说，这个对联有问题，这是封建主义“龙生龙凤生凤，老鼠生儿打地洞的“血统论”思想，不利于团结大多数同学，并举了一连串家庭出身剥削阶级，但本人却是英雄好汉、革命领袖的实例，辩论中三位女同学明显占上风，刘迎胜就拿三位女同学的家庭说事，甚至说出：“你们砯不了什么干部子弟”之类的话，旁边还有人帮腔说“你们充其量只能是修正主义干部子弟”。三位女同学十分气愤，争论得更厉害。刘迎胜一拍桌子就说：这副对联是纲领性的，你们没有资格说三道四，只要反对它，军部就开除！三位女同学也火了，就说：轮不到你开除，我们自己声明退出！】

既然是三位女同学在争论，怎么只见一个人在说事儿，而不是经由三人之口说出？况且此时说出的内容，早在 8 月 12～13 日，何纪宁（六人）、李得宁的大字报中就已经说出。风云录当然应该凸显最初的大字报内容，而不是后来的重复或模仿。另外，同样的话语在不同的时空，境界与分量也是不一样的。

如果说在 8 月 12～13 日质疑“对联”，那属于最高境界，最重的分量，那么在 9 月下旬，抨击“暴行”与“迫害”才是最高境界，才最有分量。当然，根据前面的分析，“三人”中的二人在串联之前就已经脱离了造反军，9 月底三人一同退出造反军是不符合实际情况的，所以这段记述自然也就缺乏真实性了。相比之下，何纪宁在 8.18 之后参加造反军，因反对自来红，反对“对联”，半个月不到又退出了造反军，那倒是一个实实在在的“退出”故事。请参阅南师附中老三届网站文章 254《“我们对红卫兵创立宣言的看法”大字报的前前后后》。

5. 【第二天，李丹轲、翁毓菲、石笑海写好了退出声明，从理论上批判了“血统论”，申诉了退出红色造反军的理由。退出声明就贴在红色造反军总部楼梯墙面的对联旁边。没过一天，声明就被撕掉了。

三位女同学又抄写了一份退出声明，贴到了大字报栏。并在原小店旁的仓库里成立了“从头越”战斗队。】请注意：“没过一天，声明就被撕掉了”这个细节。可是“声明”贴到了大字报栏后，却没有下文了。如果是这样，倒是提供了一个相反的，却同样值得注意的信息：即若干天内，“声明”在大字报栏没有被撕掉或覆盖。

人们的文革回忆往往是从感受最深的情节开始，然后顺着这个情节再延伸到前因及后果。我相信何纪宁等六人的大字报带给她们最深、最刻骨铭心的感受，或许不是在写大字报的时候，而是大字报贴出后引来的围攻——在教室中遭到“血统派”里三层外三层围攻的时候，还有六人中的秦志宁被红卫兵抄家的时候。同样的，李得宁的大字报被写上“反面教材，永久保留”，以及后来被抄家的情节，才是最刻骨铭心的记忆。与此相对照的是：李丹柯“三人”的“退出声明”贴到大字报栏后，就完事了，好像很不经意似的。这不符合南师附中当时的氛围呵！

前面提到 8 月下旬造反军抄高三丁钱南秀家的事情，李丹柯没有发出任何质疑或反对的声音，可能是缘于当时的氛围。那么 9 月下旬的校园氛围发生了根本性变化了吗？“三人”不断地将冲突升级，不仅将声明贴到造反军军部，还贴到了大字报栏，难道对于当时的校园氛围就没有一点顾忌了吗？怎么会让人产生前后“判若两人”的感觉呢？

其实，66 年 9 月下旬，南师附中仍然是血统派的天下，“对联”依然坚挺。“三人”回到学校的时候（按照“三人”的退出程序，她们最迟也要在 9 月 28 日赶到学校），正是被迫去六郎公社“挖阶级烙印”的同学返回学校的时间点。如果说 8 月中旬还有人敢于公开质疑“对联”，那么整个 9 月份已经听不到公开批评的声音。在这种氛围下，如果有人敢于在大字报栏贴出“以反对血统论的对联为理由退出造反军的声明”，对于那些刚刚“挖烙印”归来同学来说，那将是怎样地“激动人心”呵！

66 年 12 月，宋杰退出毛泽东思想红卫兵的声明之所以很震撼，是因为声明针对的是“暴行和迫害”。李丹柯“三人”的“退出声明”即便只是触及思想观念的层次，由于处在 9 月“对联”如日中天的氛围之下，还是会引起全校的轰动，成为头号新闻，同时也一定会受到血统派的围攻。为什么说会受到围攻呢？因为造反军很在意这件“事情”，所以才有“没过一天，声明就被撕掉了”这个细节。那么怎么会知道声明被撕掉了呢？极有可能的是“三人”中起码有一人，在当天至少又去了一趟造反军军部。这说明“三人”也很在意声明的后续反应。可是当声明贴到大字报栏，促使冲突进一步激化的时候，不仅造反军不再关注，也不见“三人”在周边的行迹…，一切都戛然而止了。

此时，高三丁的李得宁、王亮正在北操场“默默地”继续挖烙印，而班上其他的男同学正在“悄悄地”组建红色挺进队。直到 10 月 7 日“挺进队”离开学校集体去北京之前，谁也没听说校内有什么轰动发生，甚至连一点点“水花”都没有见到。在后来的两年时间里也没有听说有谁提起过这件“事情”。所以，“三人”的退出过程有太多的疑点，这是质疑之三。

这里需要搞清楚的还有：当时加入和退出红卫兵组织是否需要履行严格的手续，还是因组织不同而不一样，或许，根本就没有什么“手续”。如果一定要坚持办理退出手续，贴出个退出声明，那么可供选择的时间点并不宽裕。根据前面的分析，66 年 9 月底没有迹象表明有过这样的事情发生，再除去大串联的 10 月，那么剩下可选的时间点也就是 66 年的 11 月了，因为 12 月只有宋杰贴出过退出声明。如果真的是在 11 月贴出过退出造反军的声明，那也会有同学知晓吧？此外，造反军也应该知道社会上对于“对联”的抵制与批判，有些人也开始了反思。所以，即便是 11 月发生“退出声明”的事情，作为造反军的头头也不至于说出“对联是纲领性的”蠢话，因为那也不符合当时的校园氛围。当然，有一点是可以肯定的：如果在 11 月贴出“退出声明”，那绝不是“三人”所为，因为“三人”二次串联的出发与返校的时间并不一致，“三人”同去东三楼的故事无论怎么修饰也不能自圆其说。

6.【红联成立前红色野战军的宋杰到“从头越”战斗队交流，看到李丹轲等三个女同学比较孤单，提议大家联合起来。女同学都很认

同，响应了宋杰的提议，李丹轲、翁毓菲加入了红色野战军，石笑海加入了本班的反“血统论”组织井冈山。】

红联成立于66年12月16日。为了重创不肯承认错误的红卫兵组织，宋杰的“退出毛泽东思想红卫兵的声明”，也选择在同一天贴出，这是有历史资料佐证的。所以红联成立前“红色野战军”的宋杰到“从头越”战斗队交流的说法并不正确。准确的说法应该是：红联成立前“毛泽东思想红卫兵”的宋杰到“从头越”战斗队交流。

按照这一段的描述，李丹柯“三人”从9月下旬退出造反军，成立“从头越”算起，至12月中旬“响应了宋杰的提议”，再次从“从头越”全身而退，前后跨越了将近三个月的时光。可是，给人的印象却只有一头一尾的两次退出活动。那么，中间那个自己扒出来的时间大坑，总不至于是一片空白吧？

石笑海曾明确对我讲过，她从来就没有参加过“从头越”。66年国庆节一过，她便与弟弟外出串联去了。66年9月底那会儿也不是学生普遍成立组织的时候，只是到了66年11月中、下旬，部分串联的同学陆续回到学校，才开始成立组织。由于“三人”二次串联的路线及返校时间并不一致，所以石笑海（高三丙）串联回来后，加入的是自己班级的“井冈山”，这是一个合乎情理的过程，而不会是“响应了提议”的结果。至于她声称从来没有参加过“从头越”，或许说明“从头越”并非成立于9月下旬，而是成立于11月的中、下旬。若果真如此，对于“从头越”来说，9～12月的“那个大坑”的尴尬也就可以避免了。

另外，“从头越”战斗队虽说只有李丹柯、翁毓菲两人，却是红联的发起组织之一。一个自称坚持了近三个月的战斗队，却要在红联即将成立的档口“全身而退”了，难道这是“退出”的习惯使然？

其实，红联成立之前并不存在李、翁二人“响应提议”参加红色野战军的事实。只是在红联成立之后，由于翁毓菲去南京八二七工作的缘故，李丹柯才落脚于红色野战军。所以这一段的记述，瑕疵十分明显。

第 90-91 页

7.【红联的李丹轲参加了沙尧 3 月 2 日的亮相会，看到了沙尧的述职讲话，感到沙尧有明显的倾向性，偏向红色造反军，挑动红联与红色造反军的矛盾。于是，李丹轲就写了三评沙尧亮相的大字报：

“一评沙尧亮相 - 亮丑相”

“二评沙尧亮相 - 亮恶相”

“三评沙尧亮相 - 亮假相”（内容略）

由于李丹轲写了“三评”，被沙尧恨之入骨，不久，李丹轲在东一楼学校后门附近与沙尧碰面，沙尧说李丹柯是“恩将仇报！”】

这部分内容屏蔽了一个基本的史实：67 年 3 月 2 日校长沙尧亮相会之后，红联立即组织反击，委托红色野战军连夜赶写批判沙尧的大字报、大标语，以图在校园内造成一个反击沙尧亮相的态势。为此，红野的所有成员，通宵达旦赶写大字报，每人都有几份大字报、或若干标语入账。平心而论，临时赶写出来的大字报质量并不算高，主要是为了造势。李丹柯的大字报也就是其中之一而已。

如果明明是一个有组织的重要的集体行动，却被描绘成单打独斗的个人行为，作为南师附中文革风云录的记述，就值得检讨了。不错，校长沙尧对李丹柯恨之入骨确有其事。“恩将仇报！”的话都说到这个份儿上了，那么所谓的“恩”又是指什么呢？原来文革前夕，南师附中获得了一个培养政工干部的学校的入学推荐名额，沙尧在左思右想之后，最终将这个唯一的机会留给了李丹柯。按照现在的眼光，校长沙尧或许会面临滥用职权的指控，很可能被要求引咎辞职（65 届初三甲杨威森等校友被剥夺上高中的受教育权利的直接责任人也是沙尧。请参阅南师附中老三届网站文章 332“那年我终于参加了革命”）。

而在当时不需要通过高考，就可以上一个前景颇为看好的学校，沙尧对李丹柯可谓用心良苦。沙尧做梦也不会想到李丹柯会如此般地批判自己。以沙尧的为人，他怀恨于李丹柯也不奇怪。可是，以两人之间的恩怨，来屏蔽红色野战军作为一个组织的一次重要的集体行动，如此对待历史的态度让人难以苟同。就像 66 年 1 月 28 日晚间红野集体乘坐校车，向班级红卫兵索取“整同学”的黑材料的行动，不能描绘成单打独斗的个人行为一样，属于相同的道理。

第 159 页

8.【校革委会成立后，学校要求红联和红色造反军派学生留校，协助清理教师队伍的工作。68 年 11 月份学校成立了专案组，红联的李丹轲与红色造反军的程江江留校，参加了校一级的专案组，下面还有几个由教师和初中学生组成的专案组。有一次报来一个材料要李丹轲审阅、整理，说学校历史教师褚步程，是历史反革命，又是反党反社会主义的现行反革命，这样就上升到刑事案件。褚老师教过李丹轲历史，虽然面神经有毛病，说话肌肉有点颤抖、不利索，但觉得他讲课时很有爱国激情，讲到民族英雄的悲剧时，甚至会热泪盈眶，对这样的定性她实在接受不了。同时，她认为革委会中的军代表和工宣队成员对李夜光、鞠健等人的审查也很不客观。

从那时候起，李丹轲发现清理教师阶级队伍实际是制造冤假错案，觉得不能再干下去了，就找闵开仁申请不再留校参加清队工作，要去插队。闵开仁说，泗洪洪泽都去不了，只有最后一批插场名额，于是李丹轲去了东辛农场。】

这里的一些内容或许更适宜放到个人的回忆录中去。当然，如果能将同学们当时的各种思想和插队过程都记录下来也是一件很有价值的工作。

对于工宣队主导的“清理阶级队伍”，红联、井冈山的不少同学，采取的态度是避而远之，走为上策。风云录理应凸显这部分的内容（包括黄小娅的农村来信等等）。当时所谓的学生组织（红联、造反军等），已经没有任何实质上的意义，该走的已经走了，或正准备走。“学校要求红联和红色造反军派学生留校，协助清理教师队伍的工作”也不属实。工宣队确实希望有学生留校一段时间，以便协助工宣队工作。工宣队王保业队长也对一些学生有过要求（王队长也曾

“要求”过我），但绝不是要求红联等组织“派”学生留校。那时候谁能代表组织，谁能派谁呀？至于“被学校要求”留下来，甘愿去趟这潭子污水，完全属于个人的行为，与组织无关，也代表不了什么组织。一个简单的“派”字，能够让人在不经意中“公而忘私”，可见“一字之差”的确很有讲究。虽然如此，能够目睹清理阶级队伍的全过程，还是有很多内容可写（尽管这不是当初留下来的理由）。且最后一批同学离校的时间是在 69 年 4 月九大召开的时候，距大批同学离校有近半年左右的间隙。按照三年文革的说法，这最后的半年应该属于文革的“收官”阶段，也是加大整肃力度的时段。南师附中“专案组”经手的案例一定不少，远不止褚老师一个人的故事。除了专案，还有整肃的手段，具体的过程等等，都值得记述。这些故事也是风云录最为稀缺的内容。对于这段历史，需要按照“宜细不宜粗”的思路来进行记述，否则，藏匿于细节中的罪恶就难以得到历史的清算。按照现在一些教师的说法：那时候见到专案组的人就心慌。这里面又会有哪些不曾披露的故事呢？

以上是我对上述内容的质疑理由以及对于《风云录》的一些意见。时间过去近半个世纪，《风云录》记录的信息难免存在一些需要反复修正的内容。对于记述文革历史来说，确保信息的真实性是必须遵循的最重要的原则，宁可缺失，也不能够编造故事。因此，去伪存真才是我们面对历史所应该采取的谨慎而负责的态度。

2014 年 8 月

关于质疑三人退出造反军故事的补充：

当顺着“串联归来”的思路剖析故事本身的时候，人们发现，故事缺少适宜的时空载体。66 年 9 月以后的所有选项都不符合故事发生的环境氛围。故事在时空载体的对位上遇到了瓶颈。那么，为什么不可以突破一下原有的思维框框，反其道而行之，将故事发生的时空指向相反的方向——红八月！同时，将视线从凸显的一人移至陪衬的二人——翁越飞、石笑海?

果然，旧的框框一经突破，情况顿时明朗起来。依照翁、石二人的说法，去北京串联之前，她们就先后脱离了造反军。那么当时究竟发生了什么？她们为什么要脱离造反军？原来66年8月下旬，造反军搞了一次自身队伍的“清理”，对于红五类中成色不足的人员（类似“三代贫农”这样的成色）进行了“劝退”。翁越飞、石笑海都被框入其中。明明一向属于红五类，怎么在响应毛主席号召造反的关键时刻，却被排除在红卫兵之外了呢？委屈、不解、气愤，这些都属于当时自然的感受。翁越飞找到了同班的张沂，希望他能够从中斡旋一下，毕竟他俩比较了解。张沂说这个“清理”是受到北京红卫兵的影响，北京要厉害得多！翁越飞认为造反军在政策的把握上非常幼稚，但面对这样的现实也很无奈，只好以主动退出的方式脱离了造反军。石笑海的情况基本上也是如此。她们当时的以理据争，主要围绕着参加红卫兵的权利以及相应的政策把握上，目的就是希望能够继续留在红卫兵组织内。8月31日，毛主席又一次接见红卫兵的消息，促发她们产生了去北京“接受检阅”，顺便“讨个说法”的念头。这是8月下旬当时的实际情况。

根据这个实实在在的背景，再将李丹柯放入这个事件中去——她的情况与翁、石二人别无两样。三人再联系上高二丙的李远征，四人在9月初去了北京。在北京，她们发现京城的形势确实比南京更为严峻。经过十多天的奔走，甚至拜访了国务院接待办公室，峰回路转的希望却始终没有着落。那时正是京城的多事之秋，哪里有人顾得上解决“三代贫农”的问题？她们心中的压抑只能是有增无减。尽管熬到了9月15日的“检阅”，心中的疙瘩也无法化解。当人的内心充满压抑，对于外界的注意力就会大大降低。

这也可以用来解释，为什么一般人在接受了“检阅”之后会留下刻骨铭心的记忆，而她们对于9.15这个数字却模糊不清，甚至一度失忆。接受“检阅”之后，她们便心情沉重地返回了南京。人们可以想象，处于心灰意冷状态的她们，回到学校后是不会有结伙去造反军军部的兴致的，也不会有立即成立什么组织的念头，而会是尽快地换个环境，调整一下心态——回到各自的家。于是9月份的那个不合时宜的故事也就免了。

当事情的分析进入到这样的层次，人们会很容易地发现：事情正在一步一步地走向反面——“退出事件”并不是北京串联后带出来的结果，而恰恰是去北京串联的真正原因！所以，风云录的“退出故事”，理应将“倒错的时空”再颠倒过来，溯本清源才是。否则，将8月的源素材，来个时空倒错，本末倒置，在9月底的框架下重新登场，怎能不漏洞百出！

此外，9月的故事与8月的实际情况已经不是一般的风格迥异，情节相去甚远的问题，而是一目了然地面目全非！这已经完全不属于文革回忆的正常范畴，也不是可以归咎于记忆力所能搪塞得了的事情，而是凿凿实实地踏入“再创作”的区域。

结论：《风云录》的三人退出造反军的故事，是以66年8月下旬，三人因遭遇造反军的内部清洗，先后脱离红卫兵组织的事实作为“灵感”，在9月末的框架下，再创作的一个子虚乌有的东西。《风云录》原本应是一个严肃的、文革纪实的历史类读物。如果让虚构的、再创作的内容掺和进去，其后果不言而喻。

关于“三人”的二次串联及后续的补充

66年10月国庆节一过，“四人”再次决定去北京串联。这次翁越飞因返回了杭州老家，联络不上而没有同去，代之而行的是石笑海的弟弟。四人在离开北京之后又各奔东西，石笑海与弟弟去了武汉。当翁越飞节后回到学校时，发现校园已空空如也。于是独自一人踏上了去四川的旅程。

石笑海大约在11月中旬返回到学校，班上不少同学也在校园。他们在开水房附近的一间屋子内学习和讨论文革的事情，其间还有造反军的同学到场交流，但当时并没有成立什么组织。有一天，他们看到报纸上一篇重要的文章中出现了批判“对联”的文字，以及呼吁军队高干子弟要退出群众组织的内容。这样的表态，对于官方的报刊来说还是第一次。石笑海、钱迈期、柯惟中等同学立即决定再去北京，了解北京中学的最新动态。这次他们没有在京城过久逗留，情况了解后便返回了南京。成立“革命造反队”的事情，应该是在这之后了。

所以，11月份的“主力”之说仍然需要具体史实的支撑。否则，只能将11月的校园氛围，定格为（抗争血统论迫害）大潮来临前的“涌动”。

2014年9月

158. 硬汉许金达

南师附中老三届管理组

据悉：南师附中 67 届高二丁许金达同学因患白血病医治无效，于 2014 年 10 月 16 日在镇江去世。我们怀着沉痛的心情，在微信聊天空间悼念许金达同学。

周文虎（67 届高二甲）写道：

1968 年的许兄就已患上血液病。记得我们曾在下乡前到肿瘤医院看望他，仿佛就在昨天，那时他多么年轻、多么乐观啊。凭借天资与刻苦努力，他成为润州医院的资深医师，并把自身健康维持到 46 年后的最后时分，这真的是件很不容易的事啊，他就是我们附中校友里的抗癌明星！愿老同学一路走好，灵魂在天国安息。

生命诚可贵，健康价更高。同学们多多保重，珍惜当下时日，过好夕阳余晖下的每一天！

谭钢屏（67 届高二乙）写道：

许金达是我们的好同学、好朋友、好兄弟。四月上旬我们曾去镇江探望他，虽然是躺在医院的隔离病床上，但是他很坚强，很乐观。七月份电话中，他告诉我，化疗有进展，感觉好多了，我以为他还能再顶过去，很是高兴。

10 月 6 日，他在电话中有气无力地告诉我病情恶化了，因为是我的电话，才接了，一般电话都不接了。本想再约几位同学去镇江探望他，却没想到这么快就走了，感到心里很难受。许金达给我们留下了坚强的品格，乐观的心态。他顽强拼搏，直到生命的最后一刻。

愿金达兄弟一路走好，永远安息！

王虹（66届高三丁）写道：

2014年4月10日的晚间，许金达拨通了我的电话，告知他患上了白血病，正住在医院的重症监护隔离区。他讲述了文革66年8月下旬，南师附中高二丁班发生的那次“血统论迫害”的暴行。

2012年10月南师附中110周年校庆的时候，我们错失了见面的机会，但之后我们有了联系和沟通。我和吴小白准备对许金达作一次专访。可是当时大家都有事缠身，一时没能成行（许金达在镇江，我们在南京）。没有想到这个迟到的“采访”竟会在这样的情景下成行了。

1966年8月下旬，针对红卫兵的矛头指向同学，实施“血统论迫害”的行为，高二年级学生为主的“红旗”战斗队的大字报发出了不同的声音。“红旗”战斗队遭到全校红卫兵的围攻，被勒令解散，其队部被砸、被封。陈光炎、谭钢屏、许金达等主要“红旗”成员，都受到了迫害，他们都是硬汉。8月27日上午，正值许金达在高二丁教室遭受毒打之际，王燕虹同学从外面赶到，挺身而出，以一己之力制止住这场暴行。这一幕，历史没有忘却。

许金达68年所患的疾病是再生障碍性贫血，当时高三丁董炜同学也知道他的病情。许金达后来奇迹般地康复了。以后在国外，他又经历过另一次致命疾病的磨炼，这次应该是第三次了。在与病魔的抗争中，许金达同样是一位硬汉！许金达在生命的最后时刻，没有忘记我们之间的承诺。他在南师附中的文革记忆中获得了永生。

胡崇海（64届校友）写道：

敬谨致哀。

王瑾（66届高三丙）写道：

看了许金达事迹感动，想到文革遭迫害的同学和教师，心情即沉重起来。

戴相陵（66 届初三丙）写道：

许金达学长的生平中，至少有两条，可列为抗争邪恶的硬汉。

一是早在 1966 年 8 月，就敢于抗争血统论迫害。二是与绝症抗争 46 年，是绝症生还者的楷模。

学长一路走好！

虽然生前不曾谋面，但在将来的另一个世界，学弟相陵一定登门拜访致敬。

159.《南师附中文革风云录》风波之由来

王虹（66 届高三丁）

2011 年 7 月，某知名网络电子杂志编辑部发来约稿函，希望征集有关文革的文章。我征求了附中几位同学的意见，最后吴小白答应尝试一下，将南师附中文革中发生的事情连成一部较为完整、详细的记述。经过吴本人的努力，以及同学们的支持，《风云录》的初稿于 2012 年 3 月完成，并在南师附中老三届网站刊出。《风云录》受到广泛地好评，修改与补充的工作也在继续之中。

可是看到吴小白发来的电子版本 3（2012 年 9 月 8 日），却让人感到了一种从未有过的疑惑——许多内容严重失实！在发给吴小白的邮件中，我一一列举了这些内容，希望能得以纠正。这些内容在后来的版本中虽然有所修正，但版本 6（2013 年 8 月 2 日）仍然保留了不少这样的内容。从版本 3 到版本 6 的修改过程，还让人感到了一种于内容之外的不安：一些所谓的回忆带有明显的虚构与创作的倾向。我下意识地觉得有人在误导着作者。吴小白承认李丹柯（66 届高三丁）介入了《风云录》的修改。

我不能认定自己的记忆就是完全地正确无误，当然也不能默认李丹柯添加的一些内容就是史实。所以我向吴小白建议，让李丹柯将她添加的内容写成回忆文章，在老三届网站贴出，利用公开的平台，让更多的同学来参与评判。按时下的说法，就是站出来“走两步”。

当然，这里面还有另外一层的考虑：即事出要有因。否则，吴小白或许要承担不实内容的完全责任了。为此，我于 2013 年的 8 月向吴小白（包括一些同学）做了说明，希望这个问题能够妥善地得以解决。然而，含有争议内容的《风云录》却于今年 4 月匆匆出版了。

我还没有看过《风云录》这本书，也没有阅读到该书的电子版本。有关《质疑》文中使用的资料，还是通过他人的邮件获取的。我不能确定书中是否还有其他类似的内容。此外，即便有部分不实的内容，因我的坚守而没有出现在《风云录》书中，但这些内容与已经披露出来的不实内容，仍有着一定的关联。

所以，将所有不实的内容做个彻底地清理，对于这个“风波”的过程会有一个完整的认识。关注的重点是版本 3 的内容，以及版本 3 到版本 6 的变化。《风云录》中有争议的内容仍然放在【】内，并附以编号。

1.【在大串联过程中，两个反“血统论”的学生组织的成立，对南师附中以后的运动影响很大，这两个小组织就是“红色野战军”和“从头越”战斗队。】（版本 3）

“从头越”战斗队确实不大。目前能够确认的成员只有李丹柯、翁越飞二人。从头越么，也有从头再来，重新超越的意思，即被迫退出造反军后，重新再来的意思。组织的名称基本框定了成员的身份，起码是组建者的身份。经过分析，“从头越”多半是大串联结束后的 66 年 11 月～12 月间成立的组织，因而在“大串联过程中成立”的定义不够准确。至于对文革运动的影响么，需要史实的支撑。

红野最初的名称是红色挺进队，是在大串联之前的 66 年 9 月底成立的，所以也不能说是在大串联过程中成立的。作为红色野战军的成员，我也不能够说该组织会对运动有多大的影响，话不能够这么说的。所以，我提到“革命造反队”（井冈山）。在以后的版本中出现了“井冈山革命造反队”，替代了“从头越”。

2,关于李丹柯三人退出造反军的故事，在《关于“风云录”部分内容的质疑》(以下称《质疑》)一文中已经有了详尽的分析。这里只是指出一点内容的不同：【第二天，刘迎胜撕掉了三位女同学的退出声明】（版本 3）

而版本 6 在这里作了模糊处理：【没过一天，声明就被撕掉了】。因为若要说清楚“退出声明”是由具体人撕掉的，必然会增添举证的难度，所以也只好淡化了初衷。当然，《质疑》一文，已经敲定了这个“退出故事”属于子虚乌有的蹩脚创作。

3. 关于“从头越”响应宋杰的提议，参加红色野战军的内容（版本6）。在《质疑》一文中也有说明。

据我所知，如今李丹柯本人对当时“响应提议”参加红野也是矢口否认的。那就奇怪了，总不会是吴小白自己凭空臆想出来的吧！这就涉及上述的“事出要有因”的担忧了。

4.【看到在批判“血统论”的问题上与红色造反军不可能达成一致，由李丹柯提议，主张反“血统论”的各学生组织于12月12日晚上，在红色野战军队部开会。会上提出了反“血统论”组织联合的主张，以应对当前的局势。在会上大家情绪振奋，准备迎接今后面临的挑战。】（版本3）

必须一提的是：66年12月12日晚间的那个会议信息，还是我从李得宁（66届高三丁）的箱子底下保存的文革资料的影印件中发现的。在此真要感谢李得宁，还有他的箱子。说实话，若不是有白纸黑字的记载，恐怕真没人能够记得住那次会议。我将这个信息及时告诉了吴小白。没想到李丹柯接手的速度更快，说是由她提议召开了那次会议，会上还提出了联合的主张。

我想说的是，联合是当时的形势所迫，是大家的共识！不是在“会上”提出联合的主张，而是“会前”就有了联合的要求和共识，大家才召开了那次会议。1212会议上“只是”落实了联合大会的具体事项，诸如时间、地点、主持人等等。其中最重要的事情，是尽量让更多的同学参加红联的成立大会。所以才预留了4天的时间，确定12月16日晚间七点在高三丁教室召开红联成立大会。在同学们发自肺腑的，迫切要求联合的“涌动”面前，任何“个人”的提议都显得苍白而多余！

吴小白根据我的意见，在版本4中剔除了李丹柯提议的内容。然而“个人”提议的偏爱却依然呈惯性，版本6中借了个马甲又卷土重来：

【由于刚成立的各个班级反“血统论”的学生组织，力量分散，不便采取统一行动。由宋杰提议，得到张三力、王虹、李丹柯、何纪宁、周正珑、赵生易等几个战斗队的核心成员一致拥护，赞同将全校主张反“血统论”的各学生战斗队联合起来，以形成强大的组织力量，平时各自为战，紧急情况统一行动应对当前的局势。

12 月 12 日晚上，主张反“血统论”的各学生组织在红色野战军队部的高三丁班教室开会。会上通过了反“血统论”组织联合的主张，以应对当前的局势。在会上大家情绪振奋，准备迎接今后面临的挑战。】（版本 6）

版本 3 中，联合是由李丹柯提议的，属于“独角戏”。到了版本 6 换成了由宋杰来提议，更像是“二人转”。还得到了张三力、王虹、李丹柯、何纪宁、周正珑、赵生易等几个战斗队的核心成员一致拥护（混声小合唱）。这儿没有交代“提议及一致拥护”的具体时间与地点。根据前后文对照，应该不是 1212 晚间的那次会议。难道 1212 之前还有另外的一场专门针对“提议及拥护”的会议？

当时宋杰还没有退出北操场毛泽东思想红卫兵，应该属于“血统论”学生组织。由属于“血统论”学生组织的宋杰，于 1212 之前，在“反血统论”学生组织参加的一次会议（时间、地点都不确切的会议），提出“反血统论”学生组织要大联合的提议。这样的“文革记忆”不免让人匪夷所思。

且不谈“一致拥护”——这句体制内的行话是如何地令人不快，那些一致拥护的人们，是否也是确确实实地“到场”了呢？李丹柯或许是“在场”的，尽管她退居到了二线（上次是由她提议的么，算是站到了第一线）。而何纪宁、周正珑、赵生易三人肯定是“不在场”的！何纪宁当时还在步行串联的途中，直到 12 月 16 日红联成立的当天还没有回到南京呢！周正珑也是红联成立之后的一个星期左右才参加红联的。赵生易虽然参加了红联成立大会，并且在会上初显“铁嘴”本色，会后成了高一年级的红联召集人。

但在此之前，绝对没有参加 1212 会议，以及之前的那个“一致拥护”的不确切的会议。如果我的记忆没错的话，1212 会议应该是具体落实联合事宜的会议。

5.【宋杰9月初加入北操场思想兵，但在9月份北京串联之后，看到社会上对“血统论”批判的大字报，回来后立即申明退出北操场思想兵，与班上（高三丁）同学一起成立了红色野战军】（版本3）正如我前面所述，9月底班上（高三丁）的部分男同学成立了红色挺进队并集体去串联（一行10人）。

11月10日串联到广州后，余仲华等人偶尔在文革传单中看到有野战军的称谓，于是建议返宁后将挺进队更名为红色野战军。挺进队的同学约定12月1日返校后，第二天便打出红野这个旗号（至今还保有着旗帜的残缺部分）。在红联成立前夕，红野为壮大队伍曾设法拉毛泽东思想红卫兵的宋杰入伙（或曰策反）。如果我的记忆没错的话，当时是由我出面与宋杰沟通的，结果一拍即合。宋杰的退出声明选择了红联成立当天的12月16日贴出，就是为了用重磅的组合拳，痛击毛泽东思想红卫兵。版本3的这段不准确的文字，在后来的版本中应该得以修正了。

6. 关于李丹柯三评沙尧亮相的大字报。在《质疑》一文中已作了说明。版本3最初还有这样的一个内容：【沙尧是睚眦必报，以后多次阻碍了李丹轲工作的迁升。】我在给吴小白的邮件中指出：《风云录》写入这样的内容极为不妥。以后的版本再没有出现这个内容。

7.【当时红总错认为李丹轲是曾邦元的秘书，为获得八二七的情报，要抓李丹轲。其实是红总搞错人了，翁毓菲曾当过曾邦元的秘书，由于两人都是小个子，瘦瘦的。红色造反军刘迎胜就带人到浦口去抄李丹轲家，正好李丹轲到北京避难去了，没有抓到。】（版本3）

说实话，看到上面这段文字，我差点没晕过去！这个内容应该比前面“三人退出造反军”的故事还要荒唐。我告诉吴小白，文革中没有听说过“刘迎胜抄李丹柯家”的事情。于是这段内容后来被修改为：

【为获取八二七核心情报，觅取“揪许”的爆炸性材料，红总将李丹柯误认为曾邦元的秘书翁毓菲，指使红色造反军抓捕李丹轲。造反军负责人决定派人到浦口李丹轲家“请”她来交代情况。这一消息被红联高三乙班戴佐农同学获悉，紧急赶至浦口通报，李丹轲于8

月 6 日当天坐夜班火车到北京避难。】（版本 6）

姑且不去评判这个特定的具体内容，居然可以作如此大跨度的变动（从抄家，抓捕，到“请”可不是一码子事儿呵！），先从内容的可信度入手来做一番剖析。这段文字出于何人之手是显而易见的，局外人无法写出如此内情。可是“当时红总错认为李丹轲是曾邦元的秘书”，这句中的红总指的是什么人没有交代，完全是一个虚的内容。所以，若要分析这件事情就只能避虚就实，否则顺着给出的杆子爬，是没有结果的。

值得注意的是：李丹柯显然误认为曾邦元的秘书就是翁毓菲了，见上文“翁毓菲曾当过曾邦元的秘书”。我在文革中曾亲耳听过李丹柯的“秘书之说”。当时翁毓菲的八二七办公地点就在南京大学校园内，而且她确实在秘书组工作。李丹柯想当然地就认为翁毓菲是曾邦元的秘书了。可是李丹柯没有弄清楚翁毓菲所在的八二七是南京八二七，而不是南大八二七。即便同在一个校园内，又都是八二七（仅一字之差），却是不同的两个群众组织。对于李丹柯来说，当年搞糊涂的事情，如今依然糊涂，自已糊涂之余，还误导他人。相信当初被误导的不止我一个。造反军若真有什么非分之想的话，那也一定是李丹柯的原创所致。但话又说回来，“当事人”之一的刘迎胜是李丹柯初中的同班同学，又曾经与李、翁（越飞）二人同为造反军的战友，据说还是李丹柯加入造反军的介绍人，并且还有一年前“三人退出故事”中的翻脸。即便“两人都是小个子，瘦瘦的”，刘迎胜的智商也不至于在一年不到的时间，就滑落到将李丹柯认作翁毓菲的地步，这不明摆着是在踩乎人嘛！

“刘迎胜就带人到浦口去抄李丹轲家，正好李丹轲到北京避难去了，没有抓到”，这句话的内容充满矛盾。抄家与抓人，不是同一个概念，当事人不在场，也不影响抄家呀。八月红卫兵抄同学家的时候，常常是趁同学不在场的情况下，才下手的。怎么会由于当事人不在，就打道回府了呢？还正巧李丹柯去北京避难去了，又是避的哪门子难呢？

为了自圆其说，版本 6 做出补充：正是由于这次的抓人行动走漏风声，李丹柯于8月6日夜间仓皇出走避难。这里既有具体的人证，还有具体的时间与大致的火车班次。估计这件事不会再有他人知晓了。而且，由于戴佐农同学过早地离世，事情无法去确证。可是，拿逝去的同学当作垫背的手法，人们会没有感觉吗？

尽管我将自己的看法告知了吴小白，但这个内容还是继续出现在后来的版本中，正如“三人退出故事”依然在《风云录》亮相一般。毕竟我只是作了逻辑的分析，并没有拿出有力的证据。而李丹柯于67年8月6日夜间仓皇出走，或许真有其事呢！毕竟能够精确到某年某月某日某个时辰的记忆，对于李丹柯来说并不多见。

直到今年9月，在与翁毓菲的电话中才得知：造反军要捉拿“曾邦元秘书”一说，或许并非空穴来风。只是，“避难”的主角不是李丹柯，而是翁越飞本人！翁毓菲文革期间虽说是在南京八二七行走，但仍然住在南师附中的宿舍。大约在67年6月～7月间，翁越飞听到红联同学的传话，说是造反军要抓她。当时的消息是否可靠不得而知。李丹柯也是住校生，她俩的关系又非常密切，自然也会知晓这件事情，甚至不能够排除传言者就是李丹柯本人。三十六计，走为上策。翁毓菲于是搬到南京八二七的大本营玄武湖去了。所以，造反军即便有这个抓人计划，也只能泡汤了。

根据造反军于67年6月联络上“反许（世友）”的省军管会副主任杜方平，8月2日在市区各大广场贴出反对许世友的大字报、8月7日参与冲击军区看守所，抢出孙海云的行动、8月21日杜方平再次接见造反军的负责人，直至9月4日还在张贴“肖望东揭发许世友”的大字报等一系列表现来看，6月～7月间想抓翁毓菲的计划，不能说没有一点儿可能性。翁越飞说出来的事情本身，应该是一个真实的故事。

当真实的故事浮出水面的时候，人们自然会对“八月的仓皇出走”失去兴趣（如果刘迎胜在67年的6月～7月间想抓翁毓菲的计划泡汤，转而于8月上旬再去抓“翁冠李戴”的李丹柯，那样的行为显然已经不属于智商的范畴）。不仅如此，人们还会联想到之前的“三人退出故事”。两个“作品”的创作手法何其相似！都是隐去真实的故事情节，并将真实的故事作为再创作的“灵感”，然后在另外的时间点，虚构出一个漏洞百出、面目全非、十分荒唐的“新故事”。

前面提到的关于“提议联合”的故事（内容 4），也是以 1212 会议为“灵感”，编造出来的虚构故事。从“三人退出故事”到“八月仓皇出走”，主要角色倒是非常地集中（十分符合创作的要求）：李丹柯、翁越飞、刘迎胜。

另外还有特色：真实的故事总是由翁越飞说出来，虚构的故事总是由李丹柯再创作，而对立面总是不变的刘迎胜。这样的故事看多了不免会产生审美疲劳。另外也会让人有所疑惑：为什么总是会有刘迎胜？

以上便是“风云录风波”呈现出来的基本观测点。个人以为，《风云录》的编辑过程，应该有别于侦破小说。以上述的方式介入《风云录》，让读者去绞尽脑汁，如同破案一般，显然不是在扶正作者，而是实实在在地添乱。

160. 花甲奔古稀的微不足道

戴相陵（68 届初三丙）

文革已经过去了近 50 年了，南师附中老三届的同学，除了英年早逝的，也都是花甲奔古稀的人了。花甲古稀，我们该看淡什么、追求什么？

文革前期，斗走资派，每个群众组织是必须的，否则就难以生存。尽管在今天看来，斗走资派是瞎折腾，甚至是罪孽。当年的红联也不例外。但是，红联旗帜鲜明地对抗血统论和用血统论搞政治迫害，对这点的肯定，也是必须的。这是因为，血统论是违背人权普世价值和原则的；搞政治迫害更是反人类的邪恶。

于是，要旗帜鲜明地肯定在血统论肆虐的八月，我校的那两张抗衡大字报，尽管出于不同家庭出身同学的手笔。我一直赞赏他们的当时的思想境界和勇气。当然，对红联中反血统论的后起之秀们，我也刮目相看。因为，自揭伤疤，我当时连加入红联的勇气都没有。

以下是我近 50 年后的“一点通”，与诸位商榷。

首先，南师附中的文革前期，是全国十年文革的沧海一粟，甚至可以说是微不足道的。其次是，在这微不足道中，谋求个人的名分和声誉，意义不大，尤其是我们这群花甲奔古稀者。最后，如果为了微不足道的名分和声誉，去编造历史，误导作者、读者，我认为不值。花甲奔古稀之年，想追求个人的境界升华，无可非议。但不要为此活得太累。

我在试图客观地解剖自己的文革前期。解剖自己，就得把当年自己的所作所为所想，准确地回忆、撰写出来。如果每个人都能按个人角度，把所见所闻写出来，一本真正的本校的文革初期史的撰写，也不是不可能的。所以在支持王虹对历史严谨的态度的同时，我着重在写自己个人的文革初期纪事。很可惜，1967 年 5 月以后我就逍遥了，日记里没有多少实质性的东西。现在头脑里，只能回忆出以下几条个人参与的项目。

1967 和 1968 年的国庆游行

1967 和 1968 年的陆朗三夏劳动八二七中学分会一周年的游行

1968 年省市革委会成立的集会

1968 年春夏陈继贵领导的红联沙尧专案组的外调和定案企图等等。

写多少是多少吧。

161.《松园旧事》

——中国二十世纪的《清明上河图》

钱迈期（66 届高三丙）

前些天，上华夏文摘，可看的文章都看完了。还有一篇，题目不太吸引我，我也没有注意过这个作者，汪晶晶。但是，也有标题看起来不起眼的，但是文章确是非常精彩的。当我漫不经心地点开“汪晶晶：啊！L老师！”时，是不太情愿的。好在，我在机场，无事做。

可是，当我读开头以后，不由得我拍凳叫好。这篇很短的文章描述了一个高度残疾的老师“扭”上了讲台，让大课教室里第一次来听课的学生们的心都楸起来了。这个举手投足无一不艰难，连说话发音也像机器人一般地怪异的老师，让台下五、六十个学生都为他心痛、担忧、害臊、难堪。可是，当老师展开了他的讲课，他渊博深厚的学问功底，且虚怀若谷的雍雍大度，很快就震撼了所有的学生的心灵。全体学生都开始在虔诚认真地做笔记，唯恐漏掉一字珠玑。这就迫使老师痛苦地展开板书。当这个老师用让人很不忍睹的姿势写出了行云流水般的优雅板书时，再让所有学生的心震撼了一次。一堂课，就彻底地征服了所有台下的学子。这是多么了不起的一个挺天立地的汉子啊。可是这个故事的最后结局竟是，这个教师被逼离开了大学讲坛！

在短短数百字里，不仅仅文字流畅，优美，语言运用技巧高超，而且流露出来的思想，情怀，价值理念，是非爱憎，让我极其欣赏。文后说明是选自《松园旧事》第四卷《逝者如斯》。我直觉到，这将是一部与《如焉》类似的佳作。《如焉》我也是在三四年前，在华夏文摘上漫不经心地发现的。我立刻去GOOGLE搜索了《松园旧事》。这是由美国溪流出版社出版的。溪流？好熟的名字。我住的城市就叫溪流。我记起一个朋友好像就是在搞溪流出版社的。我立刻就给她打了一个电话，询问此书。果然是，得知，这本书共有四卷，才出了第一卷，《三柳湖畔》。她正好手上有一本，就被我立即买来了。

这本书一读，就让我爱不释手，虽说不是一口气，也可以说是废寝忘食了。那个时代，那样的家庭，那些遭遇，深深地打动了我，引起我强烈的共鸣。封底的内容简介说："小说以细腻的笔触，广阔的画面，革命时期的语言和真实的历史背景，通过女主人公亦叶跌宕起伏的人生道路和回肠荡气的爱情故事，为后世留下了一幅二十世纪后半叶，非常的革命时期中，中国社会各阶层栩栩如生的《清明上河图》"。确实如此。中国过去一个世纪的主要事件和社会发展变化，都通过主人公的家庭的遭遇与演变得到生动细腻的体现；特别是过去五、六十年的历史中的知识分子家庭的遭遇，极具代表性。

主人翁亦叶和一般孩子们不一样，从小就患有严重的哮喘病，经常被送急诊室抢救。幸亏有都是名医的父母竭尽全力，及时周到的呵护，一次一次地从死神手里夺回生命来。同时，亦叶也经常会看到同绝症病房的小朋友，从鲜活可爱到抢救无效，就在她身边死去。所以，"亦叶从小就不怎么害怕死亡和死人，这就是因为从懂事起，她自己就一直在死神身边徘徊"。从文化大革命横扫四旧开始到清理阶级队伍的这不到三年间，她见到了许许多多"壮烈"的死：她亲眼见到过手握主席语录，高呼誓死捍卫的口号，从对立派重重包围的大楼上跳下，摔得脑浆迸裂的学生；她自己也亲临过深入"敌后"撒传单几乎被射杀的经历；她亲眼见到过被古时代的长矛大刀捅穿身体，在血泊中高呼主席万岁的工人；她亲眼见到过在一次横渡长江的惨案中，数百名溺死在伟大领袖"不管风吹雨打，胜似闲庭信步"的地方的浮尸；她亲眼见到自家对门邻居，一贯对党忠心耿耿的教授伯伯，因牵涉为美帝研究细菌弹案的冤案，不愿连累无辜，毅然割断颈动脉，血流满地，从门缝地下淌出，沿着楼梯流下的场面；然后他的太太和岳母立即追随他，一起自绝于党，……文化大革命中，全家陷于天翻地覆、焦头烂额的困难境遇之中。父亲戴了好几顶吓人的帽子在劳动改造。最严重的一顶帽子是为美帝国主义研制细菌武器（解密后苏联档案，已晓明了这完全是共产党的谎言），残杀中国人民志愿军，因此被打断五根肋骨躺在急救病床上。母亲在所谓的斗批改学习班（其实也还是劳动改造）。健康的哥哥姐姐都在农村插队。家中只剩她和三个老人，奶奶、姥姥和数十年如家人一样的老保姆。奶奶已是风前残烛，靠她每天注射葡萄糖维持生命。亦叶自己随时随地带着应对哮喘的急救包，还要照顾不能自理，濒临绝境的奶奶和爸爸。娇嫩柔弱的小肩膀上，要担负着一家人生存的重担。好在从小就在死神的阴影中徘徊，对生死存亡的搏斗较量已习以为常了。“民不畏死，奈何以死惧之”。所以小小年纪（十五岁）的亦叶已炼成了一种与年龄不称的豁达安命、一种遇事不惊的从容和镇定。也颇知世故，颇有谋略，颇有城府。颇为聪明可爱，让人爱怜。

亦叶父亲，亦伯梅，在还没有被打伤之前，只是打入“牛棚”，天天劳动改造，清洁工的干活，打扫医院的卫生。亦叶心疼父亲，每天都去“牛棚”，帮父亲打扫。每天进“牛棚”之前，要先站在毛主席像前做一番自我批判：“国民党的残渣余孽，青红帮的头目，历史反革命兼漏网大右派，美帝国主义细菌弹案主犯，双手沾满新四军、革命先烈和中国人民志愿军鲜血的刽子手，帝国主义的大特务，亦伯梅的狗崽子亦叶，向伟大领袖请罪并请求探视”。所以，亦叶对自己的生活，或者政治定位是：“我每天上午在学校搞革命大批判；每天下午为爸爸当小牛鬼蛇神；每天晚上给老牛鬼蛇神注射葡萄糖液”。

在读到他们父女俩相依为命、相濡以沫时，真是催人泪下，我也不由得热泪盈眶，以至于老泪纵横。

我想起我的父亲。他总是套用林彪的话说，我们家在文革中的“损失是最小、最小、最小的”。是的。

我父亲在美留学时，因为他在钛合金工艺研究上的成果，成为四十年代美国机械学刊某期的封面人物。一有运动，这张照片就成为他为美帝国主义研制飞机导弹的罪恶证据。可是，他人缘极佳，尽管白天挂牌挨斗，晚上，还有食堂大师傅，100%的工人阶级，送鸡蛋挂面来压惊。有一天，他突然从牛棚跑回来了；那是从镇江回到南京！在他推开门出现时，给惶恐不安的家人造成的震撼，让我立刻想起伟大的俄罗斯画家列宾的油画《不速之客》。这幅画展现了一个流放者进入家门时，全家人都半立起身，凝固了，惊喜交集，悲欢无措，五味俱全的场面。从此，列宾的不朽名画叠着我父亲的影像，永恒地烙印在我记忆里。没有过几分钟，工宣队的人破门而入，不由分说地把他解押回去。（我一直没有明白事情的缘由）。看着他气还没有喘定，毫无分说，就立即被押出去，一个受人尊敬的教授，竟然像一只小鸡崽一样，任人提捉，毫无尊严。我和父亲一直对立，感情不和。可是，那时那景，我的悲伤和痛楚油然而起，眼泪夺眶而出，刻骨铭心……

这本书不仅仅是悲壮的、血腥的真实历史，也是一本充满智慧、充满哲理的书。让人深省，让人开朗。因为有智慧和哲理，加之冷不丁的黑色幽默（那年代的幽默尽是黑色的），也给人带来的很强烈、很深刻的愉悦和回味。

亦伯梅，在自己极其悲惨的境况中，仍然保持着的那种雍容大智的学者风范，度人救世的胸怀，告诫心爱的小女儿要“穷则独善其身，达则兼济天下”。由“独善”和“兼济”又引出了一串令人深思的故事。亦伯梅，正因为学自然科学的，他才更深刻地认识到，人类本身只是大自然的一部分。宇宙进化了多少年才产生了地球，地球进化了多少年才产生了生命，生命进化了多少年才产生了人类。“征服大自然”的口号是完全荒谬、愚蠢的。“万寿无疆”和“永远健康”都是不可能的。“怀着希望去漫步生命之旅是美好的。这种希望，这种美好只能依赖于宗教，依赖于一种超乎自然的力量，依赖于一种对人生有限的此岸世界有某种约束力的无限的彼岸世界。”亦伯梅虽然不信宗教，但他却认为“宗教对人这种既是大自然的产物却又是具有独立意志的生命物种来说，既是健康的，也是必要的”。一九四九年之后，“宗教在中国大地上被彻底消灭了。取而代之的在虚幻程度上完全可以和宗教比美的政治理想”。“对同志像春天般的温暖，对敌人像严冬一样冷酷无情”。由谁来决定谁是“同志”，谁是“敌人”呢？靠暴力控制的国家机器，肯定是要走向深渊的。

亦伯梅给亦叶讲了二战中遇到的一位德国神父的故事。这位神父说过一段意味深长的话：“重要和危险的，不在于你信不信上帝；而在于原本应由上帝占据的位置被一个你的同类，一个和你完全一样的肉体凡身，却自以为是神，也被你信奉为神的人所占据。那将是人类灾难的开始，末日的来临！”

亦伯梅给亦叶讲了一系列的唐诗宋词，其中犹以“横看成岭侧成峰，高低远近各不同。不识庐山真面目，只缘身在此山中”最富哲理。他谆谆诱导，殚心积虑地开拓小女儿的思路和胸襟。

我也是在老一辈欧美留学知识分子的氛围里长大的。从小就听知识分子的牢骚、调侃。他们很多人的友谊就是从留学开始的。不止一次地听他们回忆道，当时在冀朝铸的忽悠下，如何与美帝国主义作斗争，如何历尽风险地回到祖国.....那都是小学生时候的故事了。经常来我们家打桥牌的几个“反动学术权威”，给我印象最深有当时南京农学院的院长，罗青生，他是中国兽医学的鼻祖级的教授；有小麦育种专家，吴兆苏，其贡献写入了美国五十年代的教科书，他太太是微生物学的权威，且人生得极美，并被共产党当作政治花瓶捧起来；夫妇俩都是地理、测量界权威的李雪旦和陆绥芬。他们都是在自己的领域里，颇有各领风骚的才情意气和狂放不羁。让我一辈子记忆犹新的言论有吴伯伯关于“东风，西风”的高见。他熟读古今中外的名著，文学功底极高。我一直能记得，他，一边透过酒瓶底那样厚的眼镜，数牌，算牌，一边翻动着广东一带人特有的，厚厚的嘴唇，唾沫四溅地讥讽着：“什么东风压倒西风，哪里是毛泽东的发明。那是王熙凤说的”。他是一个口无遮拦的人，这话也不止在我家的牌桌上说过，所以，光为这句话就在文革中吃足苦头。在大跃进的时代，他们调侃各种各样的“创造发明”。有一次议论到什么“把鸡和马杂交，产生飞马”，大家哈哈大笑，兽医权威罗伯伯笑得拔出烟斗，大声咳嗽，几乎背过气去。对于水稻亩产十三万斤，更是嗤之以鼻。他们在牌桌上的嬉笑怒骂，像章诒和描写的那样，越是不让我听，我越是想听。虽然小孩子听得似懂非懂，但是对我而言，不俤是从小就启蒙了独立思考的习惯，就让我接种了抵御思想灌输的疫苗。加之其他各种场合的耳濡目染，也在懵懂中接受了普世价值的浸礼。

有一次，我在父亲的书桌抽屉里看到了一份注明保密级别的联合国的统计资料。那一看，让我一辈子也忘不了。就是数字：美国家庭平均每天用电是40度！中国的年青知识分子们，结婚后住在学生宿舍里，或者如小说中所谓的“鸳鸯楼”；走廊里乌漆抹黑，邻里经常为用电纠纷不断；市民们往往一个月就用几度电，还千方百计地把灯泡的支数减小，八仙过海，各显神通地去偷电；美国农业人口每人的动力配置是135马力！好阔绰，这就是一人一辆长春的解放牌大卡车(90马力)，再加一辆南京的跃进牌中型卡车(45马力)（那时，全中国只产这两种汽车），或者是一辆东方红履带式拖拉机，怎么开得过来啊！美国人平均每个月消费的糖，肉，奶，食油，都是我们中国人人均配给的几十倍，甚至上百倍！还有各个国家，地区，各种各样的数据，多了，都记不准了。反正是共产党自己印发的，不是阶级敌人的造谣。

不由得我不信。从此以后，对于究竟是“谁在水深火热之中”，我就持保留意见了。

虽然我从初中起就离开了家，但是这些数据，这种思维方式，精神上抗体，让我在后来的成长发展过程中，始终与那个党还保持着一定的距离。虽然我从来就没有什么大智大慧，先知先觉。但是，再怎么狂热，怎么糊涂，都不会丢掉道德的底线。事事都要坚持独立思考，虽然我那时的独立思考能力很有限，也很肤浅。可以不讲真话，但是不讲假话。对弱者保持同情。最起码，我没有以革命的名义做过亏心事，没有因盲从以至于留下终身的遗憾。我是初中班主任最喜欢的学生之一，因此文革中也受到压力要我批判老师。我始终想不出有什么可写，就是不写。

文革中有改名字的热潮，甚至姓都改了。亦叶的闺中好友美美，原名叫蒋达美。父亲是耳鼻喉专家，因为在会议上说：现在许多医生“随便给病人下美尼尔氏综合症的诊断。其实许多患者的眩晕与内耳无关，而完全是饥饿、贫血和营养不良造成的。”很快，就被以

“恶毒攻击社会主义”而定为“极右”。在批判会上，有人提问“为什么给女儿起名叫达美？莫非做梦都想达到美国?”其父急忙辩解是，“达到美好的共产主义”。没人信，只好改为蒋继林，因为美美生于斯大林的死日。到了文化大革命，人们批判这个极右分子居然敢姓蒋，不是从骨子里留念蒋介石?红卫兵勒令在 24 小时内改姓毛。于是，美美又改名为毛继林。工宣队进校后，点名时责问：“林副统帅是伟大领袖毛主席的接班人，应该是林继毛”……我们家孩子的名字都因父母的欧美留学而带有洋气，所以在文革中也遭遇改名的压力。我妹妹很革命的，早就改了一个很革命的名字。我因为坚持“独立思考”，要想通了再做的戆劲，就是不改。

书中写到，亦叶“觉得马克思、恩格斯、鲁迅的书其实挺好看的！比高音喇叭里整天播放的最高指示和两报一刊的那些社论，写得好多了！马克思和鲁迅把他们自己生活在其中的那个社会指责得一无是处，抨击的体无完肤。但是，他们的揭露和批判是冷静、理智、机敏且幽默的。完全不像今天的人们这般疯狂！最令亦叶惊讶万分也羡慕不已的是，马克思和鲁迅那样与他们所处的时代和社会为敌，他们两人没有死在统治者的屠刀之下，而是病死的！由此可见，万恶的旧社会，似乎比传说中的要仁慈许多”。其实，旧社会远比“新社会”仁慈许多。从“旧社会”过来的老人们无法理解这个疯狂的社会：就是“在国民党统治下的十里洋场，在日本人占领下的孤岛时期，也没有见过，这样蛮不讲理，无法无天的局面”。这个所谓“新社会”真是史无前例的黑暗，残酷。

从小看故事，在白区的“地下”共产党人如何从国民党的新闻报道中找蛛丝马迹，字里行间找真相。其实，只要有心，只要有独立思考的精神和逻辑思维的能力，同样可以在共产党的谎言宣传里解读到很多外部世界的真相和历史的真相。其实，这些谎言，如果没有暴力专制的维持，一天都混不下去，连小孩子都能看穿，就像“皇帝的新衣”一样。

亦叶在工宣传队长，李洁的家吃过一顿饭。李洁的小叔叔说，当初家里困难，没能让孩子多读书，否则哪能让他辍学进厂啊。全家人都沉浸在回顾往事的痛苦中。亦叶说工宣传队长的劳动模范父亲：“还真是英明”。大家都笑了，“英明”在当时是毛泽东的专利。亦叶辩解道：“真可以说是无比英明正确的”，否则现在也正好赶上上山下乡，哪轮到进学校去占领教育阵地啊。说得祖孙三代都破涕为笑了。我知道我父亲手下的中年教师中，有贫苦出身的红小鬼，老早参加革命，又经过抗美援朝，因为可靠被派来占领资产阶级的教育阵地；当了调干生，留了校，成了大学教师，到了文革，又变成要接受工人阶级、贫下中农的再教育了。什么荒唐逻辑！就是“毛泽东同志的伟大瞎说”。

那样的时代，那样的环境，虽然知识分子们的脊梁被打断了，但是，很多人的思想是无法改变的。就像章诒和描写的，当罗隆基告诉章伯钧，英国人把我们写进百科全书了，说我们是为了中国人民争民主政治。章伯钧老泪盈眶，唏嘘不已，“死而足矣，润之成全我们了。要不然，我们哪能进大英百科全书啊”。毛老头子不放心知识分子，其实是有道理的。所以，共产党要反复整知识分子，一次一次的运动，把知识分子的脊梁骨一次一次敲断，再一次一次地用狗的奴才骨接起来。把中国的知识分子彻底改造了。让钱学森，钱伟长这样的大科学家，都在卑鄙者面前低下了高贵的头，还学会了当线人，打小报告，至死都保持着恭顺的奴才心态。

如今，当权的是不用这样惧怕有知识的人了。多数的知识分子，已经彻底的犬奴化了，并和权力融合了，一样腐败，甚至更腐败。当权的都是这样的知识分子了。我亦很能体会到亦叶在入团的问题上的痛苦。为不会写入团书而苦恼，因为不愿意违心。她坦诚地宣布，无法“和这个世上给了我生命，又一次次地挽救我的生命的人”划清界限。交入团申请书时，亦叶完全没有其他年轻人“都有的那种羞涩、虔诚、亢奋、不安和激动，甚至连呼吸都没有加快”。回想我自己的入团，连宣誓的前，中，后，我也是一点也不曾激动。看到其他同学激动无比的，我想装也装不出来。当时真是恨自己缺少无产阶级，劳动人民的阶级感情和阶级觉悟。因为我的精神上抗体在起作用，让我永远疑疑惚惚地与党保持距离：你别又来忽悠我，什么鸡与马杂交成飞马，什么水稻亩产十三万斤。在毛泽东接见红卫兵时，看着老头子的敞篷车一闪而过，我不仅仅没有激动，相反，那一瞬间，毛老头子的坚毅、冷酷的面部表情，短暂飞快，果断决绝的挥手，突然给我留下了恐怖的印象，杀伐决断，一点也不慈祥。让我做了几个晚上的“狗崽子”的噩梦。后来看到，他的御医李志绥写的回忆。李志绥写道，在一次娱乐活动中，一个演员的孩子出了危险时，大家都心急如焚。可是，毛老头子一点都不动容，就完全符合了我恐怖的印象。我当然是完全对的，毛老头子亲手缔造的政权造成了中国人民九千万人命的灾难，真是罄竹难书啊，套用大批判的语言“罄南山之竹作笔，倾东海之水做墨也写不完”！

在“四.五”事件中，南大的学生在下关火车站，把纪念周恩来的标语刷在火车上，把烈火播向全国。当天早上，我和我的伙伴们把大标语刷在鼓楼广场的卫校的白墙上。当时，我就想刷“庆父不死，鲁难未已”，幸亏大家不同意，我也终究没有那个胆量。否则，我也可能早已“作古”三十多年了，或者是再造好汉一条了。所以到毛老头子死时候，我是直打心眼里高兴。在我心中呼喊了无数遍的“庆父不死，鲁难未已”，终于上苍开眼了，被老天爷落实了。在南京市鼓楼广场的毛老头子的哀悼大会上，周围一片哭声。听到华国锋用湖南腔说“学”字，听起来就是“XIA”。所以，“毛泽东同志的伟大学说”，听起来就是“毛泽东同志的伟大瞎说”。太对了！当时，让我几乎忍俊不禁地要笑出声来。

这本书对当时社会的描写之深入广阔，比如书中描写了在工宣队队长李洁家的那一顿饭，生动细腻，把那个时代人民生活的、人际关系、经济条件、物资供应表达得栩栩如生，很多，很多，俯拾即是。风趣的语言，历史的再现，让人忍俊不禁，玩味无穷。就是这些栩栩如生的，方方面面的细节，细致入微的文笔，才造成了这本书的震撼人心的力量。这真就是一幅中国二十世纪的《清明上河图》。

这幅《清明上河图》是史无前例的，血淋淋的。起码，这部《三柳湖畔》是浸透了鲜血的。

我想，即使是对被有意堵塞视听，对文化大革命已无从知晓的

80 后，90 后，读了这本书也会对过去的历史有一个生动的理解。对70 后，60 后，50 后，40 后，都会有振聋发聩，唤起“被有意忘却”的记忆的作用。

这本书肯定是不能被现在大陆当权者接受的。中华民族是一个灾难深重的，但又不长记性的民族。我等待着，后续的三部的问世，我希望它不仅仅是《清明上河图》，也将成为是中国的《静静的顿河》。

162. 归鸿何去

——怀念李远归

周文虎（67 届高二甲）

篇首语：历届已故校友名人荟萃，群星璀璨，今天我要介绍的这位老校友，毕生是普罗大众的一员，但他在特殊年代的知青人生，功课是圆满的。返城后他甘在基层，继续用勤劳的汗水书写人生，从不抱怨过往，其品格与不凡可与名人比肩。7 月 24 日是其忌日，让我们再次回首当年，和他共度片羽时光。

红叶黄花秋意晚，千里念行客。飞云过尽，归鸿无信，何处寄书得。泪弹不尽临窗滴。就砚旋研墨。渐写到别来，此情深处，红笺为无色。

——宋・晏几道《思远人》

“生者为过客，死者为归人。”近年来，我认识的老知青一个接一个离世。物伤其类，秋鸣也悲。

故人接连西去，心有戚戚焉，油然又思念起 2011 年突然离别、“归鸿无信”的一位插队泗洪界集的老知青。

162.1.“公今寿的革命自觉性很值得学习”

李远归身材高大，相貌堂堂，长圆脸，大眼睛，身体像他父亲一样伟岸，可体质并不佳，曾因肺结核病休学两年，在高二上学期来到了我们班上。原本 1965 届的他，一旦融入 1967 届甲班，便成为全班同学的兄长。他与我，一个最大，一个最小，但彼此相处融洽、忘却长幼，文革中虽分属不同的群众组织，但相安无事，从不发生龃龉。

文革前我们一起看过一部电影《大浪淘沙》，在这部电影出来之前我们还看过它的前身——革命回忆录《在大革命的洪流中》。记得远归曾与我议论过书中人物的命运，他认为，公今寿、朱道南、刘辉这些人当年和今天的我们差不多大，他们一步步走上革命道路，靠的是自觉性，这种自觉性很值得我们学习。

1967 年 11 月间，李远归和本班沈桓瑜、我，还有顾毅(初二甲)、曹世奇(高一乙)、姚五三(初三甲)等校友，曾经自发结队到江宁县陆郎公社小荷塘生产队支援农民秋收。我们自带粮票、伙食费，不要农民任何补贴，白天斩田、踏水车、挑泥、挑稻、打稻，晚上协助当地的农民文艺宣传队排练黄梅戏《江姐》并学唱戏里的唱段。那凌厉的冷风、肩头的重担，那悠扬的黄梅调，刻骨铭心，至今难忘。远归哈着腰趴在水车上车水的身影，如在昨天。那半个月的艰辛劳作，事实上成了日后下乡插队的尝试和预演。

162.2.“尽早成为他们中间的一分子”

1968 年 8 月 12 日，远归与我住在后山高中男生宿舍的同一寝室。早晨 4 点钟，他背起简单的行装上路，我送他到学校大门口，一路上有过如下对话：

“你先去找一个理想的地方，以后就在那儿落户了？”

“是的，如果能接受，回来转一下户口，就永远在那儿了。”

“为什么这么早下去，等到分配不行吗？”

“我觉得与工农相结合，不是或迟或早，也不是锻炼锻炼。我要尽早地与工农结合，尽早成为他们中间的一分子。”

“下乡后会有很多实际困难，如自己能否养活自己，你考虑过吗？”

“这些问题都能解决，农民还不是过来了吗？为什么我不能？

我要成为他们中间的一员，就要与他们同样的待遇。”

“你下去带饭碗吗？”

“不带，用他们的。”

拂晓前的月光下，他含笑与我挥手而别。由于惜别之情，回到宿舍后，我赶紧在笔记本上记下了以上对话，既作为留念，又作为自己思考的借鉴，因为我也面临下乡的问题。那时，校内已然弥漫着预期下乡的气氛，几个群众组织已有自行找地方插队的举动。金乐平、张人则去了井冈山，陈劲去了大别山，余本仁、戴佐农、谢鸿雁等甚至赶往内蒙去联系接收单位。

也许受盱眙县马坝公社1964年知青前驱方玉等“七十二贤人”的感召，远归他们想去盱眙，但到达六合后，专区跟他们讲，盱眙县革委会即将成立，为防止外来干扰，不准去。他们只得原路返回，去井冈山、大别山的也都铩羽而归。后来他们都不约而同地考虑到泗洪，因为这时与延安区（今鼓楼区）对接的泗洪县派来了干部到南师附中介绍当地农村情况。开会时我边听边记笔记，至今还记得“上塘的大米是贡米，用它煮稀饭，揭开锅盖隔壁香三家，粥面能揭七层膜。”还有归仁的空心挂面、双沟的大曲酒、重岗的苹果等等，让人觉得泗洪真是特产丰富，是个人间难寻的好地方。

其实，首批主动报名者大都有吃苦的思想准备，不用宣扬这些特产，一样是会去的。何况，校内还有许多同学选择到更远更艰苦的内蒙去插队。这不，校园里常听到清脆的歌声：“我骑着马儿过草原，清清的河水蓝蓝的天……”那种热切期待和豪迈之情何曾把艰苦放在眼里。

162.3.五男生约定组户首批报名

组建落户小组，关系到未来的知青生活，这是下乡前首先要考虑的。平日关系好的、印象不错的同学自然就走到了一起，自愿组成了未来的集体户。远归联系了本班的沈桓瑜和我，以及谭钢屏（高二乙）、汪学之（初二乙）。五位男生一起商议，约定组成一个集体户并首批报名。按远归的体质及既往病史，他完全可以留城，但他从来不提一个字。

这个五人之家中，最早出发的是谭钢屏和汪学之，他二位是 9 月 21 日随本校首批也是南京市首批下乡人马从浦口汽车站出发的“先头部队”，他们带着我的行李先行一步。首批人马主要来自南师附中和宁海中学，分别插队在泗洪县的界集公社和太平公社。我因为 9 月中旬在学校游泳池跳水伤了腰，治疗尚未结束无法成行，到 10 月 2 日伤情无大碍便独自赶到界集的吕岗十二队。

沈桓瑜因为“工宣队”留他在校协助工作，须延迟下乡。远归也拖迟了，可能的原因有三：一是身体需要治疗一段时间，二是需要时间回常州家中向父亲辞别，他的母亲朱锋（南京市结核病防治院党总支书记）年初在常州刚逝世不久，三是正好等候同一群众组织的战友一块儿走。

162.4.“越是艰苦的地方越是要去”

到乡下两天后，我就给李远归、沈桓瑜去信，如实叙述了两天来的生活实况。刚满 18 岁的我，思维很简单。下乡前听到许多同学说“越是艰苦的地方越是要去”，下乡后又听说县里把我们分到贫苦的界集，正是为满足我校同学要求分到艰苦地区的革命愿望，也是一种鼓励，我就以为大家想法趋同，谁都不会介意这里的穷困。在信中，我顾不上赞美这里空气新鲜、田野广阔，而是开门见山、直奔主题：艰苦的界集，正是一个锻炼人的好地方。通篇以苦为荣，盲目乐观，浑然不知天高地厚。

我写道：村里没有水井，村边没有饮水河，我们住在晒场上的队屋里，煮饭用水是从晒场上一口人工开挖的浅浅的土井里用瓦罐提溜上来的，一股碱味；头一年有米吃（专供知青），以后与农民一样，以玉米和山芋为主食。这里把玉米粥叫作大秫面糊糊，但碗中并无糊状物，如果不插山芋，那就真的是“洪湖水，浪打浪”了。

进队第二天我就上工了，是去南湖（这里经常发大水，管“地”

叫“湖”，南湖即南边的地里）割黄豆。午饭是队里做好让社员挑着担子送到地头的，一人一块大饼，饼上沾满草木灰，那是在锅膛里烘烤留下的痕迹。唯一的菜肴是现腌生辣椒，半桶开水不够大家喝的，纷纷到河沟里舀水喝……你们快来吧，来这里经受磨炼、接受考验，这里如同部队一样，是个大熔炉，能早日把我们培养成革命接班人。

我哪里想得到，一厢情愿的呼唤虽然恳切，却把许多人惊着了。这封私信被抄成大字报在校园张贴，冠名为《界集来信》。转抄者也是好意，为的是让准备下乡、正在选择下乡目的地的校友及时了解来自插队第一线的最新消息。结果，许多原先打算到泗洪插队的，一看到我的随意调侃字句“洪湖水，浪打浪”，纷纷改变主意，报名去了淮安、洪泽等其他县。至于去了其他县以后的境况又是如何呢，不得而知。如果生存环境不及泗洪，怨不得我，那是他们自选的；如果比泗洪好，那他们就要比身在泗洪的我们少吃一些苦，那我倒是在无意之中行了善，因为说的是实话，无形之中为他人的人生决策提供了真实资讯。

162.5.有两年休学病史，他却不留城

仍然有许多同学坚定地选择了泗洪，这其中就有李远归和沈桓瑜。那时节，我已读过贺铸的《六州歌头》：“少年侠气，交结五都雄。肝胆洞，毛发耸。立谈中，死生同。一诺千金重……”知道履行诺言对于一个立身为人的青年来说有多么重要，而他们俩，言必信，行必果，真的就来到了界集，来到了我的身边，这让我感动终生。后来在公社知青办看到名单，全界集知青总人数是 248 人，其中 120 多人是我的校友。

远归是随同校内大批人马于 1968 年 10 月 25 日到达界集的。来到的前几天，公社知青办就已下达了消息，我们先来的自然乐见其成，为有校友入伙而欣喜。队伍在扩充，我们将不再孤单。那一天下午，尚未收工，我便早早上路，步行九里，赶到公社大院。各大队的知青也来了不少，都是前来接人的，簇拥在一堆，十分热闹。后来，

大家都拥到公路边界集十三队的晒场上等候，那里可以最先看到从汉河、杨岗方向驶来的车辆。

等人是很心焦的，何况在这寒冬。那一年冬天，连泗洪本地人都说从没见过这么寒冷。我们袖着手、跺着脚，在寒风中一遍遍凝望远方，耳畔呼呼作响的风声让我们相互的交谈变成大声喊叫。天又黑下来了，肚子也饿了，再也懒得交谈，只是默默守望着那个方向。为了应对无奈与无聊，我将手电筒打开，让光柱一遍遍划向暗黑的天空，别处的知青也跟相仿效。那一道道光柱在夜空交汇，刹那间又先后熄灭，瞬间又纷纷闪亮，明灭之间似乎让人感觉到一点生趣与暖意。

现在回想起来，当日我对远归的盼望与期待，的确是出自肺腑的真情实意。那是一个少年对青年的友情积淀，如弟对兄，是友对友。那时还不懂男女爱恋之情，只有男同学之间的友情盛满心中、胜于一切。“立谈中，死生同。一诺千金重。”

在 1964 年至 1968 年的两年读书、两年停课的岁月里，由于文革的发动，从 1966 年 6 月“停课闹革命”起，班上的同学已然各自东西、来往渐少。全班 54 人，参军的参了军，因病留城的留了城，插场的去了农场，插队的却又各寻去处，分散在大江南北的各县各乡。插队在泗洪的，全班只有我们三人。而远归是我心目中的兄长，他淳朴厚重，人品难得，且和蔼可亲，不笑不开口，在我心理上非常希望他早早入住我们吕岗十二队知青组。

162.6.未能与他在一家，心中失落无可言表

“嘟嘟——”汽车喇叭声自远处传来，一串车灯闪烁，他们终于到了！我们扑向车队，随着车队奔跑到公社大院门口。跳下汽车的这群晚到之客颇感意外地望着我们，他们没想到，如此漆黑的深夜还会有一个个同学在这里迎候。公社礼堂里早就做好的饭菜再次重热，是那么可口——大白菜烩粉条、肉片，外加两只白面大馒头。

看到远归，我自然喜笑颜开；而他也满面笑容，注视我的目光十分亲切。但分配方案公布时，我傻了——他被分到了许圩大队第六生

产队。其间，远归被他曾经所在的群众组织的战友叫过去商谈多次，估计是在做他的工作，要他服从分配去许圩与其他同学搭档。而他一再与他们协商，试图说服他们，但后来又返身说服我，理由是：要服从公社着眼全局的分配。一般每个知青组 3—5 人为宜，人多了会加重生产队负担。许圩六队那个组连他在内只有四个人，其中有初中生需要高中生搭配，以便照顾。吕岗十二队原本是五个人，但是谭钢屏有姐妹二人也即将到来，三姊妹要在一家，如果再加上远归就达七人了，公社不同意。

看着远归为难的样子，我明白单凭“远归是首批报名”“同班同学要在一起”这两个理由已经很难说服知青办。对于公社来说，你在学校报名再早也不作数，人到地头才作数。眼见得再强辩下去也无法改变分配方案，只得默认了。当我与他分别时，心中的失落无可言表。而他，望向我的复杂眼神中含有无奈、同情和歉疚，当然，更多的是关切。

就这样，远归在许圩插队落户了。在许圩大队的插队知青总共有 31 人，全是南师附中校友，分散在 6 个生产队。远归所在的六队，除了他还有周光浩、沈新民、何学明。

162.7.农民送来他母亲的遗物

公社驻地界集街每隔五天(逢五逢十)就有为时一天的农贸集市，各大队知青在赶集时有可能见上一面。集市设在公社大院门前，农民们在这里自由交易农副产品，摊位从大院门口向前一直延伸到二百米开外的文化站，两侧是供销社、收购站、小饭店等商业设施。

知青们赶集一向没有耐心，在集市转过一圈后往往会停留在紧邻公社大院的邮局门前，一是进邮局寄信并查询有无家信到来，二是互相交流信息。大致有三类信息是大家最为关注的：南京及南京之外的消息，县里及公社有关知青政策的消息，知青们彼此的消息。

我在这里遇到过许多来自各个大队的校友，曾向许圩八队的知青、高一乙班的钱乘旦(就是若干年后进中南海为第四代领导人讲过

“大国如何现代化”历史课的南京大学英国史专家）打听过六队李远归的情况，听说他已在队里喂牛。

也是在这里，我听说了远归的手表失而复得的故事。手表是他的母亲病逝前留给他的唯一遗物，他珍藏着这块手表来到农村。平日里，生产队长的哨音几乎就是知青日常作息的钟表，手表的使用价值不大，但它凝聚着母爱，是他时刻不能离身的心爱之物。有一天，他从许圩出发，要奔波30多里方能抵达县城青阳镇，途中休息时，这块手表被他遗失了。他心急如焚，决心要找回“丢失的母爱”。于是又奔波在30多里的漫漫长路上，一边寻找一边沿途张贴寻物启事。苏北虽穷，但民风淳朴。才过两天，异乡一位农民看到启事后急忙把拾到的手表给他送了过来。那人衣衫破旧，两手老茧，捧着手表送到他的面前。面对陌生的乡亲，远归感动得不知说什么好，从此把这份感激之情埋在心间，没齿不忘，诚心诚意以同等之心对待这片土地上的穷苦乡亲。而他能做到的，就是与他们一起胼手胝足，为摆脱贫困尽心竭力。

162.8.“牛喂得不错，穿着很像老农民，堪称一绝”

耕牛是生产队的半个家当，几百亩耕地全靠十几头老牛卖力耕耘方能播种、收获。进队不久，远归看到队里的耕牛瘦得皮包骨头，有的还生了癞子，他就想：牛喂不好，生产怎么能搞好呢？老社员告诉他，有个喂牛的对工作极不负责任，寒天里常去赌钱，牛场被牛尿牛粪搅和得骚泥泛脚也不过问。远归便向队长建议换人并再三要求派自己上去喂。

经队领导研究批准，远归便承担起养牛喂牛的重任。一年四季，他虚心向姬培志、姬正学这两位老饲养员学习，和他们在一起，勤勤恳恳地照料着十多头水牛、黄牛。整日里，不是铡草就是喂料，不是清扫牛圈就是洗刷牛身。为这些牛们，他付出了超出常人意料的精力与热情。

喂牛，是农业生产流程中一项特殊的工种，它不像扒河、挑担子、扬场、扛笆斗等重体力劳动那么吃力，不需要拼将全力、一鼓作气，需要的是耐心、细心和恒心，在慢悠悠但持续不断的操作中投入自己对服务对象的全神贯注，并持之以恒地保持这种关注与服务，急不得、快不得，停不得、懒不得，遇到牛们不听使唤，你还气不得、打不得，即使被踢也只有“打落牙齿肚里咽”，还得继续无怨无尤地伺候着这些无言的牲口。它们生病，它们没吃饱，全靠饲养员的观察才能发现；怎么治病，怎么喂饱，都得饲养员拿主意。

我们本队的饲养员崔选南大爷家里穷，老夫妻俩只有一床棉被。寒冬腊月，为了照料耕牛，他就在牛屋一侧的地上铺一堆稻草，盖着破棉絮和衣而睡。恻隐之心，人皆有之。我就将自己的被子从队屋搬来与他通腿而眠。一个个夜晚，听他说东道西，养牛经我也就略知一二了，所以可以遥想到远归喂牛的不易。

当然，我也有我的不易，那就是天天晚上要捉虱子。捉到虱子，用两个拇指指甲夹住它对磕一下；十几个虱子相继被处以极刑后，鲜血溢满甲面。在农村过完春节后回南京，母亲将我脱下的毛线衣放在木盆里用开水烫，逃避开水的虱子群竟然像白芝麻粒一般漂浮在水面，好不惊人。虱子是牛屋的盛产，远归自然也会享此待遇。

能够翔实反映远归喂牛经历和体会的是他身后留下的一份手稿《农村五年》，这是他 1973 年写下的回顾喂牛生涯的总结，或许也是他当年为出席某次会议准备的发言底稿。四十多年后，我看到了这份手稿。手稿显示：这年冬天泗洪下了十几年未遇的大雪，这给喂牛带来了相当多的困难。他要在寒风中铡草，要从雪堆下扯草，尤其是每天要从汪塘边挑回二十来担水饮牛。风雪连天，挑水不断，有时鞋子陷湿了，他就干脆光着脚挑水，挑完水后再用雪把脚擦热、穿上干鞋。夜晚，远归学着两位老饲养员的样子，住进牛屋，按时等牛尿、打扫牛粪。三位饲养员齐心协力，精心调制牛草，按时喂牛，烧足饮牛水，并始终保持牛场清洁，因此牛膘很快由全大队最后一名上升到中上等，公社兽医站检查后表示满意。

在《农村五年》中，他写道：“秋天，许多牛得了前胃弛缓症，吃不饱草，尤其是每天早上一顿最难喂饱。此病无特效药，只能长时期精心调养，让牛自己慢慢好起来。每顿喂牛时我都守在牛槽前细心观察，发现病牛吃草很慢，而且胃口极刁，槽里草上多了，几回一掬就不肯吃了，于是我采取了少量助添的原则，并在每次上草前都把槽里剩草扑下来，留给好牛夜里吃，然后再上新草给病牛吃。尽管这样喂，有些牛还是常常没吃饱就抬头倒嚼了。是什么原因呢？是不是口渴了呢？我就把牛牵到缸边，牛果真喝了些水，牵上槽后又吃草了。以后我又看了书，知道喂干草一定要使牛喝足水，这样不但能帮助牛消化，而且能防止瘤胃积食症。于是，我们就想方设法使牛多喝水。冬天，我们不但把水烧得温烫烫的，而且还兑上浆渣、熟料，结果每条牛都喝得比以前多，胃口慢慢变大了。瘦牛、病牛由于吃草慢，白天吃草还是不够，怎么办呢？冬天夜很长，一次喂饱的牛进屋后我又在瘦牛、病牛槽前上几筐好草。第二天早上一看，槽里的草都被吃干净了。这办法行，于是每天都坚持这样做。经过一个冬天的调养，耕牛又慢慢胖起来了。这个曲折使我认识到细心摸索饲养规律的重要性。”

耕牛胖起来以后，远归想下来学干其他农活，但队长和社员们不肯，要他继续喂牛，他也就愉快地答应了。午季大忙到了，他干脆吃、睡都在牛场，一心扑在喂牛上。三位饲养员一起合计：水牛耙完稻田，午季就要拉车，活儿重，劳作时间长，牛膘要迅速抓足。而黄牛膘虽然不如水牛膘，但春种结束后接上麦草就能保住牛膘，不但午季能打场，如再抓紧午季饲养还能添膘，不影响午季后的麦茬地耕种。合计好了以后，远归根据不同农活对牛的不同要求和牛胃口变化的规律，及时地改变饲草成分和数量，精心调制草料，保证了牛吃草又快又饱，从而增加了牛的休息时间，使牛能充分消化草料。一个午季下来，果真牛都胖了，用料也比上年省。有的社员高兴地说：“今年午季，牛只算没吃到什么粮食。”

麦收后紧接着就是插秧，队里抽了许多小孩去支援插秧，割草的小孩少了，麦草紧张了，而这时耙稻田的水牛还要在田头喂，更容易糟蹋草。为了充分利用麦草，远归每次喂牛始终都守在牛跟前看着牛吃草，把牛吃剩下的草换下来、淘干净，给胃口好的水牛吃，专门把一些好草拣出来给胃口刁的水牛吃。这样所有的牛都吃饱了。为了保住牛膘，他又把料挑到田头喂，这样几条水牛没有一条累趴在秧田里。耕地的老社员高兴地指着一条水牛说："我估它又要像去年那样趴在田里，没想到今年还可以！"听了这话，远归心里十分畅快。

到远处湖地耕麦茬地，是耕牛最吃苦受累的时候。为了让牛瘦得慢一些，远归就在河水的上游找了一个水深又无薄泥的地方淘草，每到喂牛时他就把牛赶过来喂，这样做虽然给自己增加了许多麻烦，但看到牛大口大口吃草的样子，他感觉一身疲倦顿时消散，越干越有劲。

据插队在杨岗十三队的女知青孙重明(初三丙)2006年4月2日网上撰文回忆：远归"牛喂得不错，穿着打扮很像一个老农民，当时在界集插队知青中堪称一绝。"

162.9."远归喂牛胜似侍候女人坐月子"

许圩离我插队的吕岗有10多里路，平日是没空来往的，唯有趁赶集之际方能抽空跑一趟。终于有一天我来到许圩六队，亲眼看到了老大哥远归兄喂牛的情景。

他将一头头黄牛牵到牛槽前拴好，然后给它们喂料，又弯腰提起铡刀一刀一刀地铡起了牛草。那喂草的助手是位老农，动作非常麻利，出的是巧力，一捧一捧金黄色的麦草被他及时地准确地递到铡座上，远归把持着铡刀把手一下接一下猛力铡下，麦草霎时化作粉碎的草料。显然，远归干的是力气活，渐渐，他的额头沁出了汗珠。我马上要求换他试铡，谁知我刚铡两刀便力不从心，不是铡歪了就是力道不够铡不到底，还得重铡一遍，进度大受影响。老农、远归都笑了，我只好又将铡把还给了远归。

看着他那高大的身躯出没在牛圈、牛屋，里里外外忙个不停，我暗暗钦佩他的干劲、他的坚韧。他是全生产队倚重的角色，在这个岗位所担负的任务相当吃重，而他，是这般情愿、这般从容，甘之如饴。同户的知青们住在集体户，那里有远归的床铺，可他偏偏睡在牛屋里与牛常年相伴。在牛屋，我看到了他专门在墙角悬空搭建的三角铺，那是他在大半人高的地方先向墙上打了几个洞，斜插进几根木棒，地上再打上支撑的木桩，然后铺上几把稻草，就构成了眼前这个三角形的草铺。

每天，他那魁伟的身躯就卷曲在这高悬的三角形草铺上过夜，就这样与耕牛同室而眠，从而熟悉了每条牛的习性。每当某条牛撒尿拉粪时，他都能在第一时间将粪桶端到牛腿跟前，让牛尿牛粪尽可能少地撒在地上，从而保持着地面的干燥和清洁，维护着牛们的健康。眼前的地面，比我们十二队的牛屋的确是干净多了。喂草的老农笑着对我说：“社员都说，远归喂牛，胜似伺候女人坐月子。”

我连连点头，但我哪里知道，这夜夜端桶，他一端就是六年。我爬上他那三角铺，躺下后弓起腰板试着假寐三分钟。唉，别说六年，就是半个小时我都难挨。

162.10.二十岁的知青同伴长眠他乡

1971 年元旦下午，许圩四队知青、初三丁班的孙永明在独自检查刚驾驶了十几天的手扶拖拉机时，由于培训不足、不熟悉操作规程，没有先放掉轮胎里的气，就卸下了轮胎钢盘中间的大螺丝。内胎因失去约束而爆炸，轮胎钢盘击中他脸部。

几天后，界集公社南师附中全体知青齐聚许圩四队，送他最后一程。在去墓地的路上，远归和我边走边聊。他告诉我，孙永明的年迈父母悲痛欲绝，唯一的孩子是他们从小抱养的，自幼疼爱无比，虽舍不得他去乡下，但仍尊重了孩子的选择。小手扶是上面分配、生产队集体资金购买，但资金不足，知青们便各自向家里要钱、借钱凑起来，帮助队里补足了资金。技术上以知青为主力，没想到，“出师未捷身先死，长使英雄泪满襟。”刚满 20 周岁的小伙子，从此长眠于淮北的穷乡僻壤。远归对孙永明之死长久地怀着痛惜之情，对他的墓地保持着长久的关注。

162.11.生命的航标依然闪烁在饲养棚

1970年，徐州煤矿招工，沭阳毛麻厂、油嘴油泵厂等相继招工，少数知青陆续调离农村；接着部队征兵，又走了几位。人心开始浮动。在知青普遍期待上调的日子里，有的暗暗地等待机会的降临，有的主动寻找着上调机会，有的投亲靠友、转移到他处插队，更多的对于前途是无可奈何、听天由命。当初在校内提起农村艰苦不屑一顾、不在话下的人，如今在艰苦的劳动生活磨砺下终于切身感受到生存的不易，在泥里水里摸爬滚打一番后，终于抛却了幼稚与轻狂，开始走向成熟，一步一个脚印，跋涉前行。

远归要做生活的强者，生命的航标依然闪烁在饲养棚那方天地。那时有少数知青已在思考“上山下乡干革命”的实际价值，比如四队的张人则（高二乙）。强劳动力在湖地的三样活，“泼麦（用弯弓大刀割麦子）、扬场、拾笆斗（把装满粮食的笆斗自己拾起来扛上肩）”，他都是好手，也曾引以为自豪，但他心里总存有一份困惑：这样的活，农民干了几百年、或许上千年了，我们接着干下去，一直干下去，意义何在？

远归应该也曾思考过这个问题，因为他同张人则之间曾有过辩论。四十多年后张人则回忆说：“当初下乡时，高调的口号是扎根、接受再教育。具体含义是，我们（哪怕是初一学生）是小资产阶级知识分子，贫下中农脚上有牛屎，是干净的，我们有封资修教育灌输的坏思想，是肮脏的。要改造，要扎根一辈子改造。记得李远归对此曾经奉为信条，身体力行。刚下乡那一阵子，四队、六队这两家知青户中，每天要有请示汇报的仪式——讲述又在劳动和串门子中看到了贫下中农哪些优秀品质，检讨自己还有哪些错思想坏感情。特别的例子是，既然贫下中农不吃肉，为了向他们看齐，我们也不吃肉。我曾在许圩六队牛屋外和李远归激辩。最后我说，按你的革命路线走，十年二十年，你改造好了，变成了和你尊敬的老贫农一样，有什么意义呢？他一时语塞。我回来在日记中写道：今天取得辩论史上的辉煌胜利。但辩论的胜利没有改变现实的处境。家里久不吃肉，我和孙永明、潘丁两个小弟兄逢集时到界集街小饭店，一人出一点钱，切几块巴掌大的白切肉，站在柜台边吃了。抹抹嘴，到门口四下张望，见附近没有知青，才出门。”

对于“改造”的思考，不知远归后来又有哪些心得。无论如何，他在农业劳动实践中的所有作为、所有付出，全都源自他的自觉自愿。他插队六年，日夜喂牛，其一举一动，点点滴滴，老社员们全都看在眼里，看得真真切切。一天又一天，一年又一年，他为生产队这个集体付出的心血和辛劳不比老社员少，甚至干得更用心更扎实更周到。一句“远归喂牛胜似伺候女人坐月子”，道出了老社员们对他由衷的赞叹。

162.12.妹妹也插队，父亲身边无子女

远归的妹妹远征也是附中同年级的校友（高二丙），1964 年至 1966 年的住校生对她有较深印象，那就是冬春严寒时节，住校生们在大操场晨练跑步时，唯有她一人横向移步、侧身而跑，围着大操场一圈又一圈。

大约是 1972 年，有一天我从县城步行回界集，不慎崴了脚，途中搭上一部开向界集的长途汽车，上车后忽然看见一个身着海军蓝旧军装的身影似曾相识，仔细一打量，嗬，是李远征。交谈之下得知，她先前插队在淮安县黄码公社，后迁移到福建省三明市郊区农村，赶往界集是来看望哥哥的。

后来我才知道，远征在文革的动荡岁月里与福建籍的北京钢铁学院大学生赵大中相识、相爱。大中毕业后回福建三明市工作，她一路追随，远迁三明。此刻她从福建长途颠簸而来，突然在这车行途中遇见我这个并不很熟的老同学，尽管很意外，却也算“他乡遇故知”，短短的路程竟然话题迭出，热烈而亲切。旁听的农民乘客们一个个睁大了眼睛好奇地望着我们，似乎想知道这两个年轻人是啥关系。不一会儿，车到界集，我们一同下车。道别后她向西北去许圩，我向正南去吕岗。

远征这次到许圩亲眼见到了哥哥在生产队不分昼夜地劳作和辛苦，忍不住写信告诉了父亲李力群。远归很快就收到了父亲的来信："听远征来信说，你每天只能睡 2—3 小时。看到你这种忘我的精神很受教育，但望你能注意休息，还要不忘记学习。"

父亲关心着儿女，可他自己却处身另外一种境地。远征于 1972 年 11 月 22 日给哥哥的信中透露："我这次路过常州到爸爸单位去，他们不能做主让我看爸爸，所以我没见到爸爸。后来我到虞老师家，虞老师告诉我说，爸爸和另外五个人一起到各单位游斗了。虞老师没去参加，她听到别人说爸爸指挥一.六武斗，又有人说，爸爸是五一六，还发展五一六。不过这是小道消息，组织决定还不得而知。哥哥，你最好抽空回家看看。"

远归接信后是怎么回信的，社员们不知道。远归在他们眼前，一如往常，整天忙忙碌碌。"游斗"二字，扎在远归心间。1973 年 4 月下旬，他收到了父亲来信："好孩子！你的来信收到了。我正在找人到上海替你买雨鞋、雨衣，所以没有给你回信。你在利用劳动空隙做 5406 菌肥试验，这很好，我很高兴，你的初步打算我也同意。我希望你为进一步改变农业面貌多作出贡献。好孩子！我相信你一定会这样做的，你一定能够这样的。"信中还告诉他，自己现在很好，在工厂参加劳动，几个星期天都到城里为妹妹买她喜欢穿的白色"的确凉"，因缺货空跑了好几趟。最后，父亲谆谆嘱咐："要吃饱，要锻炼，要注意身体健康，要多想问题，多读书，多写材料，不骄不躁，奋勇前进。"舐犊之情，溢于言表。

直到午季忙过，远归终于抽空回常州看望了父亲，还见到了也来探家的远征和大中。儿女们的到来，给了父亲莫大的安慰。终日牵挂着父亲、惦记着哥哥的远征，一朝与父兄重逢、合影同框，分外欣慰。欣慰之余却没想到自己三年后，竟然成为"反革命家属"。

162.13.为修孙墓他到南京选购高标水泥

1972 年冬，南京开始落实父母身边无子女上调政策。1973 年秋，知青伙伴们从大队小卖部买了山芋干酒，为我饯行。去时忆来时，五年前的一幕化为笑谈——身为泗洪乡民五年间，我从没见过哪户知青哪户农家吃过上塘大米和归仁空心挂面，还有啥重岗苹果。看来，那位泗洪干部的盛情咱都无福消受——囊中羞涩者非我一人。

1974 年，远归突然来到南京下关我所在的市水上运输公司机关找我，让我一阵惊喜。陪他在小饭店午餐，边吃边问离别以来乡下的种种情状。谈到此行来意，他告诉我，孙永明的墓地下葬时所用水泥标号不高，现已破损，为重修，特地赶来南京要买高标号的水泥。

那年月，物资紧缺，可我是不擅门路之人，买水泥显然有心无力，但又怕他失望，连忙尽己所能，提供他人姓名、单位、地址，助他继续求援。我问他买款从何而来？他说：“还不都是知青凑的？”我说队里也该出一点，他说：“农民那么穷，也不忍心让他们出啊。”我问，你出来了，你那些宝贝咋办？他笑了：“安排好了，有人临时替我喂。”

我问他：假如你是我，摊上独子上调政策，你会回南京吗？他回答：“当然回啊，你父母身边无子女，老了是要靠你照顾的，你要给他们养老送终。能回到他们身边多好呀！回来既符合政策，也符合做人的规矩，你别多想，说不定我以后也会回城的。”他这一说，让我心安不少。

那时，我已知悉，他在南京已无住处，便邀他晚上去我浦口家中过宿，特地在纸上写好地址，旁边画出江北的路线图交给他，那时电话尚未普及，万一他找不到我家，可就抓瞎了。送别时，望着他一脸的笑容，我忍不住打趣：“每次分别，你都是身负使命、重任在肩啊。”见他不解，便告诉他：“1968 年，你去外地联系插队地点，早晨赶车，我送你到学校大门口，你也是这样笑着与我挥手而别，今日依旧啊。”

他莞尔一笑，转身而去，走了几步又回身向我挥了挥手。望着他远去的背影，我不由得感叹：老友难逢，惊鸿一瞥啊！

孙永明的墓地经过了修缮，一直保持到 2009 年附中海内外校友捐款重修新墓。新墓地在重岗乡的大考山公墓。

162.14.在知青农场他被分配喂猪

在新的环境里，工作的压力、注意力的转移让我渐渐淡忘了昔日的同窗，只是偶尔关注着。我听说，1974 年在原公社小农场的基础上成立了知青农场，全公社大多数知青已集中到一处生活、劳动、管理。远归结束了六年的喂牛生涯，也去了农场。他被分配养猪，仍然是一位饲养员。

我在集体户参与过养猪，体验过个中滋味，深知没有一双勤劳的手和一对不怕闻臭味的鼻孔，休谈饲养生猪。年复一年的猪圈生涯，又将消磨远归兄的一段大好青春。可以想见，他必然恪尽职守，埋首在操劳之中。

原杨岗六队八中知青楼茂仁不久前和我谈到远归时，衷心赞扬他的勤劳俭朴与埋头苦干：“远归在农场不起眼，一心埋头养猪，常被人忽略。养猪场、养兔场连在一起，远离知青宿舍，晚上只有他一个人孤零零地守在养猪场，那里有一间房子可以睡觉，经常到吃饭的时候总见他还在忙着喂猪，不把大小十几头猪喂好了他是不会吃饭的。整天就见他忙乎着猪饲料，大热天打着赤膊，和我们下田的人没有区别。在农忙时节，他不仅要喂好猪，还和我们一起割麦、插秧、掰玉米。”

农场知青在劳动中并不完全单纯拼体力，而是开动了脑筋，因而出现了“创造性劳动”的说法。张人则如今忆起“创造性劳动”，脑中浮现的景象是：杜乐喂兔子（开发养殖业）；毛卫国把别人废弃的水稻插秧机收拾起来，完成了知青农场“旱改水”100 亩插秧任务；李元建痴迷推广良种、植保等各种现代农业科技；徐伟在学马列小组讨论“按劳分配”时提出在农场实行“定额管理包干制”，等等。李远归在饲养中也在探求一种节约精饲料的养猪方法。

原杨岗一队知青梁东黎（高二丙）回忆说：“我到农场以后，和李远归有了较多的接触。他虽然养猪并不成功，但在不懈探求如何更节约地养好猪、在不随波逐流坚守自己一份追求中所表现出来的人格，我永远尊敬、景仰。”他曾写过一首关于远归的小诗《养猪》：

“可怜猪瘦讥如狗，碎语闲言似未闻；苦为催肥还节料，养猪原是附中人。”

沈桓瑜回忆说：“我的印象中，远归养猪养得很好的。他一直在研究畜牧兽医学。猪的早期生长是以长架子为主，看上去是比较瘦的，后期再催肥。这才是比较科学的饲养方法，同时节省粮食饲料。他养的猪是不添加任何生长药剂的，是如今难得见到的生态猪。同学们调侃说猪瘦，多半是开玩笑的话。”

原吕岗十一队八中女知青柏松洁回忆说：“他在农场不爱多讲话，总是笑眯眯的。有时下田干活路过养猪场，看到他总是在干活。他看见我们了，就向我们笑笑，打个招呼。在我印象里，他就是一个默默无闻的人。”

默默无闻者也曾被邀请回母校为年轻的校友们做报告。据当年正在读高二的附中校友武夷山（中国科学技术发展战略研究院研究员、南京大学信息管理系兼职博导）于 2014 年 10 月 20 日在网上晒出的 1975 年 11 月 24 日日记摘抄显示：“下午是（泗洪界集知青农场的）李远归、毛卫国和李晓东作报告，第一个谦虚，第二个令人吃惊地提出了创造性劳动的问题，第三个只使人佩服。我想他们是思想比工人还要好的同志”这“谦虚”二字与那“默默无闻”四字是多么契合。

远归报告的是他下乡七年来养牛养猪的经历和体会，毛卫国报告的是农场知青如何在努力提高劳动效率和经济效益，而李晓东则是报告他怎样成为淮阴地区推广沼气第一人。李晓东(高二乙)不是农场知青，他插队在吕岗七队。他父亲文革前是中国科学院古生物研究所副所长，文革中“靠边站”了，古生物研究也停顿了，所里科研人员搞起了农村沼气研究和开发，并且在六合县农村做试验。李晓东认识他们，便跟去一道干，参与资料整理和制图。后来试验成功了，他也把技术学到了手，并且于 1973 年向泗洪县计委毛遂自荐推广沼气，后被安排在小楼公社进行试点。试验成功后他被抽调到淮阴地区计委节能办向全地区 11 个县推广沼气技术。

1975 年 11 月，南师附中由副校长闵开仁带队，师生共 28 人来到知青农场“学农”十多天。在班上担任学生干部的武夷山参加了这次活动，他在 2014 年 8 月 4 日发布的网文《当年的学农经历》中写道：“学校组织一些想毕业后到农村插队的学生来到了界集公社这个知青农场，向校友前辈学习，体验生活。我觉得，这里的条件比(盱眙马坝的)九里荒农场还要差。一下雨，到处都是烂泥，你得穿高筒雨靴才能应付，我们只有普通的浅帮雨鞋，不能穿，因为烂泥肯定要进到鞋膛里面去。因此，下雨了就只能赤脚出行。”

随后，学校又邀请知青农场裴昌友(场长)、李远归、程雨(泗洪县下放知青)、毛卫国、于含英、张人则等八人，以“贫下中农讲师团”的名义和待遇，到附中活动六天，向全体师生介绍农场知青生活。

其间，已返城的徐捷陪同部分场友游览了中山陵园。

武夷山后来真的下了乡，插队在六合农村。他于 2016 年 5 月 29 日在网上发帖说：“我在中学的日记中提到过比我早很多年下乡的李远归校友。应当说，这些前辈对我坚定地走下乡之路产生了深刻的影响，他的言行影响过一个小学弟，我们的社会曾经有过像李远归校友这么纯粹的人。”

162.15.“唯一的上调指标给了我”

在远离家人的日子里，知青农场同甘苦、共患难的插友们，终于迎来了知青可以上调的曙光。在上调名额极为有限的情况下，远归等少数插友谦让在先，把回城的机会先给了他人。原吕岗三队八中知青殷芝强是 1975 年从知青农场上调到南京长江大桥四处的，他告诉我：那一年，“推选知青上调是论条件的，年龄大的先走，有特殊情况的先走。按年龄排序，远归是 1 号老头，最有资格上调，2 号是李元健（高三丙），3 号是张人则（高二乙），我是 4 号。那年只有两个名额，其中一个已经确定给徐捷（高二乙），因为她姐弟二人都在农场，可以先走一个。我本无希望当年就走，但是，我前面的这三个人都表示要在农场继续干下去，唯一的上调指标就这样给了我。农场书记于含英（高三丙）年龄比我大，县里已表示，她可以走，但她也不走，让我们先走。结果，那年就我和徐捷两人到大桥四处报到的。”

据农场知青回忆，当时按年龄排序，依次是李远归、李元建、陈劲、梁东黎、张人则、殷芝强。殷芝强排 6 号，上调返城后前五位仍在农场。

162.16.与时俱进，边劳动边读书求知

1976 年春，我跟随领导上船队“蹲点”。那是在“长征”21 队，经大运河向北，到泗阳船闸时等候过闸。我们的拖轮及十三条驳船像长蛇一样排在末尾，眼见得前面一列列船队排成的长蛇阵绵延不尽望不到头，估计至少得等五六个小时才能过闸，我便向领导请假，要去泗洪看望一下老同学，几个小时后便回。但领导有领导的考虑，未获批准后我只好作罢，上岸寻一处高地，遥望着泗洪界集方向，让思绪展开翅膀：

就在一百里外的那一头，我那些同学，那些曾经朝夕相处的伙伴，还在披星戴月、春耕夏锄，跋涉在田间，挥洒着汗水，我却离开了前沿。沈桓瑜、汪学之在农场种着菜、喂着牛，谭钢屏早先于 1972 年调迁重岗公社，其姐此后病退回宁(若干年后侨居德国)，其妹被推荐去了宜兴上中专。远归是在切猪草还是在煮食料？还是那身一穿就是几年的旧衣裳吗？你已到而立之年哪，何况，你的父亲身边也是无子女的呀，多么希望你早日回城，一边尽孝，一边扬起新生活的风帆！

在目光难以企及的地平线尽头的另一端、海外境外的遥远天边、异国他乡的各个角落，与我们老三届同龄的青年男女，在同样的岁月，早已相继中学毕业，其中占据相当比例的人，早已先后完成了大学学业，有的读完了研究生正在读博，有的在科研、生产中已有发明、创造，即便没有升学的，连续这么多年投身在农业生产劳动中的可有几何？思绪的翅膀带着我穿越了国界、飞上了太空，我仿佛看见 1969 年便已登临月球的美国宇航员阿姆斯特朗，从广寒宫惊异地注

视着华夏大地，似乎在向嫦娥发问：这一代中华儿女为何不在学校读书求知，竟将属于自己只有一次的青春抛洒在穷乡僻壤、荒野田畴……

我的感慨和思维还是滞后了，包括远归在内的知青农场插友中的好学者们，早就与时俱进并且从行动上超前了。他们很早就重视对文化知识的索求，边劳动边读书求知，远远走在了同龄人的前头。

这时的远归，一边喂猪，一边在自学、钻研畜牧兽医学。后来，他被推荐到江苏省淮阴农业学校上学。据旅美校友戴相陵（初三丙）网上撰文回忆："有一天，我在厂外的淮安里河河堤上，迎面撞上了高二的李远归。他大概不知道我，于是两人擦肩而过。"淮阴农校地址的确就在淮安（今淮安市的淮安区），这是一所历史悠久、创建于 1908 年的农业老校（现名淮安生物工程高等职业学校）。

对于知青农场的好学者们，武夷山那篇《当年的学农经历》是这样追忆的："界集知青农场的很多知青我都很佩服，他们与马坝农场的知青有不一样的地方。马坝的知青更加'农民化'，比如，方玉就与当地农民结婚了，而界集农场的部分知青还在用工余时间学习文化，甚至辩论一些学术问题。好学者中的两位——张人则、于含英，粉碎四人帮后都考上了大学，后来结为夫妇，现在在美国大学任教。这次经历的关键语是：务农、学习两不误。我后来插队一直坚持自学英语和高等数学，就因为有界集知青为榜样。"1977 年 7 月，远归从淮阴农校大专毕业，仍旧回到知青农场务农。不久，他被抽调到公社兽医站。

1977 年 11 月，武夷山以六合插队知青的身份参加了文革后首届全国统一高考，考上了南京工学院(今东南大学)。几个月后，李晓东参加了 1978 年全国统一高考，也考上了这所历史悠久(它的前身是两江师范学院、国立东南大学、国立中央大学工学院)的著名学府。

162.17.妹婿妹妹蒙冤昭雪

远归的妹婿赵大中，当年是福建三明地区农机公司干部。许多年后，我翻阅《福建青年》杂志，一篇通讯告诉我：1976 年 5 月 21 日，他因公开批判张春桥的错误言论，被以“现行反革命罪”逮捕。5 月 31 日，赵大中被强迫跪在台上挂牌批斗，并被游街，其妻李远征也被宣布为“反革命家属”。游街那天，远征在大街上追赶着押运赵大中的卡车，大声呼喊着：“大中，你是无罪的！”大中的正气青史留丹，远征的呼喊余韵悠远。

“四人帮”被粉碎后，三明不少群众要求释放赵大中，恢复其名誉，但却遇到重重阻力。新华社记者对此事做了调查后写了《内参》，经邓小平亲笔批示，在福建省委督促下，三明地委于 1978 年 4 月 28 日，分 53 个会场，召开了近 4 万人的大会，为赵大中等人彻底平反。5 月 28 日，《人民日报》头版刊登了《福建省委严肃处理三明地委阻挠平反冤案的严重事件》，并配发评论员文章。记者办公桌上的电话从此“热”了起来，来自全国各地的声音表达了共同的诉求：“我们和赵大中一样蒙冤，什么时候能得到彻底平反？”于是，全国平反冤假错案从这里开始。

赵大中平反后先后担任过共青团三明市委副书记、共青团福建省委副书记、省劳动保障厅副厅长等职。他和远征没有生育子女，在一次扶贫工作期间，他们收养了孤女南南(黄征南)，待她如己出。后来，赵大中在正厅级巡视员岗位上退休。李远征在省计生委干部岗位上因健康欠佳提前退休。2016 年，赵大中患胃癌逝世。南南送走了大中爸爸，继续照顾着远征妈妈。母女俩在家中一起热情接待了从南京来到福州探望她们的六位附中老同学。

162.18.“临上调前才听说他是干部子弟”

远归除了一身海军蓝旧军装可能惹人猜想外，谁都看不出来他是干部子弟，言谈举止同普通人家的子弟一模一样。楼茂仁说：“直到他临上调之前，我们才听说他是干部子弟。”他生于 1946 年 2 月 24 日，出生时父亲从前线归来，便取名“远归”；后来妹妹出生时父亲正在前方打仗，遂名“远征”。他们的父亲李力群是湖南临湘人，

1937年参加革命，1938年入党，曾任新四军叶挺团团长，解放苏州时是解放军29军85师254团（海军陆战师第一团）团长，后任师参谋长。建国后曾任海军青岛基地司令部副参谋长、南京海军学院教员，1965年转业到妻子的家乡常州，任市交通局副局长。1966年，我在附中校园曾经见过李力群伯伯，有过短暂的交谈。那时，他年富力强，英姿挺拔，健步走来，虽着便装而不失军人风度。

远归喂牛、喂猪，始终是普罗大众的一员，从不求助父亲帮忙上调。他随遇而安，特立独行。直到1978年，在知青大规模上调回城时，32周岁的李远归这才告别界集，只身南下到常州，回到父亲李力群的身边。他被分配到常州乳品厂，做技术员。他报考了研究生（农牧专业）并通过了笔试，可惜，面试没有过关。在父亲的眼里，儿子22岁下乡插队、插场，一转眼十年光景，归来时已逾而立之年。哎，早该为他张罗婚事了。

162.19.一跤跌出个“蛛网膜下腔出血”

1980年，远归结婚成家，妻子是曾在大丰农场插场十年的常州技校毕业生吴莺莺，介绍人是父亲当年的战友、莺莺的邻居。次年3月儿子欣欣出世，远归又承担起为父之责。就在孩子八个月大的时候，他出差到南京参加一次学术会议，夜间在招待所起夜时摔了一跤，将后脑跌出个“蛛网膜下腔出血”，顿时神志不清。这一跤摔得很响，惊动了与会同仁，他被及时送到军区后勤医院。

吴莺莺接到电话后抱着孩子从常州赶到南京，看到丈夫时，发现他的脑神经受伤后思维能力已衰减到儿童的水平，竟然对她说：“你在这里一天，我就陪你一天；你要走，我就跟你走。”完全颠倒了身份，让她担忧不已。她一边服侍他，一边照料孩子，废寝忘食，陪在医院整整一个月。幸好这家医院医疗条件不错，远归终于逐步康复，正常出院。

162.20.甘当十年送奶工，直至退休

在技术员岗位上，远归的研究与攻关取得了成果。在《畜牧与兽医》1988 年第一期上，他和周富华联名发表了《用外源性孕酮进行奶牛早期妊娠诊断》的试验报告。网络上还可搜索到另一篇论文《己酸孕酮预防奶牛胚胎早期死亡的效果》（载 1995 年第二期《畜牧与兽医》），作者署名是常州牧工商联合公司周富华、李远归。他懂英、俄两国外语，能借助字典翻译、阅读有关专业资料。1989 年，他获得助理畜牧师职称。

儿子要上高中了，他便在送奶管理改革时主动要求离开科室，去当一名骑车送奶的工人。送奶工按劳付酬，多送多得，这样可以多得一些酬劳，还可以抽空辅导孩子的功课。每天清晨，他必须在 4 点前赶到预定地点等候送奶的汽车到达，以便及时接奶，然后骑着装满牛奶瓶的自行车走街串巷，给各家各户送上牛奶，如此一趟趟往复，直至将所有奶品送光。下午 3 点半汽车又来，还要再送一次，那是针对下午需要的客户，晚上还要给少数特殊需要的客户送奶并分别到各家各户与户主见面收费，对于客户提出的每一个要求，他都全心全意尽力满足。

整日繁忙之中，他总忘不了去看望一下父亲。欣欣三年级时，父亲平反后分得的北直街 78 平米的公租房，让给了三人小家居住，父亲自己一直独自住在西新桥一村 40 多平米的旧房子里。远归怕他孤独，天天前来看望。好在父亲身体硬朗，起居规律，生活整洁，没让他操太多的心。

有一次晚上，我从南京家中打去电话，没聊多久，远归就说，不聊了，马上就要送奶了。听他的口气，非常洒脱，以执此业为荣，身心愉悦。他仍然像当初喂牛喂猪一样，亲力亲为，天天干着体力活，365 天持之不辍，坚忍执着，一送就是十年光景，直至退休。

多年后我听说，在奶业界，从前是定点送奶取奶，各家各户到固定地点取奶；是常州首先打破常规，将奶品送到各家各户，开全国乳

品业之先河。不知此说可真？如真，远归当是全国送奶革新的首批送奶员。

162.21.“他要一片红，不是一点红”

在常州，远归的亲戚便是吴莺莺的娘家人。弟弟妹妹们有难处，事无巨细，姐夫总是竭力相助。他满腔热情，办事认真，是弟妹们心目中的好大哥。当岳母肋骨跌断后，远归考虑到妻弟白天要上班，晚上照顾母亲太辛苦，便主动前去照顾。岳母在家卧床养病期间，他在岳母家一住至少就是一个星期，在不耽误送奶的同时，细心地照料着岳母的生活。吴莺莺大嫂多年后回想往事时这样对我说：“他对家人的关爱之心，是无微不至的，严于律己，宽以待人。他希望大家都好，他要一片红，不是一点红。”

1999 年 4 月的一天，远归一如往常来到西新桥一村看望父亲。父亲在午睡，却再也没有醒来。他因心房颤动，突然而又安详地离别了人世，享年 81 岁。

李伯伯去世后，局领导向李家表示，远归可以调出常州乳品厂，到任何一家条件好得多的企业去工作。但远归婉言谢绝领导的好意，依然在原单位做一名送奶工，还是每天骑着自行车，穿梭在街头巷尾送奶。

162.22.面对础石我发愣沉思

我曾经在明孝陵享殿遗址那 56 个石柱基础前发愣沉思：这些础石承担过巍巍栋梁，托起过煌煌殿宇，没有它们哪来享殿？古人在赞美享殿之余，几曾留意过这不起眼的柱底基石？可如今，明代享殿已毁，而础石依然可以托起又一座新殿。在社会结构中，远归这样的公民就像一座精品础石。他不追官，不求名，不贪利，甘愿在平淡之中追求生命的洒脱，甘愿在社会底层承担最辛苦的差事，并且把这份差事做到极致，干得最好。秉持这种心胸处身尘世，任凭浮沉，这岂不是一种“大义”？对于一个社会来说，这样的精品础石不可或缺，在任何时代都是珍品。

自上学同窗，到文革，到下乡，到如今，几十年来的他，不势利，不做作，不矫情，不掩饰，人物透明，清澈见底，晶莹剔透，实在是我人生中难得遇到的一位深明大义、人品上乘的好友。作为干部之子，他终生与平民为伍，做个出色的普通公民。这份底气，可以抗御风暴；这份情怀，可以传之子孙。

聚散离合是自然规律，冥冥之中或许真的自有安排，勉强不得。在漫长的岁月里，我们各自奔波于所在的城市，在本职岗位上操劳尽职，在各自的生活圈子里品味人生，只是偶尔通通电话，仿佛早已相忘于江湖、没有牵挂与思念，但在内心深处，总有一处盛放往昔情谊的圣地。人生百味，酸甜苦辣，情绪或有高低，一经拨通电话，无须细述，即便听听老友声音，精神上也添一种倚靠，得一次鼓舞，多一分理解，内心始觉平和、踏实。

162.23.他有一群难以忘怀的同龄人

远归在附中的同窗除了我们 1967 届高二甲班的之外，还有一群他终生难以忘怀的同龄人，那就是 1962 年与他一同考进附中并朝夕相处一年多的 1965 届同窗。他们在他心目中占有特殊的位置。1963 年高二时他因病休学，不得不与大家分离，但彼此从未淡忘对方。1966 年，已经是军人的胡孟崮同学手臂骨折，在南京军区总医院治疗时，远归、远征兄妹曾赶到医院探望。当年的班长区仲生多年后担任了农业部下属的中牧集团的老总，听说李远归就是本行业的技术员却在骑车送奶，曾邀请他去中牧公司工作并安排一定的职务。远归婉言谢绝，但这份美意，他一直铭记在心。

1995 年，1965 届高三甲班部分同学举行毕业 30 周年“班聚”，地点在江阴市。顾小沂同学至今还记得，远归是骑着自行车来参加这次聚会的。同班同学、当时的江阴市教委副主任毕祥昭特意安排大家到华西村参观，在那里留下合影。照片上的同窗都是49岁，他显得好年轻。

社会难免有阶层，高低各有不同。三十年后同学相见，各自身份已迥然有别。从常州骑车到江阴的他，与领导职务在身的同窗共坐一桌推杯换盏，神情自若，言谈依旧是坦荡。他从不抱怨过往，笑容里有底气。

162.24.本班合影里偏偏没有他

1997年9月28日，1967届高中本班部分同学毕业三十年后聚会，主事人不知远归的联系方式，我是当日早晨才获悉没有通知到他，连忙给他打电话。就在大家开席以后，他从常州匆匆赶到南京来了，全体欢呼、鼓掌，分外热烈。一致要求他讲话，可他淡泊如故，简简单单地说了几句便含笑结束了讲话。

这是我与他的最后一次相见，如今追想他在那一天和我说过哪些话，已经一点印象都没有了。翻开当日的合影照片，在立、坐、蹲三排人群里却偏偏没有他的身影，仔细一想，原来大家是在用餐前合影的，那时他还在赶往南京的火车上；而餐后，我们只顾相互交谈，没有谁想到应该邀请他与大家补拍合影。

时间的长河已经淹没了历史的片片云烟，当它无情地洗刷掉许多宝贵的记忆、真切的细节后，留下的空白任谁都难以填补，让人徒唤奈何。

162.25.金风玉露一相逢

2002年，1965届高三甲班部分同学在苏州文化古镇角直镇再次举行“班聚”。刘群同学记得：李远归参加了这次聚会。那次南京开往角直的大巴车由南京职业技术学院院长范国强同学安排；到角直镇后的一切由班长区仲生安排，第二天去太湖的东山游玩；应河海大学教授丁长青同学的邀请，刘群等一车人下午返回南京后又到向阳渔港餐聚，谭全保老师应邀出席。因为周一还要上班，餐聚接近尾声时他们就往火车站赶了，刘群回镇江，李远归往常州。

“金风玉露一相逢，便胜却人间无数。”同学之间几年难得一见，每一次聚会都是那么令人感慨，感慨的内涵多样而深长。学长们脑海里浮现出的关于李远归的遥远记忆，那些确实的痕迹，哪怕是一鳞半爪，也弥足珍贵啊。

而高二甲本班同学与李远归的最后一次重逢，是在 2002 年 10 月 1 日南师附中 100 周年校庆。据沈桓瑜回忆：“那天他从常州赶来学校，我们陪同他一起拜访了谭全保、季廉方等老师，因为他急着赶回常州，厂里有工作任务要他完成，中饭都没有在附中吃。我们把他送到察哈尔路口，他打的去赶火车。没有想到此一别竟成永诀，心里非常伤心！！！”

本班何瑜文是远归同队插友何学明的姐姐，据她回忆：百年校庆那天我见到了高二甲的人，互相打起招呼。李远归看见我了，对我说：“何瑜文，对不起噢，我没有照顾好你弟弟。”我说：“不存在，大家都是插友，别这么客气。”回家后我问学明，他开玩笑地说：“那时他对牛的感情比对我们都好。他睡在牛屋，一心忙牛，哪里顾得上啊。”

母校附中的下一次校庆预计是 2012 年(110 周年)，到那时同学们才 63 岁，此时 53 岁的他们，全都相信来日可期，相见无虞。可事实大违人意，与李远归同学“此一别竟成永诀”！

162.26. 2010 年 4 月十人在京聚会

在后半辈子的岁月里，让远归感到欣慰的，不仅有同学的友情依然长青，更有孩子的争气不负所望。

他育苗多年没有白费心血，儿子李欣高考 641 分，已达到清华大学的录取线，只因估量考分时低估了自己，以为只考到 630 分，以致填报志向时没填清华填了北邮。后来李欣研究生毕业，在北京工作、成家。2006 年远归退休，几年后孙子要降生的喜讯传来，老俩口高高兴兴于2010年初来到北京，为迎接第三代做着准备。

1965届高三甲班王鲁平同学正是在这一年4月赴京参加清华大学百年校庆，他的夫人吴育坪同学与之同行，对清华仰慕已久的刘群随后也赶到了北京。在京的区仲生和刘萍南获悉三位同窗来京，便召集同学聚会。据刘群回忆：刘萍南特意在她办公的保利大厦旁的尚秀餐厅二楼定了包间，班长知道李远归夫妇当时在北京昌平回龙观附近帮儿子买了新居，正在装修，就请他俩一起过来。刘萍南毕业后一直没有见过李远归，听说两口子今日就来，还特意到保利大厦大门口迎接。

与会者共有十人：王、吴、刘，加上区班长、刘萍南、申平、李远归夫妇、袁俊智夫妇。其中四位男士有两位要开车，不能喝酒，王鲁平就和李远归坐在一起喝白酒。“记不清当时说了些什么，印象中大家都非常高兴，齐声祝贺李远归夫妇。”（刘群语）祝贺他教子有方，儿子学业、事业有成，祝贺他即将含饴弄孙，在京共享天伦之乐。“你们住北京，这就方便了，咱们以后就可以常来常往了。”（袁俊智语）大家举杯祝贺他苦尽甘来。尽管，在大家的心头，还是觉得这“甘”来得太迟了一点，这辈子他太苦自己了。

谁都没有忘记，曾担任班团支部宣传委员的这位老同学，当年在班上可是个被大家认可的核心人物。至今大家都记得：班上排练文艺节目时，远归与欧阳梅天、董名垂、李冀闽、李玉一同扮成老汉：身穿对襟中衫，头扎毛巾，腰束布带，手拿烟管，唇边粘着假胡子，弯着腰弓着背出场，神采奕奕地齐声唱着“五个老汉来把公社夸呀”，还不时一齐抬左脚，右手以烟袋锅敲击鞋底，状若磕烟灰……

这次聚会中的远归给人一个印象：反应好像比较迟钝了，话也不多。（这让我想起南京的那次摔伤，莫非是蛛网膜下腔出血给他留下了暗伤？）席终分手时夜阑人稀，大家在保利大厦门前互道珍重，相信不久又会重逢。

真心感谢1965届的学长们，你们与远归的一次次相聚，汩汩流淌的温情与厚意，让他感受到了“人间自有真情在，不枉世间走一遭”。相形之下，我们1967届的同窗，与他的相聚太少了，许圩的插友们、知青农场的插友们或许也有同感。当然，世情有别，不好相提并论。当年的农场插友张人则、于含英、陈劲、徐捷、徐伟(初三乙)、杜乐(初三丙)、林双秀(初三丙)等，后来侨居海外，与远归分别多年未见，都想与他再聚首，但天涯远隔，重逢机会渺茫，只能心到意到了。

王鲁平夫妇和李远归夫妇相偕走到东四十条地铁站，在那里，两对夫妇往相反方向乘坐地铁，那已是当天最后的一班。这一班地铁飞驰而去，谁能想到，从此与他相见无期。

162.27. “他已经走了”

2011 年盛夏，我打电话到常州找远归，他家的座机电话转接到身在北京的吴莺莺大嫂的手机上，她的声音很低沉：“他已经走了。”我未加思索，急问：“去哪里了？”大嫂沉吟不语，我一愣，转而大惊。后来大嫂告诉我，没想到 7 月 24 日，在常州市第一人民医院重症监护室，因心房颤动，远归永远离开了我们……

他的人生竟如此匆匆落幕，落幕在一瞬间！难受、失落之情陡然潮涌，揪心的伤感和忧愁控制了我，沉痛、压抑的感觉让我连续多天缓不过劲来。叹息之余，一首古老的宋诗长久萦绕于心：

人生到处知何似，应是飞鸿踏雪泥。
泥上偶然留指爪，鸿飞哪复计东西。
老僧已死成新塔，坏壁无由见旧题。
往日崎岖还记否，路长人困蹇驴嘶。

——苏轼《和子由渑池怀旧》

最美好的往往在失去的瞬间才深刻体会到，却没有转身回首的机会。这么多年，为什么不去看看他呢？一旦永别，方知是无可挽回的过错，愧悔之心油然而起。尤其是我曾多次出差常州，每次都只想到工作，从未与他相会一次。有一次在常州与他通上了电话，已经约好要去看他，又因工作上的突然事端改变了计划，始终未能见面。我难辞其咎，愧对老友，真的好生后悔呀，总以为以后见面的机会有的是，岂料冥冥之中限定我俩相见的机缘并不很多，自己不知珍惜、未曾把握，铸成今日遗憾！

其实，我早就想陪同他一起送一趟牛奶，跟随他骑行在常州的街头巷尾，亲眼看看他伟岸的身躯骑着满载负重的自行车在狭窄的小巷中如何拐七扭八地穿行，亲耳听听那清脆的铃声如何告知一家家门庭奶品已到……此情此景，如今皆成梦想。

今天，凝视着他的面容，我又想到了一首宋诗：

妙质不为平世得，微言惟有故人知。
蓬蒿今日想纷披，冢上秋风又一吹。
庐山南堕当书案，湓水东来入酒卮。
陈迹可怜随手尽，欲欢无复似当时。

——王安石《思王逢原（其二）》

篇末语：远归行走人间六十五载，多少茹苦含辛，多少至诚坚守，当真如雪泥鸿爪，一去了无痕？诸般过往，丝丝缕缕，凝固于记忆之海，铭刻在怀念之碑，让人顾盼流连，依依不舍。如此独特人生，焉能埋没于荒径，消失如云烟？老子曰：“死而不亡者寿。”精神不灭，魂兮归来，归来则同在。祈愿其品格与不凡，启迪后学，昭示后生。

163. 迟到的忏悔

宛小蓉（67 届高一戊）

163.1.提父亲太沉重

“父亲”这个词是我一生中最怕提到的词，前二十年怕提到是认为父亲给我带来耻辱，后三十年父亲一词是我心中永远的痛。如果我还想做一个稍有良知的人，我就必须面对这个沉重的话题，这是唯一的选择。

在我的记忆中，父亲是一个幻影，小的时候除了外婆还保留着的父母排场的结婚照以外，没有任何的印象。照片上母亲穿着洁白的婚纱，手持鲜花，美丽绝伦，父亲身着军装威武稳重，男女傧相各站一排，女傧相全部是白色的婚纱，男傧相一律的戎装，两边男女小傧相手持花篮中的花枝长长的拖着，客观地说，无论从审美还是历史的角度来看都是不可多得的纪念品，但是这些美丽的瞬间一张也没有留下，她们全部毁在一个学龄前孩子的手中，那个孩子就是我。

我的母亲和父亲结婚的时候，外婆一家是极其普通的中国老百姓，母亲当时年轻，对时局和政治一窍不通。小的时候，除了我犯错误挨骂的时候，外婆会说像你的爸爸如何如何外，很少说起父亲。所以从她们的嘴中只能听到断续的点滴的有关父亲的一些内容。长大以后，母亲和外婆和我说起的时候只是根据当时看到的一些情形来猜测，也不知是否正确。

父亲姓袁名方，字幼香，湖北大冶人，出身于一个大地主家庭，家产颇丰。听说祖父的银元成坛子埋入地下，本家欲偷他，成坛子挖走，祖父不会觉察，若偷半坛子祖父就会知道。祖父治家极严，近似残暴。举一例便可知，据说父亲在家写字时的姿势，执笔的手心必须是空的，要握住一只鸡蛋，胸前要空，可以放一只筛子，写字的时候，即使蝎子爬到手上都不可以动。倘若有违，动辄暴打。父亲受不了祖父专制的统治，愤然离家，投笔从戎。

父亲离家后，是怎样经历，外婆和母亲都说不清，只知道他读过黄埔，去过印度、和母亲结婚的时候在国民党汽车兵团任职，当时的汽车兵团应属先进的机械化部队，编制要高一些，而且汽车部队掌握着汽油，据说当时的汽油的价格用黄金计算，外婆家的生活都依赖父亲。

父亲的出生年月，至今搞不清楚，和母亲结婚的时候，父亲说的小一些，结婚后，才知实际比外婆小 7 岁，这样算起来父亲是 1907 年生人，我出生时父亲已经 43 岁了，所以父亲对我尤其宝贝，外婆说，幸亏我是女孩，要是男的，那他拼死也不会放过的。

49 年的重庆腥风血雨，蒋家王朝面临灭亡，父亲的部队在地下党的策划下，举行起义。据母亲后来的回忆，起义前男人们“晚上跑来跑去，谈到深夜，现在想起来那些活动就是起义前的准备，有个叫唐璜（音）的可能是地下党。”母亲当时太年轻了，不过问也根本不懂家务以外的事情，致使后来回忆也说不出名堂。

父亲是个心高气傲的人，对于国民党的腐败统治，非常地看不惯。经常是牢骚满腹。对于共产党，他又以为自己是个军人，所以整编改造时，军人气节让他做出了错误的抉择，但是无论如何我想最起码他还是应该享受起义人员的身份吧。

解放后，年轻的母亲接受了先进的思想，自食其力，投奔已经工作的三姨，在河北参加了工作。父亲从军政大学回来时，母亲已离开南京。听外婆说，父亲曾在南京待过一小段时间，后来到了南昌。后面父亲和母亲之间旷日已久的离婚大仗开始了。因为母亲在机关工作，组织上的教育和关心是希望母亲和这个国民党旧军人划清界限，找到自己的前途，母亲念及感情和我的存在，动员父亲到北方来参加工作，据母亲说，刚解放，还是很缺乏人才的，以他的文化安排个中学老师是没有问题的。可是父亲拒绝了母亲的安排，要母亲回到他身边，另谋出路，由此，分歧愈来愈大，最后发展到离婚。因为父亲最终不同意离，到法院异地判决下来，离婚证书上写着女儿判给母亲时，我已经 4 岁了。

163.2.我和父亲

我从两周岁开始了跟着外婆的生活。外婆对我的教育很严厉，父亲的傲气和固执的性格常常是我的反面教材。每当我犯错误或不服管教的时候，外婆会说“骄傲必败！”然后说那个老顽固如何如何骄傲，最后“必败”。这样的教育多了，对父亲我们称为“老顽固”或者“顽固堡垒”。在看到外婆保留的父母结婚照以前，父亲在我脑子里的图像是小画书上蒋介石的形象：一个丑化的瘦光头，太阳心上贴了一个十字的胶布，手上提着一把滴血的破刀。

父亲是我幼小心灵中最恐惧的那一部分。我害怕有一天“顽固堡垒”会把我从外婆手里夺走，上学、放学的路上绝不理会陌生的人，如果有人对我多看几眼，我也会很警惕。其实外婆和父亲的联系一直没有断，每过一个阶段，外婆会带我去照个相片，寄给母亲，同时也偷偷寄给父亲，不过我不知道。父亲间或有信来，发发牢骚，他一直以为和母亲的离婚是我三姨的主意，所以每次不忘骂三姨几句。我听过外婆说，要不是这个脾气和性格，一家人本可以好好过的。一次，从南昌市沿江路有一汇款单退回来，写着“查无此人”，同时还有一热心人的信，说找不到这个人，我才知道，外婆是一直是接济父亲的。外婆一面教育我划清界限，不希望因为父亲耽误我的前程，另一方面对父亲还有一份感恩。

外婆是街道上的积极分子，我从小在一个盲目积极的环境中长大，无论什么运动都是走在前面，哪怕是除四害讲卫生。记得还没有上小学我用自己的 2 块钱和大人一起买了公债，我立刻成了街道上的小名人，得到大家的夸奖。

以后的我一帆风顺，入队年龄不到加入少先队，三年级当副大队长，刚到15岁入团，一直的学生干部，一直的活跃分子，可以说是任何的社会活动都拉不下我，什么事情都会力求做好。我一直以为，只要我努力，我会做得很好，“出身不由已，道路可选择”，所以从小我就知道要和顽固的父亲划清界限。现在说起来大概很多人不相信，上小学以前我就毁掉了所有有父亲的照片，小学二年级（年仅7、8岁），坚决要求改名从母姓，没有人强迫，是我自己哭着闹着改成了现在的名字。

父亲的来信我以为是父亲的一厢情愿，一贯地看到嗤之以鼻，决不心软，现在想起来，来信中其实包含了倔强的父亲多少真情。父亲一直有不定时的来信，信中叫我好好读书，告诉我袁家本世代大家，“书香门第”，要读什么书，列出一溜书目……记得一封信上要我学“安娜·路易丝·丝特朗”，人家的学习如何，是怎样读书的，我一直不明白这个“安娜·路易丝·丝特朗”是谁（那时还没有学习毛泽东著作，不知父亲指的是哪一位安娜），父亲的信不多，但一直没有断过，可他从来没有收到过回信。

文革了，因为父亲，我在劫难逃。我第一次知道不管我做什么，都逃不出父亲的阴影，但是我不甘心，在红色恐怖最严重的时候，在我最孤立无援的时候，我去了法院。记不清是什么法院了，法院的门口摆了一张桌子，一个中年女同志坐在桌子旁边。十六岁的我怯怯地向她咨询，提出要和父亲断绝父女关系，记得她仰面看着我，坚决地说：“不可能。”她说血缘是无法断绝的，这个事实是无法改变的。

也是文革中的一天，回城南的时候，得知一个军人找我，留下了地址：南京小松涛巷1号，带着疑惑，按照地址找到了那个军人。他是个退伍军人，临离开部队的时候，首长得知他家在南京，请他带了一封信和当时最时髦的毛主席语录和几枚毛主席像章给我。打开一看，是一个叫袁××的人，自称是我的堂哥，希望和我联系。堂哥给我画了一个图说明他和我的关系，告诉我袁家的女孩子很少，他的一个妹妹死掉了，希望认我。告诉我他的身份是解放军的什么部队，什么官，不会影响我。我当时几乎没有任何的犹豫，“算了吧”我对那个带信的退伍军人说。

大概看到全国的形势要下乡，父亲的信竟多了起来，主要是希望我下农村到湖北老家，我一如既往的不理，据说我到农村以后还有信来，亲戚们没有转给我，我也再没有看到父亲的信了。到了 80 年左右我有了孩子，形势也宽松了一些，大概是做了母亲的缘故，想到孤寂的父亲，萌发了想找他的冲动，我写信到湖北及襄樊信访，多处打听，由于地址不详，都没有结果。

事情拖到 82 年，我的大姨到黄石看一个亲戚，顺便想找一下父亲（为了此行，特地备了全国粮票准备接济父亲）。在黄石，大姨梦中见父亲走来："你怎么找到这里来了？"大姨笑答："你架子大，我来看你。"父亲含笑不语。大姨醒来觉兆头不好，最后的结果应验了大姨的感觉：父亲过世已经一年多了。

和父亲生活在一起的堂兄来信说了父亲的最后时光。父亲从南昌回到老家，和堂兄一起生活，为堂兄带孩子。后来堂兄的孩子不幸被疯狗咬后致死，已年迈的父亲终于被现实击倒，他觉得老天太不公平，为什么偏偏要他活着，为什么他不可以替代侄孙，悲愤中自行结束了生命。

163.3.我将永远是戴罪之身

我在很幼小的时候就必须面临父或母、顽固和先进的选择，其实是很残忍的，面对入队、入团这些更是必须的。我的听话、积极一贯得到学校和家庭的肯定，在校是好学生、好干部，在家是好孩子。在外人看来也许是滑稽可笑的，但我却是满腔热忱地去做，以至于四十年后的今天，大洋彼岸的同学问我："你那时是作秀，还是真的积极？"一句话让我哭笑不得，我想告诉他：无论我做得多么幼稚、多么可笑但是我都是真诚的，可以无愧地说，我的一生无论对人、对事从不作假，从不作秀，从来都是我的本色表现。也许正是这样，我对父亲的态度多少年都认为划清界限是正确的，并没有错。

接到大姨转来父亲的死讯，我放声大哭，直到此刻我才知道半生以来，所做的种种努力都是徒劳，我身上的烙印是永远不可能消除的，因为烙印在我的血管里，是那些流动着并维持着我生命的血液。父亲的死，宣布了父亲悲惨一生的结束，同时宣判了我，并对我所做的一切而付出沉重代价的时刻开始了。

一直以来，我自以为无论有多少缺点，但自信还是善良的。我热爱生活、珍惜生命、怜爱小动物，我可以帮助不曾相识的人，可是多年来我对生身之父竟然如中了魔咒般的漠然、冷酷，甚至残忍，在精神上折磨一个老人几十年，直到他绝望。我怎么会这样恶毒，我到底是个什么样的人？从那时起，我内心无时不经受着悔恨的折磨。

哀莫大于心死，倘若父亲对这个世界还有一丝一毫的留恋，倘若他对他的唯一的女儿还有一丝一毫期待或幻想，他也不会已经熬到暮年还去寻那条不归路，显而易见，是我杀了他。

想到父亲诸多信中的一封上写道：明明知道信发出没有结果，所以写好信以后，在邮局到家的路上犹豫是否寄出，往返多次，最后才把信发出。看到这封信的时候，也曾有过触动，今日想起，当年那么骄傲的老父亲当时的心酸情景，当时的无助与无奈，他最后还是把信投了出去，他还希望着……

多少年来，我是一个被扭曲的灵魂，“就像从泥潭中走来，一路留下脏兮兮的脚印。”揭开那块最不愿别人看到的痛处就是不愿沾上父亲的历史，唯恐影响自己，“划清界限”的实质不就在于此么？

我想对苍天说，我想对大地说，我想对三界所有能感知到我的一切说，我想对父亲的亡灵说：我知错了，我真的知错了……这是我的忏悔，是良知的鞭挞，但对逝去的父亲有什么用？

我的博客名用了“袁记江成”，是想告诉父亲在天之灵：我忏悔，我愿意回来，我是江成。一厢情愿的想法，可是经历了一世苍凉的父亲会认我么，他还会接纳我么，如果像法院回答我的一样：血缘是无法断绝的，那么尽管我不肖父亲也不能否认这个事实。也许父亲还会三十年如一日地期盼着浪子回头，对我没有要求，没有怨恨……

两岁以后我便没有再见过父亲，但我和父亲在同一个国度共同存在了三十多年，三十多年来，尽管父亲一直没有停止他的召唤，而我却残忍地让他在思念和期盼中煎熬，直到绝望。其中，尽管也有过犹豫，但短暂的犹豫之后，我还是选择了拒绝。其中，或许我考虑过母亲，考虑过家庭，但最后在自己和父亲之间我选择了自己。

“让别人流泪，你的心就会流血”，而我让我亲生父亲流血，我将会如何？无论什么都可以重新来过，只有生命是不可逆的，上苍给我安排了一个不同一般的命运，似乎是对我的考验，无疑最终他也对我失望了，所以连补救的机会都没有给我，便是对我最大的惩罚。无须任何审判形式，我对我的所作所为供认不讳，我没有资格企求饶恕，只能深深地忏悔，我将在我生命的进行之阶段永远戴罪。

163.4.给朋友们

写这一篇文章，对我来说是一件不容易的事，在揭开我身世面纱的同时也揭开了我心上的疮疤。可能要教我的一些朋友甚至儿子失望了，我原来是这么丑陋的一个人，是的，这就是我，丑陋的、自私的我……

人生是短暂的，人在一生中会做很多傻事，我破题在“父亲”上，不能不说是一大忌。记得还是较早时期，和一个亲戚说起此事，他听完直言不讳：“哦，那你太……父亲是天”，我知道，正是因为我知道，我才没有勇气说，我才无颜面对。

这篇忏悔虽然是迟到的，她在我心中积聚了几十年，现在终于说出来了，我有轻松的感觉。这篇文章解答了不少人对我身世的疑问，解答了对“袁记江成”的疑问，当然这些并不能减轻我的罪过。我的故事是一出悲剧，我不幸做了主角，很无奈。虽然不是我的初衷，但是事实就是这样。

最后在这里，我想对我的朋友们、我的亲人们、重要的是我的儿子，说一声：对不起……

（摘自袁记江成的博客）

164. 从王金事件看真实的文革

王虹（66 届高三丁）

1966 年 9 月 28 日，工人王金被南京外国语学校红卫兵殴打致死事件，是当时南京家喻户晓的文革大事件。事件发生的当时，我们正在筹建自己的组织，并准备去北京串联。巧合的是，王金事件主犯官沪宁的班主任，正是我们班主任的夫人，算是师母了。虽然不在同一个学校，这件事情也让我们多了一份关注。所以，当年师母偕同我们的班主任，掌灯赶写大字报“官沪宁是个好孩子”的故事，大家至今都还记得，只是后续的发展并不太清楚。直到半个世纪过去，看到乔晞华的《既非一个文革，也非两个文革》书中披露的“王金事件调查报告”（简称调查报告），才算了解了这一事件的全过程。调查报告再现了真实的文革，令人唏嘘不已，感慨万分。

书中不仅披露了王金事件的细节，还写到了事件后续的发展，调查团的成果，以及调查团发起人查全华的最终被害。从王金之死到查全华的被害，一幅文革的“清明上河图”朦胧可见。

在这幅图里，收纳了文革的各类角色：红卫兵、牛鬼蛇神、造反派、保守派和走资派，包括他们的表演，彼此间的博弈等等。在我们认真地审视文革的时候，我们需要同样认真地来规范文革的一些概念。如果概念含混不清，既可以这样解释，又可以那样解释，甚至可以人为延伸，那么，文革的研究难免会坠入泥潭，越搅越乱。

首先需要明确的是文革究竟几年？这本来不是个问题，却在 1977 年之后成了问题，其本身就很蹊跷。事实上文革只有三年：1966～1969；1970～1976 可以视为后文革时期。只要翻翻 1966～1976

这十年的中共两报一刊，就可以明了这个事实。事实胜于雄辩。

再一个就是红卫兵的概念。最初的红卫兵就是中学红二代的学生组织。红卫兵后来被泛指为造反的青年学生，还有所谓的红卫兵运动之类的说法。这种将概念随意延伸扩大，从而掩盖了红卫兵本质的做法无疑是不可取的。其他的一些相关概念，诸如文革、走资派、资反路线、牛鬼蛇神等伪概念，都是毛泽东及中共当局的政治创作，是这些红一代文化素养的写照。

现在，我们可以走进这幅“文革上河图”，看看王金事件究竟是怎么一回事情（文革发生了什么）。先从红卫兵的角色说起。1966 年 8 月 18 日之前，红二代的组织红卫兵已经冒头。嗅觉敏锐的毛泽东，在 8. 18 的北京天安门，亲手打开了这个潘多拉盒子，把红卫兵推上了历史舞台。

红卫兵获得毛泽东的首肯之后，立即展开破四旧，充当镇压牛鬼蛇神的急先锋。红卫兵的暴行立刻给社会带来重创！66 年的红八月，被称为“红色恐怖”。有案可查的北京市非正常死亡人数就有 1772 人，当时的人们不敢言，也不敢怒。

南京的情况不如北京那么糟，但同样有人被殴打虐待致死的情况发生。省市政府当时积极配合了红卫兵的行动。红卫兵就是乘坐着政府配置的卡车，带着公安部门提供的牛鬼蛇神名单，逐一上门去破四旧的。政府在背后撑腰，红卫兵在台前施虐。要说红卫兵是专制政权的御林军，那是再恰当不过的了。

红卫兵对牛鬼蛇神下手的同时，对牛鬼蛇神的“黑二代”也不放过。“老子英雄儿好汉，老子反动儿混蛋”的对联满天飞。南京的南师附中、宁海中学、九中、外国语学校等红二代集聚的中学，黑二代的学生均遭受了残酷迫害，包括被抄家，被批斗，被迫“挖烙印”等等。

然而，人算也有不如天算的时候。9 月 27 日，南京外语学校的红卫兵，在街头散发文革传单时，因在场的工人王金多拾了几张传单，便怀疑他是牛鬼蛇神。第二天去王金的单位要人，并在学校私设公堂将王金虐待殴打致死。参与暴行的南外红卫兵多达 31 人（还有部分外地红卫兵事发后逃逸）。这件事情引发了南京民众的强烈反弹。红卫兵的肆意打人，民众并不认可，即便是对待所谓的牛鬼蛇神也不能如此施虐。

打死了工人，南外红卫兵摊上事儿了！事发后，南师附中等学校的红卫兵赶到南外给肇事者们打气，声称支持南外红卫兵的革命行动。

再说说造反派的角色。工人被殴打致死，这还了得！王金所在单位（玄武区建筑联社第三工程队，简称三队）的工人，在查全华（中学生同龄人）等人的带领下成立工人造反组织红色造反队，并与南京大学等单位的造反派携手，于 10 月 16 日成立了“王金事件 9.28 调查团”（简称调查团）。调查团向社会发出呼吁，向政府提出问责。调查团各单位的工人后来成为“江苏省工人造反总司令部”（老工总）的基本盘。南京最初的工人造反派组织就是这样产生的。很显然，造反派并不是官方几十年来妖魔化的乌合之众。

建筑联社是搞建筑的，规模相当于现在的大型建筑公司。但在当局的眼里，建筑行业的地位不高，人员的政治成分也比较复杂，其职工也算不上产业工人。所以，后来的夺权过程中，在中央文革小组成员的干预下，“老工总”被军工产业的“新工总”所替代。

我们再来看看王金事件后续的展开过程。1966 年 9 月 28 日晚上 6 时，南京市委驻南外的联络员，将红卫兵抓人事件报告了市委教育小组秘书组。当晚 10 时，又有 511 厂工人去市委报告南外红卫兵私设公堂，殴打王金的情况。市委书记高黎光当时置若罔闻，继续酣睡。副书记刘中也仅派了二人去南外转悠，并没有进行有效制止。

9 月 29 日上午王金死亡。红卫兵擅自将尸体拖往火葬场火化，遭火葬场拒绝。最后由市公安局五处出面实施验尸。

9 月 30 日下午，市政府决定将尸体火化。晚上，三队职工闻讯赶往市政府讨说法，并写出抗议大字报。玄武区政府派人连夜查看三队职工档案，进行政治排队。

10 月 1 日，市公安局长指使市局二处、玄武分局，整理了三队 15 位职工的政治材料，并通过所在派出所、居民段，将这 15 名职工整成了“反革命”。公安局还准备逮捕其中的人员，借此压制造反工人。在此期间，市、区公安局干尽了盯梢监视之能事。市公安局副局长王忠亲自删改王金事件的法医鉴定，删掉部分刑事摄影，将法医鉴定书的文字删除了2/3。

省市委的头头们为了平息王金事件的影响，也纷纷出面，试图将民众的怒火熄灭。市委副书记刘中说：谁指责红卫兵有问题，就是犯了方向路线性错误。另一位副书记王楚滨说：谁要再把事态扩大，我们绝不会放过他的。省委书记之一的许家屯也表态：打死王金属于误伤。

10月2日，王金事件大字报上街。

10月7日，在市委的策划下，三队组建了赤卫队，旨在对抗为调查王金事件而成立的三队红色造反队。

10月10日，市政府在南京人民大会堂、中山东路球场，召开了四场关于王金事件的大会。所谓正面大字报（红卫兵大方向是对的，打死人是人民内部矛盾等等）、传单，满街皆是。

10月11日，副市长王昭铨亲自派小车将王金事件主犯官沪宁送上飞机去山东避风。

10月12日，坚决不同意市委关于王金事件处理意见的13位三队工人，找到了刚刚返宁的南京大学红色造反队。

10月16日，由40多个单位的工人、学生组成的“王金事件9.28调查团”在南大成立。

10月19日，调查团一行5人去北京状告省市委。在火车站遭遇省委御用红卫兵（南京红卫兵总部）的阻挠。

11月下旬，三队赤卫队在省市委支持下赴京与调查团唱对台戏。

12月15日，调查团将副市长王昭铨带到上海华东局。次日，华东局、调查团、南京市委三方达成了五项协议。

12月30日，南京市公安局迫于民众的压力，不得不将王金事件主犯官沪宁等三人逮捕。调查团取得初步成果。

1967年1月初，中央点名赤卫队为御用保守组织，省市委御林军赤卫队瞬间垮台，三队赤卫队也树倒猢狲散。

1月下旬，第一批有关王金事件的部分刑事摄影在南京展出。摄影包括南外红卫兵使用的凶器：皮鞭、皮带、体操棒、铁条、铅丝鞭等。还有王金的血衣、头部腿部创伤、血肉模糊的王金上身等图片。

2月6日，“调查简报”创刊号出版。南京人民大会堂召开全市革命造反派关于王金事件省市委所执行的资产阶级反动路线揭发批判大会。

社教工作队起来揭发了。市委、公安局的人员起来揭发了。外语学校的学生起来揭发了。省市委的当权派们受到批斗。

乔晞华的书中写道：经过5个月激烈和反复的博弈，“9.28调查团”完成了对王金之死的调查，向社会公布了其调查结果。这是一份详细的报告，共有50页，包括王金被打死的经过，王金的个人简历，参与打死王金的学生名单，法医鉴定和刑事摄影，市委书记处会议记录摘要和省市委主要领导人的报告，玄武区建筑联社第三工程队造反派的批判文章，南京外国语学校部分学生的批判文章，南京市委和玄武区委工作人员于顺良、张国义、徐俊良和孙勋的揭发批判，国营X厂工人的批判省市委的大字报（1966年12月6日），南京市委对处理王金事件的错误检讨，以及调查团编写的王金事件大事记。

再来说说走资派的角色。王金事件的处理过程中，扮演不光彩角色的当权派们，被造反派贴上了“走资派”的标签。他们对造反派耿耿于怀，以为自己受到（造反派）迫害。

请看看省市当权派的表现吧！这些专制政权的政策执行人，其行为是否很可恶？他们是否应该被问责，被批判呢？答案是显而易见的。如果今天发生这样的恶性事件，凶手也会受到同样的追究，袒护凶手的当权者也会受到同样的问责，而且会受到更为严厉的司法惩处。调查团在50年前的那个无法无天的恶劣环境下，能够迫使当局将凶手缉拿归案，已经很了不起。

当然，批斗会“斗”的形式，绝对是错误。这个错误主要应该由当政者的毛泽东、党中央来承担。文革斗、批、改的“斗”，是共产党的一贯的手段，它不是一般意义上的批判，而是伴有侮辱人格，伤及肉体的野蛮行为。但需要指出的是：不能因为民众受到“斗”文化的影响，就可以否定当时对当权派的问责及批判的正当性。

虽然“走资派”的标签完全不贴切，这些当权派的作为，与走资本主义道路风马牛不相及，但不表示他们就蒙冤受屈了，这是两码事。就拿省委书记许家屯来说，他认为打死工人王金是误伤，言下之意打死牛鬼蛇神就不是误伤，而是做对了。许家屯有纵容去打死牛鬼蛇神之嫌，那可是反人类罪哦！

再说说牛鬼蛇神的角色。当事人王金在这个事件里，实际上具有双重的标签。在红卫兵眼中，他带着“牛鬼蛇神”的标签，否则不会被打死。红卫兵在拷问王金的时候，王金承认自己曾在国民党军医院担任过司药。如果王金不是工人，这件事情在当时不会引发社会这么大的反响。北京在红八月死了近两千人，也没听说有什么动静。那时候全社会在当局的宣传误导下，对牛鬼蛇神完全是一种错误的认识，所以红卫兵才得以疯狂。

作为牛鬼蛇神的王金被红卫兵打死了，这是牛鬼蛇神的文革宿命。即便能捱过红八月，到了文革后期清理阶级队伍，依然在劫难逃。据统计，清理阶级队伍过程中，全国非正常死亡人数超过 50 万，远远超过红八月。

最后说说造反派的命运。作为“王金事件调查团”发起人之一的查全华，在文革后期也没能逃脱被当局迫害致死的厄运。查全华是一个非常理性的造反派代表，他文革中并没有随波逐流，而是多了一分思考。但欲加之罪（反革命罪）何患无辞。1968 年 12 月，因所谓成立“马列小组”，准备“二次革命”等罪名，查全华被当局逮捕了。其实，查全华无非是在好友们上山下乡之际，为保持联络，相互交流，相互鼓励，提出了自己的一些看法和建议而已。他是 1969 年 12 月被政府枪杀的（1979 年平反）。在文革后期被枪杀的还有北京的《出身论》作者遇罗克等人。周恩来当时说：不杀这些人，杀谁？

耐人寻味的是：将查全华重判死刑的吴大胜（南京军管会一把手），正是王金事件主犯官沪宁父亲的部下。王金之死被说成是“误伤”，查全华的被枪杀，也是“误伤”么？文革初期，王金被打死是红二代的红卫兵所为；文革后期，查全华被枪杀是红一代的当权派所为。这两个案例，都是政治迫害。可以说，文革中没有哪个角落不存在政治迫害；也可以说，文革除了政治迫害，什么都不是。

调查团的其他主要成员，在后文革时期（1970～1976）“深挖5.16”运动中，均遭受厄运，受到严酷整肃。后来又因企业改制的不到位，许多人生活十分贫困，目前大多已经谢世。王金单位的保守派赤卫队，在1967年的一月风暴中，随着全省赤卫队的瓦解，早已退出了历史舞台。

王金事件的肇事红卫兵，包括主犯官沪宁（后无罪释放，说是“误捕”），文革后期大多入伍当兵，退伍后均获得稳定的工作。他们中有大学教授、专业人士、国家机关和企业干部，还有下海经商的成功人士。他们中的不少人，思想情操50年来毫无长进，还留恋着毛泽东思想的那个年代。

在王金事件中表现糟糕，被造反派贴上“走资派”标签的当权派们，文革后陆续复出，重新上岗，甚至还有所晋升。他们对造反派恨之入骨，耿耿于怀。这幅“文革上河图”展现出来的文革脉络已经从朦胧走向清晰。

关于文革还是要再说说毛泽东。尽管文革是一个伪命题，可是在运作的掌控方面，毛泽东确实敏锐老道。从文革两个关键节点的把控上可以略见一斑：其一是1966年8月18日将红卫兵推向前台，突破了文革发动难的瓶颈；

其二是1967年1～2月，将造反派的夺权引入“三结合”的模式，从而避免了中共政权可能葬于文革的危机。

前一个节点是很清楚的，后一个节点或许不为人注意，但毛泽东很清楚。“文革十六条”中有提倡用巴黎公社的方式选举文革委员会的内容。造反派夺权后，巴黎公社的方式无疑是新的权力机构的一个重要选项。毛泽东以三结合的“革命委员会”，终结了“上海人民公社”“北京革命造反公社”的公社情结，也让人们忘却了巴黎公社的选举（一人一票）。

67年2月6日，谢富治传达了毛泽东的指示，强调夺权必须实行三结合，否则中央不承认。即便如此，文革的收官难度，仍然超乎当政者的想象。这也是毛泽东原本打算的一年文革，被拖至三年的原因：掀开的潘多拉盒子，要想再合上，显然更困难。

记得 1968 年下半年，我所在的南师附中造反派红联内部，弥漫着一种“文革走过场”的悲观情绪。红联在文革中主要干了一件事：对抗血统论的迫害。但最终似乎是“一事无成”。校园内的批判血统论与社会上的认同感并不同步。红卫兵在工宣队进驻校园后得以咸鱼翻身，进而与造反派红联平分秋色（校革委会中各占 2 席）。

中学造反派面对红卫兵的血统论迫害曾奋力抗争，为的是追求社会的公平正义，它是遇罗克《出身论》诉求的继续。可结局却让人心灰意冷：1968 年，遇罗克及部分造反派的思想者被当局关进了监狱。当全国山河一片红的时候，作为中学造反派的我们，内心没有“胜利”的喜悦。

王金事件的书名是《既非一个文革，也非两个文革》。而客观上只存在一个文革：中共当局搞政治迫害，遭遇造反派抗争的文革。不错，造反派对迫害进行过广泛地抗争，这是三年文革的特征所在；但那不是“人民文革”，而是人民反文革。有人提出的反文革概念非常准确，逻辑也很清楚：既然文革是政治迫害，那么对抗文革的政治迫害，当然就是在反文革。如果沿着这样的思路去剖析文革，文革的本质就会清晰地展现出来，正如“王金事件”所展现的那样。

1969 年，以九大的召开为标志，文革落下帷幕，毛泽东随后撤销了中央文革领导小组。八年后，新当局弄出个文革十年说。此说若不是想歪曲和掩盖三年文革的迫害与反迫害的历史，又能是什么呢？

（原载《纵览中国》）

165. 我们这一辈

钱迈期（66 届高三丙）

半夜醒来，听到微信在响。就看到南师附中在大陆的老同学们正在议论《我们这一辈》。我也发出了一段议论。然后，话犹未尽，睡不着了，索性坐起来，写下如下感慨。

《我们这一辈》是由创作了《春天的故事》的王佑贵创作的。如一位精通韵律歌曲的老同学所说，无论是曲还是词，都不能算最上乘。歌词如下：

我们这一辈
和共和国同年岁有父母老小有兄弟姐妹
我们这一辈
和共和国同年岁上山练过腿下乡练过背
我们这一辈学会了忍耐理解了后悔
酸甜苦辣酿的酒
不知喝了多少杯嘿哟
我们这一辈
和共和国同年岁熬尽了苦心交足了学费
我们这一辈真正地尝到了做人的滋味
真正地尝到了做人的滋味人生无悔

我也听过了好多遍，听了并不满意，可是，又愿意再听，说不清的滋味。一听再听，反复回味，特别是，被王佑贵自己唱得如泣如诉、呜咽欲断、泣不成声的。这首歌要表达的意思，含混不清，呜呜咽咽，明明可以直白表达的，却不说出来。虽然说，什么都没有讲清楚吧，可是，又强烈地表达了一种情绪。

什么情绪呢？就是，呜咽辗转、强烈的打落门牙往肚里咽的情绪……

这种呜呜咽咽的委屈，倒是整体中华民族，这大半世纪的，内在的和外在的特征特质。当我们被外国鬼子欺负的时候，我们还可以热血沸腾，慷慨激昂，去演说，去抗争，拿起枪去抵抗。但是，当我们被中国鬼子欺负的时候，什么都做不了了！不仅仅不能反抗，反倒还要歌颂。被强奸了，还要配合，还要配合叫爽，为了让实施强奸的中国鬼子感到更爽！

虽然不得不被迫叫爽，毕竟是不得不啊！欲哭无泪，想骂不敢骂，更不要说反抗了。所以，更加委屈！这种情绪啊，强烈而憋屈！从这个意义上来说，这首歌，确实是从来未有地登峰造极了。这首歌，充分表达了这样一种强烈的，打落门牙往肚里咽的屈辱，无法声张的耻辱。这首歌，充分表达了中华民族整体在精神上被强奸、被压迫、被侮辱的，而又不能反抗的，只能逆来顺受的委屈和冤屈！这是一首哭歌。中华民族现在不可能像以色列人那样砌一堵哭墙，我们也不能建文革博物馆。但是，我们可以流传一首哭歌。这首哭歌，很可能将会和孟姜女哭长城，和宝玉哭黛玉一样齐名，流传百世。作为知青之歌，显然他是为上过山、下过乡的一辈人写的。绕来绕去，悲悲切切，几乎呜咽断声；可是，讲得最清楚的词，就是“上山练过腿，下乡练过背”。我下乡插队五年，左右肩膀上各鼓起了一个鸡蛋大小的疙瘩，那是扁担给我留下的纪念。回城多少年后才消退了；可是对我余生的影响却是永远不会褪色。所以，这明摆着就是知青之歌。难道不是吗？

可是能不能作为知青之歌呢？可以！但是，如前所说，又有缺憾。而且，知青的组成太复杂了，知青的命运和现状，就更无法一言以蔽之了。

我们南师附中（当时的南京师范学院附属中学以及鲁迅中学，现在称南京师范大学附属中学），作为南京市，江苏省，最优秀、最受宠爱的中学，我们南师附中的学生，作为当时的学生中的佼佼者，有着特殊的精神状态和社会环境。同学中的红二代，在平民老百姓的孩子不得不上山下乡时，他们或早或迟地，靠着权力的庇护，都去参军了；父母一时被打倒还没有“解放”的，经历了短暂磨难后，也或早或迟地靠着权力“脱离苦海”了。由于我们这种半精英半贵族的学校特质，其余学生的大部分，多具有强烈的革命的浪漫主义的情怀。真心诚意地要当革命接班人。为此，以吃苦为荣，以改天换地建设社会主义新农村为己任。当毛老头子一忽悠，就兴高采烈、争先恐后、豪情万丈地主动奔赴农村，上山下乡去接受贫下中农再教育，战天斗地去了。

我们去上山下乡，是满怀着保尔·柯察金的《钢铁是怎样炼成的》的精神的，加之以“故天将降大任于是人也，必先苦其心志，劳其筋骨，饿其体肤，空乏其身”，“先天下之忧而忧，后天下之乐而乐”的传统文化的士大夫情怀，我们是情绪高昂的，意气风发的。

可是，我们同学大多数人的家境都是相对优越的，我们的多数人，都没有沦落到叫天天不应、叫地地不灵的境地。那种叫天天不应、叫地地不灵的境地，在遇罗克的妹妹，遇罗锦写的《一个冬天的童话》里有很好的体现。我们多多少少还有后援，似懵似醒地有着希望。三年五年，我们的革命浪漫主义情怀，还没有消耗殆尽。

特别是当高考恢复之时，凭借着我们的能力，相对扎实的知识训练，再加上家庭带来的社会人脉资源，我们大多数人都能及时地抓住机会，赶上了既是头班车，也是末班车。我们又从社会的基层，翻爬上来，成为社会的幸运儿、佼佼者。

对于我们来说，上山下乡，就成了宝贵的历练，“经风雨见世面”，增长知识，增长才干。“坏事变好事”。其实，能够在音乐上一展天赋的王佑贵，和我们一样，也是这样的少数的佼佼者，幸运儿。可是，由于各种各样的因素，全国绝大部分的知青没有我们这么幸运。他们的说法是，“该长身体时吃不饱饭，该长知识时学校关门（上山下乡去了），该结婚时不敢结婚（正在上山下乡），该生孩时只能生一个，年富力强能工作时又下岗了”。

这，就是绝大多数知青的“我们这一辈”。有人说什么“青春无悔”，狗屁！老三届同学们，晚年无不感叹：“什么青春无悔！？”提到这四个字，我就本能地恶心。被强奸的感觉更加强烈。就是“青春被毁”“青春无法悔”。有老三届同学还总结出这么一个规律：“女生比男生惨；初中生比高中生惨；回乡比上山下乡更惨”。

特别是“女生比男生惨”。多少豆蔻年华的女知青，被侮辱，被蹂躏，或曲意奉承，忍气吞声，有泪如倾，又只能在心底流。其中的悲惨，没有经过那个荒唐时代的人，是无法想象、无法理解的。中国鬼子为了打天下，找来找去，只创造了一个黄世仁的革命文艺形象。可是，我们经过上山下乡，看到了无数的黄世仁，在各个权力的层次上，遍布九州。其中的屈辱、羞耻、愤恨，真是只能是打落门牙往肚里咽！就一个国家、一个民族而言，从 1966 年到 1977 年，造成了 12 年的文化断层，精神道德的摧残！也有说：“合格公民少了，流氓和奴才多了”。其实，“合格公民”的断层，是近七十年了！

现在来看，那场所谓的上山下乡运动，是人类历史上，空前绝后的惨烈的践踏人权的人道灾难。随意地，肆意地，剥夺几千万青年人的居住权、受教育权；再加之紧跟而来的城市居民上山下乡，那就是政治大清洗、大扫除，又一波肆意地剥夺老百姓的居住权和生存权。可是，践踏人权的恶剧惨剧，一场接一场，中国人都麻木了，我们这一辈都经历了。不知道，哪一场更惨，哪一场更烈！就像《心中的太阳》（电视剧《雪城》主题曲）中所唱的：

我不知道，我不知道，我不知道，
哪个更大哪个更高，

这是在歌颂吗？这是在抒情吗？不是，是在哭诉！一连串的疑问，在问天！凄凉，揪心扯肺，欲哭无泪，打落了门牙往肚里咽，只能往肚里咽下去！

这是一部反映北大荒知青生活电影的主题歌词。这是一首命运交响中的孤鸿哀鸣，是主人翁对于命运的抗争与对美好生活向往的心灵深处的呼唤。表现出了生活在底层社会却又不甘于命运现状的一个群体的心声。

我们曾经狂妄地相信“依靠人民，依靠党”“只要有了人，什么人间奇迹都能创造出来”。我们也相信过“与天奋斗，其乐无穷。与地奋斗，其乐无穷。与人奋斗，其乐无穷。”到头来，都是“满纸荒唐言，一把辛酸泪”。

农村的实践，所见所闻，把我们对独裁者的迷信和崇拜，全部摧垮了。把所谓“优越性”的皇帝新衣，彻底看穿了。我们亲眼所见的，农村的生产力被破坏，摧毁到连1949年之前都不如；农具残破不全，耕牛瘦弱无力，农民饥不果腹……天天讲，月月讲，年年讲的阶级斗争，忆苦思甜，老农民（农民们这么自称）一不留神，就大诉特诉起“解放后”的种种挨打吊骂、挨饿饿死人的艰辛凄苦……干部们对于这种惹火烧身的反诉苦，只好苦笑着，“老农民，没文化，觉悟低……”。我们反而由此对所谓“解放”前后的中国社会真实状况，有了生动的可靠的了解。对于谁让中国老百姓生活在水深火热中，为什么如此，就有了深刻的了解。

唯一的好事是，那一套虚伪透顶的理论教条，在我们这些“上山练过腿，下乡练过背”的知青这里，全部被现实冲垮了。我们不再容易上当了。为毛暴君的垮台，铺下了社会基础、思想基础。

就我个人而言，如果没有农村的经历，我永远不会了解中国农村，永远不会了解中国农民：“农民这么苦，农村这么穷，农业这么危险！”。老农民（农民们这么自称）跟我们说，“我们老农民，怎么说呢？唉，我们的日子也就是，癞蛤蟆垫床脚—死撑活挨”。这句话，让我终生铭记着，永不宽恕！

我极其反感极左派的所谓精英们，称美国的劳动人民为“红脖子”。我经历了上山下乡，我就是红脖子！藐视“红脖子”的精英，都是伪君子。

我们这一辈，上山下乡只是一段。我们这一辈，经历了、见证了人类历史上最荒诞、最扭曲、最悲惨、最黑暗、最反动的一个时代！

2017年2月15日（原载《华夏文摘》）

www.ingramcontent.com/pod-product-compliance
Lightning Source LLC
Chambersburg PA
CBHW071353300426
44114CB00016B/2051
* 9 7 8 1 6 8 5 6 0 0 6 6 2 *